贊寧《宋高僧傳》敘事研究

黃敬家 著

臺灣 學生書局 印行

序

　　在中國文獻發展史中，佛教文獻無論在編撰、整理、保存或傳布方面，都表現極為優異。

　　中國傳統史書固然早已有傳記體裁，《史記》的列傳文情並茂，是為典範。但是將同一類歷史人物的傳記，從史書中抽出，獨立為書，在古代並不多見。佛教僧傳是其特例。尤其僧傳的編撰，熔宗教、史學與文學於一爐，更具特色。

　　歷來有關僧傳的研究，大都擷取其中的史料，進行宗教史、宗派史、宗教學或人物傳記的研究。而有關僧傳文本編撰、取材、敘事，甚至史觀的研究，撰述成書，卻是鳳毛麟角。敬家這本著作，不祇集中論析《宋高僧傳》的編撰背景、取材、敘事結構、敘事方式、主題特色，並進一步論述僧傳內容，包括高僧類型、形象、生活型態、特殊宗教現象與僧傳編者的史觀。此外，也從歷史的縱深，探討僧傳敘事的源流、發展與類型。全書體例周延，結構完整，文筆練達，雖是博士論文的增補修訂，其學術貢獻值得肯定。

　　如敬家自述，僧傳不祇是佛教史書，讀者更應注意其文本價值的多樣性。本書特別重視僧傳在宗教、史學之外，作為傳記文學的特質。它為僧傳的讀者，提供了可行的解讀模式與研究路徑；也開啟了未來僧傳研究的寬廣空間，這是敬家撰作本書的初衷與具體成

果。

　　敬家走過多年的研究歲月，如今論著完成，本人忝為其指導教授，見到她的喜悅與成就，頗感欣慰，特為序以誌之。

國立台灣師範大學國文系教授

王開府 謹序

自 序

　　筆者最初接觸佛教的因緣，便是從閱讀陳慧劍先生寫的《弘一大師傳》和張澄基先生譯的《密勒日巴尊者傳》開始的。

　　每一篇高僧傳記，都是一位修行者的生命實踐史，同時也是佛教歷史的部分縮影。贊寧在朝廷的監督以及自己護持佛教傳統的使命等內外條件下，完成《宋高僧傳》。此書是傳統僧傳十科體例最後的繼承者，然而歷來佛教史家或學者的研究多集中於《高僧傳》和《續高僧傳》，忽略了《宋高僧傳》獨特的建樹和價值。實則此傳繼承前二部僧傳所累積形成的敘事成分，更能體現佛教聖徒傳記特殊的書寫模式，總結傳統僧傳的存在意義，並對其內容特色和僧傳價值給予應有的定位。

　　本書共分十章，是由筆者的博士論文原本八章架構修訂擴增而成，主要從敘事脈絡來探究高僧形象是如何被形塑出來，以及作者透由塑造高僧典範所欲傳達的宗教意義，以拓展僧傳研究更多元的面向。其內容包括：第一章緒論，第二章縱向考察中國僧傳的源流與發展，第三章理解贊寧生平及《宋高僧傳》產生的內外條件。第四章到第七章，分別就敘事的結構、視角、人物和主題等元素來分析《宋高僧傳》。第八章探討《宋高僧傳》中特殊的宗教現象和傾向，包括佯狂神異型高僧群出的時代意義，高僧不分宗派求生西方

淨土的傾向，以及贊寧對遺身供養的關注。第九章分析贊寧在傳末依仿史傳論贊，另關系、通，以對僧傳的編輯，三教的關係，以及傳主的修行成果加以評贊，此乃《宋高僧傳》最具獨創價值之所在，並藉以理解贊寧的撰作史觀和立場。第十章結論。以期藉由敘事分析，對《宋高僧傳》的文學特質、宗教意涵和歷史意義作深入的探討，正視僧傳熔宗教、歷史和文學情境於一爐的特質。這個解讀模式將可豐富僧傳的文本價值，有助於僧傳定位的探索，並且，形成可行的解讀模式，重新來檢視中國歷代僧傳。

回顧博士論文的完成，是許多因緣扶植所共成就的。感謝指導教授王開府老師的細心斧正，並提挈論述焦點，老師靈動寬闊的思維和胸襟，溫厚和煦的關懷和提點，不只是論文指點，也讓筆者在做人處事上，獲得許多啟發和力量；蕭麗華老師的包容和鼓勵，使筆者勇於從禪詩研究轉換至佛教傳記領域，在僧傳研究中，體味不同的生命典範而找到另一片天地；口試委員李志夫老師、王文顏老師、熊琬老師、劉淑芬老師綿密仔細的推敲提問，讓論文有更多改進和發展的空間，尤其劉淑芬老師從論文初審、發表到口試，全程參與，提供許多寶貴的意見。同時，感恩父母家人賦予筆者的自由和關懷，以及諸多好友的扶持和鼓勵。

這本書的修訂過程斷斷續續，期間又遷居東海岸，面對不曾面對的另一片汪洋，為我的生命開啟了截然不同的視野。黃昏時，我經常到海邊散步，聽聽海潮的聲音，天色愈暗，潮水的迴響愈清澈，海邊就愈顯寂靜。深夜裡，閉上眼，彷彿還能聽見太平洋的海潮在黑夜中迴盪，竟不知此身是幻是真？所在是真是幻？抑或以如幻之身穿梭於似真之境？回首二十年的佛教因緣，雖與淨土、禪

宗、藏傳、內觀等法脈，都有長時而深厚的法緣，卻都不夠專注，
雜學不定，以致至今仍是霧濕樓台，月迷津渡。現在，在這裡，太
平洋是我最親近的老師，但願心能像海洋，寬闊而寧靜，含藏萬有
而又潮湧不息。

　　最後，筆者要把這本書所能成就的善業，回向給水里　上懺下
雲法師，願　師父法體康泰。願流離者，皆得安頓，世間苦難皆成
菩提之勝因。同時，感謝　王師開府惠賜序文，學生書局慨允付
梓，以及編輯部陳蕙文小姐在編印過程的協助。此書或有疏漏舛誤
之處，尚祈海內外方家，不吝指正。

黃敬家　序于日昇之鄉寓居

2008 年夏曆 2 月 19 日

贊寧《宋高僧傳》敘事研究

目 次

第一章　緒　論

第一節　研究緣由與範圍

一、研究緣由

　　近年來台灣佛學研究風氣漸盛，主要以經典義理的研究為發展重心；其次，佛教史的研究從過去致力於史實的考證，逐漸擴大從社會文化層面來觀察佛教發展的變化；從宗教學的角度容納更寬廣的佛教研究視野則方興未艾；就中文系而言，佛教文學的研究，一直是一個邊陲的領域。❶目前關於中國佛教文學的研究，主要集中於禪學與文學的交涉，研究朝代以「唐代」居多，文類多集中於

---

❶　「佛教文學」一詞，是佛教與文學結合而成的新術語，集合了中國文學、佛學、歷史學、宗教學、文化人類學、神話學等，多重學門相互交涉的跨科際學門。日本學者小野玄妙《佛教文學概論》（東京：甲子社，1925 年）、深浦正文《佛教文學概論》（京都：永田文昌堂，1970 年）首先將佛教經典中，具有文學意味的內容歸於佛教文學的範疇。加地哲定《中國佛教文學》（劉衛星譯，高雄：佛光出版社，1993 年）則認為真正的佛教文學應是作者有意識地藉由某種文學體製，將主體對佛教義理的體會、心得傳達出來的文學作品。

「詩歌」，研究路徑多朝向「影響」的研究。❷也就是以中土強勢文化與外來佛教文化之間的互動作為觀察基點，這是一個中心與邊緣文化二元對立的意識型態所建構出的理解模式。這樣的解讀系統，是為了強化以往中國文學史著意淡化或忽視的中國文學中的佛教特色，以及佛教僧人著作中的文學成分，並無法提供佛教文學獨特而自存的意義之解釋，更無法顯示佛教文學本身的歷史脈絡與提供佛教在文學史上獨立的發展空間。因此，我們應該可以在影響研究的基礎上，向前推進一步，以佛教文學史，乃至中國宗教文學史為中心，探討其本身的發展脈絡。李豐楙謂：「從道教文化史的宏觀角度觀察，是否可以建立一種宗教文學史的解讀？同一文本將它放在神仙道教的歷史文化脈絡中，應該可以較貼切地讀出一些隱藏的語言、意象之後的訊息。因此如何重建『中國宗教文學史』就成為一個重要課題。」❸藉助於其從道教文學為切入點的中國宗教文學研究，對於吾人佛教文學的研究路徑的思索具有深刻的啟發。

另一方面，傳統史傳對於在中國有悠久發展歷史的佛教人物和事件的記載份量，與佛教對中國文化的影響實在不成正比，必得靠既有的僧傳，才能彌補中國歷史的廣角鏡中殘缺的這面視角。高僧傳記是以高僧為主體的生平敘述，同時兼及僧人所處時代的社會宗

---

❷　對於中國佛教文學研究的概況，可參考丁敏：〈當代中國佛教文學研究初步評介：以台灣地區為主〉，《佛學研究中心學報》第 2 期，1997.07，頁 233-280；蕭麗華：〈近五十年（1949-1997）台灣地區中國佛教文學研究概況〉，《中國唐代學會會刊》第 9 期（1998.11），頁 131-141。

❸　引自氏著：《憂與遊──六朝隋唐遊仙詩論集·導論》（台北：學生書局，1996 年），頁 2。

教意識及佛教的歷史發展概況，所以每一單篇僧傳都可視為佛教歷史在某個時代的橫切面的縮影，從這些面向即可窺探當時佛教活動的情形及僧人的生活面貌，這對於被正史有意忽略的宗教歷史及宗教人物而言，別具史學價值。因此，歷代僧傳向來被視為佛教史研究最重要的史料，以補正史之不足。

　　實則高僧傳記是結合佛學、史學和文學三方面的元素，而具綜合性特質的文類，它以高僧的宗教實踐歷程為內容，提供一個足以垂範後世的修行典範。因此，透過僧傳的敘事來重現一位高僧的人格典型，這才是作者創作的初衷。那麼，僧傳作者如何運用對史料的揀擇和改寫，建構高僧的典型形象呢？這是一個值得深入探究的問題，畢竟作者不是將史料照單全收，其創作的背後，往往承載作為僧史身份所欲傳達的宗教使命，而這樣的撰作目地，是透過史料的還原敘事來實現的。因此，高僧傳記除了作為佛教歷史記錄，從文學敘事的視角來分析僧傳，更有助於我們進一步了解高僧是如何被形塑出來，以及作者藉由塑造高僧典範所欲傳達的宗教目的，以拓展僧傳本身的價值，和佛教文學研究更多元的面向。本文即嘗試以佛教中兼具記人與記史功能的僧傳為研究對象，以《宋高僧傳》為討論文本，從中國佛教文化發展的脈絡，結合文學、歷史和宗教的視角來解讀高僧傳記的敘事特質，試圖分析高僧傳記的敘事元素和組織架構，以期建構一個能普遍運用於中國佛教傳記文學研究的分析基模。

二、高僧傳記的特質

㈠ 「傳記」文類概念的形成與定義

　　首先，從兩個面向來探討傳記的根源，一是從「傳」或「傳記」名稱的運用，在歷史文獻中之首見；二是探尋雖無「傳」或「傳記」的名稱，但實際內容具有傳記基本特徵的文獻。

　　就「傳」的詞義而言，古代解釋經典有「詁訓」與「傳」之別，「詁訓」乃就經文所言而詮釋之，「傳」則是就經典所未聞者加以引伸，後來「傳」字引伸具有記載事蹟，以傳於後世之意，如諸史之列傳。劉勰《文心雕龍・史傳篇》云：

> 丘明同時，實得微言，乃原始要終，創為傳體。傳者，轉也，轉受經旨，以授於後，實聖文之羽翮，記籍之冠冕也。❹

《左傳》乃以傳為名來解釋經典的首見，「傳」的意義，在於其對「經」有闡釋並傳授、流傳於後代的功能，所以，「傳」字原本是「注釋」的意思，是解經的一種方法，主要用來補充經義本末，像《春秋》三傳。❺

　　傳與記的原始性質相近，都是用來記載釋經的內容，二字解釋

---

❹ 〔梁〕劉勰著，黃叔琳註：《文心雕龍註》（台北：明倫出版社，1971年），頁284。

❺ 〔唐〕劉知幾《史通・六家》對「傳」的解釋即兼載二義：「孔子既著《春秋》，而丘明受經作傳。蓋傳者，轉也，轉受經旨，以授後人。或曰：傳者，傳也，所以傳示來世。」引自劉知幾著，浦起龍釋：《史通通釋》（台北：藝文印書館，1978年），頁10。

頗為含糊，故古人或稱傳，或稱記，或傳記連稱，或作紀，或作志，皆無定稱。❻例如：《易》、《詩》、《書》、《春秋》等皆有傳；《禮》、《樂》等則有記，可見傳、記初期是相對於經典而言，包含傳述師說，記載經義的意義。傳、記之名，諸家著述往往雜揉混用，莫衷一是，章學誠《文史通義·傳記篇》云：

> 傳記之書，其流已久，蓋與六藝先後雜出。古人文無定體，經史亦無分科。《春秋》三家之傳，各記所聞，依經起義，雖謂之記可也。經《禮》二戴之記，各傳其說，附經而行，雖謂之傳可也。其後支分派別，至於近代，始以錄人物者，區為之傳；敘事蹟者，區為之記。❼

章氏從源流而論傳和記原本都是用來解釋經典，意義不甚區別。到了清代以來，才區分出以寫人物為主的為「傳」，以敘述事件為主的為「記」。因為古代經史並無嚴格區辨，後代敘人敘事統名為傳記，可見傳記之名與義早於正史，不必非史官不能為人或事作傳。

到了梁沈約《宋書·裴松之傳》言：上使裴松之注陳壽《三國

---

❻ 按志、記、識、紀、誌五字，古代音義相通，實為一字。

❼ 章學誠著，葉瑛校注：《文史通義校注》（台北：里仁出版社，1984 年），頁 248。〔清〕永瑢等：《四庫全書總目提要·史部·傳記類》也說：「案傳記者，總名也，類而別之，則敘一人之始末者，為傳之屬；敘一事之始末者，為記之屬。」（台北：台灣商務印書館，1965 年台一版），頁 1295。傳和記的區別不容混淆。

志》，「松之鳩集傳記，增廣異聞，既成奏上。」❽此處的「傳記」，則包含各種史料、人物傳記記錄等的意義。關於傳記從經典注釋轉為人物之傳的過程，《文史通義·傳記篇》有所說明：

> 周末儒者，及於漢初，皆知著述之事，不可自命經綸，蹈於妄作。又自以立說，當稟聖經以為宗主，遂以所見所聞，各筆于書而為傳記。若二《禮》諸記，《詩》、《書》、《易》、《春秋》諸傳是也。蓋皆依經起義，其實各自為書，與後世箋注自不同也。後世專門學衰，集體日盛，敘人述事，各有散篇，亦取傳記為名，附於古人傳記專家之義爾。❾

可見傳記之起，是源於儒者對於古代經典的尊重，不敢以自己的著述名之為經，遂改而名之為傳記。雖是依經立意，又與專門注釋的箋注體裁不同，後人將個人敘人述事之文，名之為傳記，則是附會古人專家著述之名而來。

其次，就實際作品而言，《四庫全書總目·史部·傳記類》以《晏子春秋》為傳記之始。❿然該書雖有述及晏子生平事蹟，卻是

---

❽ 〔梁〕沈約：《宋書》（台北：鼎文書局，1976年），頁1701。
❾ 〔清〕章學誠著，葉瑛校注：《文史通義校注》，頁248。
❿ 〔清〕永瑢等：《四庫全書總目提要》於《晏子春秋》八卷之後，加案語曰：「按《晏子》一書，由後人摭其軼事為之，雖無傳記之名，實傳記之祖也，舊列子部，今移入於此。」頁1256。中國「傳記文學」連用為一詞，始於胡適之先生，他受西方傳記思潮的影響，大力鼓吹中國傳記文學的創作，

片段而無組織，不能算是完整的傳記，要到《史記》才有以人物為對象的傳記出現，這應該是中國真正傳記文類的開始。

　　「傳記」（Biography）⓫此一文類在西方的發展有相當的歷史，⓬書寫體例亦有多種。到了二十世紀末，傳記觀念又有重大的轉折。過去學術界面對歷史與文學的分野時，往往視歷史為真實，文學為虛構，認為傳記的價值在於它真實地呈現傳主和歷史事實，並受史實的束縛，與想像、虛構的文學作品有本質上的差異。然而，從現

並以《論語》為中國傳記文學之始。參見胡適：〈傳記文學〉《胡適演講集（一）》（台北：遠流出版社，1986 年），頁 197。

⓫　英文的「傳記」（Biography）是從希臘文的字源演變而來，由 bio-（生活）和 -graphy（書寫的動作）兩部分組成，指傳記作者對傳主生平與生活的描述或記錄。傳記是非虛構性文學，可視為歷史的一支，因其係根據真實材料，加以選擇性編撰、闡述而成；傳記也可視為文學的一支，因其以同情的觀察，創造性地透過傳記，表達個人思想及主題意義。參考《簡明大英百科全書》（台北：台灣中華書局，1990 年），頁 106-8。

⓬　遠古時期，人民將國王的功業刻於石上，是傳記最原始的形式。早期文學（西元前八世紀左右），人們透過口述的神話（myth）、傳奇（legend）、史詩（epic）等形式來傳達英雄的生平事蹟，如荷馬（Homer）史詩《伊里亞德》（Iliad）。古希臘羅馬時期的傳記著重於傳主的性格刻畫。中世紀時，描寫聖徒或殉道者言行的聖徒傳（hagiography）興起，藉以彰顯上帝的恩典，也常用來做為人們生活的典範，使得傳記具有道德教訓的意義。文藝復興時期，人文主義的興盛使得傳記轉向對個人或個性的關注。十七、八世紀的傳記往往對傳主做精確而審慎的歷史研究，重視科學佐證材料的運用，強調傳記的嚴謹性。到了二十世紀，佛洛伊德的精神分析對傳記產生極大的影響，傳記作家開始透過內心生活與心理動機來詮釋傳主的外在生活事件。參考《大美百科全書》（台北：光復書局，1990 年）「Biography 傳記」條，頁 470-472。

代文學理論看待文本（Text）⑬的觀點而言，個別傳記本身所顯現的文體、語調、人物刻畫、敘述觀點，對所謂的「史實」的取捨運用，以及情節佈局等，這些塑造傳主的技巧，凸顯傳主其實是一個被建構出來的形象。傳記作者是透過各種日記、書信、他人傳述、時代環境等素材來再現傳主，所以這個傳主其實是已被這些素材「文本化」了的傳主。從這個角度而言，傳記又遠離史實一步而跨向文學。⑭

(二) **高僧傳記的特質兼具宗教性、歷史性與文學性**

　　每一篇高僧傳記，都是一位高僧的宗教實踐史，同時也是佛教整體歷史的部分縮影，僧傳的內容具有宗教的特殊性，作為歷史文獻，足以反映一個時代的佛教宗教現象。因為僧傳的對象不同於傳統史傳人物，而是一群特殊的宗教實踐者，他們的生命實踐呈現何種宗教意涵；作者藉由僧傳所塑造的宗教實踐典範，將對讀者產生什麼樣的教化作用，都是僧傳敘事所關注的問題。

　　其次，完全客觀重建過去的歷史，事實上是不可能實現的，歷史多少包含歷史學家對過去的重建的詮釋，這幾乎已為當代歷史學

---

⑬　張素卿認為現代西方文學理論中「Text」一詞，往往中譯為「文本」，使得「文本」概念看起來似乎是從西洋文學理論而來的一個翻譯語彙。事實上，中國傳統文論中即有「本文」一詞，用以指涉所詮釋的作品，此義恰好對應於「Text」。因此，他認為使用「本文」一詞，更能使中西文學理論產生對應的意義。參考氏著：《敘事與解釋：《左傳》解經研究》（台北：書林出版社，1998年），頁17。張氏主張有其道理，不過，「文本」一詞，現已為學術界所通用，故本文仍沿用「文本」一詞。

⑭　參考《大美百科全書》「傳記」條，頁472。

界所共許了。⓯凱斯·詹京斯謂：「不論歷史的可驗證性多高，可接受性或可核對性多廣泛，它仍然不免是個人的思維產物，是歷史學家作為一個『敘述者』的觀點的表示。」而且，「歷史學家的觀點和偏好，仍然決定了對歷史資料的取擇，而我們個人的思維結構則決定我們對這些歷史的了解。」⓰這已經指出歷史的人為性成分，以及不同讀者閱讀歷史時，必然是透過個人的背景知識和思維傾向來理解歷史，所以，很可能同一個事件、史料，經由不同的作者來敘述，再由不同的讀者來閱讀之後，將產生完全不同的解讀版本。所以，對過去歷史的描述應該不會只有一種樣貌，對過去歷史的解釋更可能有多種的聲音。

傳記與歷史不同，史書記錄的是某個時期、某些人、某種制度和事件；傳記往往集中描寫一個人的生平思想。傳記是根據真實的歷史材料，加以選擇性編纂敘述而成，當然，必須合理的想像，以模擬傳主的處境，來表達其生命歷程，因此，可能有因過度推理想像而變成虛構的危險。由於傳記作者很難完全客觀超然，在描述傳主的過程，難免以個人判斷來取捨史料而透露其觀點。西方長篇傳記的傳統是鉅細靡遺，細膩地描繪傳主的性格特徵，並從傳主的經

⓯　凱斯·詹京斯（Keith Jenkins）：「當我們在研究歷史的時候，我們不是在研究過去，而是在研究歷史學家對過去的解釋。在這種意義上，過去的人與我們到底是有相同的或相異的本性，不但不能決定，而且也不構成問題。在這種意義上，過去並不參與其中。我們真正需要的，是確立歷史學家對過去的臆測。……所以，不是『所有的歷史都是過去人思想的歷史』，而是『所有的歷史都是歷史學家思想的歷史』。」《歷史的再思考》（賈士蘅譯，台北：麥田出版社，1996 年），頁 122。

⓰　同前註，頁 66。

歷與其所處的時代思潮相呼應，不過，我們不能用西方的傳記觀念來評論中國的史傳，而應回歸中國文化傳統來觀察其獨特的傳記敘事特色。

　　傳記作為一種文類，其文類的特性為何呢？傳記所記的人物、事件、環境都得合於歷史的真實性；傳主是歷史上真實存在過的人物，他的生平經歷、關鍵事件，乃至重要細節都必須符合整體歷史的原貌，不能虛構，因此傳記本身具有一定的歷史價值，真實反映某一歷史時期翔實的人物史實。其次，選擇傳主最有代表性的事蹟，以史實和時代背景為依據，運用形象化手法，描述傳主的生活經歷、精神風貌，以再現傳主較為完整的經歷。同時，注重刻畫人物，即真實事件而以想像藻飾描述之，以彰顯其人的精神面貌，使傳主具有生動鮮明的形象和完整的生命情節，這是傳記有別於純歷史著作的文學特質。❶傳記允許適度的想像，需要藝術加工，這些是屬於文學性的表現。❶傳記作者選擇傳主事蹟或細節時，往往以能否再現傳主一生的成敗得失為考量，而且選擇事件必須服從於能否凸顯人物的性格特質為原則。在敘述傳主的事蹟與精神活動的關

---

❶　「假如我們同意傳記是文學作品，閱讀時就應該著眼於此一文類的語言和想像成分。」廖卓成：〈《傳記：虛構、事實與形式》述評〉，《書目季刊》第 23 卷第 1 期，頁 117。

❶　傳記作家根據語言的描述或圖像的樣式，在腦中形成相應於傳主的新形象，當然這一形象必須與傳主本人的特徵相符合，但有時也要根據人物的環境和性格的前後發展，通過創造想像，補寫出人物在特定環境中的對話、獨白和神態等細節描寫，顯示出人物內在的性格特徵，再現傳主的生命精神，這是運用「再造想像」。陳蘭村、張新科：《中國古典傳記論稿》（西安：陝西人民教育出版社，1991 年），頁 62。

係中，既重視傳主重要事蹟的交代，又能寫出傳主精神活動的發展變化，因此我們可以說傳記的特質必須兼具歷史性與文學性。所以，「傳記學家係自史學家始，以文學家終。」⑲

中國正史以紀傳體為主，這是一種以人物為主的史傳體裁，宋吳縝於《新唐書糾謬·序》中提舉出史傳的創作特色：

> 夫為史之要有三：一曰事實，二曰褒貶，三曰文采。有是事而如是書，斯謂事實。因事實而寓懲勸，斯謂褒貶。事實、褒貶既得矣，必資文采以行之，夫然後成史。至於事得其實矣，而褒貶、文采則闕焉，雖未能成書，猶不失為史之意。若乃事實未明，而徒以褒貶、文采為事，則是既不成書，而又失為史之意矣。⑳

這說明了史傳必須以真實人物為對象，用藝術的手法使之重現於史書的歷史情境中，最後針對傳主加以褒貶評論，以寄寓個人歷史教化的目的。事實記載和褒貶評論，必以文采方能達到充分表達的目的，反之，若無事實，光有褒貶、文采，則失去記史的意義了。可見史傳的基本要求在於歷史事實，但文采是達到寫實記載的必要手段。

過去對僧傳的研究，都是從歷史角度著手，著重於考證傳文的敘述是否符合高僧的真實面貌，然而，傳主的真實面貌實際上是作

---

⑲　杜維運：《史學方法論》（台北：三民書局，2003 年），頁 254。
⑳　（四部叢刊本，台北：台灣商務印書館，1966 年），頁 4 上。

者藉由敘述將傳主經歷的片段加以縫合成完整的故事，這當中難免
具有想像還原的成分和作者的主觀判斷。事實上，我們必須確認何
謂高僧的定義，以及檢視從慧皎、道宣到贊寧所收錄的高僧的共通
傾向和特質，就會發現雖然僧傳類分十科，但「神異」或「感通」
的事蹟，在每一科中都有，也就是整本高僧傳記中幾乎多數的高僧
的生平記錄或多或少都有特殊感應的能力或事蹟，只是緣於重點的
不同而歸納於不同科中。所以，高僧傳記應是兼具宗教性、歷史性
和文學性的敘事文類，只不過僧傳的文學性特質，向不為人所承認
和重視。因此，本文對於佛教高僧傳記的研究，不擬以考據方式來
追究真實的傳主，而將重點擺在探究作者塑造僧傳人物的意義之所
在。

三、以贊寧《宋高僧傳》為文本

佛教能夠在中國流傳迄今，全賴歷代僧尼努力弘法而傳承下
來，保存這些修行人的傳記，可作為後世取法的典範。慧皎〈高僧
傳序〉：「顧惟道藉人弘，理由教顯，而弘道釋教，莫尚高僧。故
漸染以來，昭明遺法，殊功異行，列代而興，敦厲後生，理宜綜
綴。」㉑由此可知慧皎對高僧在佛教弘傳存續上的貢獻之肯定，及
其編撰僧傳以為後代樹立修行者的典範之意圖。

高僧傳記的成立，要溯源至傳記自「紀傳體」史書中原屬「列
傳」的部份獨立出來，再經魏晉時代各類雜傳蓬勃創作的影響，而
推動僧徒也為教門先哲作傳的風氣興起。六朝以來，佛教僧傳的創

㉑ 見《大正藏》，第 50 冊，頁 422 下。

作蓬勃發展，從梁慧皎（497－554）《高僧傳》，經唐道宣（596－667）《續高僧傳》，到宋贊寧（919－1001）《宋高僧傳》，總集十種類型的高僧為傳，正好反映出佛教在中土發展的多元性，高僧自我實踐方式的差異，以及高僧與世俗互動的樣貌。而三部僧傳所述，正是魏晉到唐宋兩個佛教發展高峰期的沙門活動記錄，特別是習禪一科，在唐代以後，可說成為中國佛教發展的主流。此後以十科分類的僧傳傳統中斷，到了明代如惺《大明高僧傳》和明河《補續高僧傳》均已不復此體例規模。

其次，歷來史家對《高僧傳》和《續高僧傳》的評價頗高，唯對《宋高僧傳》多所批評，這多半緣於不能認同贊寧不提倡高蹈的態度，連帶否定贊寧僧傳的價值。前人關於僧傳的研究，也多集中於前二書，尚無以《宋高僧傳》為研究文本的專書。若就文學角度來看，贊寧以宋代流行的散文來創作，其行文較連篇對偶、注重修辭的《續高僧傳》要自然流暢許多，而《宋高僧傳》又是僧傳十科體例最後的繼承者，代表了舊的僧傳體製的總結。

另一方面，宋代佛教史籍著作風氣盛行，包括經錄、傳統僧傳、各宗宗史等，是佛教史書多元發展的時代。晚唐以來禪宗大盛，宗門意識增強，逐漸發展出另一種專為禪宗祖師之傳法歷程作記錄的傳記，強調宗門系譜的傳承性和禪師悟道對話的重要性，這與傳統僧傳的敘事重點有極大的差異。㉒加上禪宗內部對於贊寧

㉒　包括《寶林傳》、《楞伽師資記》、《傳法寶記》、《歷代法寶記》、《祖堂集》等，運用「傳」、「集」、「記」等為書標題，用詞雖異，意義都相當於傳記，但並非禪師一生的事蹟記錄，而重在描述禪宗的師資傳承，其記錄形式和敘事文字處於發展當中，尚未達成熟階段。

《宋高僧傳》固守十科並列的分科方式，及對禪僧的歸類感到不滿，因此，致力於整理宗門的發展軌跡，包括祖師語錄、公案彙編等，從而建立宗派的傳承系譜，於是記錄禪師嘉言懿行的宗派「燈錄」式傳記相繼出現。❷因為禪宗重悟境，故所記均側重於禪師悟道及傳法之機緣語句，而不在其生平事蹟。從某種角度來說，是《宋高僧傳》的存在，刺激了那些對舊僧傳體製不滿的僧史家，才有宗門僧傳的蓬勃興起。

宗門傳記大量出現並有固定的記錄形式則成熟於北宋，贊寧身處其時，而固守傳統僧傳的創作形式，必然承受莫大的壓力和考驗，正因為《宋高僧傳》是僧傳發展轉型期的作品，贊寧所面對的挑戰不言而喻。從《宋高僧傳》所錄禪僧傳記均僅參考相關碑銘，卻不見引用任何燈錄的記錄，即可窺見他對禪宗燈史的不滿。《宋高僧傳》是傳統僧傳十科分類最後的繼承者，可說是新舊僧傳體製交替的轉捩點，以它為研究基點，正可以總結此種僧傳體例的存在意義，並對其內容特色和傳記價值給予應有的定位；並且，觀察新的僧傳體裁興起的原因。因此，本文對僧傳的考察，是以《宋高僧傳》為核心文本❷，來縱貫整個僧傳發展脈絡的變化。

---

❷ 包括北宋道原《景德傳燈錄》、李遵勗《天聖廣燈錄》、惟白《建中靖國續燈錄》，南宋悟明《聯燈會要》、正受《嘉泰普燈錄》等，普濟將之集成《五燈會元》。這些燈錄主要不在記錄禪宗歷史或禪師傳記，而是禪師悟道過程的機緣語錄。

❷ 贊寧另有《大宋僧史略》三卷行世，此書並非僧傳，主要在解釋佛教典儀制度的演變，《大宋僧史略·序》云：「贊寧以太平興國初，疊奉詔旨，高僧傳外別修僧史，及進呈王塔，乘馹到闕，敕居東寺，披覽多暇，遂樹立門題，搜求事類，始于佛生教法流衍，至于三寶住持諸務事始，一皆隱括，約

第二節　前人研究成果述評

本文以《宋高僧傳》為核心，從敘事的角度，建構僧傳的分析
模式，並考察中國僧傳體製的發展。然而，目前可說尚無研究《宋
高僧傳》的專書，所以，關於前人研究成果的檢討，將不侷限於此
書，而擴及整體佛教傳記的研究成果。目前佛教傳記的研究成果，
大體可以歸納成四種面向，分別是關於佛傳文學的研究，僧傳的研
究，僧人的研究，以及僧史的研究。㉕

一，關於佛傳文學的研究部分，是以佛教典籍中的佛陀傳記為
研究文本。專書方面，包括印順法師《原始佛教聖典之集成》，主
要說明律部中有關佛傳經典之編纂過程。日文干潟龍祥《改訂增補
本生經類の思想史研究》，從本緣部有關佛陀本生的故事，來討論
菩薩思想與本生的關係，台灣依淳法師《本生經的起源及其開
展》，繼承前書的架構而成，是早期以經典中佛陀的本生故事為研
究對象的論文。丁敏《佛經譬喻文學之研究》、梁麗玲《《雜寶藏
經》及其故事研究》和《《賢愚經》研究》均是對佛陀的本生、譬
喻故事做文學性的分析。平等通昭《馬鳴及び梵文佛所行讚の研
究》，除了比較梵、藏、漢文的《佛所行讚》，亦考察其文學敘事
的特色。大陸侯傳文《佛經的文學性解讀》第九章〈《佛所行讚》

成三卷，號僧史略焉。」收入《大正藏》，第 54 冊，頁 235 上。由於本文主
要在總結傳統佛教僧傳的敘事特色，故而僅將此書作為了解贊寧僧史觀的輔
助材料。
㉕　本節討論到的文獻的出處、出版年代及版次等，均見於本書之末的重要參考
文獻，此處不再一一註明。

與佛傳文學〉也是從文學角度來分析漢文《佛所行讚》的敘事結構和特色。

單篇論文方面，包括吳汝鈞〈佛陀傳記之研究〉，認為應該區分歷史的佛陀和神話的佛陀，並檢討英文和日文對佛傳的研究現況，兩地學者大致同意關於佛陀生平的歷史描述，以巴利文獻較為可靠。另有雲井昭善〈「仏伝」と「仏伝文學」〉、宮坂宥勝《釋尊——その行動と思想》、巴宙〈喬達摩佛陀之凡聖問題〉等，以及李坤寅的碩士論文《釋迦牟尼佛傳記的神話性初探：以八相成道為例》，站在宗教的神話性的角度，來分析佛典中關於佛陀傳記的神話性。

二，關於僧傳的研究，專書方面，鄭郁卿《《高僧傳》研究》對《高僧傳》的版本、體例，高僧籍貫都做了歷史性的初步勘訂。唐龍的碩士論文《晉南北朝隋唐兩宋釋家傳記提要》可說是僧傳的題解，釋果燈《唐道宣《續高僧傳》批判思想初探》將《續高僧傳》的十科分別歸納成僧人的修學制度、佛教的弘通，以及佛教的社會活動等三個面向，來探究道宣著作僧傳所持的立場及其思想特色。作者認為道宣一方面指出佛教發展至改革期的弊端；一方面重新提起高僧典範，以重建佛教倫理。徐燕玲的碩士論文《慧皎《高僧傳》及其分科之研究》針對十科僧人形象與《續高僧傳》、志怪小說作比較。英文博士論文有 Kieschnick John（柯嘉豪）*The Eminent Monk: Buddhist Ideals in Medieval Chinese Hagiography* 針對三部高僧傳來討論中世紀中國佛教高僧所建立的修行典範及其宗教意涵。他從社會文化層面切入，著重於宗教行為的比較研究，分別從苦行、神異及義解三個方向，來尋繹高僧典範的塑造過程及其意

義。

　　單篇論文方面，日文山內晉卿〈高僧伝の研究〉可說是對中國
僧傳研究的早期代表作，其後有牧田諦亮〈高僧伝の成立〉繼之，
主要針對慧皎及其《高僧傳》的材料、十科體裁作追溯和考證。蔡
惠明〈四朝高僧傳〉、陳士強〈《名僧傳抄》與《高僧傳》比
觀〉、蘇晉仁〈梁釋慧皎及其《高僧傳》〉、釋智慧〈從《高僧
傳》的撰寫及組織架構探其特色〉、曹仕邦〈淺言現存兩種最古僧
傳的傳記分類和編次〉，及日文里道德雄〈南朝三僧傳の研究〉，
主要都著眼於六朝時的僧傳發展和架構。伊吹敦〈關於《續高僧
傳》之增補〉和李明芳〈慧皎《高僧傳・僧肇傳》疑點考釋〉，主
要在考釋傳文，西村惠信〈禪門における伝燈の性格〉探討燈錄的
特色。龔雋〈唐宋佛教史傳中的禪師想像——比較僧傳與燈錄有關
禪師的書寫〉，比較傳統僧傳和禪宗燈錄對禪師形象描寫和塑造的
差異，切入點相當有創意。英文有 Arthur F. Wright（亞瑟・賴特）
"Biography and Hagiography: Hui-chiao's Lives of Eminent Monks"是
西方早期研究中國高僧傳記的重要論文，他運用彼得・布朗研究基
督教史的「雙層模式」作為解讀神異類高僧傳的分析架構，探討高
僧傳記的起源。他認為慧皎僧傳並不強調神異，而重在說服當時的
貴族和知識階層，佛教哲理深奧，僧侶們過著嚴謹、濟世而具創造
性 的 生 活 。 篠原亨一 "Biographies of Eminent Monks in a
Comparative Perspective: The Function of the Holy in Medieval
Chinese Buddhism"則認為亞瑟・賴特的雙層分析模式不當，反對
賴特所言相對於知識份子的佛教，另有庶民的佛教，並質疑他所說
的慧皎宣揚菁英佛教而鄙視神異能力的觀點。他另一篇論文"Two

Sources of Chinese Buddhist Biography: Stupa Inscription and Miracle Stories"則從高僧塔銘和神異故事來探究僧傳的起源。

　　三，關於個別僧人的研究相當多，以歷代對佛教思想和發展有重大貢獻的僧侶為主，探討的面向相當廣泛，無法一一列舉，本文的蒐集範圍是以僧人的傳記研究為對象，像關口真大《達摩の研究》，以達摩傳記文本為考察對象；駒澤大學禪宗史研究會所編著的《慧能研究——慧能の傳記と資料に關する基礎的研究》，將十八種慧能傳記資料，按照時代先後，逐句比較，以見出慧能傳記內容的演變和發展情形，其比對嚴謹客觀，非常具有參考價值，並啟發後來學者僧傳研究的路徑。以某一類高僧為研究對象，如藍日昌〈論師的時代——對僧傳中六朝義學論師的分析〉，討論義解型高僧，李豐楙〈慧皎高僧傳及其神異性格〉，區別佛教對神異的態度不同於道教。日文如船本和則〈梁唐高僧伝における神異と狂と禪〉、田中敬信〈梁高僧傳における神異について〉討論神異僧，須山長治〈梁唐宋高僧伝考察——習禪者と達摩系禪僧〉探討三本僧傳中的禪僧，水尾現誠〈捨身について慧皎立場〉探討捨身高僧，岡本天晴〈僧伝にみえる臨終の前後〉探討僧傳所描述的高僧臨終情境。

　　其中，達安伯〈贊寧大師的研究〉、張乃翥〈龍門《石道記》碑與宋釋贊寧〉、陳士強〈贊寧和他的《宋高僧傳》〉，有關於贊寧生平的簡略研究。李雪濤〈贊寧譯學主張釋例〉則是詮釋《宋高僧傳·譯經篇》「論曰」的佛經翻譯凡例。

　　四，關於僧史的研究，專書方面，林傳芳《中國仏教史籍要說上》和陳垣《中國佛教史籍概論》，性質都是屬於佛教史籍的題

解，對中國佛教史上較為重要的史書、僧傳均加以說明，包括著者、體例、版本、文本的依據、歷代著錄與批評等，言簡意賅。曹仕邦《中國佛教史學史——東晉至五代》，將此期間各類僧傳、僧史和佛教經錄作一題解式的介紹。石井修道《宋代禪宗史の研究——中國曹洞宗と道元禪》第一章《景德傳燈錄》的歷史性格，討論從《宋高僧傳》到《明高僧傳》之間僧傳十科分類的崩壞，及僧傳傳統的中斷問題，並比較《景德傳燈錄》與《宋高僧傳》、《祖堂集》不同的歷史敘事特色。僧傳的傳記性格與燈錄的系譜功能不同，此書是歷史意義的論述，而非僧傳本身的討論，主要在突顯傳統僧傳承載功能的中斷，而出現燈史來補足禪宗發展史，正反應了佛教發展的實際情況。阿部肇一《中國禪宗史——南宗禪成立以後的政治社會史的考證》，論述從唐五代到宋代重要的禪宗派別和人物，第十四章並針對贊寧與德洪的僧史觀作一比較，注意到二人因所屬宗派不同，導致對禪宗發展的評判產生落差，頗值得參考。山崎宏《支那中世佛教の展開》，統計《續高僧傳》、《宋高僧傳》共 737 位高僧的駐錫地，來觀察佛教區域發展的勢態。黃啟江《北宋佛教史論稿》有一章探討僧史家惠洪與其「禪教合一」觀，對惠洪僧傳運用史料碑文及惠洪所反映的宋代禪門情狀有具體的說明。顏尚文《隋唐佛教宗派研究》偏重於宗派教團及寺院分佈的考察。王景琳《中國古代僧尼生活》從僧尼的僧團和社會生活面著手，對僧尼食衣住行作實際的整理，其研究對象是僧尼，僧傳只是作為解釋其生活情況的佐證。郝春文《唐五代宋初敦煌僧尼的社會生活》主要以敦煌僧尼的社會生活、寺院經濟的狀態為考察對象。

　　單篇論文方面，冉雲華〈中國早期禪法的流傳和特點：慧皎、

道宣所著「習禪篇」研究〉，是以僧傳的習禪篇為材料來追溯早期
禪法的特色。蒲慕州〈神仙與高僧——魏晉南北朝宗教心態試探〉
則從宗教心理的角度，觀察六朝佛道修行者宗教觀的差異。

　　另外，對於僧傳史論的研究，陳垣《中國佛教史籍概論·宋高
僧傳》已注意到《宋高僧傳》中系、通的運用，但僅點到為止。釋
道修《梁《高僧傳》「論贊」之研究——以歷史性與文學性的考察
為主軸〉、王志宏《梁《高僧傳》福慧觀之分析與省思——〈興福
篇〉「論」之研究》，前者以僧傳論贊的特質為研究基點，後者從
〈興福篇〉的「論曰」探討佛門福慧觀的建立，作者有意建立僧傳
論贊的研究基模，立意甚佳，不過論文內容旁涉太多，論述主題的
部分反而較少。日本方面，桐谷征一〈梁慧皎の歷史意識と鑑戒意
識〉即在探討慧皎繼承中國史傳傳統，作為佛教僧史，其《高僧
傳》的敘事中所隱藏的以史為鑑的意識。

　　關於贊寧《宋高僧傳》史論研究頗有成果，丸田教雄〈宋僧贊
寧佛教史觀〉、安藤智信〈宋高僧傳著者贊寧の立場〉，牧田諦亮
〈君主獨裁社會に於ける佛教團の立場（上）——宋僧贊寧中心〉和
〈贊寧とその時代〉等，都能注意到贊寧僧傳是奉詔而作，因此，
對人物的評贊立場，往往從當時社會文化意識及三教關係著眼，並
顧及宋代君主獨裁的政治情勢對佛教發展的影響，頗值得參考。

　　綜觀前人的佛教傳記研究成果，歸結如下：

　　佛傳的研究，西方和日本學者主要運用漢巴梵不同語言的經典
為依據，以歷史考證的方式來搜檢佛陀的生平，以及佛陀時代印度
社會文化狀況，也有少數學者從文學敘事的角度來分析佛傳的文學
價值。

　　既有僧傳研究，主要以《梁高僧傳》為最多，《續高僧傳》次之，針對《宋高僧傳》的研究，只有關於史論方面的單篇論文，尚無碩博士論文或專書作過全面的研究。內容上大多集中在討論十科分類的作用，及對後代僧傳體製的影響；或從歷史的層面，對個別僧傳生平事蹟作考證；或者從佛教發展史的角度，視僧傳為佛教史料，藉以說明佛教發展的現象；或者將僧傳視為說明人物思想或當時佛教發展的歷史文本。這些僧傳的研究成果，主要是佛教歷史面向的研究，以僧傳作為佐證史料，尚無人將之視為獨立的文本，從僧傳本身在佛教傳記層面給予定位。林鎮國認為，歐美的佛教學者逐漸擺脫肇始於十九世紀的歷史語言文獻學風，認知到歷史實證主義的侷限乃在於對客觀真理的獲取表示過度的樂觀，未能自省到「前理解」或「成見」恆作用於歷史知識的構成活動上。換言之，未能認清理解活動的語言性與歷史性。❷❻因此，若能正視僧傳文本的多重價值作整體性的考察，也許可以拓展以往研究面向的侷限。

　　以僧傳作為佛教傳記文學作品而言，應著力於作品本身內在系統的探討，而不應只注意作品的外緣關係。因此，跨越前人對僧傳作文獻考證的研究方式❷❼，從敘事文脈來觀察僧傳虛與實交融的敘

---

❷❻　參見氏著：〈多音與介入：北美的佛學論述〉，《空性與現代性：從京都學派、新儒家到多音的佛教詮釋學》（台北：立緒出版社，1999 年），頁167。

❷❼　文獻學訓練是從事佛教相關研究所必須具備的基礎學術訓練，透過佛典語文的分析比對，以及歷史資料的比對，確定佛教文獻出現的歷史先後，包括史傳版本的校勘和內容的考訂訓釋的工作，以釐清佛教發展的歷史事實，盡可能還原佛典文獻的原義。要賦予一部佛教經典應有的文化意義與定位，必須將其放入歷史文化脈絡之中來考察，因此，對於佛教典籍的社會意義，及佛

事圖景，將有助於更深入了解僧傳創作意義的本質。

第三節　研究方法與本書架構

一、研究方法

　　當傳記作者考慮如何呈現傳主的人物性格、生命經歷和內在思想，以及採取何種敘事技巧來組織既有的史料時，已然較史學更趨近於文學表現了。傳記的撰寫必須儘量把傳主放回到他所處的時代背景裡，但是，無論作者如何設身處地想像傳主的時代，仍難免受到作者個人歷史意識的掌控而增加傳記內容層次的複雜性。即使相同的材料，不同的作者，看待傳主的視角便有所差異，所呈現的傳主面貌可能也將不盡相同。所以敘事本身其實就是在重新建構傳主的一生，作者可以透過傳記傳達他希望讀者看到的傳主面貌，讀者也可由此探究作者的用意之所在，所以討論的焦點就不再是真實的傳主本身與其傳記相符與否的問題，而是作者運用什麼樣的方法來敘事，而形成讀者所見到的傳主面貌？這種面貌的呈現，透露了什麼樣的作者意識和時代意義？

　　歷來對於僧傳的研究，多半僅從史學的角度，討論傳文記載是

教實踐相關問題的歷史與文化研究，是近年美國佛教研究的一個趨勢。研究者不再以從事佛學研究為滿足，而多半接受跨學科的嘗試，開展佛教與相關論題的對話，表現了重新檢討前人研究觀點和成果的意圖。黃啟江：〈從佛教研究法談佛教史研究書目資料庫之建立〉，《現代佛教學會通訊》第 12 期（2002 年），頁 63。

否合乎事實，史料是否可靠無誤，這其實已經預設了必然有一客觀的、先在的傳主真實存在，用來檢測傳記是否符合這個先在的事實。然而這樣的假設，若我們能理解歷史不免存在人為意識，即使是真正經歷歷史事件的人本身，也是從其個人的角度來理解事件；就算記錄者自詡從一個較高視角俯瞰或較客觀的角度來記錄，也不免受其所處的時代氛圍影響而隱藏不自覺的觀點來詮釋歷史。那麼，對我們而言，探究歷史的存在意義可能較比對歷史的真實性更具意義。歷史記錄事件，事件無法脫離解釋，解釋本身即包含了價值判斷。❷❽因此，或許可以嘗試換個方式來閱讀這些僧傳文本，轉而從敘事的角度，來看僧傳作者如何描述這些人、這些事？這些編排的匠心，運用了哪些文學的手法？而作者的用意為何？這樣的傳記所呈現的歷史，將對讀者產生什麼作用？或許作者便是透過選擇事件來呈現其史觀。

「敘事」概念是中國傳統史論和文論所固有，《說文解字》謂「敘」有「次第」之義，段玉裁《說文解字注》云：「古或假『序』為之。」❷❾所以古代「敘」和「序」兩字相通，敘事也可稱作序事，有依序記事之意。「敘事」，即是按某種時間性，有次序地來敘述事件的發展變化。❸❶唐代劉知幾《史通·敘事篇》贊《春

---

❷❽　余英時認為解釋的作用，是將許多孤立的史實的真正關鍵找出來，使歷史事件成為可以理解，這種解釋仍是歷史事實的一部分，絕不容分割。離開這種解釋，則歷史學便不能成立，史籍也只能流為一種流水帳而已。《史學與傳統》（台北：時報出版社，1982年），頁170。

❷❾　〔清〕段玉裁：《說文解字注》（台北：漢京出版社，1980年），頁127。

❸❶　張素卿：「所謂『敘事』是指敘述事蹟之始末，以表現其發展脈絡的一種文

秋》敘事具簡要特質❸，南宋真德秀《文章正宗》收錄辭命、議
論、敘事和詩賦四種文類，在〈敘事類〉的綱目云：

> 按敘事起於古史官，其體有二：有紀一代之始終者，書之堯
> 典、舜典，與春秋之經是也，後世本紀似之。有紀一事之始
> 終者，禹貢、武成、金縢、顧命是也，後世志記之屬似之。
> 又有紀一人之始終者，則先秦蓋未之有，而昉於漢司馬氏，
> 後之碑志事狀之屬似之。❸

敘事成為一種獨立的文類，所包含的文體種類眾多，有記一代之史
的史傳，有記一事之史的志紀，後代即有專記一人之史的碑傳行狀
出現，這些都是以歷史敘事為骨幹。

清代劉熙載《藝概・文概》將敘事方法分為九對十八類：「敘
事有特敘，有類敘，有正敘，有帶敘，有實敘，有借敘，有詳敘，
有約敘，有順敘，有倒敘，有連敘，有截敘，有豫敘，有補敘，有
跨敘，有插敘，有原敘，有推敘。種種不同，惟能綫索在手，則錯
綜變化，惟吾所施。」❸可知敘事行動是由作者來掌控，藉由不同
的敘事方式穿插運用，言而有序地呈現故事的脈絡。

體。這種文體可以自由發揮想像，造事傳奇；也可依據實錄，撰述歷史人物
之行事。」引自氏著：《敘事與解釋：《左傳》敘事研究》，頁 29。

❸ 「夫國史之美者，以敘事為工；而敘事之工者，以簡要為主。簡之時義大矣
哉！」浦起龍釋：《史通通釋》，頁 154。

❸ 《文章正宗・綱目》（台北：台灣商務印書館，1975 年）。

❸ 《藝概》（台北：廣文書局，1969 年），卷 1，頁 23。

　　為了讓僧傳的敘事分析的操作架構更具體，本文參考西方文學批評理論中關於敘事學㉞的觀念，輔助對「高僧」這種特殊對象；「傳記」這種特殊文體，所結合的僧傳敘事模式作分析。當然，本文不會直接栽植西方的敘事觀念來討論中國僧傳文獻，而是希望從中國既有敘事傳統出發，借由西方敘事學觀念㉟，啟發僧傳研究的

㉞　敘事學所受的深刻影響來自結構主義，這既表現於它的分析對象，也表現於它的分析方法。結構主義者在嘗試建立一種普遍化的符號科學時，採用了索緒爾的觀點，認為語言（langue）比言語（parole）更重要。語言的優先性意味著要找出被視為一種系統的語言的特性，而不是個別言語行為的特性，語言系統使言語行為得以產生並表達意義。結構主義敘事學家試圖詳細描述個別敘事信息中的基本代碼，或故事接受者得以辨認被組織為敘事的話語，並按照這種話語進行闡釋特徵和差異系統研究。敘事學的研究，若從文學的角度而言，是指敘事性文學作品的敘事本質、功能、結構和技巧等研究。俄國形式主義的敘事研究，是以探究作品普遍的「文學性」為研究目標。他們認為「形式」包含了作品的整體，包括作品的「內容」也是形式的一部分，是與形式不可分解的整體，透過形式技巧的表現，使原始材料成為作品形式的一部分，而形式技巧便是他們所謂文學性之所在。參考高辛勇：《形名學與敘事理論》（台北：聯經出版社，1987 年），頁 17-19。結構主義學派主要研究敘事作品的結構與其內在的關係，旨在挖掘敘事文學的深層結構。結構主義基本上視文學作品為一個結構體，作品本身具有內在的邏輯關連，因此透過系統分析可以探究文學作品的表達形式特徵，以連結成一有機的敘事結構。參考戴衛·赫爾曼著，馬海良譯：《新敘事學·第六章社會敘事學：分析自然語言敘事的新方法》（北京：北京大學出版社，2002 年），頁 148。

㉟　西方敘事學是近幾年才興起的一門學科，「敘事學」（Narratology）之名是茨維坦·托鐸洛夫（Tzvetan Todorov）於 1969 年在研究薄加丘的《十日談》時首先提出的。參見胡亞敏：《敘事學》（武昌：華中師範大學出版社，1994 年），頁 2。敘事學是將結構主義的分析方法運用到敘事分析上，西方結構主義敘事學的發展，是由俄國形式主義開啟，它繼承亞理斯多德（Aristatle）以來的古典敘事理論傳統，研究對象以虛構性的小說為主，以雅

面向。

　　從文學的角度而言，「敘事」就是在敘述故事，意即採用某種語言表達模式來講述一個故事，所以，是「敘述」加「故事」兩種要素的結合。❸敘事學分析可以廣泛運用於任何學科，其中以小說研究最為常見，事實上，它適用於任何敘事文類，當然包括傳記。結構主義敘事學關注的焦點不是個別文學作品內容的詮釋和分析，而是透過個別作品歸納出文學作品的普遍特徵，以建立一普遍性的敘事理論。

　　近來有不少學者將敘事學的理論運用於中國文學的研究❸，不

克慎（Roman Jakobson）、普洛普（Vladmir Propp）為代表。接著法國結構主義加以發揚，以托鐸洛夫（Tzvetan Todorov）、布雷蒙（Claude Bremond）、熱奈特（Gerard Genette）為代表。英美修辭學派承繼俄國形式主義文學理論和法國結構主義語言學理論，嘗試建立兼具理論和實踐應用的敘事理論，以布斯（Wayne C. Booth）、巴爾（Mieke Bal）為代表。參考巴爾（Mieke Bal）著，譚君強譯：《敘述學：敘事理論導論》（北京：中國社會科學出版社，2003 年），頁 3-11。

❸　徐岱謂：「所謂『敘事』，也即採用一種特定的言語表達方式──敘述，來表達一個故事。換言之，也即『敘述』＋『故事』。」《小說敘事學》（北京：中國社會科學出版社，1992 年），頁 5。

❸　傳統西方的敘事學主要的研究對象是小說，不過，當代西方敘事研究已非只侷限於小說文類或文學領域，而擴展運用到歷史、哲學、心理學、社會學等領域。〔美〕蒲安迪《中國敘事學・導言》主要探討西方「narrative」的觀念在中國古典文學分析上的運用：「『敘事』又稱『敘述』，是中國文論裏早就有的術語，近年用來翻譯英文（narrative）一詞。」（北京：北京大學出版社，1996 年），頁 2。楊義《中國敘事學》（嘉義：南華管理學院，1998年）企圖融合中西文學表現的觀點來分析中國敘事學的特色，將敘事分析劃分為結構、時間、視角、意象四個層面。陳平原《中國小說敘事模式的轉

過，到目前為止，研究的文類多集中於小說，很少注意到史傳。史傳文類的研究，多集中於史料考證，或視為理解社會文化的史料，很少人以史傳的敘事性作為研究的焦點。

歷史敘事與文學敘事最大的不同在於面對虛構的態度的差異，就歷史敘事而言，自然時間是延續的，但透過歷史記錄，自然時間即可被有序地轉化為歷史時間，因此，史書所記載的其實是歷史時間而非自然時間。藉由書寫，史實是被選擇、安排、銜接、重組等刻意還原而成的歷史拼圖，在重整時間序列時，表面上是自然時間的記錄，事實上它已是一種敘事時間的組成結果。敘事時間之不同於自然時間是它具有可斷性，可隨時抽離、插入、銜接，加上敘事中有意無意的意識型態介入，連接其所選擇的事件「點」，經巧妙的安排選擇，以主導其所欲呈現的歷史圖景。所以我們所熟知的歷史，其實是透過時間的可斷性而連續出來的圖景，它同樣可以從不同的點做不同的連線組合，以形成不同的歷史圖景。因此，可以說現存的歷史記載並非唯一的事實，我們可以試圖去挖掘其組成歷史背後的企圖，破除一貫的歷史觀，從不同的敘事角度來解讀這些史傳文本。因此，敘事研究應該可以成為史傳研究的一個新的方向。❸

變》（北京：北京大學出版社，2003 年）則由敘事時間、敘事角度、敘事結構三個層面來探討中國小說敘事模式的轉變。張素卿認為「敘事」文體呈現的是一種理解方式，就其為「理解方式」而言，「敘事」對人的行為具有解釋的功能；就其「普遍而基本」的理解方式而言，中西敘事觀念是殊途同歸的。參見氏著：《敘事與解釋：《左傳》經解研究》，頁 97。

❸ 張素卿：〈從《左傳》敘事論中國史傳研究的一個發展方向〉，《全球劃下中華文化的發展研討會論文集》（香港：香港中文大學，2003 年），頁 155-183。

傳記的敘事並非簡單的將既有史料拼湊組合，而是經由作者組織、取捨和重述而成，這當中即隱含了作者如何敘述傳主的問題。即使《宋高僧傳》有些篇章是引用或改寫碑傳而成，其中仍有贊寧的增刪或剪裁以成文，必須視為完整的作品。

　　所以，從某個角度而言，歷史也是一種創作，其中必隱含作者性及人為建構性，只是它的創作必須以既有史料為基礎，就此點而言，文學敘事剛好相反，它不必有任何憑藉物質，而是直接由作者掌控，是一個從無到有的虛構過程。

　　作者在作品中選擇的講述者即是敘事視角，透過該講述者的視角來發展故事，則同樣的故事，不同的視角，就會有不同的詮釋。傳統傳記理論往往視敘事語言為一透明的媒介，以為選用正確的文字即可準確傳達事件，納杜爾在《傳記：虛構、事實與形式》的緒論說：「構成一本傳記的是語言和敘述方式，而不是內容。建立傳記作品價值的不是事實，而是事實的表現（presentation）。」❸事實上，無論作者如何宣稱其寫作的客觀性，其作品也絕不僅僅只是記錄，必然包含他對傳主生命材料的解釋、組合於其中，所以我們應將重點放在表達方式上，而不應僅僅只是像史學家般去考證材料的正確性。傳記是以人物為敘述對象的一種文體，傳主一生的經歷，必須經過邏輯的串連，將之編成線性組織，再按此線性順序，形成一個有情節連貫和起伏的佈局，這個佈局便會決定哪些事件要敘述

---

❸　引自 Ira Bruce Nadel（納杜爾）, *Biography: Fiction, Fact and Form* (Landon: Macmillan, 1984), p3. 翻譯參考廖卓成：〈《傳記：虛構、事實與形式》評述〉，《書目季刊》第 23 卷第 1 期，頁 119。

及如何敘述的問題，這也是撰寫傳記之前，往往會先為傳主編寫年譜⑩的原因。所以，當作者在統籌組合傳主一生經歷的同時，已為傳主生命建立了主題旋律，「作為一種文類，傳記的挑戰是傳記作家如何一手拿著語言作工具，一手拿著傳主一生的資料去創造一件真實而滿意的作品。」因此，「敘述不只建構傳主，更控制我們對傳主的印象，我們就能夠了解傳記的豐富性和複雜性了。」⑪

王靖宇先生為了建構中國敘事文普遍性的敘事分析架構，將西方敘事學的一些觀念和方法應用於中國早期敘事文的分析，從情節、觀點、人物和意義這四個敘事文必不可少的要素進行《左傳》的敘事分析，對中國敘事文學的研究視野相當具有啟發作用。⑫當然，運用西方敘事理論的分析，是否能貼切於中國僧傳文本的特質，是一個有待檢驗的問題，所以本文並非對方興未艾的敘事理論

---

⑩ 年譜是以編年的形式記述譜主一生經歷及相關的人與事，可以提供研究傳主的素材，同時因敘述譜主的社會活動，能夠多方面反映社會生活面貌，具有重要的學術價值。

⑪ 以上兩段引文，引自 Ira Bruce Nadel, *Biography: Fiction, Fact and Form*, p.151-155. 翻譯參考廖卓成：〈《傳記：虛構、事實與形式》評述〉，《書目季刊》第 23 卷第 1 期，頁 119。

⑫ 參見王靖宇：《中國早期敘事文論集・中國敘事文的特性──方法論初探》（台北：中央研究院文哲所籌備處，1999 年），頁 6。此四項敘事文的要素，參考 Robert Scholes（羅伯特・斯科爾斯）和 Robert Kellogg（羅伯特・凱洛格）合著的 *The Nature of Narrative*（《敘事文的特性》）一書，提出敘事文的四種特質：情節（plot in narrative）、觀點（point of view in narrative）、人物（character in narrative）和意義（meaning in narrative）。這四種要素可說存在於任何類型的敘事作品中，具有相當的普遍性和涵蓋性。(N.Y.: Oxford U. Press, 1966), p.82-282.

照單全收，而僅結合具啟發性的觀念，使僧傳文本的分析架構更具體而深入。以《宋高僧傳》而言，從這四個層面來分析僧傳文類的敘事特質，可彰顯僧傳作者的創作精神：透過敘事結構的分析，了解僧傳的深層結構意涵；透過敘事視角的分析，了解僧傳敘事的主、客觀元素；透過敘事人物的分析，了解高僧人物的塑造；並從中歸結整部僧傳的主題意涵。

除此之外，僧傳畢竟不同於一般傳記，有其宗教的特殊性，以及作為佛教史料的存在意義，因此除了運用敘事分析，加上史傳中的互見法，敘事時序安排，以及正、附傳體例的調配等分析方法的運用，藉以對僧傳中的人為建構意義有更深入的理解。

當然，每一種分析理論都有它的優、缺點，敘事學是從創作的角度，著力探討作品的敘事特徵與結構關係，深化我們對作品本身的結構、表現方式、審美特徵乃至主題意涵的認識。但是敘事研究也有其侷限，其重點不在詮釋個別作品，而在於探究敘事作品共通的結構、成分、規律和特色。由於其只重視作品本身敘事規則的探討，在某種層面上，忽略了作品與社會、歷史、文化等外緣環境的互動關連。因此，本文除援用敘事的四個基本要素來開展分析架構外，並注重《宋高僧傳》本身的歷史性意義、宗教性意涵，以及文本產生的外緣時代環境的影響性等問題，以補敘事理論本身之不足。

二、本書架構

僧傳兼具宗教、歷史和文學三方面的特性，前二種特質是不言而喻的，利用具體的敘事研究，更能凸顯其文學特質。因此，本文

將先縱向考察佛教傳記的發展歷史，再橫切面剖析北宋贊寧《宋高僧傳》本身的敘事特性，及其所呈現的佛教發展的相關性議題。一者，從歷史文化的角度，依佛教發展脈絡，觀察僧傳存在的歷史意義和作用。二者，從文學敘事的角度，分析《宋高僧傳》的敘事結構和特色。三者，從宗教實踐的角度，探究中國佛教聖徒宗教生活的基本型態，並藉由僧傳敘事勾勒出高僧的宗教形象和修行典範，及其所交織而成的宗教意涵。以上三個切面的討論，並非各自獨立而是相互關連的，期待能以《宋高僧傳》為核心，架構出一個立體的僧傳解讀模式。因此，本文主要探討僧傳作為宗教性的聖徒傳記的敘事特色，而非考證其作為歷史文獻的真實性，所以不去討論傳記中哪些部分真實，哪些部分虛構的問題，而著重於探討作者如何將歷史敘事與文學敘事融合起來塑造高僧形象。

其次，運用敘事文的四個基本元素，對《宋高僧傳》的傳記敘事模式、敘事觀點、高僧形象、宗教意涵等問題，分章討論如下：

第二章，中國僧傳的源流與發展。僧傳文類的產生，是結合多種文化傳統而成，因此本章將追溯僧傳來自佛陀傳記所呈現的修道典範，以及受到中國傳記敘事方式和傳後論贊體製的影響部分，並回顧中國僧傳從六朝到宋代以前的發展歷史。

第三章，《宋高僧傳》產生的背景。本章將分別檢討《宋高僧傳》產生的內、外條件，了解贊寧創作時外在佛教發展和社會文化環境背景，北宋史學的特色及佛教史籍的發展方向；並探究贊寧內、外學學養與其創作僧傳的文獻取材，作為理解文本的基礎。

第四章，《宋高僧傳》的敘事結構。分別就《宋高僧傳》正傳敘事結構的形成，及其結構類型、互見敘事等面向，來分析其僧傳

敘事的基本模式，以及附傳的系屬原則。

第五章，《宋高僧傳》的敘事視角。分析其敘事視角的運用情形，以及敘事時序的安排，以見敘事過程中，敘事者觀點的作用。

第六章，《宋高僧傳》的高僧形象。高僧傳記敘事的焦點當然是高僧，因此，本章將依次分析文本中如何塑造高僧的形象，高僧的人物類型，以及唐宋間僧侶修行生活型態的轉變。

第七章，《宋高僧傳》的主題意涵。主要分析文本如何藉由一些宗教意義強烈的情節來達到聖化高僧的目的，以彰顯僧傳的主題意義。並且，總結其敘事特色。

第八章，《宋高僧傳》的特殊宗教現象。本章針對《宋高僧傳》中所呈現的特殊宗教現象和傾向，包括佯狂神異高僧群出的時代意義，普勸念佛求生西方淨土的傾向，以及贊寧對捨身供養的看法等，這三個較為顯著的論題深入探究。

第九章，史傳論贊最能直接透顯作者對傳主的評判和其價值標準，因此，本章將從《宋高僧傳》的論、系、通，探究論贊在文本中的作用和意義，以及在整部僧傳中的地位，並由此理解贊寧撰作僧傳的歷史觀點和撰述立場。

第十章，結論。以上分別從中國僧傳的歷史發展、文學敘事和宗教意涵三個面向來建立分析架構，以期對《宋高僧傳》乃至中國高僧傳記的敘事特徵有一整體性的理解，並嘗試歸結《宋高僧傳》作為佛教高僧傳記的敘事基模的優缺點和特色，以建立僧傳研究可行的解讀模式，這無論對中國傳記文學的類型或佛教文學研究的發展，都具豐富性和拓展性的意義。

第二章　中國僧傳敘事傳統的源流與發展

　　中國佛教僧傳的敘事源流，受到佛典中關於佛陀修行成道歷程的描述，及中國史傳文學的敘事方式，此兩種書寫傳統的影響，加上高僧人物特殊的生命特質，形成佛教傳記獨特的書寫模式。本章將分別從漢譯佛典來看佛陀傳記如何被書寫？其成道歷程的敘事對中國僧傳敘事模式產生怎樣的影響？其次，中國史傳傳統的敘事方式及其形式結構如何影響中國僧傳？最後，尋繹中國僧傳從六朝到北宋之前的發展情形。

第一節　漢譯佛典佛陀傳記的敘事特色

一、佛傳的結集

　　佛陀是實證菩提者，其滅度後僧團以及信仰者如何維持他們的信念，繼續修行之道呢？因應佛弟子們對佛陀行誼的懷念，並作為成佛之道的引導，於是便有了佛傳結集的需求，試圖將佛陀的生平保存下來以供流傳。

　　佛教創始者釋迦牟尼佛本姓喬答摩，名悉達多，是北印度迦毗羅衛國的王子，因感於生命的無常而捨棄王位出家修道。他是一位歷史上真實存在過，由精進求道而獲得正覺的修道典範，並有無數追隨者遵從他遺留下的法教繼續修行而逐漸形成一個宗教團體。

　　佛陀的傳記是一個不斷被創造、發展和豐富的過程，後來的佛傳編輯者，往往將其所屬教團及當時佛教發展的特色闌入佛傳中，所以不同部派的佛傳傳承往往略有差異。早期佛教經典中，有關佛陀生平事蹟的記錄都是零散地分佈於不同經典中，後來才有較為系統的佛陀傳記的創作出現。現存以各種語言寫成或翻譯來的佛陀傳記，包括梵文、巴利文、藏文、漢文等。

　　漢譯佛傳主要集中在阿含部、律部和本緣部。阿含經典中並無一經是專記佛陀生平者，而是零星散佈於經文之中，因為原始佛教重視的是佛的法教，而非神化佛陀。其中有記錄包括釋迦牟尼佛在內的七佛從出生、成道說法的故事❶，情節都很相似；有描述佛陀從兜率天降生的過程❷；有記載佛陀涅槃經過的經典，從示現病徵

---

❶　包括《長阿含經》、《增一阿含經》都有過去七佛的成佛過程敘述。收入《大正藏》，第 1 冊，頁 1 中；第 2 冊，頁 790 上-791 中。

❷　參見《中阿含·未曾有法品》，收入《大正藏》，第 1 冊，頁 470 上。包括佛典及後人創作的佛傳，都以極富想像力的語言來鋪陳世尊降生的故事。在阿含經典中即記錄了世尊此世降生娑婆世界的情形，當他入於母胎時，大地為之震動，從右脅入胎和出胎，與一般凡夫從女性子宮和產道受血污而生不同，此皆象徵佛陀自性清靜無染的本質。潘朝陽謂：此乃宗教神話之啟示性語言。其象徵意義為：一者，佛與娑婆的空間本既為二，佛由聖潔處下生不潔的娑婆，娑婆世界將由不潔而趨於潔淨；二者，從佛降生娑婆始，娑婆世界從此開始以佛為空間的中心，由於佛之慈悲與智慧光明普照，娑婆世界將

到荼毘等情形。❸這些片段在後來的經典中出現時，逐漸被補充、加工，想像的成分也就愈來愈多了。律部有許多佛陀度化弟子出家受戒的故事，敘述平實，保存佛傳較為原始的型態。其中《根本說一切有部毗奈耶破僧事》是律部中篇幅最完整的佛傳，敘述佛陀從出生到成道說法的過程，不過已雜入些許神話色彩。《根本說一切有部毗奈耶雜事》則專記佛陀涅槃前、後的情形。❹

　　相對於阿含、律部，本緣部較集中描述諸佛及其弟子的過去生。❺本緣部中敘述佛陀從出生到得道的過程，充滿神異的內容，關於佛及諸聲聞弟子的各種神通變化的敘事豐富，具有濃厚的神話色彩，佛陀也由人而上升為具神格性的全能者。此時期的佛傳已經神格化，因此其傳記處處可見奇特的神異空間和事件的發生。例

轉化為淨土，因此之故大地為之震動。參見氏著：《出離與歸返：淨土空間論》（台北：台灣師範大學地理系，2001 年），頁 74。

❸　包括收錄於《大正藏》中的《長阿含經‧遊行經》（第 1 冊，頁 11 上）、《佛般泥洹經》（第 2 冊，頁 160 中）、《般泥洹經》（第 1 冊，頁 176 上）、《大般涅槃經》（第 1 冊，頁 191 中）等，這四部經典應是同本異譯，主要敘述佛陀入涅槃前後的過程，包括病兆、最後說法、入滅、荼毘及分舍利等。以上參考印順法師：《原始佛教聖典之集成》（台北：正聞出版社，1986 年），頁 349-366。

❹　包括《四分律》、《根本說一切有部毗奈耶破僧事》、《根本說一切有部毗奈耶雜事》三部。

❺　根據李坤寅的統計，本緣部中有關佛傳的經典共有 13 部。分別是：《修行本起經》、《太子瑞應本起經》、《普曜經》、《方廣大莊嚴經》、《異出菩薩本起經》、《過去現在因果經》、《佛本行集經》、《佛說眾許摩訶帝經》、《佛所行讚》、《佛本行經》、《僧伽羅剎所集經》、《佛說十二遊經》、《中本起經》。參見氏著：《釋迦牟尼佛傳記的神話性初探：以八相成道為例》（台北：輔仁大學宗教所碩士論文，2002 年），頁 41。

如：世尊苦行證道的過程中，一邊是極盡所能地護持世尊苦修，祈求其早日證果的諸天釋提桓因等；一邊是唯恐世尊證道而無所不用其極地阻撓其修行的魔王波旬，因此世尊修行歷程的背後，充滿兩方神通競賽的張力。

從現有漢譯佛典來看，以阿含經典及律部的《四分律》內容最為樸實，應是較早期的佛傳結集，這些早期經典多是親近過佛陀的弟子親身見聞的記錄，敘述佛陀由人成佛的修行過程，比較接近世尊當時的真實情況，可說是佛傳的原始型態。即使有滲入些許感情因素或記憶的誤差，但比較起來仍較晚期或後人創作的佛傳更具寫實性和可信度，奠定後來佛傳內容的基礎。

部派佛教時期，佛陀生平的敘述都是片段性的，因為佛陀並不是創立一個宗教，也反對崇拜偶像，所以，早期經典側重於佛的法教內容的結集，關於佛陀生平都是片段記錄，夾雜在教法之中。進入大乘時期，隨著佛教的發展，同時可能受到印度教的刺激，後代修行者對於佛陀過往的形跡有更大的希慕和崇拜，馬鳴菩薩❻著《佛所行讚》就是這種時代背景下的產物。

二、漢譯佛傳創作中的佛陀形象

釋迦牟尼佛的生命歷程，被佛教徒歸納成八段最重要的情節，謂之「八相成道」。包括第一降兜率相，世尊由兜率天宮下生人

---

❻　馬鳴梵文名 Acvaghosa，是印度一世紀到二世紀時的著名佛教哲學家，也是著名文學家，精通三藏，通達內外典籍。其生平參見鳩摩羅什譯：《馬鳴菩薩傳》一卷，收入《大正藏》，第 50 冊，頁 183 上。

間;第二託胎相,世尊乘坐白象由摩耶夫人右脅入胎;第三降生
相,世尊從摩耶夫人右脅降生;第四出家相,世尊有感於人生、
老、病、死之苦而出家求道;第五降魔相,世尊成道前降服群魔的
擾亂,正定不為所動;第六成道相,世尊經六年苦修,終於在菩提
樹下成等正覺;第七說法相,世尊成佛後,四處行化,廣說法教;
第八涅槃相,世尊最後於娑羅雙樹下入於涅槃。❼「八相成道」顯
示佛陀一生從自覺、覺他,以致覺行圓滿的生命典範。

　　漢譯佛傳創作中最具代表性的是據傳為馬鳴菩薩所作的《佛所
行讚》。全詩共二十八品,仍是依據八相成道的結構繁衍而成,包
括世尊的家世、出生、出家、悟道、說法直至涅槃,是歌頌佛陀一
生行誼的長篇敘事詩。❽其中當然有神化和誇飾之處,但基本上是
把世尊視為一個「人」來寫,大體符合歷史的佛陀的生平。至於表
現形式,從漢譯本來看,雖然語言上有生澀隔礙之處,但整體上對
佛陀形象的傳達和塑造非常生動鮮明,可說是佛陀生平事蹟加上作
者馬鳴的藝術創作熔煉而成的作品。其內容約可劃分為以下幾個重

---

❼　以上這是阿含經類的說法,一般稱為「小乘八相」。大乘經典的「八相成
　　道」與之相較有兩點不同:一者,增加「住胎」為第三相,世尊於母胎中與
　　在天宮無異,並為諸天說法;二者,取消「降魔相」,大乘佛教認為佛陀本
　　來已證正等正覺,其降生娑婆,歷經出家、修道,最後覺證的歷程,只是一
　　種示現,目的在揭示眾生可行的成佛之道,所以不會受到諸魔干擾。由此可
　　見,晚期經典對於佛陀生平的敘事,添加更多神話色彩。參見《望月佛教大
　　辭典》(台北:地平線出版社,1977年)「八相成道」條,頁4215下。
❽　此詩北涼時由東印度僧人曇無讖譯成漢文,共五卷二十八品,九千多行詩。
　　中國古代最長的敘事詩《孔雀東南飛》,共三百五十七行一千七百八十五
　　字,《佛所行讚》的篇幅竟近其三十倍。

點：首先，描述世尊降生成長的情形：包括生品第一太子誕生，迦毗羅城國王、王妃及全國上下歡喜雀躍，梵志占言王子未來在人間則為轉輪聖王，阿私陀仙預言王子出家則將成等正覺。處宮品第二，太子由母親摩耶夫人之妹瞿曇彌撫育成長，學習各種世學知識，於優渥繁華的宮中過著無憂的生活，成年後與美麗的耶輸陀羅成婚，不久，唯一的兒子羅侯羅誕生。其次，從厭患品到車匿歸還品，描述太子出家的過程：厭患品第三，太子因出宮門而見到生、老、病、死等四種人，引發內心極大的驚愕起伏的情感，這裡有節奏地逐漸推高戲劇的高潮。離欲品第四，以華美典雅的韻律敘述淨飯王為留住太子而令綵女誘惑其安於人間欲樂，另一方面，優陀夷則勸太子當思人生之憂苦，勿耽著於愛欲。出城品第五，太子欲學比丘修道，天神施法使諸綵女熟睡，露出不堪的樣貌，太子決意離城出家，對於宮城種種的描述，以一種瀏覽的節奏，飽蘸悲傷淒美的氣氛。車匿歸還品第六，車匿載著太子奔馳出城，從此遠離父母、妻子，內心充滿情愛別離的悲傷情緒，太子將衣飾託付車匿，落髮出家。第三部分從入苦行林品到阿羅藍鬱頭藍品，描述世尊修道的過程：入苦行林品第七，太子前往苦行林向苦行修道士學習各種苦行方式。合宮憂悲品第八，此品細膩描述宮中發現太子逾城出家之後，從國王、妃子、綵女上下人等，驚慌懊惱、捶胸頓足的情緒。推求太子品第九，王師大臣等對太子訴之以情、說之以理，喻其人倫道義的責任，太子仍不為所動，誓言必取正覺，五比丘願隨侍太子苦行。缾沙王詣太子品第十、答缾沙王品第十一，此二品是缾沙王與太子對於世俗愛欲與修行解脫的對辯。阿羅藍鬱頭藍品第十二，前半部是阿羅藍等二仙與太子的哲學論議，後半部敘述太子

嘗試各種苦行後，決定捨棄苦行，於尼連禪河洗浴後，在菩提樹下
結跏趺座。第四部分，描述世尊降魔過程：破魔品第十三，敘述太
子與魔王的對抗，筆調誇張、波瀾起伏，充滿善惡、真妄的藝術形
象的對立，最後正定勝過魔軍，菩薩內心充滿寂靜之樂。第五部
分，描述世尊證道情形：阿惟三菩提品第十四，菩薩於初、中、後
夜漸入甚深禪定，最後證得正覺。第六部分，從轉法輪品第十五，
缾沙王諸弟子品第十六，大弟子出家品第十七，化給孤獨品第十
八，父子相見品第十九，受祇桓精舍品第二十，到受財醉象調伏品
第二十一，菴摩羅女見佛品第二十二，詳述世尊說法度生的經過。
其中父子相見品第十九描述特別感人，世尊自出家後，首度返回故
鄉探望家人，父子面對兩造心情，一翻騰、一平靜的對比，舉國上
下再見到著出家僧服的太子之莊嚴相貌而悲喜踴躍，獨守空閨的妻
子及陌生的兒子羅侯羅相見的情景氣氛感人。第七部分，從神力住
壽品到分舍利品，描述佛陀從涅槃到分舍利的過程：神力住壽品第
二十三，離車辭別品第二十四，涅槃品第二十五，描述世尊自覺即
將入涅槃，全篇語調哀傷。大般涅槃品第二十六，描寫世尊去世的
過程，弟子的不捨，及大地種種異象。歎涅槃品第二十七，分舍利
品第二十八，分別交代佛陀荼毘後舍利分配等後事。

　　從思想層面來看，平等通昭認為《佛所行讚》所表現的佛陀
觀，大體上屬於上座部說一切有部的見解，而且是成立於往大乘佛
教發展的過程。❾馬鳴菩薩以自己對當時存在的佛傳文學及民間關

---

❾　木村泰賢、平等通昭合著：《梵文仏伝文學の研究》〈第四篇仏所行讚の思
　　想〉（東京：岩波書店，1930年），頁258。

於佛陀的傳說的見解為基礎，融入個人對佛教教義的理解而完成此文，可說是結合了宗教與藝術、真實與想像，將佛陀的生平鍛鑄成一篇美麗的詩歌，在印度文學史乃至世界文學史上都是無與倫比的傑作。

從文學修辭的角度來看，《佛所行讚》全文結構完整，佈局高潮起伏，善用誇張的形象語言來渲染氣氛，以各種意象作比喻，極盡可能來塑造出家修行成道的佛陀不平凡的一生。侯傳文認為其藝術成就有如下幾點：首先，它是詩歌體，必然帶有韻律，來傳唱佛陀傳奇的生命歷程。雖然漢譯除了詩句整齊之外，已無法保留原有的音韻節奏，仍可以由敘事情緒的起伏，來感受韻律節奏對劇情的催化和加強的作用。其次，善於寫景，將印度式的空間呈現於詩歌，鉅細靡遺地描述各種具象的事物的樣貌和變化，作為烘托主角的陪襯。例如其描述宮殿的富麗；太子離宮前回顧綵女宮娥及王宮諸人都昏睡的情景。第三，運用各種譬喻和想像，呈現虛實交融的時空場域，甚至將無情物擬人化，加上各種詠歎語調、具哲理性的警策對話等。最後一點是其抒情元素，因為幻想空間自由，使全詩充滿浪漫的理想情調，正可點描主人翁世尊的人格特質。全詩情節轉折清晰，使讀者情緒隨世尊一生的轉折而跌宕起伏。❿

《佛所行讚》的創作是以佛典中佛陀的生平為材料，融合了真實的歷史與文學的想像，並賦予宗教情感來歌頌佛陀的求道精神。對於佛陀生平的想像，例如太子之母因夢白象入胎而有娠，右脇而

---

❿ 參見氏著：《佛經的文學性解讀》（北京：中華書局，2004 年），頁 152。

生非經產道，證得佛果外相上成就三十二種圓滿的相貌莊嚴❶等等，都是將佛陀形象理想化或神化的典型，以致有一些西方歷史學者甚至認為佛陀是虛構的人物。❷

　　佛典中的佛傳敘事，到底哪些是較接近真實的佛陀本貌呢？阿含經典和律部的世尊形象就比本緣部和大乘經典來得可信嗎？就只是因為大乘經典是佛滅後逐漸形成，就要否定其內容也具有承載真諦的價值嗎？印順法師《原始佛教聖典之集成》自序說：「佛教聖典不應有真偽問題，而只是了義不了義，方便與真實的問題。說的更分明些，那就是隨（世間）好樂，隨對治，隨勝義的問題……佛法在流傳中，一直不斷的集成聖典，一切都是適應眾生的佛法。」❸因此，我們要仔細推敲的，或許不應是歷史性的佛陀的真貌為何，而應是透過這些佛傳故事所象徵的歷史意義為何的問題。

　　在大藏經本緣部中關於佛陀過去生的故事，乃至今生成就佛道的修行歷程，這些故事多半帶有濃厚的神話色彩，後代的讀者，尤

---

❶　「三十二相」係轉輪聖王及佛之應化身所具足之三十二種殊勝容貌與微妙形相，與八十種好（微細隱密者）合稱「相好」。以上三十二相，行百善乃得一妙相，稱為「百福莊嚴」。參見《望月佛教大辭典》，頁 1554-1560。

❷　西方學者對佛傳的研究，可大分為兩種態度：其一是對佛陀歷史的真實性持極保留的態度，如辛納（Emile Senart）透過比較神話的方法，認為佛陀是透過佛教徒想像出來的，視佛陀是一種太陽聖雄的化身。維爾遜（H.H. Wilson）更直接認為佛陀不是真實的人物。其二是視佛陀為歷史人物，如奧登拔（Herman Oldenberg）和戴維斯（T.W. Rhys Davids），並認為巴利文獻是記載佛陀生平的可靠資料。參考吳汝鈞：〈佛陀傳記之研究〉，《獅子吼》第 29 卷第 7 期（1990.07），頁 15。

❸　印順法師：《原始佛教聖典之集成·自序》（台北：正聞出版社，1986年），頁 1。

其是佛教徒，該如何看待這些故事呢？日本佛學界以歷史研究法為主軸，對於具有濃厚神話色彩的大乘經典，多半認為不是佛陀說法的記錄，而是在佛教發展過程中，逐漸衍生創作來的。⓮于淩波主張應該過濾掉佛典中刻意聖化和神化的部分，以更質樸的態度來認識佛陀由「人」成「佛」的過程及其法教。⓯這些佛教學者運用文獻學、史地考證等歷史學研究法，在有幾分證據說幾分話的實證精神支持下，似乎可以推翻大乘經典的地位，並使大乘信仰者精神上嚴重受挫。不過，我們更可以進一步反問：歷史研究的可信度能擴展到什麼程度呢？在第一章緒論中我們已經討論過，當代歷史學界已經對於純粹客觀歷史的存在表示質疑，因為事實本身很難真正被「客觀」的掌握，那麼讓史料自己說話，根本只是崇高的理想。既然如此，欲藉歷史實證探求佛陀真貌，亦無非緣木求魚。⓰

　　從部派佛教以來對經典的解釋，有時候是隨順世俗而安立，並無真理的必然性。後期大乘的佛傳作者，將佛陀塑造成一位具神格

⓮　日本真宗大谷派佛教史學者村上專精具體提出「大乘非佛說」，其理由有三點：一者，大乘經典和論書中所出現的世尊，不是歷史上的世尊，而是以法性身的身份，示現一種超脫人格的存在。二者，大乘經典中出現的菩薩聆聽世尊說法，除彌勒之外，包括文殊、普賢等大菩薩在內，都是概念化的理想人物，他們所聽到的世尊說法，相對的也不是歷史上那位肉身的世尊。三者，某些著名的大乘經典傳說來自龍宮等，這些參雜神話的來歷，缺乏可資考證的歷史事實。參見水野弘元著，劉欣如譯：《佛典成立史》（台北：東大圖書公司，1996），頁 27-8。

⓯　于淩波：《釋迦牟尼與原始佛教》（台北：東大圖書公司，1993 年），頁 1-4。

⓰　李坤寅提出以文化、宗教語言、信仰三種原則，作為詮釋佛典中的神話性之原則。參見氏著：《釋迦牟尼佛傳記之神化性初探》，頁 113。

性的超人形象，似乎不如此便無法解釋佛陀的偉大。這種作法固然模糊了歷史性的佛陀與宗教性的佛陀的界線，但它仍有一定的歷史意義，即我們可以由此瞭解當時的人們如何理解佛陀；或者說，佛陀在當時印度人的心中是怎樣的形象。當然，我們無意否定歷史研究的價值，但同時應充分體認歷史研究法的限制，尤其是面對宗教方面的研究，這並非推崇信仰而忽略理性價值⑰，而是希望學術研究能在回顧佛教發展的歷史，盡可能竭盡理性所能達到的範圍去揣摩佛陀證悟的內容之外，不忘反省自己詮釋的立場和處境，是否在學術研究中真的達到對真理的體悟和真誠；及自己如何在理性和真理間的差異中找到平衡。⑱

---

⑰　歐力仁針對《聖經》詮釋法的闡述，值得借鏡：「歷史批判法最致命的地方是將屬於特殊詮釋學的基督教經典──《聖經》──視為一般文本，忽略了它的神聖性與超越性；同時也忽略《聖經》不是歷史事件的紀錄本，而是其作者在聖靈的引導下，以主觀體驗與理解所寫下的見證文集。閱讀、理解和詮釋《聖經》，不是一個『考究』、『證明』和『說明』的過程，而是一種『被感動』、『被引導』和『被激勵』的恩典。」引自氏著：〈歷史批判法之商榷〉的結論。《輔仁宗教研究》第 5 期（2002 年），頁 135。

⑱　劉宇光認為當前台灣佛教史學的研究所關心的往往是經典原文說過什麼，而不是這種說法對生活世界產生何種的意義。「在宗教經典研究上，導向歷史文化的理論，很容易把討論完全走出作品之外，背棄它原有的宗教性，一個宗教作品自有其獨立性，宗教研究應著力於宗教經典的內在系統，而不應孜孜不倦探尋如歷史文化現象等作品的外緣因果關係。」因為這種歷史傾向的作法，實已忽略了經典宗教性的面向。參見氏著：〈對古典語文獻學在當代華人佛學研究中的角色問題之省思〉，《正觀雜誌》第 1 期（1997.06.25），頁 28-44。

三、漢譯佛傳敘事模式對僧傳的影響

　　就佛教的觀點而言，生命是相續的，除非脫離輪迴。部派時期大規模的編纂結集佛陀的本生事蹟，後期大乘佛教繼承此一傳統，繼續創作或發展佛陀的本生故事。本緣部中許多關於佛陀過去生種種修行經歷的敘事，反映佛陀多生修道的過程，也可視為佛傳的一部分。這種本生故事的敘事模式都是先於今生以一事為因緣而導出前生故事，再以偈頌穿插於故事中，或於文末點明故事主題，以明因果之理。總體而論，小乘佛教的本生故事較著重於表現佛陀個人的修行解脫過程；大乘佛教的本生故事則發揮佛陀因地捨身求法和捨己救人的菩薩道精神。❶

　　關於佛陀過去生的經歷，有些是佛陀說法時自己宣說，有些可能是後來弟子們為了聖化佛陀而推想出來的。印順法師認為佛陀滅度後，弟子基於對佛陀的永恆懷念，逐漸在經典結集過程中將佛聖化，以致其在傳記中的形象和生平，不斷地發展演變而充滿神奇故事。❷因此，佛典中關於佛陀的生平的記載，實包含了神話、想像和真實，具有濃厚的聖化性質，具體呈現一位弟子所仰慕懷念的導師形象。

　　這些佛傳，從內容來看，重點在於佛陀本身的修行經歷和人格特質的描繪，而非法教的宣揚；從敘事上而言，無論採用敘事詩或文的形式，都具有完整的情節結構，來表現佛陀修行的過程，尤其善於選取較具典型意義的事件來凸顯佛陀的形象，使得後代的追隨

---

❶　參見侯傳文：《佛經的文學性解讀》，頁107。
❷　參見氏著：《原始佛教聖典之集成》，頁358。

者，除了研讀其法教之外，能具體感受說法者的言行典範。這種修行者的生活模式，不斷地啟發後代各地追求覺悟的修行人應有的生活方式和修行的路徑。

依佛經形式的十二分教❷而言，佛傳經典中除了《佛所行讚》和《佛所行經》是通篇偈頌的形式之外，多數都是長行與偈頌混合的「應頌」。❷從語言形式來看，印度古代書寫工具不發達，關於佛陀生平故事主要用易於記憶的偈頌體，以吟唱方式口耳傳誦。在形式結構的排列順序上，往往是長行在前而偈頌在後，事實上，佛傳起初是以偈頌為主，後來才有人結合長行將偈頌的內容再加以闡述。❷這種詩偈形式，一方面具備修辭韻律之美，對於佛陀的生平自然添加一些修飾和想像的成分；另一方面，以這種易於記誦流通的形式來描述佛陀，使其生平事蹟廣為流傳，奠定佛教民間廣傳的基礎。

佛陀時代的印度，是一個神通流行的時代。佛教在四阿含及各部廣律中，對神通事蹟的描述相當謹慎，並強調神通的有限性、危

---

❷ 佛教經典依其敘述文體的功能，可劃分成十二種形式，即：契經、應頌、記別、諷頌、自說、因緣、譬喻、本事、本生、方廣、希法、論議等，稱為十二分教。參見印順法師：《初期大乘佛教之起源與開展》〈第三章本生、譬喻、因緣之流傳〉（台北：正聞出版社，1981 年），頁 113。

❷ 應頌，（梵 geya，音譯祇夜），為十二分教之一，與契經相應，即以偈頌重覆闡釋契經所說之教法，故亦稱重頌。參見《望月佛教大辭典》，頁 548上。

❷ 印順法師：《原始佛教聖典之集成》，頁 829。

險性和考驗等。❷在部派時期，佛傳逐漸往神化傾向發展，而將佛陀由人提升神化成色身、壽命無量無邊❷，因此，本緣部中許多與佛傳相關的經典，正是應佛教通俗教化之需，將佛陀傳記予以神化，這是屬於由部派進入到大乘初期的思想，此時，佛陀的聲聞弟子逐漸退場，菩薩發心、修行到成佛，逐漸成為經典的主要內容。❷越原始的佛傳記錄當然比較質樸可信，距離佛陀時代越遠，各種傳說文化的闌入，佛傳的神話性就越濃厚了。但無論時代遠近，佛陀的傳記仍是以八相成道為基本情節加以發展、擴大，乃至加上神話想像，可見此八相的敘事模式對佛陀形象聖化的重要性；後來僧傳的敘事結構，也是依此情節基礎發展而來的。

中國正史的列傳是記錄個人在儒家文化的政治結構中的角色，相對地佛教強調生命解脫的實踐是很個人的，印度佛教中佛陀的本生故事經漢譯流通於中國後，帶入一個充滿宗教情操及想像空間的敘事世界，這些故事來自擁有悠久敘事詩傳統的印度文明，佛傳文學結構宏大、描摹細密、構思新巧及表現恢奇等方面，可說均超越中國原有的傳記文學作品。佛陀的生平形象，若以中國的史傳敘事方式來下筆，可能會變成具有強烈的道德教化力量的聖人，最後淪

---

❷ 丁敏認為講神通是因應當時社會流行風氣的權宜之計，但也因此開啟了佛教走向信仰崇拜的別徑。參見氏著：〈佛教經典中神通故事的作用及其語言特色〉，《佛學與文學》（台北：法鼓文化出版社，1998 年），頁 29、42。

❷ 這是受到部派佛教中大眾部主張神化的佛身觀的影響。楊惠南：〈「實相」與「方便」——佛教的「神通觀」〉，《宗教、靈異科學與社會研討會論文集》，1997 年，頁 132-133。

❷ 印順法師：《初期大乘佛教之起源與開展》，頁 116。

於歌功頌德，或隱惡揚善的頌讚文，而印度式敘事詩卻能加入許多想像和抒情成分，使世尊生命歷程的轉折更加清晰，形塑出一位有血肉而證悟真理的聖者形象。

受到佛典中佛陀形象及傳記敘事模式的影響，中國僧傳的敘事結構，往往也以八相的情節為基礎，包括降生、出家、修道、說法和涅槃諸相，有些高僧更如同世尊有託胎情節，並融合大、小乘的修行精神，兼具高僧自求解脫和行道度化兩方面修行歷程的敘事內容。加上佛傳的神話性特質的影響，對於高僧超越世俗的僧人形象及生活態度的描述，頗不同於中國史傳人物傳統，使得高僧神通感應事蹟的表現普遍存在於僧傳中，幾乎成為多數高僧傳記共具的敘事特質。

第二節　中國史傳敘事傳統的演進

一、中國史傳文學的發展

中國史傳的演變過程，有來自時代與社會思潮的外在因素的刺激，也有來自傳記本身體製演變的因素，本節專就後者來探討。僧傳體製的形成，其敘事的方式、敘事語言和觀點，都受到中國固有史傳傳統的啟發；歷代僧傳作者也一再以承繼中國史家著史的精神自期，因此，欲明僧史創作的精神源頭，必須追溯中國傳記從紀傳體史書中的列傳部分發展到獨立的傳記文類的過程。

中國早在周朝已建立史官制度，有專人負責記錄帝王的言

行❷，這種言辭簡略的記事活動，可視為中國古代傳記寫作最初的萌芽。春秋戰國時期歷史創作蓬勃發展，如《春秋》雖僅為簡單的編年紀事，但它反映出當時人們已能從人事的角度來記載史實。《漢書·藝文志》：

> 古之王者，世有史官，君舉必書，所以慎言行，昭法式也。左史記言，右史記事，事為《春秋》，言為《尚書》，帝王靡不同之。❷

史書的萌芽，始於記錄君王的言行，並且，已由不同的敘事重點而做了分工，《尚書》是君王言語的記錄，《春秋》則專記君王的行動事蹟。這樣的分工概念，顯示當時還未發展到以人物作為歷史敘事主體，將其人的言與行結合敘事的階段。

《春秋》創立了一套省約遣詞的褒貶規則，這種敘事風格對後代史傳影響深遠。所謂「春秋筆法」❷即是一套具體的敘事規則，作者將其對歷史事件或人物的評價寄寓於字裏行間，讀者必須從文字敘述中去揣摩作者的思想情感，這形成中國史傳傳統的重要特

---

❷ 鄭玄注：《禮記·卷九·玉藻篇第十三》：「天子玉藻，……玄端而居。動則左史書之，言則右史書之。」（四部備要本，台北：台灣中華書局，1981年），頁2。

❷ 〔漢〕班固著：《漢書》（台北：鼎文書局，1977年），頁1715。

❷ 春秋筆法的基本原則是敘事須依時序，文字必經錘鍊推敲，以達到不動聲色的頌揚或撻伐史事或人物，這成為後代史家敘事傳統的共同特徵。參見傅修延：《先秦敘事研究：關於中國敘事傳統的形成》（北京：東方出版社，1999年），頁182-185。

色。其後，《左傳》、《國語》、《戰國策》等史傳創作❸，雖仍受其體製的限制，但已逐漸將焦點放在人事的經營上，由簡單的記事，發展到在記事中刻畫人物形象，朝向以人物為中心發展的趨勢，由此可見《左傳》作者強調人在歷史進程中主體地位的趨向。但這種片段式的記錄，並不是以歷史人物為中心，而是以歷史事件的記錄為主，尚不能算是成熟的傳記。

　　另一方面，《詩經》、《楚辭》中的少數篇章，雖非敘述人物的傳記，卻具有以刻畫人物為中心的特質。❸先秦諸子散文中，也有記錄人物事蹟者，胡適先生就把《論語》當作孔子的言行錄，並視為中國最早的傳記文學。❸事實上，《論語》固以記錄孔子的言行思想為中心，然其敘事未經安排，僅是片段條列，實不能算是真

---

❸　從周平王遷都到春秋戰國之際，各種政治、社會問題尖銳而複雜，於是出現了以記載各諸侯國的政治、軍事、外交活動為主要內容的新型態的歷史著作。《左傳》記載了春秋各國 255 年間的歷史，採用編年體的形式，但是它不是像《春秋》般簡略的編年大事記，而能完整敘述歷史事件的始末。《國語》是一部國別史，以記言為主，起於周穆王，終於魯悼公，分別記載周王朝及各諸侯國事，將各國史事獨立排列，使同一人物的描繪可以更為集中。《戰國策》記錄了東周、西周、秦、齊、楚、趙、魏、韓、燕、宋、衛、中山等十二國發生的歷史事件，前後共約 240 年左右。此書善於剪裁，作者對人物並不作面面俱到的描述，而只抓住最重要的活動及言論作詳細的記錄，以突出人物主要的性格特徵。參考陳蘭村：《中國傳記文學發展史》（北京：語文出版社，1999 年），頁 18-36。

❸　《詩經》記載祖先事蹟的作品，如《詩經·大雅》中的〈生民〉、〈公劉〉、〈緜〉、〈皇矣〉、〈大明〉等；《楚辭》中的〈離騷〉是屈原自述生平遭遇，有強烈的抒情主體。

❸　參見胡適：〈傳記文學〉，《胡適演講集（一）》（台北：遠流出版社，1985 年），頁 199。

正的傳記。雖然先秦時期,經史子集等著述,都有關於人物事件的
歷史性記錄,但尚未有意識地以人物為中心來組織事件,並無真正
堪稱為傳記的作品。

漢代是史傳文學的成熟期。《史記》開創紀傳體的修史體裁,
以人物為中心來反映歷史,擴大了史傳人物的類型,使得傳記不只
是帝王等政治人物的專史,此後正史無不遵循此體。司馬遷對事件
記錄與否的選擇,服從於刻畫人物性格的需要,而確立了以「人」
為歷史主體的敘事觀念,因而有意識地將人物放在具體的政治文化
背景下,使得人物的行動展現深刻的時代特色。他自覺地以孔子作
《春秋》的精神為典範,透露其欲藉傳記達到「究天人之際,通古
今之變」的理想,因此往往於客觀描述中寓含主觀的價值判斷和勸
諫意義。《漢書》則傾向於客觀敘述歷史,由於當時儒家思想的正
統地位已經穩固,記史主要是為鞏固王權服務,因此班固比司馬遷
更為自覺地具有宣導正統政權思想的傾向,史傳的文學性和批判色
彩則被削弱。

魏晉南北朝正史傳記只是以具體的人物作為宣揚封建教化的工
具,相較之下《三國志》、《後漢書》人物形象模糊而概念化,已
不若《史記》、《漢書》鮮明。這種簡略敘述人物的模式,使得史
學與文學分道揚鑣,史著走向純粹記事發展,不再強調刻畫個別人
物的形象;加上統治者對修史的干預,史家難以在史著中表露個人
的史識批判,此時正史宣教傾向濃厚,史家個人意志的發揮和藝術
表現愈加受到侷限,創作正史以成一家之言的社會基礎被削弱,這
是史傳衰微的重要因素。

唐宋正史傳記總體來說,比魏晉南北朝時期的正史傳記更自覺

地向史學發展，由於傳記觀念沒有新的突破，加上封建政治勢力的控管，正史只是作為記錄歷史以強化倫理道德的借鑒功用，不重視歷史人物的形象描繪和性格刻畫，內容趨於保守律化，傳記因而失去了以傳傳人的功用。加上「文」、「史」觀念被明確劃分開來，使得史傳愈加失去文學的價值。

其實，就紀傳體史書的內容意義而論，所謂「列傳」，是指「列」舉「人臣」對軍國大事不同程度的參與和表現，以闡釋軍國大事的細節。所以中國正史主要記錄的不是政治人物的一生，而是其在國家社會所擔任的角色或職務的表現，以塑造一位值得仿效或警惕的歷史人物典範。由於中國傳統史傳的重點並非個人的歷史，而是個人在某一歷史時期的政治貢獻，所以傳主人格和個性的描寫並非敘事重點，而只注重其人在政治社會上所扮演的角色，所以傳記一直附屬於正統史學，未被視為一個獨立的文類，是以「列傳」的原始定義並非專門記述人的生平，跟西方所謂"Biography"的意義很不相同。不過，「列傳」絕大部份是用來記述歷史人物的生平，以此為基礎，逐漸向專門用來記述「個人」的生命史的方向發展，逐漸轉化成為傳記。

二、雜傳體製的萌芽

相對於既有官方立場的正史傳統，所記人物或事件受正統觀念的包袱影響，有不得不諱言或必須隱惡揚善的道德限制而逐漸失去精彩，使得一些有志於撰史者，轉而採集遺文軼事，嘗試新的體製以發揮其史才，另闢「雜傳」之徑來完成其以傳傳人的理想。

雜傳，指雜體傳記，意指其雜而無序，正統史傳之外的傳記，

包括各種類傳、別傳、自傳、碑傳、行狀等，均可歸入雜傳之列。❸❸
《隋書‧經籍志》史部首關雜傳類，著錄雜傳二一七部❸❹，其小序
並略述雜傳形成的源流：

> 又漢時，阮倉作《列仙圖》，劉向典校經籍，始作列仙、列
> 士、列女之傳，皆因其志尚，率爾而作，不在正史。後漢光
> 武，始詔南陽，撰作風俗，故沛、三輔有耆舊節士之序，
> 魯、廬江有名德先賢之讚。郡國之書，由是而作。魏文帝又
> 作列異，以序鬼物奇怪之事；嵇康作《高士傳》，以敘聖賢
> 之風。因其事類，相繼而作者甚眾，名目轉廣，而又雜以虛
> 誕怪妄之說，推其本源，蓋亦史官之末事也。載筆之士，刪
> 採其要焉。魯、沛、三輔，序贊並亡，後之作者，亦多零

---

❸❸ 雜傳之名，始於〔梁〕阮孝緒《七錄》。魏晉的目錄學分類中，史部從經部
獨立。《隋書卷三十三‧經籍志第二十八》將上古至魏晉南北朝的史書歸為
十三類，有正史、古史、雜史、霸史、起居注、舊事、職官、儀注、刑法、
雜傳、地理、譜系、簿錄等，獨獨沒有史評。其中有雜傳一類，可見其作為
獨立文類的意義已經成熟。到了《四庫全書總目提要》將史部分為十五類，
有正史、編年、紀事本末、別史、雜史、詔令奏議、傳記、史鈔、載記、時
令、地理、職官、政書、目錄、史評等，已經有傳記一類。

❸❹ 逯耀東經過考證得出雜傳應為 207 部，並依其性質和內容，分為三類：一，
個人的別傳；二，行為事蹟相似的類傳；三，以家族為單位的家史。〔清〕
姚振宗《隋書經籍志考證》卷 20，統計漢至隋可考雜傳就有 470 部，其中少
數為漢人所作，其餘多為六朝作品，加上不可考或遺漏者，實際數量應該更
多。參見氏著：〈隋書經籍志史部雜傳類的分析〉，《輔大人文學報》第 1
期（1970.09），頁 2（總 326）。

失。今取其見存，部而類之，謂之雜傳。❸

　　雜傳篇幅多半短小一兩百字，率爾而作，不拘於正史，其敘述簡
練，注重藻飾細節的描述，比傳統史傳更能表現作者的才華，然
而，也因為它不重視史料是否確實無誤，故而虛誕傳聞也在敘事之
列。這些雜傳中虛構和怪誕的成分，從歷史記錄的角度來看，是其
缺失；但從傳記文學創作的角度來看，則可視為是推進。

　　漢代是中國古代史傳的成熟期，除了正史傳記之外，雜傳也在
此時期產生。漢代雜傳出現，代表傳記作為一種獨立文類的意義受
到注意，此時傳記不再是釋經的工具，雜傳作者通過人物塑造和記
錄，作為表達其個人志向或政治理想的一種途徑，因此傳記的內容
性質和表現形式已發生根本的變化。

　　魏晉南北朝政治局勢混亂，豐富的史料提供史學繁榮的客觀條
件，使得雜傳創作極為興盛，作品種類數量非常豐富。相對於正史
受限於政治教化的考量，民間的雜體傳記，不像以記錄歷史為鵠地
的正史或論政散文，以論述歷史政治為主，而在於記述當時不同階
層群體人物的現實情狀，重視塑造傳記人物的獨特性格和精神風
貌，展現了以人為主的傳記意識。同時，作者主體精神抬頭，通過
敘述人物及其事蹟，藉以表達作者主體之情志或史觀。由於雜傳體
製多樣，篇幅長短自由，表現方式靈活，所以很快地風行起來，劉
知幾《史通·雜述篇》將雜述分為十類，謂其：「能與正史參行，

---

❸　〔唐〕魏徵等撰：《隋書》（台北：鼎文書局，1983年），頁982。

其所由來尚矣。」❸雜傳不同於正史僅記錄重大變局，它往往描述社會現實的某個側面，正可補充正史之外不同面向的史料。其次，正史記錄人物的主要事蹟，雜傳多以描述生活軼事來表現人物性格，反而能補充正史敘事平板不足的缺點。

另一方面，雜傳流行浮濫也可能對正史造成負面的作用，因為中國正史經常採用家族請人寫的碑傳行狀或紀念性別傳為材料，這些雜傳除了傳主的郡望官秩生卒尚可徵信外，其品德行為往往經過藻飾誇張，歌功頌德，誇大不實或隱惡揚善。後代治史者因為無法仔細考證每一個傳主的事蹟，而碑傳對傳主的事功記載有其基本的可信度，因此往往以碑傳內容為依據，信以為實而致浮濫。❸

文類歸屬隨著文學思潮和個人或時代文學觀點的轉變而改變，在魏晉雜傳中，志異傳記最能代表此時代的史學特色，被視為是真

---

❸ 這十類分別是：一曰偏紀，二曰小錄，三曰逸事，四曰瑣言，五曰郡書，六曰家史，七曰別傳，八曰雜記，九曰地理書，十曰都邑簿。劉知幾撰，浦起龍釋：《史通通釋》，頁 247。

❸ 裴松之因世立私碑，有乖事實，曾上表建議對碑傳嚴加限制：「碑銘之作，以明示後昆，自非殊功異德，無以允應茲典。大者道勳光遠，世所宗推，其次節行高妙，遺烈可紀。若乃亮采登庸，績用顯著，敷化所莅，惠訓融遠，述詠所寄，有賴鐫勒，非斯族也，則幾乎僭黷矣。俗敝偽興，華煩已久，是以孔悝之銘，行是人非；蔡邕制文，每有愧色。而自時厥後，其流彌多，預有臣吏，必為建立。勒銘寡取信之實，刊石成虛偽之常，真假相蒙，殆使合美者不貴，但論其功費，又不可稱，不加禁裁，其敝無已。以為諸欲立碑者，宜悉令言上，為朝議所許，然後聽之，庶可以防遏無微，顯彰茂實，使百世之下，知其不虛，則義信於仰止，道孚於來葉。」〔梁〕沈約撰：《宋書・卷六十四・列傳第二十四・裴松之傳》（台北：鼎文書局，1976 年），頁 1699。

實的歷史記錄，歸屬於史學範圍，但這些志異作品卻在唐代以後被歸入非真實的小說類。劉苑如指出，宋代歐陽修《新唐書・藝文志》一改唐代編史者以「敘事性」和「真實性」作為志怪文類的分類標準，而將原本列於史部雜傳類的十三種志怪書，隨同其他野史雜說，一併改隸於子部小說類，這顯示出歐陽修以正統史家的立場來貶抑民間雜傳的存在價值。❸

宋代以後，為了彌補正史的模式化，年譜逐漸流行，明清以降，私人的筆記或隨筆創作，常常出現一些個人的軼事或私生活的記錄，以顯現其人性格的獨特處，使讀者對其性格獲得更深刻的體認。❹這種隨筆型的傳奇文，重創造而不重事實，想像豐富，對人物有相當深刻而立體的點描，可惜這種筆記形式的文章未能發展成完整的傳記形式。

三、中國傳記敘事方式對僧傳的影響

歷代正史的〈經籍志〉、〈藝文志〉都將佛教史書列於「子部」，《四庫提要》也將佛教史書列於「子部・釋家類」，並不將之視為史書。中國紀傳體正史只有北齊魏收在《魏書》卷一百一十四之末特立〈釋老志〉來記錄佛教的起源及其在中國的發展。收錄僧人傳記者，始於《晉書》，但未如《魏書》設〈釋老志〉，而是

---

❸　參見氏著：〈雜傳體志怪與史傳的關係──從文類觀念所作的考察〉，《中國文哲研究集刊》第 8 期（1996.03），頁 386。

❹　參考陳蘭村、張新科：《中國古典傳記論稿》（西安：陝西人民教育出版社，1991 年），頁 114。

將所收錄的五名僧人傳記列於卷九十五的〈藝術傳〉中❹，其後
《舊唐書》將僧人列於〈方伎傳〉中，視僧侶為奇異雜伎之一類，
傳文當然順從此種歸類的特性而強調高僧的特行異能。❹《新唐
書》甚至將《舊唐書》原收錄的僧人部分全部刪除。正史中專列有
釋道或方外一類者並不多，而將僧人傳記列於方伎、藝術、蠻夷、
西域之類中，單從這種歸類，已透顯正史對佛教的輕視。這顯示中
國歷代史家的本位思考，都是以儒家思想為價值標準，加上著史本
身具有強烈的紹繼道統的使命感，更使得多數史官具有明顯的夷夏
之分，視佛教為域外夷狄文化而排斥之。況且正史主要以官方資料
為主，佛教的弘傳場域主要在民間，如果加上史官不諳佛理，更不

---

❹ 包括：佛圖澄、單道開、僧涉、曇霍、鳩摩羅什等。《晉書卷九十五·列傳
第六十五·藝術傳》小序：「藝術之興，由來尚矣。先王以是決猶豫、定吉
凶，審存亡，省禍福。曰神與智，藏往知來；幽贊冥符，弼成人事；既興利
而除害，亦威眾以立權，所謂神道設教，率由於此。然而詭託近於妖妄，迂
誕難可根源，法術紛以多端，變態諒非一緒，真雖存矣，偽亦憑焉。聖人不
語怪力亂神，良有以也。逮丘明首唱，敘妖夢以垂文，子長繼作，援龜策以
立傳，自茲厥後，史不絕書。……詳觀眾術，抑惟小道，棄之如或可惜，存
之又恐不經，載籍既務在博聞，筆削則理宜詳備，晉謂之乘，義在於斯。今
錄其推步尤精，伎能可紀者，以為藝術傳，式備前史云。」〔唐〕房玄齡
撰：《晉書》（台北：鼎文書局，1976 年），頁 2467。可見此所謂「藝
術」，是指具有占卜、法術的能力，五位僧人之入於〈藝術傳〉，乃因其具
備神異事蹟之故。

❹ 《舊唐書·卷一百九十一·列傳第一百四十一·方伎》列僧玄奘、神秀（兼
慧能、普寂、義福）、一行（兼泓）。小序云：「夫術數占相之法，出于陰
陽家流。自劉向演洪範之言，京房傳焦贛之法，莫不望氣視祲，懸知災異之
來；運策揲著，預定吉凶之會。」〔五代〕劉昫撰：《舊唐書》（台北：鼎
文書局，1985 年），頁 5108。

可能為佛教發展多添一筆了。

就中國傳統目錄學而論，《隋書·經籍志》於經史子集之外，別闢雜傳一類，高僧傳記按性質即應歸屬於雜傳，按類型而論則屬於高僧的總傳，它是集合一段歷史時期各種類型高僧的傳記，可以看出同時代僧人的共通性，及比較個別的差異性。事實上，佛道雜傳可說是魏晉南北朝歷史書寫發展的重要指標，許多高僧的事蹟原本有個別傳記流傳，但是一旦刪聚成一冊的類傳完成之後，這些別傳似乎因為缺乏流傳而逐漸消失，這也是為什麼與《高僧傳》同時代諸多僧傳散佚的主要原因。

高僧傳記前有傳文，後有贊評的形式，完全承襲自中國傳統史傳而來，多數傳文數百字，以記錄傳主重要經歷為主，而且，受到史傳傳統的鑑戒觀念影響，僧傳敘事中往往亦隱含道德教化的意義。同時，其敘事方式也承襲史傳全知的敘事觀點，以更高的視角俯瞰傳主的一生，來掌握人物事件發展的來龍去脈，因此僧傳多是直接以第三者的觀點來推進故事的進行，較少透過對話或人物的內心世界的獨白等，來深入或增加傳主的性格經營，讀者須透由外在行動過程的描述，自行揣摩傳主心理。其次，僧傳也具有雜傳體製共同的敘事特質，能在短小的篇幅中，選擇傳主較具特殊性或戲劇性的生命情節作為敘事核心，在有限篇幅中，展現高僧特殊的人格精神。然而，因為碑傳是《宋高僧傳》很重要的史料來源，而中國碑傳的寫作傳統不免有隱惡揚善並制式浮濫的缺點，這也使得《宋高僧傳》的敘事品質受到影響。

第三節　中國僧傳論贊體例的形成

　　將客觀的歷史敘事和主觀的歷史論斷同時並存於史書，是中國史傳傳統的特殊形式特徵，而論贊本身也已成為一種文體的典範。論贊體製是史家針對歷史事件或人物加以個人主觀的價值評斷或褒貶，通常放在傳文的最末段，與傳主生平事蹟的敘事分開，它提供後人一個了解作者史識、史觀及史評的線索。高僧傳中的論贊體製，並非來自佛教本身，而是源於中國史傳傳統，包括十科中每一科之末的「論曰」，及個別傳記之末所附的贊評，在《宋高僧傳》謂之「系曰」、「通曰」，此乃贊寧所獨創。本節主要探討中國史傳論贊的源流，及其對中國僧傳體製的影響。

一、論贊釋義

　　首先，來看《文心雕龍·論說篇》對贊評的解釋：

> 詳觀論體，條流多品：陳政，則與議說合契；釋經，則與傳注參體；辨史，則與贊評齊行；詮文，則與敘引共紀。故議者宜言，說者說語，傳者轉師，注者主解，贊者明義，評者平理，序者次事，引者胤辭。八名區分，一揆宗論。❷

劉勰從內容區分，將「辨史」視為論說文章的一類；從形式上，又

---

❷　〔梁〕劉勰著，黃叔琳註：《文心雕龍註》（台北：明倫出版社，1971年），頁 326。

將「論體」區分為八種體製，其中「贊者明義」和「評者平理」二者正是「辨史」的兩種寫作形式，即指對歷史事件或歷史人物的闡明和評論。

　　論贊是史家抒發其史論宗旨的所在，以補充說明客觀敘述歷史之餘，個人對事件或人物的是非得失之見解。劉勰針對「論」作為一種文學體製的意義，在《文心雕龍·論說篇》定義曰：「原夫論之為體，所以辨正然否，窮於有數，追於無形，迹堅求通，鈎深取極，乃百慮之筌蹄，萬事之權衡也。」❹❸所以，「論」的作用就在於「辨正然否」，這個觀點後來為《史通·論贊篇》所繼承：

> 夫論者，所以辯疑惑，釋凝滯，若愚智共了，固無俟商榷，丘明「君子曰」者，其義實在於斯。司馬遷始限以篇終各書一論，必理有非要，則強生其文，史論之煩，實萌於此。夫擬春秋成史，持論尤宜闊略，其有本無疑事，輒設論以裁之，此皆私筆端，苟衒文彩，嘉辭美句，寄諸簡冊，豈知史書之大體，載削之指歸者哉？❹❹

劉知幾認為史書中的論贊，名稱雖異，而作用相同，目的在於「辯疑惑，釋凝滯」，對於所記歷史事件或人物有所疑惑時，加以解釋、補充和評斷，以補足內容的合理性。到了司馬遷始固定於每篇之末加以論斷，以致後來有本無疑事，仍設論以逞文采者，此則史

---

❹❸　同前註，頁 328。
❹❹　〔清〕浦起龍釋：《史通通釋》卷 4，頁 75。

論之濫觴。

贊者，《文心雕龍·頌贊篇》云：

> 贊者，明也，助也。昔虞舜之祀，樂正重贊，蓋唱發之辭
> 也。及益贊于禹，伊陟贊于巫咸，並揚言以明事，嗟歎以助
> 辭也。故漢置鴻臚，以唱拜為贊，即古之遺語也。至相如屬
> 筆，始贊荊軻❹❺；及遷史固書，托贊褒貶，約文以總錄，頌
> 體以論辭，又紀傳後評，亦同其名。而仲治流別，謬稱為
> 述，失之遠矣。及景純注雅，動植必贊，義兼美惡，亦猶頌
> 之變耳。然本其為義，事生獎歎，所以古來篇體，促而不
> 廣，必結言於四字之句，盤桓乎數韻之辭，約舉以盡情，昭
> 灼以送文，此其體也。❹❻

贊有闡明、補助之意，具有概括闡明並補充前敘之不足的作用。
「太史公曰」夾敘夾議，是傳記敘事的一種補充，與傳記正文在結
構上是獨立的兩個部分。班固《漢書》改「太史公曰」為「贊
曰」，有助於發明傳旨之義。劉勰認為司馬遷和班固於傳記之末
「托贊褒貶」，假贊以褒貶人物，兼及美惡，而非一意褒美，擴大
了贊的意義。後世贊體漸增，卻獨偏於褒美之意，如宋鄭樵：「況

---

❹❺ 劉勰似乎認為頌贊始於司馬相如〈荊軻論〉，但是，《漢書·藝文志·諸子
略》「雜家條」下記有《荊軻論》五篇，作者不只司馬相如一人。事實上，
漢代已有針對歷史人物所作的評贊文章，但這與史書中的論贊是不同的體製
脈絡。

❹❻ 黃叔琳註：《文心雕龍註》，頁158。

謂為贊，豈有貶詞！」❼明吳訥：「按贊者，讚美之辭。」❽演變成以「贊」稱頌傳主來總結傳文。

　　論贊是史家抒發其史論宗旨的所在，以補客觀敘述歷史之餘，個人對事件或人物的是非得失之見解。論贊的韻散運用並無定體，重要的是在褒貶人物和論斷是非上，其議論是否能「辯疑惑，釋凝滯」。因為評斷歷史非但不易，甚且危險，史家為了避免個人評論觀點不公，後世之史評逐漸僅存形式，而失去實際的評論效用。甚至將論贊刪去，只敘傳文，支持此法者代有其人，如韓愈〈答劉秀才論史書〉：「凡史氏褒貶大法，《春秋》已備之矣；後之作者在據事蹟實錄，則善惡自見。」❾袁枚亦言：「作史者只須據事直

---

❼　鄭樵〈通志序〉云：「班彪漢書不可得而見，所可見者，元成二帝贊耳，皆於本紀之外，別紀所聞，可謂深入太史公之閫奧矣。凡左氏之有『君子曰』者，皆經之新意，史記之有『太史公曰』者，皆史之外事，不為褒貶也。閒有及褒貶者，諸先生之徒雜之耳。且紀傳之中，既載善惡，足為鑒戒，何必紀傳之後，更加褒貶！此乃諸生決科之文，安可施於著述！殆非邊彪之意。況謂為贊，豈有貶詞！後之史家，或謂之論，或謂之序，或謂之詮，或謂之評，皆效班固，臣不得不劇論固也。」按，范文瀾解釋《文心雕龍・頌贊篇》時，認為贊有明、助二義，紀傳之事有未備，則於贊中備之，此助之義也；褒貶之義有未盡，則於贊中盡之，此明之義也。鄭氏誤以贊僅為讚美之意，故不覺言之過當。〔明〕陳宗夔校：《通志二十略・序》（四部刊要本，台北：世界書局，1956 年）。

❽　〔明〕吳訥著《文章辨體序說・贊》收於〔明〕吳訥等：《文體序說三種》（台北：大安出版社，1998 年），頁 59。

❾　〔唐〕韓愈：《韓昌黎集・外集》（台北：河洛出版社，1975 年），頁387。

書,而其人之善惡自見。」⑩這一方面使傳統史家論贊精神逐漸隱沒;另一方面,可說是歷史書寫的客觀性觀念的成熟。

二、史傳論贊體例的發展

中國史學特色在以「人」貫通歷史,以個人之傳盱衡史事全局的發展,遂形成史、傳合一的傳統。史家藉由評價傳主來表達他對歷史的看法,然而,人性與史事俱為複雜,評騭人物實非易事。敘述歷史本身隱含複雜的因素,如何在追求記事信而有徵的同時,又能兼顧外在時空環境勢態,給予合理而適當的評價呢?不過,話說回來,史評本即是史家之史識運作的具體結果。

先秦時期,史書作者經常在敘述一段歷史之後,藉「君子」之言來評論史事或人物,這些論斷通常具有某種道德規範意義。從《春秋》開始,孔子將其對歷史事件或人物的評價寄寓於字裏行間,讀者必須從敘事中去揣摩作者的思想情感,這形成中國史傳的重要特色。「春秋筆法」,即是一套具體的敘事規則,在用字遣詞中隱含對歷史事件和人物的價值評斷,這一套省約遣詞的褒貶規則,對後代史傳影響深遠。劉知幾《史通・敘事篇》贊《春秋》的簡要特質,曰:「夫國史之美者,以敘事為工;而敘事之工者,以簡要為主。簡之時義大矣哉!」達到「文約而事豐,此述作之尤美者也。」⑪此處所謂的「簡要」,必須是「文約而事豐」,以最經

---

⑩　〔清〕袁枚:《隨園隨筆・諸史類・作史不必自標名目》(上海:廣益書局,1936年),頁46。
⑪　引自浦起龍釋:《史通通釋》,頁154。

濟的文字，表達最深刻豐富的意涵，方可稱之。

　　論贊體的史評肇始於《左傳》。此書繼承孔子述《春秋》的微言大義，在一段歷史記錄之後，以「君子曰」的形式，對人物或事件作倫理批判。「在這樣的一種以明辨倫理善惡勸諷後世的功利觀支配下，無論是傳人還是記事，均已不成為著述目的，而僅成為一種倫理宣傳或評判的手段。」❺事實上，「君子曰」的體例是先秦典籍所共有的形式，從《左傳》、《公羊傳》、《穀梁傳》等，乃至於《戰國策》、《國語》、《晏子春秋》也都出現過「君子曰」，其作用和性質相似，君子既非作者自己，亦非特指某人之言，而是依託君子之名以示有德者的言論。逯耀東認為這種「君子曰」的形式，可能是匯集當時對該歷史事件或人物共通的評價而成，代表社會共同的道德標準，這些論斷通常具有某種道德規範意義。❺

　　先秦典籍中假「君子曰」的形式來議論或抒發，可視為後來史書論贊詮評的濫觴。另一方面，屈賦也以「亂曰」的形式，置於全

---

❺　李祥年：《漢魏六朝傳記文學史稿》（上海：復旦大學，1995 年），頁 29。

❺　逯耀東認為中國史傳傳統寫作，將客觀敘述和主觀意見並存於一卷之中，企圖在形式上令其不相混淆，而達到相當程度的客觀性。參見氏著：〈史傳論贊與《史記》「太史公曰」〉，《新史學》第 3 卷第 2 期（1992.06），頁10。傳修延的看法相反，他認為「君子曰」表面上是一種社會輿論的形式符號，實則主要反映左氏個人的意見。「《左傳》中的『君子曰』無論在哪種意義上，皆可為敘事學裏『介入敘事者』（intrusive narrator）的典型，它明白無誤地表明作者立場，褒貶事件人物，讓人領悟《左傳》的敘事宗旨並窺見作者靈魂。」引自氏著：《先秦敘事研究：關於中國敘事傳統的形成》，頁 218。

篇之末❺❹，「亂曰」的作用，王逸於〈離騷〉「亂曰」下解釋云：

> 亂，理也。所以發理詞指，總撮其要也。屈原舒肆憤懣，極
> 意陳詞，或去或留，文采紛華，然後結括一言，以明所趣之
> 意也。❺❺

以「亂曰」的形式來抒發憤懣之情，並總結全文要旨。《禮記·樂
記》亦云：「再始以著往，複亂以飭歸。」❺❻以始、亂二字對舉，
亂即有終結之意。可見「亂曰」的作用與「君子曰」有異曲同工之
妙，都是作為篇末的結語，只是「亂曰」較偏向於個人抒發感懷，
而「君子曰」較重視公眾議論批評。

其後司馬遷《史記》繼承《左傳》「君子曰」的精神，在先秦
史書論贊形式的基礎下，創立「太史公曰」這一批評模式，在客觀
敘述史事之外，另闢一評論史事和抒發己見的獨立空間，成為史書
體例的一部份。❺❼由於司馬遷對屈原遭遇的同情共感，或許《史

---

❺❹ 屈原二十五篇作品中，〈離騷〉、〈涉江〉、〈哀郢〉、〈抽思〉、〈懷
沙〉、〈招魂〉等六篇篇末附有「亂曰」。

❺❺ 王逸：《楚辭章句》（台北：藝文印書館，1967 年），頁 68。

❺❻ 鄭玄注：《禮記》（四部備要本，台北：中華書局，1981 年），卷 11，頁
16。

❺❼ 劉國平：「凡涉及價值判斷，必徵諸歷史事實，涉及作者「史識」的揀擇，
歷史性中有客觀性的問題。《史記》中的「太史公曰」屬價值判斷，而司馬
遷之所以特別標舉，並與正文分開，表示是一家之見。由此讀者可以明確知
道何者為述語，何者為判斷，這是一種負責態度的表現。」《《漢書》歷史
哲學》（台北：台灣師範大學國文所博士論文，2000 年），頁 97-105。

記》的「太史公曰」，除了「君子曰」之外，也受到屈賦「亂曰」
的影響，才具有強烈的自我抒情色彩，李曰剛《辭賦流變史》即認
為「亂曰」：「實亦後世論贊體之嚆矢」。❺❽

　　其後，班固的《漢書》改「太史公曰」為「贊曰」；范曄《後
漢書》改班固「贊曰」為「論曰」，並於「論曰」之後另加贊詞，
用以標舉得失，總結全文，名之為「贊」。此後，史傳敘事慣以散
文為論，以四言韻文為贊，「論謂篇末論辭，贊謂論後韻語」❺❾，
每篇並用兩體的情形，成為唐代以前史家論贊所遵循的定體。

　　論贊體例是中國傳統史書在結構上特有的形式特徵，二十五史
中除了元史之外，其他正史都有論贊，只是體例、題名略有差異。
《史通‧論贊篇》：

　　　《春秋左氏傳》每有發論，假君子以稱之。二傳云公羊子、
　　穀梁子，《史記》云太史公。既而班固曰贊，荀悅曰論，
　　《東觀》曰序，謝承曰詮，陳壽曰評，王隱曰議，何法盛曰
　　述，楊雄曰譔，劉昞曰奏。袁宏、裴子野自顯姓名，皇甫
　　謐、葛洪列其所號。史官所撰，通稱史臣，其名萬殊，其義
　　一揆，必取便於時者，則總歸論贊焉。❻❶

---

❺❽　李曰剛：《辭賦流變史》（台北：文津出版社，1987 年），頁 59-60。高禎
　　霙認為論贊的產生可能也受到人物品鑒，注史者的評注及小說文體的影響。
　　見氏著：《史漢論贊之研究》（台北：中國文化大學中文所博士論文，2001
　　年），頁 17。
❺❾　浦起龍釋：《史通通釋‧論贊篇》卷 4，頁 76。
❻❶　同前註，頁 76。

不同時代史書論贊的題名雖然有別，但性質和作用則相類。明代徐師曾繼承劉知幾的觀念曰：「古者史官各有論著，以訂一時君臣言行之是非，然隨意命名，莫協於一。」**⑥**

三、史傳論贊的特質與僧傳的運用

　　史傳的對象是真實的歷史人物，其敘述內容首重真實性，中國史傳作者即力圖營造客觀史實的幻覺，使我們在閱讀的過程中，很難感受到作者的聲音。因此，為了使史家有一個正式的說話空間，從《左傳》「君子曰」、《史記》「太史公曰」的創製，讓史家在敘述史事之餘，有一個獨立的空間，以批評者的姿態出現於傳末，對人物或事件提出個人的解釋或評論。

　　論贊通常是傳文意義的延伸，是作者唯一不必受限於史料而能提出個人對傳主獨立看法的地方；亦可說是作者與讀者，不需透過傳主的生平敘事而能直接對話的一個窗口。論贊的存在，使得歷史著述不只是單純的史實記錄而已，史家可以藉由對歷史事件或人物的褒貶評論，形成一種積極的倫理力量，使史書的閱讀者，從中體會成敗是非之理，達到以史為鑑的功用。

　　就史學意義而言，論贊體製是史家表達其歷史識見的一個管道。中國古代史家從來不把自己置身於歷史之外只做純客觀的描述，而是結合主體意識與史事客體，在歷史敘事的同時，進行多方面的評價，使史家的觀點、思想和史識得到充分的表現，進而藉由

---

⑥　〔明〕徐師曾著《文體明辨序說‧評》收於〔明〕吳訥等：《文體序說三種》，頁 101。

治史而達到經世鑑戒的目的。另一方面，史書論贊可補充傳文敘事之不足，並藉由對歷史人物進行評論，使傳主性格形象更為凸顯，以增強史傳文學議論和抒情的特性。與慧皎同時代的蕭統編《文選》時，文體的分類中即設有「史論」一類，選入班固《漢書》、范曄《後漢書》、干寶《晉紀》、沈約《宋書》等的論贊。蕭統〈文選序〉：

> 至於記事之史，系年之書，所以褒貶是非，紀別異同，方之篇翰，亦已不同。若其贊論，綜輯辭采，序述之錯筆文華，事出於沈思，義歸乎翰藻，故與夫篇什，雜而集之。㉒

蕭統《文選》選文是以純文學作品為標準，而不收錄經、史、子，他認為贊論之文與「褒貶是非，紀別異同」的史傳著作不同，它能藉由文采表達作者思想，符合其所定義的文學作品必須具備「事出於沈思，義歸乎翰藻」的文學特質之條件，所以《文選》摒除史傳，卻收錄史傳的論贊。㉓由此可以推知，在蕭統看來，這些表現

㉒　〔唐〕李善注：《文選注》（四部備要本，台北：台灣中華書局，1966 年），頁 1。

㉓　但是，蕭統《文選‧史論類》卷 49 所收的史傳論贊，從班固《漢書》始，未收司馬遷《史記》的「太史公曰」。這是一個奇特的揀擇區分，其原因歷來多人提出解釋，逯耀東認為，《史記》的「太史公曰」包括對歷史事件或人物的評論，及解釋歷史材料處理的原則兩部分，其中對材料的處理屬於史學範疇，其目的是考辨材料的真偽，這與表現作者文思的文學寫作完全不同。這是蕭統《文選》不選《史記》「太史公曰」的原因。參見逯耀東：〈史傳論贊與《史記》「太史公曰」〉，《新史學》第 3 卷第 2 期（1992.06），頁

作者主觀意見的論贊，不同於史書，而與抒發個人感情的文學著作相似，可視為獨立的文學作品。逯耀東認為，蕭統的作法，劃清了自魏晉以來文史合流的界線，並肯定史傳論贊的文學性格。❻

歷史記錄中必然包含歷史事件與歷史解釋，事實不可能超然存在於解釋之外，對事件的敘事本身即包含對事件的重建與記錄的觀點，中國史傳傳統一直以來也都是由歷史敘事與歷史解釋所組成。論贊在六朝時已經形成一種相當穩定的評論模式，當時雜傳著作風氣鼎盛，各體傳記均承襲史傳論贊的形式來抒發一己之見，在這種史傳形式的風潮影響下，作為雜傳之一類的高僧傳記，受到此一風潮影響而承襲史傳贊評形式也是極自然之事。

僧傳一般被歸類於雜傳，有別於正史，而慧皎卻將史傳論贊的體例運用於僧傳中，使得僧傳與雜傳體製或志怪小說區別開來，由此亦可見出慧皎以佛教正統僧傳自許的用心。《高僧傳·卷十四·序》：

> 及夫討覈源流，商搉取捨，皆列諸贊論，備之後文。而論所

25。但是，這仍無法說明蕭統不選入太史公對歷史或人物評論的論贊的理由。

❻ 逯氏認為，《文選》這種分類標準，不僅劃清了史學與文學的界線，同時反映了當時學術發展的實際情況。因為東漢末年以來，文學與史學逐漸掙脫經學的桎梏而走向獨立。就史學而言，從經學的羽翼獨立，上升至與經學同等的地位，並稱「經史」；又與逐漸獨立的文學合流，合稱「文史」。《文選》的編輯順應此發展趨勢，明確地劃分文學和史學各自獨立的範圍。參見氏著：〈從《隋書經籍志史部》的形成論魏晉史學轉變的歷程〉，《食貨月刊》第10卷第4期（1980.07），頁121。

　　著辭，微異恒體，始標大意，類猶前序，未辯時人，事同後議。
　　若間施前後，如謂煩雜，故總布一科之末，通稱為論。❻

《高僧傳》在每科之末有「論」，論後有「贊」，「論」的作用在
解釋該科的意義範圍、歷史演變，及簡評此科中重要高僧的事蹟、
功德；「贊」詞，則有總贊前述之意。❻慧皎《高僧傳》的「高
僧」標準不同於當時社會競名為高的風尚，為了說明其人物取捨原
則以免後議，同時避免夾述於傳中，造成體例的繁雜，所以統一於
一科之末作說明，稱之為「論」。慧皎依中國史傳傳統將個人的觀
點和評論，別置於十科每篇之後，此體例影響後代僧傳甚鉅，道宣
《續高僧傳》僅有論而無贊，此二部僧傳的論贊內容，是以整
「科」為範圍，性質屬於每一科的序言兼總評。其實，道宣往往於
每傳之末加上幾句評贊，雖無論贊形式，實有人物評贊之作用。而
贊寧《宋高僧傳》除了每科之末的「論」，於某些傳末又附加
「系」、「通」，針對傳主事蹟，提出個人的評斷或意見。

　　《宋高僧傳》於傳末加上系、通以評贊傳主的體例，固然是受
到中國史傳論贊傳統的啟發，另一方面，從唐宋以來的傳記性散文
的行文架構，往往亦在篇末附加議論或評價❻，這些古文學家創作

---

❻　　《大正藏》，第 50 冊，頁 419 上。

❻　　這種形式與佛經前有散文，再以韻文重複其義的「重頌」性質有些類似；也
　　　和中國史傳論贊前有「論曰」，後以韻文「贊曰」總結相似。參考釋道修：
　　　《梁《高僧傳》「論贊」之研究——以歷史性與文學性的考察為主軸》（桃
　　　園：圓光佛學院碩士論文，2000 年），頁 49。

❻　　例如唐代的韓愈〈毛穎傳〉、〈張中丞傳後敘〉；柳宗元〈宋清傳〉、〈梓

傳記散文時，模仿《史記》的論贊形式，對傳主加以頌贊褒貶，以達到鑑戒教化的作用，贊寧或許也受到唐宋傳記散文的啟發，而發明於高僧傳末加上論贊的體例。

《宋高僧傳》前有傳文，後有贊評的形式，即承襲自中國史傳而來。多數傳文僅數百字，以全知觀點來敘述傳主的重要經歷為主，較少運用對話及人物內心世界的著墨，以致讀者在閱讀的過程中，很難感受到作者的意見；外在事物除非與傳主發生重要關連，否則一概略而不述，如此表面上如行狀般俯瞰式的敘事，唯有透過系、通，才能表達他對高僧典範的讚揚，達到激勵讀者的宗教作用。

第四節　中國僧傳的發展與類型

一、北宋以前高僧傳記的發展

魏晉著史風氣鼎盛，無論正史、雜傳、志怪各種體裁史書創作豐富。中國的佛教傳記是在魏晉人物傳記蓬勃創作的影響下發展而來，由於魏晉史學興盛，史著眾多，沙門中亦不乏精通史學之人；另一方面，魏晉對於特殊人物行儀風姿的興趣，及佛教至魏晉南

人傳〉、〈種樹郭橐駝傳〉；劉禹錫〈子劉子自傳〉等，於傳末抒發議論。宋代的蘇軾〈書六一居士傳後〉有「蘇子曰」，〈陳公弼傳〉有「贊曰」，〈黃甘陸吉傳〉有「太史公曰」；王安石〈傷仲永〉有「王子曰」；宋濂〈杜環小傳〉有「史官曰」。這些古文學家創作傳記時，即模仿史傳論贊形式，對傳主加以頌贊褒貶。

北朝廣泛弘揚；加之梁武帝重視沙門戒行，曾命裴子野撰《眾僧傳》❻❽，表揚有戒行、重操守的沙門，因而刺激僧徒執筆替教門先哲立傳紀功頌德，因此才有佛教人物的傳記出現。

　魏晉雜傳著作風氣盛行，佛教史著尤其是僧傳為當時最發達的史書，這是因為六朝以來僧人輩出，其中不乏風采清雅、博學攝眾，復妙善言辭，足與當世清談名士論對的名僧，加上雜傳著作風氣的推波，出現不少僧傳著作。根據湯用彤先生的歸納統計，可考的中國僧傳計有五十餘種❻❾，包括別傳、類傳、地域性傳記、尼傳、感應傳和通傳等❼⓿，這些僧傳的編輯旨趣不一，大體上缺乏強烈的撰著宗旨和一致的編輯原則，加上選人往往侷限於某地區或某種類型，以致作品流通性不高。除掉感應傳傳記性格比較弱不算，

---

❻❽　《眾僧傳》20卷，見於《隋書·經籍志二·史部》的目錄。

❻❾　參見氏著：《漢魏兩晉南北朝佛教史》（台北：台灣商務印書館，1991年），頁575-583。

❼⓿　湯用彤將隋朝以前高僧通傳著作，整理如下：

撰者	傳名	卷數	出　處
宋法進	《江東名德傳》	三卷	見於〈高僧傳序〉、《隋志》
齊王巾	《僧史》	十卷	見於〈高僧傳序〉、《隋志》稱為《法師傳》
梁寶唱	《名僧傳》	並序三十一卷	現存《名僧傳抄》
梁慧皎	《高僧傳》	十四卷	現存
梁裴子野	《眾僧傳》	二十卷	見於《隋志》、《內典錄》
梁虞孝敬	《高僧傳》	六卷	見於《隋志》、《郡齋讀書志》
北齊明克讓	《續名僧傳記》	一卷	見於《北史》
隋法論	《名僧傳》	未完成	見於《續高僧傳》

參見氏著：《漢魏兩晉南北朝佛教史》，頁581。

僧傳部分僅剩寶唱《名僧傳》❼、《比丘尼傳》❼和慧皎《高僧傳》流傳至今。為什麼當時蓬勃發展的僧傳作品，會如此快速的散佚呢？很可能是慧皎《高僧傳》搜集的參考史料涵蓋了前人僧傳，其資料、體例完備超於前人，以致這些傳記缺乏流傳而逐漸失傳。

慧皎（497－554）❼《高僧傳》十三卷是現存最早的一部完整的高僧傳記，另序及目錄合為一卷，在全書之末，加起來共有十四卷，記自東漢明帝永平元年至梁天監十八年，正傳二百五十七人，附見者二百三十九人。慧皎於〈高僧傳序〉說明其僧傳體例因革由來：

> 自漢之梁，紀曆彌遠，世涉六代，年將五百，此土桑門，含章秀起，群英間出，迭有其人，眾家記錄，敘載各異。……逮乎即時，亦繼有作者，然或褒贊之下，過相揄揚；或敘事之中，空列辭費。求之實理，無的可稱，或復嫌以繁廣，刪減其事，而抗跡之奇，多所遺削，謂出家之士，處國賓王，

---

❼　《名僧傳》共有三十一卷，是梁代僧人釋寶唱（約 495－529）所撰的僧人類傳。其書已佚，僅有日僧宗性將這部書部分抄出而成《名僧傳抄》一卷（在《卍續藏》第 134 冊）。據《名僧傳》的目錄，全書本來共收自東漢至梁代425 位僧人的傳記，而宗性存抄的《名僧傳抄》，僅有自晉朝到南齊 36 位比丘的事蹟。

❼　《比丘尼傳》四卷，收錄自晉成帝咸和年間至梁武帝普通年間，約二百年左右的中國佛門史籍中唯一的一部比丘尼類傳，正傳 65 人，附見 28 人。此書歷來被認為是《名僧傳》作者釋寶唱所撰。

❼　會稽上虞人，學通內外，廣究經律，居於會稽嘉祥寺。《續高僧傳》卷 6 有〈梁會稽嘉祥寺慧皎傳〉。

> 不應勵然自遠，高蹈獨絕，辭榮棄愛，本以異俗為賢，若此
> 而不論，竟何所紀。嘗以暇日，遇覽群作，輒搜撿雜錄數十
> 餘家，及晉宋齊梁春秋書史，秦趙燕涼荒朝偽曆，地理雜
> 篇，孤文片記，並博諮古老，廣訪先達，校其有無，取其同
> 異。❼

慧皎綜述前人僧傳著述的缺失，或僅專言某科，或辭事缺略，或體
兼三寶，或不通古今，或揄揚過當，或實理無稱，以致一些特殊事
蹟隱沒不傳。他認為理想的僧傳體例，必須貫古通今，廣納眾品僧
格，因此必須以專明僧人德業的體裁，始能該綜各種史料內容，所
以他廣搜各家史傳雜錄，並訪求故老，綜合各家特色，整理同異之
處，而完成其理想的僧傳體例。

　　唐代自高祖建國之初已有崇道抑佛的趨向，到了太宗繼位之
後，更抬高道教地位先於佛教。唐代沙門修史與編著佛經目錄，多
少受到朝廷的宗教政策影響而產生危機感，是以有識僧徒奮筆修撰
僧傳、編輯經目，以圖振作教門士氣。道宣（596－667）❼《續高僧
傳》三十卷，即是一部承前啟後的僧徒類傳，收錄自梁天監至唐貞
觀十九年，正傳三百四十人，附見一百六十人❼，其體例沿襲《高
僧傳》舊規，亦分十科，但科目和次序略異於前者。

---

❼　《大正藏》，第 50 冊，頁 418 中。

❼　贊寧《宋高僧傳》卷 14 有〈唐京兆西明寺道宣傳〉。

❼　陳垣考其正傳 485 人，附傳 219 人，因為成書之後，又續有纂入，所以收錄
　　人數與序文有異，當據書不據序。參見氏著：《中國佛教史籍概論》（台
　　北：新文豐出版社，1983 年），頁 30。

二、高僧傳記的類型與體例

中國僧傳依其形式約可分為四種類型：

一者，別傳行狀。例如：冥詳撰〈玄奘法師行狀〉一卷，法顯撰《法顯行傳》⓱一卷這是一部自傳，隋灌頂撰《天台智者大師別傳》一卷，《曹溪大師別傳》一卷，唐彥悰撰《唐護法沙門法琳別傳》三卷，慧立和彥悰合著《慈恩傳》共十卷，長約八萬字，是現存最完整也最早的長篇單人僧傳，敘述玄奘法師西行求法的生平事蹟。

二者，碑銘表記。此為僧人事蹟最原始的記錄，往往作為僧傳的基礎史料，如王維〈六祖能禪師碑銘〉（慧能）、張說〈唐玉泉寺大通禪師碑銘〉（神秀）、嚴挺之〈大智禪師碑銘〉（義福）、李邕〈大照禪師塔銘〉（普寂）。

三者，僧人類傳。收錄同類或同宗派僧人的傳記，如梁寶唱《比丘尼傳》，專收六朝比丘尼事蹟；義淨《大唐西域求法高僧傳》，專收唐初遊方沙門的事蹟；梁僧佑《出三藏記集》中有列傳三卷，專記譯經者的傳記；《寶林傳》、《祖堂集》、《禪林僧寶傳》專收禪宗祖師；《清涼山略傳》專收華嚴諸師；《國清百錄》專收天台祖師。

四者，僧人總傳。如三朝高僧傳。

僧傳體例方面，在慧皎之前，佛教傳記相當繁榮，然而創作體

⓱ 又名《歷遊天竺記傳》，法顯是後秦的高僧，他於後秦弘始元年，自長安西行，赴印度求經，義熙八年回國，抵達青州，次年至京口，夏坐畢，又至建康，又次年始作此傳。

例、水準不一。現存慧皎之前的僧傳中，《名僧傳》將所傳四百多位僧人分成十八科，然分類概念有重疊之弊；《比丘尼傳》則未分科。其次，《名僧傳》在每一立傳的僧徒的法號之上，標示其人的時代、所屬寺院名或地名；《比丘尼傳》則僅在每卷首，標示該卷尼眾所屬時代，而傳文之初僅標出尼師所屬寺院或地區，可見二者編輯概念均未成熟。

　　慧皎將東晉以來僧傳加以總結整理，並提出其僧傳的結構和敘事模式的標準，訂定十科作為僧傳的分類編目標準，前八科之末均有論有贊，末兩科有論無贊。其次序如下：

《高僧傳》分科次序	〈高僧傳·序〉❼⑧的解釋
第一〈譯經篇〉	法流東土，蓋由傳譯之勳，……震旦開明，一焉是賴，茲德可崇，故列之篇首。
第二〈義解篇〉	若慧解神開，則道兼萬億。
第三〈神異篇〉	通感適化，則疆暴以綏。
第四〈習禪篇〉	靖念安禪，則功德森茂。
第五〈明律篇〉	弘贊毗尼，則禁行清潔。
第六〈亡身篇〉	忘形遺體，則矜吝革心。
第七〈誦經篇〉	歌誦法言，則幽顯合慶。
第八〈興福篇〉	樹興福善，則遺像可傳。
第九〈經師篇〉	其轉讀、宣唱，原出非遠，然而應機悟俗，實有偏功，
第十〈唱導篇〉	編之傳末。

　　《高僧傳》類分十科始於慧皎，僧人分科並不是按照其人的宗

---

❼⑧　《大正藏》，第 50 冊，頁 418 下。

派或修行法門，而是以傳主一生最重要的貢獻或最突出的表現作為分類的標準；也就是由其宗教實踐的成果決定，這麼做可以反映高僧在其時代佛教的主要貢獻。然而，這十類是功能性分類，以致常有矛盾之處，不過任何分類概念都難免有其缺點，慧皎應是根據當時佛教發展的真實情況歸納而得，這項創舉並為以後僧傳所仿效。

從慧皎分列十科之目，道宣《續高僧傳》依其時代佛教發展的實際情況略作修正，將《高僧傳》的〈神異篇〉改名〈感通篇〉，而且自第三位降為第六位；又在〈明律篇〉之後增加第五〈護法篇〉；更將《高僧傳》中〈經師篇〉與〈唱導篇〉合而為〈雜科聲德篇〉；〈亡身篇〉篇名改為〈遺身篇〉；〈誦經篇〉改為〈讀誦篇〉。關於《高僧傳》與《續高僧傳》分科次序的變化，列表如下：

《高僧傳》分科次序	《續高僧傳》分科次序
第一〈譯經篇〉	〈譯經篇〉第一
第二〈義解篇〉	〈義解篇〉第二
第三〈神異篇〉	〈感通篇〉第六
第四〈習禪篇〉	〈習禪篇〉第三
第五〈明律篇〉	〈明律篇〉第四
第六〈亡身篇〉	〈遺身篇〉第七
第七〈誦經篇〉	〈讀誦篇〉第八
第八〈興福篇〉	〈興福篇〉第九
第九〈經師篇〉	〈雜科聲德篇〉第十
第十〈唱導篇〉	
	〈護法篇〉第五

　　以僧傳全書結構而論，「十科」分類和排序的架構，已隱含作者對僧傳價值的思維於其中。傳統高僧傳的編排以慧皎《高僧傳》的十科奠定基礎，則此十科的次序又是如何排定的呢？這可從佛教本身義理結構和佛教在中土發展的實際情況來瞭解，慧皎稱：「法流東土，蓋由傳譯之勳，或踰越沙險，或泛漾洪波，皆忘形殉道，委命弘法，震旦開明，一焉是賴，茲德可崇，故列之篇首。」❼❾佛法初傳，譯經是首要工作，是以三本僧傳都以〈譯經篇〉為首。其次是消化佛學義理，贊寧《大宋僧史略・卷上・注經》曰：「乍翻法語，未貫凡情，既重譯而乃通，更究文而暢理，故箋法作焉。」❽❶所以譯經、義解屬於慧學，接者習禪屬於定學，明律屬於戒學，戒定慧三學是修行的正道。佛經傳譯過程中雖也不免有義解的成分，但真正的義解是隨著原典譯出後，開始用自己的語言去消化而產生新的理解，展現本土文化和傳入經典之間的對話融合，進而衍生種種宗派學說，乃至修行法門的出現。另一方面，佛教初傳，要面對許多本土文化和時代的挑戰，高僧以神通事蹟攝受眾人，有助於佛教的快速擴展，所以《高僧傳》中〈神異篇〉高居第三，但到了《續高僧傳》〈感通篇〉退至第六，歷來學者所持的原因，不外認為佛教信仰普及之後，已不必借用神異方法來爭取信徒，同時維護正法的任務，已由「護法」僧取代「神異」僧，所以〈感通篇〉不得不屈居〈護法篇〉之後。❽❶

---

❼❾　《高僧傳・卷十四・序》，收入《大正藏》，第 50 冊，頁 418 下。

❽❶　《大正藏》，第 54 冊，頁 239 上。

❽❶　參見釋果燈：《唐道宣《續高僧傳》批判思想初探》（台北：東初出版社，1992 年），頁 97。

　　僧傳中每科人數多寡並不代表佛教實際發展的情況，而有作者的主觀取捨。慧皎收錄的高僧偏於南方，北方佛教的發展因而缺乏翔實的記錄❷，加上其學術傾向，著重譯經和義學，因此慧學僧占全書近二分之一。另一方面，道宣《續高僧傳》新增「護法」一科，這是由於道宣所蒐集到的史料和所面對的時代環境不同於慧皎所致。❸元魏時，太武帝毀佛事件經曇始勸阻，破壞不大，而南方佛教發展隆盛，加上《高僧傳》史料以南方僧侶為主，所以，慧皎對於毀佛事件及護法僧侶的史料，比較缺乏直接的回應。道宣所蒐羅的史料對於北齊、北周幾次毀佛滅教的動作，道教人士的迫害，以及護教殉身如曇顯、靜藹等高僧的行誼有更充分的理解，加上其眼見隋唐更迭動亂對佛教的影響，唐代王室對佛教的限制，因而激起對佛教發展更強烈的憂患意識，才會另立「護法」一科。

　　高僧傳記的分科有無缺失呢？傳統僧傳從《高僧傳》以十科分類，《續高僧傳》略加改動以適應佛教發展的實際情況，但到了《宋高僧傳》卻完全未考慮唐代佛教宗派興起的趨勢，可能是《宋高僧傳》收錄高僧的時代是接續著《續高僧傳》，贊寧所面對的佛教發展情況與道宣相當類似，加上其遵循傳統的保守性格，故而仍沿道宣十科舊規，因此而有宗門起而另行創製自家宗派傳記的風氣

---

❷　根據徐燕玲統計，《高僧傳·序》明言其「終於梁天監十八年」，梁以後的高僧情形，《續高僧傳》有加以補充。梁天監十八年以前，慧皎有提及而未立正傳，經道宣補述者十五人；慧皎未提及者，有十人。梁天監十八年以後，補上者有三十九人。參見氏著：《慧皎《高僧傳》及其分科之研究》（台北：華梵大學東方人文思想研究所碩士論文，2003年），頁95。

❸　參考釋果燈：《唐道宣《續高僧傳》批判思想初探》，頁149。

興起。

三、禪宗僧傳體裁的開拓

以佛教傳記的發展來看，因應唐代以來宗派意識的發展，使得僧傳創作體裁趨於多元化，宗門著史風氣大開，傳統僧傳因而沒落，從《宋高僧傳》之後，到《明高僧傳》完成，中間中斷了超過六百年。❽❹《宋高僧傳》遵循傳統僧傳十科分類的固定體例來劃分高僧類型的作法，已不能呼應其時代佛教發展的實況，從唐代以來，佛教宗派意識逐漸形成，對於以正統自居的僧傳體製，無論在選人或編排上均發出不滿的聲音。雖然《宋高僧傳》的習禪和感通兩科人數為十科之最❽❺，而感通篇的高僧許多是禪宗法系中的禪

---

❽❹　參見石井修道：《宋代禪宗史の研究：中國曹洞宗と道元禪》〈《大宋高僧傳》から《大明高僧傳》へ——十科の崩壞と高僧傳の斷絕〉（東京：大東出版社，1987 年），頁 1。

❽❺

宋高僧傳	人數（正十附）	見於《景德傳燈錄》的禪者		
		有傳者	無傳者	合計
1.譯經	44	0	0	0
2.義解	94	3	4	7
3.習禪	132	94	22	116
4.明律	68	0	2	2
5.護法	19	6	2	8
6.感通	112	10	11	21
7.遺身	24	3	2	5
8.讀誦	50	0	0	0
9.興福	56	8	1	9
10.雜科聲德	57	3	12	15
合計	656	127	56	183

僧⑧，但是，傳統僧傳將禪僧分散各科的作法，使得活躍於唐五代的禪宗情況，無法完整的呈現。加上宗派之間為了確定自己的法統，來強調其法脈傳承的正統地位，因此逐漸發展出自己的宗派傳記體裁，藉此建立自身的傳承系譜。從作者對高僧的遴選，及其對高僧生平敘述重點的差異，即可看出該宗門特殊的修行方式，及其所屬的宗派特色。

從宗派史書發展的歷史來看，以禪宗和天台宗對其自身歷史的創造最為努力；兩方的傳承系譜也頗有針鋒相對的意味。不過，天台宗史較禪宗晚出，主要創作於南宋，意在反擊禪宗。本文以北宋為斷代，因此僅討論與贊寧同時，正統僧傳之外禪宗宗史的發展。

唐代以來，由於禪宗廣傳，累積了相當豐富的宗門史料，是最早成立宗門史書的宗派，從唐末經歷五代到北宋已有相當規模的燈史記錄，擁有明確的傳承法系，儼然宗派發展最為壯大者。宋代燈史大量出現，在舊有的傳統僧傳看來，具有重大的意義，習禪乃唐代佛教的時代特徵，非禪宗之所專，否則《宋高僧傳》大半高僧都可以納入禪宗之列了，但是贊寧將習禪僧分散於十科，反而失去了其時代佛教之精彩處。於是，不滿贊寧對僧傳分科及記錄模式，欲以另一種形式來凸顯時代禪宗特色的僧史記錄逐漸出現。

由於宗門思潮的興起，帶動燈史的創作，中晚唐以來陸續出現

以上資料參考石井修道：《宋代禪宗史の研究：中國曹洞宗と道元禪》，頁46。

⑧ 藉由修習禪定而產生神異能力，是早期禪法的特色，從《高僧傳》、《續高僧傳》的「論曰」，可以了解二者的關係。因此，將習禪僧列於感通篇，並非錯置，而是當時對禪僧既有的印象。

許多「燈史」❽，包括敦煌出土的淨覺《楞伽師資記》、《歷代法寶記》、杜朏《傳法寶紀》，屬於北宗的宗史。智炬《雙峰山曹侯溪寶林傳》❽，陳垣先生認為它是「禪宗史唯一史料，《景德（傳燈）錄》及《傳法正宗記》均取材於此。」❽「傳」有「傳下去」之義，而禪宗自六祖慧能之後弘傳趨廣，慧能即圓寂於寶林寺，所以可知此書命名的用意在於記錄禪宗歷代相承以至三十三祖（慧能）光大本宗的歷史。其次，南唐靜、筠二禪師所編《祖堂集》❿，

---

❽　所謂的「燈史」，是以達摩一系禪宗師資相承的系譜為中心，輯錄了歷代祖師的機緣問答和上堂示眾的話語。參考柳田聖山：《初期禪宗史書の研究》（東京：法藏館，2000 年），頁 11。

❽　智炬生平與年代不詳，山西廣勝寺發現的《寶林傳》，僅能在《宋藏遺珍》第二冊找到，而《遺珍》則自《趙城藏》中輯出付梓。書名「寶林」指「寶林寺」，即今廣東省曲江縣的南華寺，禪宗六祖慧能大師（638－713）真身供奉的所在。《寶林傳》久佚，後來日本常盤大定博士發現了其書第六卷的寫本，於昭和八年（1933）先發表於《東方學報》第 4 期，再由東方文化學院東京研究所以珂羅版印行。及至《趙城藏》重現中華，發現《寶林傳》僅存一、二、三、四、五、八等六卷，於是《宋藏遺珍》的編者乃取《東方學報》所刊的《寶林傳》第六卷補入，而成七卷。這七卷的內容是：卷一：太子（佛陀）降生以至入滅的紀事。第一祖摩訶大迦葉尊者的事蹟。卷二：二祖阿難尊者以迄八祖佛陀難提尊者的事蹟。卷三：九祖伏馱蜜多尊者以迄十七祖僧伽難提的事蹟。卷四：十八祖伽耶舍多以迄二十二祖摩拏羅的事蹟，而缺二十一祖。卷五：摩拏羅印國土章，二十四祖師子比丘和師子弟子章。卷六：康僧會、竺大力、曇摩迦羅、摩迦陀四僧事蹟。卷八：二十八祖達摩，二十九祖慧可和三十祖僧璨的事蹟。參考曹仕邦：《中國佛教史學史——東晉至五代》（台北：法鼓文化出版社，1999 年），頁 173-175。

❽　《中國佛教史籍概論》，頁 106。

❿　朝鮮海印寺所藏本，「祖堂」原指禪宗供奉歷代祖師的地方。《祖堂集》共二十卷，為南唐中主保大十年（952）泉州招慶寺靜、筠二位禪師所編成，

包含印度及中國高僧約兩百餘人。較之《寶林傳》的蕪雜俚俗；《楞伽師資記》、《傳法寶記》之偏於北宗，此書以南宗禪師為主，全書紀統組織和資料完整分明，可算是較為成熟的禪宗傳記。⑩這些文獻的出現，填補了早期禪宗發展，南北分宗互為消長，以及荷澤一系的影響力等禪宗歷史的問題，比較清晰地勾勒禪宗的歷史及演進脈絡。

　　早期禪宗傳記被宋初燈錄所吸收，並創造性地將禪師間的機緣對答加以豐富增飾，完成更系統性、合理性的宗史，所以，早期的禪宗史書和宋代所編的公案集成之間有明顯的互文性關係，共同創作逸聞、對話和傳說的豐富性。北宋燈史對禪師言行的記錄，不再只是一種開悟過程的對話記錄，同時也著力於建立五家的傳承系譜不同的風格。禪宗內部已經從創造性的公案對話，轉向藉由禪師傳記的整理，來創造自身的歷史，大量的燈錄、語錄的編撰，是在統治當局監督下完成的，像道原《景德傳燈錄》是由翰林學士楊億修

　　靜、筠二師生平不詳，從卷首文澄禪師序推斷，屬於雪峰義存門下一系。《祖堂集》編纂當時，禪宗已經進入分宗時代，神秀一系北宗禪已式微，開創南宗的荷澤一系亦已湮沒，此時活躍的是青原行思、石頭希遷，南嶽懷讓、馬祖道一兩支，並逐漸發展出曹洞、臨濟、雲門、溈仰和法眼五宗。因此，可以說《祖堂集》算是距離五家時代最近，比較系統地記載五代以前禪宗史實，反映南宗的發展情形。參考楊曾文：《唐五代禪宗史》〈第九章禪宗燈史《寶林傳》和《祖堂集》〉（北京：中國社會科學出版社，1999年），頁593。

⑪　《祖堂集》中屢出現「未睹行錄，不決始終」，或「某某撰碑」字樣，可見作者編纂態度嚴謹，必然參閱大量的禪師行錄、語錄以及碑傳，這些史料或許在宋代已經失傳。

訂潤飾；《天聖廣燈錄》由李遵勗奉旨刊削而成。這些燈史的重
點，與其說是客觀史實的記錄，不如說是禪宗傳承系譜的建立。

宋代留下的宗史典籍龐大，且表達形式多元，為後代理解禪宗
歷史提供珍貴的史料。「燈史」可說是禪宗歷史文獻中的一種新文
類，我們很難將其歸入傳統文類中的任何一類，因為它包含了傳
記、對話、語錄和詩偈等形式，其體製與傳統僧傳以十科分類來記
錄高僧傳記的作法有極大的差異，燈史重視禪宗系譜的傳承和完
整，往往上溯過去七佛、世尊到達摩以前的傳承法脈，呈現燈燈相
傳法脈不絕的意義，這是禪宗燈史最大的特色。其次，禪宗語錄都
是用語體寫成，在文學上也為敘事語言開啟了新里程；為宗教傳記
開闢了一個新的表述工具。平心而論，傳統僧傳與宗派僧史各有不
同的宗派立場和創作偏見，所持的觀點和所記錄的高僧形象也不盡
相同，因此，它們各有其存在的歷史價值，不能偏廢。

本章小結

中國僧傳在敘事結構方面，可說是受到佛傳中八相成道部分模
式的影響，特別重視高僧出生、捨俗、求法、度生，以及捨壽等特
殊宗教性情節的鋪陳，而敘事筆法則承襲中國史傳傳統全知視角的
敘事方式，兩種敘事元素的結合，展現高僧不同於一般人物傳記的
宗教精神面向。

從阿含部、律部、本緣部佛典，乃至創作性的佛傳中，我們可
以看出佛陀生平愈加豐富的創造歷程，無論佛陀演述其過去生的故
事、今生的修行歷程，乃至敷演正法時的佛陀形象，都深刻地透過

經典流傳下來。愈晚期經典愈帶有美化或神話性色彩，展現了一個
修行者的完美典範，提供後來的追隨者趨向圓滿的成佛之道的指
引。從佛傳的敘事內容啟發了中國僧傳刻畫高僧特殊精神修持的生
活方式，及其屬於高僧人物特有的神異事蹟的描述。

　　另一方面，中國僧傳從六朝雜傳中發展而來，因此，承襲了雜
傳從傳主一些具體事件的敘事來展現其人特殊性格的敘事方式，使
得人物的形象更加深刻生動。其次，《宋高僧傳》援引中國正史在
傳文之外，另闢論贊來評論傳主的形式，使作者在傳記敘事之餘，
有一個抒發個人意見或感想的獨立空間；讀者也可由此了解作者主
觀的歷史評價及其史觀。但是，由於對傳統僧傳十科分類的不滿，
加上唐代以來愈加明確的宗派意識，使得禪宗率先建立自己的宗派
系譜。從禪宗系譜的歷史意義來看，其背後的法統之爭是宗派傳記
形成的重要因素。這些記錄歷代高僧宗教活動的傳記，除了可以藉
以瞭解佛教發展的歷史之外，許多篇章的高僧人物形象、性格刻畫
生動感人，可說是宗教、史學與文學結合的典範作品。

第三章 《宋高僧傳》的產生背景與編撰取材

　　佛教僧傳的編撰，是為了整理高僧精確的生平？還是記錄一個時代佛教發展的實況呢？由於僧傳作者具有與史傳作者不同的創作動機，所以其傳記的人物選擇、記錄視野、事件處理和敘事風格等均迥異於史傳，加上正史關於佛教歷史記載的貧乏，更凸顯出僧傳存在的價值。贊寧的僧傳創作是否受到其所處時代背景及整體文化氛圍的影響？他個人的學思背景及生命歷程對其編撰僧傳有什麼樣的作用呢？本章主要針對《宋高僧傳》文本形成的主、客條件，包括作者的生平，作者所處的客觀社會文化背景，以及文本的撰寫條件加以探討，作為理解《宋高僧傳》內容的基礎。

第一節 唐五代至北宋佛教發展與社會文化

　　佛教研究不能孤立於歷史文化脈絡之外❶，因此對於《宋高僧

---

❶　黃啟江謂近年美國佛教研究，在經典的考證和義理疏通之外，趨向於對佛教典籍的社會意義作研究，及探討佛教實踐相關問題的歷史文化議題，更能從

傳》產生的歷史意義，以及該書所反映的宗教現象的社會文化因素
等背景的了解，有助於我們對於僧傳價值的掌握。過去，我們以為
通過嚴密的歷史文獻考證，就可以還原歷史的真實，現在看來，客
觀的歷史實際上還是透過作者的意願和其所處的時代環境塑造出來
的。因此，從文化的角度，了解僧傳產生時代的佛教法統和權力運
作的關係，以及作者形塑高僧歷史的背景和宗派企圖，有助於釐清
高僧形象是如何被運作出來的。如此一來，我們看待高僧傳就不只
是去探究其真實性的問題，而是他們在所處的文化背景中的存在意
義，這反而更可以豐富僧傳的研究視野。

一、唐五代至北宋佛教發展概況

佛教自東漢傳入中國，經歷魏晉六朝的格義活動，到唐代完成
了中國化的歷史進程。緣於修行者個人學法的傾向偏重不同，以及
適應不同階層信徒的根基，而發展出不同的中國佛教宗派，並建立
各宗的教理和修持體系，形成不同於印度的中國化佛教，包括天台
宗、三論宗、賢首宗、慈恩宗等學術性濃厚的宗派；重視戒行的律
宗；較重實修傾向的密宗、禪宗；接近庶民思維，簡而易行的淨土
宗等。

唐代君王始終堅持道先佛後的原則❷，整體看來，對於佛教維

中看出某些經典的詮釋意義隨時代而轉變的痕跡。〈從佛教研究法談佛教史
研究書目資料庫之建立〉，《現代佛教學會通訊》第 12 期（2002.03），頁
63。

❷ 《續高僧傳》卷 24〈釋慧乘傳〉：「天子下詔曰：『老教、孔教，此土先
宗，釋教後興，宜崇客禮，令老先、次孔，末後釋宗。』」《大正藏》，第

持不甚支持的態度。高祖武德年間為了整飭隋代延續下來愈加興盛的佛教勢力,加上傅奕上疏的推波,決定採取沙汰僧尼的政策,幸因高祖退位,太宗攝政而未實行。太宗和高宗對佛教的態度,都是從政治需要來考量,彼二人雖優禮玄奘,但主要是對玄奘個人才華、學問的崇敬,並非對佛教本身有興趣。武后為鞏固其政權,封沙門法朗等為縣公,並賜紫袈裟、銀龜袋等,沙門封爵賜紫由此而始❸,湯用彤謂此於佛教實種一大惡因,出家人笑傲王侯的風骨因而逐漸隱沒,僧格從此卑落。❹接著代宗、憲宗、中宗算是較傾向佛教的君王,此時佛教在中國發展已趨於成熟,並在民間紮下一定的信仰勢力。

　　《法苑珠林·傳記篇》卷一百〈興福部〉謂高宗時有寺四千所,僧尼六萬餘人。❺《唐會要》卷四十九謂玄宗時有寺五千三百

---

50 冊,頁 634 上。《唐會要》卷 49〈僧道立位〉云:「貞觀十一年正月十五日,詔道士女冠宜在僧尼之前。至上元元年八月二十四日辛丑,詔公私齋會及參集之處,道士女冠在東,僧尼在西,不須更為先後。至天授二年四月二日,敕釋教宜在道教之上,僧尼處道士之前。至景雲二年四月八日,詔自今已後,僧尼道士女冠,並宜齋行並集。」(原刻景印百部叢刊集成,台北:藝文印書館,1969 年),頁 4。由此可以看出,唐代僧、道地位的消長變化。

❸　參見《大宋僧史略》卷下〈四十二賜僧紫衣〉:「則天朝有僧法朗等,重譯《大雲經》,陳符命言則天是彌勒下生為閻浮提主,唐氏合微,故由之革薛稱周。法朗薛懷義九人並封縣公,賜物有差,皆賜紫袈裟,銀龜袋。其《大雲經》頒於天下寺各藏一本,令高座講說,賜紫自此始也。」《大正藏》,第 54 冊,頁 248 下。

❹　參見氏著:《隋唐佛教史稿》(台北:木鐸出版社,1988 年),頁 30。

❺　〔唐〕道世編:《法苑珠林》(台北:新文豐出版社,1973 年),頁 1424。

五十八所，僧七萬五千五百二十四人，尼五萬零五百七十六人。❻
可見當時佛教僧徒、寺院數量相當龐大，因此，從敬宗、文宗以
來，即不斷有整頓佛教的意圖，及至武宗由於個人崇信道術，社會
經濟因素的壓力，加上道士趙歸真的建言推波而有毀佛之舉。❼蓋
當時大唐經歷內亂，寺觀成為人們逃避徭役和賦稅的地方，加上寺
院擁有大量土地和寺產，雇用農奴耕地牟利，這種日益壯大的寺院
經濟，成為國家的一大隱憂。❽從會昌二年到五年，共計拆毀大型
佛寺四千六百餘所，蘭若四萬餘，勒令還俗僧尼二十六萬五百人。❾
當時佛教典籍湮滅散佚的情形嚴重，尤其是天台和華嚴的章疏，這
對二宗後繼的發展影響甚鉅。安史亂後，北方佛教受到嚴重摧殘而
聲勢驟減，相對地，對盛行於南方的禪宗影響較小。

---

❻ 〔宋〕王溥撰：《唐會要》（原刻景印百部叢刊集成，台北：藝文印書館，
1969年），頁10。

❼ 唐武宗毀佛一事，《新唐書》僅記於〈食貨志〉，將會昌法難歸因於社會經
濟問題，而忽略其他因素；《舊唐書》記於〈武宗本紀〉，較能顯示會昌法
難乃武宗朝一項重大的措施，且對佛教影響深遠，謂法難之起固然是長久以
來積壓的經濟問題所致，但這只是遠因；近因是由於道士趙歸真、劉玄靖出
於報復佛教而請求拆寺滅佛。相較之下，《舊唐書》對於佛教史事的記錄較
為翔實可信。

❽ 〔宋〕司馬光：《資治通鑑》卷224，代宗大曆二年（西曆767）：「京畿良
田美利，多歸僧寺。敕天下無得簽曳僧尼。」（台北：宏業書局，1973
年），頁7198。〔清〕董誥等編，陸心源補輯拾遺：《全唐文及拾遺》卷
19，睿宗的詔書〈申勸禮俗敕〉言：「寺觀廣佔田地及水碾磑，侵損百
姓。」（台北：大化出版社，1987年），頁93。

❾ 參見王溥撰：《唐會要》卷49，頁10。關於唐武宗毀佛的詳情，參見湯用
彤：《隋唐佛教史稿》第一章第六節會昌法難，頁49-55。

　　唐朝政權結束之後，北方歷經五代更迭，社會動亂，但梁、唐、晉、漢諸國，多信奉佛教，尤其地處南方的南唐、吳越諸君主，對佛教都採取保護政策，由於其地經濟生活較為穩定，使佛教發展較之北方有更大的空間，尤其是分佈於南方的禪宗和天台宗得到相當的開展。直到周世宗即位，對佛教採取限制政策，更沙汰僧尼、廢除一些寺院，使佛教繼唐武宗毀佛之後，又因整頓而受到重挫。

　　宋代在特殊的歷史條件下實行君主專制，強化中央集權，為社會經濟和文化發展提供有利的條件。宋代佛教與王室有密切的關係，帝王對於佛教的發展，始終採取寬容的態度，北宋自太祖以下，太宗、真宗、仁宗等多數君王都信奉佛教，僅徽宗崇信道教，所以一反北周毀佛政策，給予佛教適度的保護來強化統治者力量。這一方面是基於帝王本身好樂傾向；一方面是朝廷體認到佛教的民間影響力有助於統治教化和安定政局。雖有儒家學者一再反對佛教勢力的擴增，不過，正如真宗所言：「釋道二門，有助世教，安可即廢？」❿佛教在中土社會的影響和勢力已不容小覷了。

　　唐代先是設鴻臚寺來管理僧官、寺院，宋代立祠部，掌理道釋宮觀寺院的事務，包括僧尼簿籍製作、度牒發放、僧官任補、紫衣

---

❿　〔宋〕志磐：《佛祖統紀》卷 52〈聖君護法〉，收錄於《大正藏》，第 49
　　冊，頁 452 中。徐松原輯，陳垣等編：《宋會要輯稿·道釋一》卷 14707，
　　紹興十三年，南宋高宗云：「朕觀昔人有惡釋者，欲非毀其教，絕滅其徒；
　　有喜釋氏者，即崇尚其教，信奉其徒。二者皆不得其中。朕於釋氏，但不使
　　其大盛耳。」（北平圖書館印行本影印，台北：世界書局，1964 年），頁
　　7885。一語概括了宋代歷代君王對佛教政策的基本態度。

師號授與等事務的管理。僧錄多由德高望重的高僧擔任，在僧職中，左街地位高於右街，贊寧隨吳越錢氏入宋，太宗素聞其名，賜紫方袍，敕住左街天壽寺，為左街僧錄。孝宗時，朝廷又設左右街都僧錄之職，地位在左右街僧錄之上。宋代各地方設有僧正，掌理地方佛教事務，每州設置一員，擇有才德者任之。其後，又在僧正之上復設都僧正。❶

《釋氏稽古略》卷四記載宋太祖癸亥乾德元年所訂的度僧條件：

> 詔僧門童行，每歲經本州考試入京師，執政重監試，所業其
> 《妙法蓮華經》七卷，通者奏名下祠部給牒披剃。若特詔疏
> 恩，如建隆太平興國普度僧尼，不限此例也。❷

欲出家者必須經過讀經比試，嚴格要求出家僧尼的佛學基礎，以管制出家人數，並確保僧尼的品質素養。僧人建立僧籍，頒發度牒始於唐代❸，原是為了控制僧人數量，宋神宗時，為了增加國庫稅收，則開始徵收度牒費。❹宋代僧人免於賦稅徭役，寺院擁有寺

---

❶　參考高雄義堅著，陳季菁譯：《宋代佛教史研究》〈第二章宋代的僧官制
　　度〉（台北：華宇出版社，1986 年），頁 37-53。

❷　《大正藏》，第 49 冊，頁 859 中。

❸　根據〔宋〕志磬撰：《佛祖統紀》卷 41 的說法，給牒制度始於唐玄宗天寶六
　　年：「敕天下僧尼屬兩街功德使，始令祠部給牒用綾素。」《大正藏》，第
　　49 冊，頁 375 下。

❹　參見高雄義堅著，陳季菁譯：《宋代佛教史研究》〈第一章宋代的度僧制度
　　及度牒制〉，頁 25。

產，經濟富裕，加上廣受帝王恩寵，所以僧尼人數眾多。真宗並放寬度僧名額，天禧末（1021）天下僧尼近四十六萬人，達到宋代僧尼人數的最高峰。❶

宋代佛教的發展趨向，在政治上君主獨裁專政，儒家學者對佛教抱持不友善態度的社會情境下，以僧尼為中心，重視教義研究的山林佛教文化逐漸衰微，而具生活實踐性格，簡而易行的禪宗和彌陀淨土信仰，最廣為流傳，無論禪宗、律宗、天台、華嚴等，多兼弘淨土；往生西方淨土成為宋代佛教各宗所共許的趨向，因此淨土思想與各宗相涉成為宋代佛教的一個特點。北宋佛教叢林寺院興盛，以福建和浙江最為密集；宗派上以彌陀淨土信仰和禪宗較為活躍，禪宗又以雲門宗和臨濟宗兩支最盛。北宋叢林發達的因素，黃啟江認為是：一者，佛教得到統治階層與中央官僚體系的支援；二者，僧侶深厚的內外學養及弘法活動，並與士大夫維持良好的學術互動關係；三者，宋室與雲門宗僧侶建立互助的密切關係，是助成叢林發展的重要條件。❶

佛教經歷唐代會昌法難和後周世宗廢佛，教下各宗發展受到重創，降及北宋太祖、太宗對佛教採取保護政策，然而，這只是表面。事實上，宋代的佛教政策是採取保護和控制兼而行之，佛教發

---

❶ 〔宋〕志磐撰：《佛祖統紀》卷 53。宋真宗天禧五年時，有僧 397615 人，尼 61240 人；仁宗景祐元年時，有僧 385520 人，尼 48740 人；神宗熙寧元年時，有僧 220660 人，尼 34030 人，高宗時，有僧 20 萬。《大正藏》，第 49 冊，頁 465 下。

❶ 參見氏著：《北宋佛教史論稿》（台北：台灣商務印書館，1997 年），頁 223。

展空間受制於中央的掌控，加上宋代本身外患威脅不斷，使得士大夫產生強烈的民族意識，對於外來的佛教激起強烈的排斥思想和言論。這樣的時代環境下，佛教一方面要從後周廢佛中復甦，一方面又要面對當代儒者的排佛挑戰，如何在朝廷政策和士大夫排佛的夾縫中求生存，是身為北宋僧史的贊寧所必須面對的課題，因而有贊寧以王法為本的思想，和契嵩基於護教的立場，致力於調和三教的理論出現。由此可見，北宋時，佛教表面上獲得復興護持，實際上佛教發展的自主權已喪失，在這樣的時代環境下，加上佛教內部禪宗、天台宗祖統觀的相互較勁，建立各自的宗史，激起了宗派對抗意識，以及宋代正統史學的刺激，使得宋代各種佛教史傳體裁發展蓬勃。

二、北宋史學及佛教史籍編纂

　　史書修撰會受到史料的搜集、編修原則、編修者的價值判斷，及當代史學風氣和條件等因素而影響其品質。宋代隨著封建政權的鞏固，對修史一事的控管愈加嚴密，使得史家的獨立地位受到嚴重的威脅，由於剛歷經五代動亂的政治環境，執政者試圖由前朝歷史經驗中尋找足以資鑑的治道，因此史學特別發達，一方面用以考察前代治亂興廢、成敗得失，以為借鑑；另一方面，作為朝廷處理政務的章法依據。但是，矛盾的是宋代修史者均以他職兼領而無專官，這是宋代史學的普遍現象，僅少數的例外。❶修史者以他職兼

---

❶　〔宋〕李心傳：《建炎以來朝野雜記》甲集，卷 10「史館專官」條：「自真廟以來，史館無專官。」並舉出自真宗（998）迄寧宗嘉泰（1204）二百餘

領，精力必不能專，加上史官遷轉頻繁，難於久任，必然影響修史的進度和品質。❸

　　北宋歐陽修承襲韓愈闢佛餘緒，又基於其治《春秋》的尊王攘夷之立場，視佛教之興為中國文化存續之大患而力欲去之。他認為佛教是趁中國王政禮儀廢弛而興起，「及三代衰，王政闕，禮義廢，後二百餘年而佛至乎中國。由是言之，佛所以為吾患者，乘其闕廢之時而來，此其受患之本也。」❹又，《舊唐書·方伎傳》所記玄奘、神秀、一行等傳，《新唐書》則一律刪除，並且刪除文人學佛或與僧侶往來的記錄，卻刻意隱善揚惡，保留佛教中負面的事蹟，其取材透露出歐陽修處理佛教史料時，強烈的抑佛意識，反而減損其書的歷史價值。實則韓、歐二人是站在儒家本位立場，在對佛教義理認知不足的情形下來闢佛，根本無法就佛教特有的人性論、宇宙觀等提出足可抗衡之說。

　　相對於正統史書，佛教出版事業方面，宋太祖集中管理寺院和道觀，並派使西行求法，《釋氏稽古略》卷四，太祖丁卯乾德五年：「詔秦涼既通，遣僧百人往西域，求佛經法。」❹並於開寶四

年，史官專任，不兼他職，僅見三例：一，神宗朝命曾鞏以史館修撰專典五朝史；二孝宗朝以李燾、洪邁修神、哲、徽、欽續修五朝史之列傳，不兼他職數年；三寧宗朝召傅伯壽、陸游為在京宮觀，專修高宗史正與孝、光二宗實錄。（原刻景印百部叢書集成，台北：藝文印書館，1969 年），頁 12。

❸　參見蔡崇榜：《宋代修史制度研究》（台北：文津出版社，1991 年），頁191。

❹　〔宋〕歐陽修撰，李逸安點校：《歐陽修全集·居士集卷十七·本論》（北京：中華書局，2001 年），頁 288。

❹　《大正藏》，第 49 冊，頁 859 中。

年詔刻宋代第一部藏經,至太平興國八年完成,此本成為宋代後來
官私刻本的依據。太平興國五年開始規劃譯經事業,七年設立譯經
院,建立完善的譯經制度,恢復中斷已久的譯經事業,從太平興國
五年到天聖五年,共譯出佛典五百餘卷,接近唐代譯經卷數,不
過,宋代所譯經典多屬小部。黃啟江認為宋太宗管制佛經的翻譯與
流傳,實有利於建立中央與地方事業的階層劃分,不但可操縱佛教
經典的出版權和解釋權,並且能贏得佛教團體的合作。❷❶太平興國
八年十月施護譯《守護大千國土經》三卷、法護譯《大力明正經》
二卷,呈上御覽,太宗以之示宰相,並諭群臣,曰:「浮圖氏之教
有裨政治,達者自悟淵微,愚者妄生誣謗,朕於此道,微究宗旨。
凡為君治人,即是修行之地,行一好事,天下獲利,即釋氏所謂利
他者也。」❷❷《佛祖統紀》卷四十四,記載真宗著有〈崇釋論〉
謂:「釋氏戒律之書,與周、孔、孟之經書,跡異而道同。」❷❸可
見宋代帝王視佛教為輔弼國政之法,這使得佛教能在政府的監督和
護持下持續發展。

　　宋太宗的時代政局穩定,推動大規模的編輯計畫,命李昉等編
輯《太平廣記》五百卷（978 年完成）、《太平御覽》一千卷（983 年
完成）、《文苑英華》一千卷（987 年完成）,加上宋真宗時編的《冊
府元龜》一千卷,合為宋代「四大書」,呈現了北宋文化事業的豐

---

❷❶　參見氏著:《北宋佛教史論稿》,頁 42。

❷❷　〔宋〕李燾撰:《續資治通鑑長編》（北京:中華書局,1992 年）,卷 24,
　　頁 554。

❷❸　《佛祖統紀》卷 44〈法運通塞志十七之十一〉,收入《大正藏》,第 49
　　冊,頁 402 上。

富成果，也標誌了其時代整體的文化水平。佛教史書的編輯也可視為此時代大規模編輯事業其中的一環，經錄的編輯，藏經、道藏的刊印等，即是受到這種時代風尚的刺激而展開，贊寧《宋高僧傳》的撰述，也是在當時學術界的編輯風潮下，被朝廷指派的任務。其後又有道原《景德傳燈錄》等五部禪宗燈錄，契嵩《傳法正宗記》、惠洪《禪林僧寶傳》、祖琇《僧寶正續傳》等禪宗僧傳類史書出現。

宋代編纂的史書種類眾多，史家普遍具有倫理道德的教化史觀，利用修史，隱藏褒貶大義，宣揚封建統治的道德規範。其中，司馬光的《資治通鑑》，以編年體製，綜覽中國千年歷史沿革，作為帝王治國之明鑑，其著作史觀乃為國君提供歷朝治國的良方，此書對同代的佛教史書有相當的啟發，贊寧即依仿通鑑，將佛教制度典儀加以整理，以作為後代佛教之資鑑，而於《宋高僧傳》之後，另成《大宋僧史略》。而祖琇作《隆興佛教編年通論》二十九卷、本覺作《歷代編年釋氏通鑑》十二卷，都是受《資治通鑑》影響，以編年體所完成的佛教通史。❷南宋則有天台宗僧人宗鑑和志磐依仿中國正史所用紀傳體體裁，綜合佛教歷史與高僧傳記的記錄，分別編寫成八卷的《釋門正統》和五十四卷的《佛祖統紀》，以打擊禪宗，爭奪佛教正統祖傳的地位。❷由此可知，宋代佛教史學，受

---

❷ 參考牧田諦亮著，余萬居譯：《中國佛教史》（世界佛學名著譯叢，台北：華宇出版社，1985 年），頁 47-48。

❷ 針對禪宗西天二十八祖的傳承法脈，天台宗子昉提出二十四祖之說來對抗。天台宗史方面，為了與禪宗抗衡，南宋宗鑑《釋門正統》八卷是現存最古的紀傳體佛教史書，置本紀、世家、列傳、諸志、載記五科，以天台宗為世尊

到正史刪汰佛教事蹟的刺激，加上教內禪宗和天台宗的正統爭論，使得佛教史籍創作累積了豐碩的成果。

第二節　《宋高僧傳》編撰者的背景

一、贊寧的生平

贊寧（919－1001）❻，俗姓高氏，祖先渤海人，隋末遷徙至吳

嫡傳正統自居，帶有對抗禪宗祖統的意識。印度的祖師，包括世尊和龍樹置於本紀，中國祖師置於世家，並且受宋代春秋學的影響，採用春秋筆法，將佛教高僧傳記、重要佛教大事及釋門典章制度的沿革等，一併包含於其中，成為一部兼含僧傳和佛教典制的傳記體裁。參見曹仕邦：〈論《釋門正統》對紀傳體裁的運用〉，頁 299。其後志磐撰《佛祖統紀》五十四卷，也師法《史記》的紀傳體體例，分本紀、世家、列傳、志、表，以本紀闡明世尊以下至中國北宋間天台宗法脈的正統性，以世家說明天台傍出諸師的法系傳承，以表、志說明宗史沿革，並於記錄佛教史事中寄寓勸善懲惡的旨趣。參見曹仕邦：〈論《佛祖統紀》對紀傳體裁的運用〉，頁 233。以上兩文，具收錄於張曼濤主編：《中國佛教史學史論集》（台北：大乘文化出版社，1978 年）。

❻ 收錄贊寧傳記的書目如下：

書	作者	卷	出　處
小畜集	宋 王禹偁	20	右街僧錄通惠大師文集序
釋門正統	宋 宗鑑	8	贊寧傳（《卍續藏》，第75冊，頁353上）
佛祖統紀	宋 志磐	43、44	《大正藏》，第 49 冊。
佛祖歷代通載	元 念常	18	沙門贊寧（《大正藏》，第49冊，頁659中）
釋氏稽古略	元 覺岸	4	《大正藏》，第 49 冊，頁 860 下
十國春秋	清 吳任臣	89	吳越列傳第十三僧贊寧傳
新續高僧傳四集	喻昧庵	60	宋京師左街天壽寺沙門釋贊寧傳

興（浙江）德清縣，唐天祐十六年（919）❷生於金鵝山別墅。後唐天
成三年（928）於杭州祥符寺出家，清泰初年（934）於天台山受具足
戒，精研三藏，後往靈隱寺學四分律，師從法榮，屬於南山律一
系。因為贊寧從出生到出家，活動範圍都不出江浙一帶，當時江南
吳越之地因武肅王錢鏐脫離後梁支配，自立為吳越國，錢氏敬奉佛
教，在五代亂世中，靠著優越的地理條件，建立了一個安定的佛教
王國。長興三年（932）武肅王去世，文穆王錢元瓘嗣位，根據文瑩
《湘山野錄》卷下的記載，贊寧與吳越文穆王錢氏的關係，可溯自
其幼年時的一段因緣：

> 司天監王處訥推其命孤薄不佳，三命星禽昬祿壬遁，俱無壽
> 貴之處。謂寧曰：「師生時，所異者止得天貴星臨門，必有
> 裂土侯王在戶否？」寧曰：「母氏長謂某曰：『汝生時臥
> 草，錢文穆王元瓘往臨安縣拜墓，至門雨作，避於苫簷甚
> 久，迨浣浴襁籍畢，徘徊方去。』」❷

部分參考林傳芳：《中國仏教史籍要說》（京都：永田文昌堂，1979 年），
頁 142。

❷ 王禹偁：《小畜集》卷 20〈右街僧錄通惠大師文集序〉一文，謂贊寧是唐天
祐十六年生，即梁之「貞明七年」。事實上，天祐是唐代最後一位皇帝昭宣
帝的年號，天祐只有四年唐朝就滅亡，進入五代了。依王禹偁的說法：天祐
十六年，即西元 919 年，當時應是五代後梁末帝貞明五年才對。（文淵閣四
庫全書，台北：台灣商務印書館，1983 年），第 1086 冊，頁 1196。

❷ 文瑩：《湘山野錄》（唐宋史料筆記叢刊，北京：中華書局，1984 年），頁
46。

這件軼事一方面解釋贊寧本身命格孤薄，出家修道是命中注定；另一方面，正好印證贊寧與吳越錢氏之間深厚的宿緣，為他出家後深受吳越錢氏欽重，作了合理的解釋。

吳越國文風鼎盛，江南佛教界如貫休、齊己、辯光等，以詩酬唱，贊寧兼通儒、道諸說，善屬辭宏辯，長於言談，頗受敬仰，聲望日隆，時號為律虎，深為吳越國忠懿王錢弘俶所重，任副僧錄及兩浙僧統數十年，對吳越國佛教貢獻良多，賜號明義宗文大師。

太平興國三年（978），贊寧隨吳越忠懿王奉版圖歸宋，因奉阿育王寺真身舍利塔入見宋太宗於滋福殿，太宗聞其名而請益，禮遇有加，奏對愜旨，親賜紫方袍，改號通慧大師，駐錫汴京左街天壽寺。這樣的身份令贊寧招致評價不一的後果，例如與贊寧同時代的歐陽修對佛教向無好感，對贊寧更是譏刺，《六一詩話》云：

> 吳僧贊寧，國初為僧錄，頗讀儒書，博覽強記，亦自能撰述，而辭辯縱橫，人莫能屈。時有安鴻漸者，文詞雋敏，尤好嘲詠。嘗街行，遇贊寧與數僧相隨，鴻漸指而嘲曰：「鄭都官不愛之徒，時時作隊。」贊寧應聲答曰：「秦始皇未坑之輩，往往成群。」時皆善其捷對。鴻漸所道，乃鄭谷詩云：「愛僧不愛紫衣僧」也。㉙

歐陽修藉由點出安鴻漸所指乃是鄭谷詩云：「愛僧不愛紫衣僧」來

㉙ 蔡鎮楚編：《中國詩話珍本叢書》（北京：北京圖書館出版社，2004 年），第 1 冊，頁 6。

諷刺贊寧，還曾以「俳優」來形容贊寧的好口才。❸若是站在高僧
應該隱居山林的傳統觀念，必然無法接受贊寧的紫衣僧官的身份；
加之，歐陽修著力復興儒家道統，本與當時居於僧團領導地位的贊
寧處於對立的立場，除了批評，不可能設身處地想到贊寧的身份和
處境。不過，我們由此對於贊寧文思敏捷，臨場應對機智應該可略
知一二。

太平興國六年充右街副僧錄。太平興國八年（983），奉旨編修
《大宋高僧傳》，太宗特許贊寧歸杭州祥符寺撰述之請，歷時六
年，至端拱元年（988）十月完成，並遣天壽寺顯忠和智輪等奉表上
奏，太宗即令編入大藏流通。太宗淳化元年（990）任左街講經首
座，時蘇易簡奉太宗命，編纂三教聖賢事蹟，用意在於平息三教的
紛爭，負責編撰者均是當時各教的領袖，贊寧負責佛教部分，著成
《鷲嶺聖賢錄》。

太宗淳化二年任史館編修，至道元年（995）掌京洛教門之事，
至道二年，以總理宋初文化事業的李昉為中心，他由官場高齡引
退，與諸知友，包括張好問、李運、宋琪、武允成、魏丕、楊微
之、朱昂，加上贊寧等，仿效唐代白居易的九老會，也組成九老會
雅集，後因蜀地叛亂而中斷。❸真宗咸平元年（998），命為右街僧

---

❸　贊寧曾以「現在佛不拜過去佛」一語，化解太宗行幸佛寺跪拜與否的問題，
　　歐陽修便云：「贊寧者，頗知書，有口辯，其語雖類俳優，然適會上意。」
　　〔宋〕歐陽修撰，李偉國點校：《歸田錄》卷 1（唐宋史料筆記叢刊，北
　　京：中華書局，1981 年），頁 1。

❸　參見王禹偁撰〈右街僧錄通惠大師文集序〉：「故相文貞公懸車之明年，思
　　繼白少傅九老之會，時師年七十八，會蜀寇而罷。」《小畜集》卷 20，《文

錄，三年（1000）遷左街僧錄，並重修《大宋僧史略》。咸平四年
（1001），歸寂於杭州祥符寺，享年八十三歲。㉜

　　贊寧一生包括佛學和世學的著述豐贍，運用僧職之利盡力護持
佛教，並輔助朝廷管理教門，配合國家政策的施行，對於佛教和朝
廷都貢獻良多，至徽宗時追諡圓明大師。

淵閣四庫全書》，第 1086 冊，頁 1196。

㉜ 贊寧生年據王禹偁撰〈右街僧錄通惠大師文集序〉《小畜集》卷 20，謂贊寧
生於唐天祐十六年（919），《釋門正統》、《佛祖統紀》同此，眾家並無疑
義，問題在卒年。牧田諦亮〈贊寧及其時代〉認為贊寧是卒於咸平五年
（1002），年八十五歲，但未明根據何說而來。參見張曼濤主編：《佛教人
物史話》（台北：大乘文化出版社，1978 年），頁 363。不過，如果贊寧是
卒於咸平五年，應該是八十四歲，而不是牧田所說的八十五歲。陳垣謂：
《西湖高僧事略》云：「咸平初，加右街僧錄，至道二年卒。」《四庫提
要·簡譜》因之，然而，至道實先於咸平，所以，《事略》誤矣。王禹偁撰
〈右街僧錄通惠大師文集序〉云：「今九老之中，李、宋、楊、魏已先逝
矣，大師年八十二，視聽不衰。」陳垣謂：「此序未知撰於何年，惟據《宋
史》，李昉、宋琪並至道二年卒，魏丕咸平二年卒，楊徽之咸平三年卒，此
序當作逾三年庚子，時師正年八十二也。」參見氏著：《釋氏疑年錄》（台
北：天華出版社，1983 年），頁 195。據《釋門正統》卷 8〈贊寧傳〉的記
載：「咸平初，擢右街僧錄，三年遷左街參政，蘇易簡撰三教聖賢事跡，奏
師與道士韓德純主其事，著《鷲嶺聖賢錄》及事跡凡一百卷，補在街首座。
明年二月示寂故里。」《佛祖統紀》卷 44，也說贊寧死於咸平四年。按此二
書成於南宋，距離贊寧年代不算遠，應較後諸史書所言可信，陳垣先生也贊
同贊寧卒於咸平四年，年八十三（919－1001）。另外，〔宋〕文瑩《湘山野
錄》卷下，有記贊寧壽數：「太宗欲知古高僧事，撰《僧史略》十卷進呈，
充史館編修，壽八十四。」（唐宋史料筆記叢刊，北京：中華書局，1984
年），頁 46。不過，文中並無直接說明贊寧卒年，僅言壽數，然中國人算
歲，年初、年末出生，會有歲數差距，這是判斷人物生卒最大的問題。

二、贊寧的內外學背景

從贊寧一生的著作，《內典集》一百五十二卷，《外學集》四十九卷，可略見其內、外學養之博深。❸❸

贊寧著述一覽表

書　名	卷　數	版藏或出處	存　否
宋高僧傳	三十卷	大正藏	存
大宋僧史略	三卷	大正藏	存
筍譜	二卷	四庫全書第 845 冊	存
物類相感志 又名（感應類從志）	一卷	重刊僧史略序 郡齋讀書志 重校說郛	佚
傳載錄	八卷	說郛卷五 重校說郛卷二十二 宋史藝文志	佚
鷲嶺聖賢錄	五十卷	小畜集卷七	佚
事鈔音義旨歸	三卷	律宗瓊鑑章	佚
駁春秋繁露	二篇	青箱雜記卷六 經義考	佚
抑春秋無賢臣論	一篇	青箱雜記卷六	佚

---

❸❸ 根據王禹偁《小畜集》卷 20〈右街僧錄通惠大師文集序〉謂贊寧著作有《內典集》一百五十二卷，《外學集》四十九卷（文淵閣四庫全書，台北：商務印書館，1983 年），第 1086 冊，頁 198。牧田諦亮由其書名卷數推測，應是指贊寧畢生著作的集成，前者包含所有內學，後者包含所有外學。參考氏著：〈贊寧與其時代·贊寧的著述〉，《佛教人物史話》（台北：大乘文化出版社，1978 年），頁 364。

論語懸解	一卷	四庫闕書目 光緒湖州府誌	佚
論語陳說	一卷	通志藝文略 經義考	佚
難王充論衡	二篇	青箱雜記卷六	佚
證蔡邕獨斷	四篇	青箱雜記卷六	佚
斥顏師古匡謬正俗	七篇	小畜集卷七 青箱雜記卷六	佚
折海潮論兼明錄	二篇	青箱雜記卷六	佚
非史通	六篇	青箱雜記卷六	佚
答斥雜諸史	五篇	青箱雜記卷六	佚
要言	三卷	宋史藝文志 雅堂雜鈔	佚
四分律行事鈔音義指歸	三卷	不詳	佚
舍利寶塔傳	一篇	不詳	佚
護塔靈鰻菩薩傳	一篇	佛祖統紀卷五十三	佚
內典籍	一五二卷	小畜集卷七	佚
外學集	四十九卷	小畜集卷七	佚

　　贊寧在內學方面，廣學經律，尤以律學為專精。唐代研習四分律的風氣極盛，其中又分為道宣南山宗、法礪相部宗、懷素東塔宗三支，其後相部和東塔二宗先後廢絕，獨南山一宗傳世，所以後來南山宗幾乎成為四分律宗的代稱。贊寧師從法榮，學習南山律學，為道宣南山律法系下傳第十一世孫，其傳承法系，表列如下㉞：

㉞　此表參考牧田諦亮所整理的南山律十三世法系圖。參見氏著：〈贊寧及其時代〉，《佛教人物史話》，頁 359。

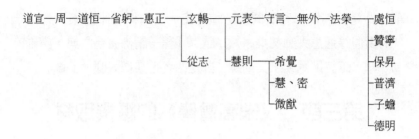

在外學方面，贊寧精通儒典，博學強記，這亦可從文瑩《湘山野錄》卷下，一則僧錄贊寧洞古博物的記載，得到印證：

> 僧錄贊寧有大學，洞古博物，著書數百卷。王元之禹偁、徐騎省鉉疑則就而質焉，二公皆拜之。柳仲塗開因曰：「余頃守維揚，郡堂後菜圃遶陰雨則青燄夕起，觸近則散，何邪？」寧曰：「此燐火也。兵戰血或牛馬血著土，則凝結為此氣，雖千載不散。」柳遽拜之，曰：「掘之皆斷鎗折鏃，乃古戰地也。」因贈以詩，中有「空門今日見張華」之句。㉟

王禹偁早年尊儒排佛甚力，晚年卻常就教於贊寧，可見對贊寧的學問人品之信服。㊱張華曾撰《博物志》，柳開讚贊寧為佛門中的張

㉟　（唐宋史料筆記叢刊，北京：中華書局，1984 年），頁 46。

㊱　〔宋〕吳處厚《青箱雜記》卷 6：「近世釋子多務吟詠，唯國初贊寧獨以著書立言，尊崇儒術為佛事。故所著〈駁董仲舒繁露〉二篇，〈難王充論衡〉三篇，〈證蔡邕獨斷〉四篇，〈斥顏師古正俗〉七篇，〈非史通〉六篇，〈答雜斥諸史〉五篇，〈折海潮論兼明錄〉二篇，〈抑春秋無賢臣論〉一篇，極為王禹偁所激賞。」王禹偁並有〈與贊寧書〉云：「使聖人之道無傷

華，乃是對其博學和廣聞的一種肯定。王禹偁《小畜集》卷二十
〈右街僧錄通惠大師文集序〉亦謂：「釋子謂佛書為內典，謂儒書
為外學，工詩則眾，工文則鮮，并是四者，其惟大師。」**㊲**

第三節　《宋高僧傳》的編撰取材

一、選人標準

　　作為一部「高僧」的合傳，所選的傳主應該都是符合作者所訂
定的高僧標準才得入選，那麼，僧傳的立傳標準為何？又，一位足
以流傳後代的高僧典範，應該具備什麼樣的條件呢？

　　慧皎《高僧傳》以「高」為取擇標準，然而，以高尚氣節作為
雜傳人物的取擇標準，並非肇始於慧皎。**㊳**《高僧傳》後序收錄王
曼穎〈致慧皎法師書〉，說明取「高」為名之由：

　　於明夷，儒家者流不至於迷復，然則師胡為而來哉？得非天祚素王，而假手
　　於我師者歟？」（唐宋史料筆記叢刊，北京：中華書局，1985 年），頁 61-
　　62。

㊲　王禹偁：《小畜集》卷 20，《文淵閣四庫全書》，第 1086 冊，頁 1196。

㊳　紀志昌研究指出，魏晉有操作高士傳的風氣，他以嵇康《聖賢高士傳》、皇
　　甫謐《高士傳》、戴逵之《竹林七賢論》為討論對象，指出魏晉「高士傳」
　　的出現，有兩點特殊的意義和影響：一者，高士隱居的典型為人尊敬；二
　　者，時人好讀高士傳。《魏晉隱逸思想研究──以高士類傳記為主所作的考
　　察》，〈第二章第三節魏晉「高士傳」出現的特殊意義和影響〉（台北：輔
　　仁大學中文所碩士論文，1998 年），頁 90。慧皎可能受到魏晉高士傳的概念
　　啟發。

以高為名,既使弗逮者恥;開例成廣,足使有善者勸。向之二三諸子前後撰述,豈得挈長量短,同年共日而語之哉。❸❾

慧皎《高僧傳》綜輯前人的優點,並提出明確的選人標準和敘事重心,以「高」為名,既可令不如者發憤自強,又能對後進產生鼓勵的作用。慧皎的撰述動機見於《高僧傳‧序》:

自前代所撰,多曰名僧。然名者本實之賓也。若實行潛光,則高而不名;寡德適時,則名而不高。名而不高,本非所紀;高而不名,則備今錄。故省「名」音,代以「高」字。❹

由此可知,慧皎對於「高僧」的取擇原則有二:一者,實踐潛修而隱沒無名者;二者,非寡德適時,亦不隨流俗者,如是既「高」而又「不名」,正合其立傳所欲蒐羅的對象。從這樣的「高」僧標準來看,重點似乎放在比丘個人德業修養的部分,而排除名位的高低。然而,觀諸全傳可以發現慧皎所錄並不限於此狹隘的範圍,「高」是其僧傳的充分必要條件,而不論其「名」或「不名」;反之,「名」而「不高」,則必刪汰。所以,「高而不名」,是針對當時社會風氣而發,並非絕對性的選人標準,於茲可見慧皎不滿當時名僧徇俗好名,因而特重「高而不名」的高隱異行僧。這是針對當時名僧名士清談唱和的風氣,欲矯正之,而提倡高僧來取代名

---

❸❾ 《大正藏》,第 50 冊,頁 422 下。

❹ 《大正藏》,第 50 冊,頁 419 上。

僧。

其後道宣《續高僧傳》承續慧皎以編纂高僧傳記來扭轉名僧充斥的風氣。〈續高僧傳序〉：

> 今余所撰，恐墜接前緒，故不獲已而陳之。或博諮先達，或取訊行人，或即目舒之，或討讎集傳。南北國史，附見徽音；郊郭碑碣，旌其懿德，皆撮其志行，舉其器略，言約繁簡，事通野素，足使紹胤前良，允師後聽。❹

道宣唯恐前輩慧皎的僧傳傳統斷絕，因此以謹慎的態度蒐羅編撰，一則以紹續慧皎高僧傳記之統緒，一則可作為後學者之參考。從道宣《續高僧傳·序》可知其延續慧皎僧傳的選人標準，以謹慎的態度嚴選高僧：「猶恨逮于末法，世挺知名之僧，未覿嘉猷，有淪典籍，庶將來同好，又塵斯意焉。」❹語氣中充滿惟恐末法之世，名僧之名掩蓋了潛德實修之高僧的戒慎。

就外在因素而言，慧皎是緣於六朝僧傳著述風氣的推波，綜輯前人著述而發展出更完備的僧傳體例。道宣在唐代朝廷重道抑佛的政策下，加上儒家知識份子的排佛而產生護教意識，以編著僧傳來鞏固佛教的影響力，這與贊寧處於北宋大規模編輯事業的風氣之下，被指派編撰僧傳，在動機上完全不同。不過，就僧傳的編撰目的而言，贊寧仍然是繼承慧皎、道宣以來的傳統。〈大宋高僧傳

---

❹　《大正藏》，第 50 冊，頁 425 中。
❹　《大正藏》，第 50 冊，頁 425 下。

序〉：

> 偉哉！釋迦方隱，彌勒未來，其閒出命世之人，此際多分身
> 之聖，肆為僧相，喜示沙門。言與行而可觀，斃兼觚而爭
> 錄。㊸

唐代佛教出家僧人眾多，根據《舊唐書》的記載，武宗時，光是勒
令還俗的僧尼就達二十六萬之多，而整部僧傳僅收錄五六百人，只
佔僧人中的千分之一二而已，那麼作者揀選高僧，必然有其基本的
標準和原則來操作，不過序文中對於僧傳編纂，僅有原則性的提
示。僧寶與佛、法二者並稱佛門「三寶」，故而贊寧認為在世尊入
滅、等待彌勒降生之間，許多聖德以高僧之相示現於娑婆，其言、
行並有可觀之處，足為取法之典範，將之蒐羅集成，「列僧寶之瑰
奇，知佛家之富貴。」㊹就此點而言，三本僧傳的目標是一致的，
都是為了將其時代具有典範性的高僧行誼流傳後代，不過，值得注
意的是贊寧不再將名僧與高僧對立看待，顯示他能接納更多種面向
的僧格。

　　以上我們從三朝僧傳的序文可以看出，僧傳以「高」為選人標
準，為佛教留下宗教典範的創作目的。蒐羅真正實修實證，對社會
教化做出貢獻的高僧，將其一生重要經歷記錄下來，使其嘉言懿行

㊸　〔宋〕贊寧撰，范祥雍點校：《宋高僧傳》（北京：中華書局，1993 年），
　　頁 1。全書同此版本，以下僅註明頁碼。

㊹　范祥雍點校：《宋高僧傳·序》，頁 2。

流傳後代，成為修行者的典範，並突顯作者評選高僧的德範標準，達到勸化勉勵後進的作用。贊寧不同於二位前輩的是，強調僧傳內容上必須符合王權所期待的，藉由僧傳達到輔助教化的目的。

二、文本體例

《宋高僧傳》在宋、元、明、清藏，及《四庫》中都有著錄，獨《高麗藏》缺，揚州單刻本稱為《高僧傳三集》。本文以北京中華書局出版的范祥雍點校本為文本，因為該本是以《磧砂藏經》為底本，磧砂藏是現今僅存的宋刻本，宋刻本又是諸藏經本中刊刻最精良的版本，並參校明代揚州本和日本《大正藏》本。❹《大正藏》本附有校記，是參校宋本和元本兩種舊本而得，保存了宋、元古本的部分異字，且考校同異，擇善而從，並有註明依據，成為現今閱讀《宋高僧傳》最普為運用的本子。因此，北京中華書局本若有疑義處，則參校《大正藏》本決之。

《宋高僧傳》三十卷，有正傳五百三十一人，附傳一百二十六人❹，收錄自唐太宗貞觀年中（645），迄與贊寧同時的北宋太宗端拱元年（988），共三百四十三年間的高僧傳記。以唐代高僧為主，其中包括了慧皎、道宣所遺漏的九位唐代以前的高僧❹，以及二十

---

❹ 不過，宋刻本《宋高僧傳》首卷缺八頁，是以明代《永樂藏經》本補之。

❹ 〈宋高僧傳序〉言共收錄正傳 533 人，附傳 130 人。實際人數比序文所言正傳少二人，附傳少四人，不符的原因，林傳芳認為可能是此書經過六年完成，其後又有追補，補充的同時又有刪除，加減的結果就產生這樣的人數落差。《中國仏教史籍要說（上）·宋高僧傳》，頁 135-6。

❹ 包括卷 18〈後魏西涼府檀特師傳〉、〈後魏晉陽河禿師傳〉、〈陳新羅國玄

八位與贊寧同時代的高僧。此書乃奉敕修撰，所據史料以碑傳為主，若有所據，則於傳末標示所據的碑傳或塔銘，根據筆者統計，正傳傳末有註明碑傳者，共有一百二十二人。這些碑文往往出自名家手筆，足見史料運用之謹慎。也緣於重視碑銘史料的蒐集，若遇史料缺乏，便無從立傳，例如書中對禪家五宗之中的臨濟、溈仰、曹洞、法眼四宗的重要人物均有專傳，而獨缺雲門宗創始人文偃禪師（864－949）的傳記，這很可能是緣於文偃禪師的塔銘和碑記都僻在今廣東省乳源縣，以致贊寧當時未能搜得之故。

　　贊寧《宋高僧傳》沿襲道宣《續高僧傳》十科目次未加改變，並於每科以四字一句，四句十六個字加以說明，可見他對每類高僧的範圍、意義有更清楚的概念，對高僧歸類也有更精確的思考。

　　贊寧「十科」分類次序及定義如下❹：

《宋高僧傳》分科次序	十科定義
譯經篇第一	變梵成華，通凡入聖，法輪斯轉，諸佛所師。
義解篇第二	尋文見義，得意忘言，三慧克全，二依當轉。
習禪篇第三	修至無念，善惡都亡，亡其所亡，常住安樂。
明律篇第四	嚴而少恩，正而急護，嬰守三業，同彼金湯。
護法篇第五	家有良吏，守藏何虞？法有名師，外禦其侮。
感通篇第六	逆于常理，感而遂通，化於世間，觀之難測。
遺身篇第七	難捨易捐，施中第一，以穢漏體，回金剛身。

光傳〉、〈隋江都宮法喜傳〉、〈隋洺州欽師傳〉、卷 24〈隋行堅傳〉、〈隋天台山法智傳〉、卷 29〈南宋錢塘靈隱寺智一傳〉、〈元魏洛陽慧凝傳〉等九傳。

❹　范祥雍點校：《宋高僧傳·序》，頁 2。

讀誦篇第八	十種法師，此為高大，染枸櫞花，果時飄赤。
興福篇第九	為己為他，福生罪滅，有為之善，其利博哉。
雜科聲德第十	統攝諸科，同歸高尚，唱導之匠，光顯佛乘。

　　《宋高僧傳》的體例，繼承《續高僧傳》的十科分類，而略有發明。最大的變革是論贊部分，《高僧傳》、《續高僧傳》僅於每科後附以「論曰」，所論乃分科之旨。《宋高僧傳》除了每科末的「論曰」之外，以「系曰」、「通曰」的對答方式，於某些傳末，對該僧加以論述、解釋或評贊。贊寧〈大宋高僧傳序〉云：「矧復逐科盡處，象史論以攄辭；因事言時，為傳家之系斷。」❹由此可知，贊寧在《宋高僧傳》的體例安排上，除了本傳的敘事之外，尚有兩個部分，一是繼承前二部僧傳的體例，在每一科之末，以「論曰」形式，對該科作一總結評論；二是於某些傳末，有時單用「系曰」來發明傳義，有時則用問答形式，以「系曰」自為設問，再以「通曰」回答對方的問難，主要針對傳主的重要經歷及其對佛教發展的貢獻加以評論，此乃《宋高僧傳》最具獨創價值之所在，將於第九章作詳細的討論。

　　《宋高僧傳》各科收錄人數如下：

	科別	卷數	正傳	附見
1	譯經	1-3	32	12
2	義解	4-7	72	22
3	習禪	8-13	103	29

---

❹　同前註，頁2。

4	明律	14-16	58	10
5	護法	17	18	1
6	感通	18-22	89	24 ❺
7	遺身	23	22	2
8	讀誦	24-25	42	8
9	興福	26-28	50	6
10	雜科聲德	29-30	45	12
	合計	30	531	126

　　《宋高僧傳》的體例雖仿效《續高僧傳》，但人物的特質則與時代環境相關，不可能全然相同。僧傳原有的十科分類和排序，是按照佛教修行階漸由深而淺來劃分，從慧學的譯經篇、義解篇，定學的習禪篇，到戒學的明律篇，接下來是各種累積福德資糧的利生事業。個別高僧的歸類，則是依其人一生最主要的貢獻或成就來分，而不論他所修法門或所屬宗派。

　　那麼，僧傳該如何分類呢？《宋高僧傳》十科分類的基本架構，各傳歸屬恰當與否等，都是編輯上的大問題。北宋末臨濟宗黃龍派的覺範惠洪（1071－1128）《林間錄》卷上，對《宋高僧傳》的編輯歸屬多所不滿：

---

❺　《宋高僧傳》的總目中，卷 20〈感通篇〉第六之三，卷目下的附見人數合計僅列四人，但見於目錄的附見人名有五人，分別是法炯、食油師、證智、薦福寺老僧、物外。以致陳垣《中國佛教史籍概論·宋高僧傳》（頁 40）、林傳芳《中國仏教史籍要說》（頁 135），將各卷目下附傳人數加總，都誤以為附傳有 125 人，實則應是 126 人。

> 贊寧作大宋高僧傳，用十科為品流，以譯學冠之已可笑，又
> 列巖頭豁禪師為苦行，智覺壽禪師為興福，雲門大師，僧中
> 王也，與之同時竟不載，何也？**⑤**

贊寧僧傳的分科，以〈譯經篇〉為首，是承襲慧皎、道宣以來僧傳
的傳統，道宣《續高僧傳》的分科，雖依佛教發展情況，將十科的
次序和科目略作調整，仍是呼應佛教僧侶修學的次第，按慧學、定
學、戒學和雜科諸行的順序排列，不論佛教歷史在現實中如何遷
變，僧侶依照三學的修行次第，以慧學為最重要，仍是佛教根本的
觀念，這是不會隨時代不同而有所改變的。「譯經」是佛教發展的
基礎，以之為首，有何可笑？惠洪可能是認為《宋高僧傳》中，雖
有義淨、菩提流志等有名譯師，但譯著的份量和典籍的重要性方
面，都不能與《續高僧傳》中的玄奘大師的譯業相比，既然譯經並
非此時期高僧最重要的表現，即不應因循前朝僧傳，仍列於卷首。
贊寧《宋高僧傳》沒有考慮到佛教隨時代發展而變遷的因素，固然
是其書的缺失，不過，他承襲前二部僧傳的傳統，固守以「修學次
第」作為編排次序的原則，雖保守卻不能說有大錯。

　　就個別傳記來看，贊寧的分類問題頗多。他並不是按高僧受學
法門或傳承世系來歸類，而是就其人一生最顯著的「貢獻」來分。
例如：卷二十六〈唐晉州大梵寺代病師傳〉連篇盡是其感通事蹟的
敘述，僅因其「凡屬薦饑，必募糧設食。後於趙州救斯荒歉，作施

---

⑤　《卍續藏》，第 87 冊，頁 246 中。

食道場，前後八會，退邇賴之，道感多類。」❷而放在〈興福篇〉，這種劃分方式使得《宋高僧傳》備受指摘。惠洪就認為全豁、延壽俱為禪宗法系的禪師，而《宋高僧傳》卻分別將之列於〈遺身篇〉和〈興福篇〉。這又涉及到《宋高僧傳》人物分類的原則，是不論其人所屬的宗派，而以高僧一生在佛教中最重要的貢獻為歸科的準則，全豁就死無懼，延壽提倡放生、念佛，❸這是他們一生最為人所知的事蹟，所以，這是贊寧所採用的分類原則，並無關對與錯的問題。何況延壽是法眼宗弟子，與贊寧同樣來自五代吳越國，贊寧不可能不知道延壽的傳承，因此贊寧將之放在〈興福篇〉而非〈習禪篇〉，並非如惠洪所批評的「識暗」，而是刻意的安排，用意在強調延壽提倡布施、放生等功德。從他在《萬善同歸集》提倡修行萬善與因果福報之說，因其興福觀念及佛教利生事業，符合「為己為他，福生罪滅，有為之善，其利博哉！」❸的條件；而《宋高僧傳》遺漏文偃禪師，前面已經解釋過了，可能是史料不足所造成的缺失。

像「感通神異」幾乎是多數高僧都具備的能力；而「明律」、「習禪」更是多數高僧修行必具的條件，同時具此三項能力者所在多有，要將之判分於哪一類，變成是作者主觀的意見了。分科固然可以收以簡馭繁的效果，不過凡是分類就會有標準，標準往往會有爭議。《宋高僧傳》的分科，高僧的分類歸屬，其判斷的標

---

❷　范祥雍點校：《宋高僧傳》，頁 669。

❸　二人事蹟，分別見於《宋高僧傳》卷 23〈唐鄂州巖頭院全豁傳〉，卷 28〈宋錢塘永明寺延壽傳〉。

❸　引自范祥雍點校：《宋高僧傳·序》對〈興福篇〉的定義，頁 3。

準相當可議。僧傳以高僧最主要的貢獻作為分類基準，可是有的高僧一生的表現和貢獻是多面的，勉強劃分於某一科就顯得削足適履。❺同時，為了符合高僧歸科的內容，作者在敘述高僧生平時，自然在取擇材料上有所偏向，所呈現的高僧就非其全貌，而是符合該科特色的部分，就高僧完整生平的呈現而言，此乃一大缺點。那麼，有沒有更合適的分類編輯方式呢？這是未來重編僧傳必須思考的問題。

三、文獻根據

《宋高僧傳》應是贊寧在其弟子顯忠、智輪等人協助下編纂而成，其史料的來源，據〈宋高僧傳序〉云：

> 慨茲釋侶代有其人，思景行之莫聞，實紀錄之彌曠。臣等謬
> 膺良選，俱乏史才，空門不出於董狐，弱手難探于禹穴。而
> 乃循十科之舊例，輯萬行之新名。或案誄銘，或徵志記，或
> 問輶軒之使者，或詢耆舊之先民。研磨將經論略同，讎校與
> 史書懸合，勒成三帙，上副九重。列僧寶之瑰奇，知佛家之
> 富貴。（頁1）

贊寧編纂《宋高僧傳》的態度，和資料蒐集的方法，繼承慧皎和道

---

❺ 曹仕邦〈中國佛教史傳與目錄源出律學沙門之探討〉指出，十科順序有其高低優劣之等，因此對於有多重貢獻的沙門，將他們列於較前面的科別，是對其表示推崇。《新亞學報》第 7 卷第 1 期（1965 年），頁 342。

宣所樹立的傳統❺❻，可以說完全符合傳統史家的精神。從某個角度
而言，贊寧確實是以佛教史家自期，來編撰僧傳，但他的視野寬
闊，不會拘泥於佛教內部的觀點，而能兼顧到教內、外的觀感，具
兼容並包的特質。其史料來源，如其所言約可分為四種類型：「或
案誄銘，或徵志記，或問輶軒之使者，或詢耆舊之先民。」以下分
別論述。

㈠ 塔銘碑記

　　中國史傳經常直接引用碑傳塔銘的內容，所以官方的正史與傳
主的碑傳之間有很密切的關係，作者在為一些重要的政治人物作私
人碑傳時，通常也會考慮到將來會被採納入正史而特別謹慎。高僧
傳記受限於高僧史料的真實性及高僧神聖形象的塑造，因此並無法
有太多個人的發揮，贊寧運用碑傳是循正史之例，《宋高僧傳》的
主要材料，也是以塔銘碑記為主，「臣等遐求事蹟，博采碑文」❺❼，
若有所據，則於傳後稱某人為該傳主立傳或碑銘以說明出處，等於
間接說明其材料的來源，其客觀謹慎可見一斑。例如：卷十一〈唐
杭州鹽官海昌院齊安傳〉大幅引用盧簡求〈杭州鹽官縣海昌院禪門

---

❺❻　慧皎〈高僧傳序〉：「嘗以暇日，遇覽群作，輒搜撿雜錄數十餘家，及晉宋
　　齊梁春秋書史，秦趙燕涼荒朝偽曆，地理雜篇，孤文片記，并博諮古老，廣
　　訪先達，校其有無，取其同異。」《高僧傳》卷 14，《大正藏》，第 50
　　冊，頁 418 下。道宣〈續高僧傳序〉：「今余所撰，恐墜接前緒，故不獲已
　　而陳之。或博諮先達，或取訊行人，或即目舒之，或討讎集傳。南北國史附
　　見徵音，郊郭碑碣旌其懿德，皆撮其志行，舉其器略，言約繁簡，事通野
　　素，足使紹胤前良，允師後聽。」《續高僧傳》卷 1，《大正藏》，第 50
　　冊，頁 425 中。
❺❼　范祥雍點校：《宋高僧傳》，卷首〈進高僧傳表〉，頁 1。

大師塔碑〉。❺❽以下將二傳內容作一比對：

〈杭州鹽官縣海昌院禪門大師塔碑〉	《宋高僧傳·齊安傳》（頁261）
……師諱齊安，知者謂帝系之英，高門之出。先人因難播越，故師生於海汀郡焉。深避世榮，終祕族氏。尊其雅尚，故亦不書。	釋齊安，俗姓李，實唐帝系之英。先人播越，故生于海門郡焉。深避世榮，終祕氏族。
在胎而夢日兆祥，既孕而神光下燭。數歲，有異僧款門召見，摩其頂曰：「鳳穴振儀，龍宮藏寶，紹隆之業，其在斯乎！」及卯，虺請出家，父母訶止之。師曰：「祿利之養，止於親爾。冥報之利，不其遠邪？珪組之榮，止於家爾。濟拔之利，不其廣邪？」父母感悅而順聽，遂依於本郡雲宗禪師。雖勤勞謙默，和光同塵，而螢月殊暉，雞鶴異態矣。	安在胎，母夢日兆祥，既誕而神光下燭。數歲，有異僧欵門召見，摩頂曰：「鳳穴振儀，龍宮藏寶，紹紹之業，其在斯乎！」及臻卯角，虺請出家，父母訶止。安曰：「祿利之養，止於親爾。冥報之利，不其遠邪？珪組之榮，止於家爾。濟拔之益，不其廣邪？」二親感其言而順從，遂依本郡雲琮禪師。雖勤勞謙默，和光同塵，而螢月殊暉，雞鶴異態。
當年受具，乃詣南岳知嚴律師，外檢律儀，內照實相。非修非證，雅會真詮。後聞南康之龔工山大寂禪師隨化度人，慈緣幽感，裹足振錫，不日而至。本師奇而悅之，乃以辨惠暢其指歸，俾於剎那而登妙覺。及大寂蛻去，盡力送終。後遊他方，爰宏般若，且曰胎卵濕化，無非佛種，行住坐臥，皆是道場。方便隨迎，各安性	年滿登具，乃詣南嶽嚴律師，外撿律儀，內照實相。後聞南康龔公山大寂禪師隨化度人，慈緣幽感，裹足振錫，一日造焉。大寂欣其相依，論持不倦。及其蛻去，安盡力送終。

❺❽〔清〕董誥等奉敕編，陸心源補輯拾遺：《全唐文及拾遺》（台北：大化書局，1987年），卷733，頁3397。

類，妙心法眼，其有限乎？

元和末，師春秋已逾七十，而居於越蕭山之法樂寺，寺古製陋，垣屋靡完，補壞扶傾，不克晏坐。時昕於海昌放生池壖廢地肇葺禪居焉。修廊大殿，彩壁層甍，瓜留自屏，鱗介咸若。昕謙不自有，延請我師，慕學之徒從而至者，日比百數。迨今委化，年整二紀，釋子仰食，信士檀施。粳稌糗餌，蔬果飴糖，無精粗之分別，無凶札之隆殺。星馳阜積，莫辨誰何，非冥報勝因，何以臻此。

元和末，安春秋已逾七十，而遊越之蕭山法樂寺，以其古製垣屋靡完，補壞扶傾，不克宴坐。時海昌有法昕者，緇林翹楚，於放生池壖廢地肇葺禪居焉。昕謙而不自有，延請安主之，四海參學者靡至焉。道化之盛，翕然推伏。

師不言寒暑，不下堂廡，無流盼，無傾聽，如此者蓋有年矣。每五日開法，四座屏氣，直心示體，引經證心。法外無言，叩之即應，不分迷悟，矧勝負之機耶？不有定慧，矧是非之相耶？與夫顯神通而振道業者，固相遠也。而又法身魁岸，相好莊嚴，眉毛紺垂，顴骨圓聳，望之者如仰高華而揖滄溟，曾不測乎高深者也。於戲，德由天縱，為傳教之法雄，道實生知，蓋積習於聖位。聆其風者，皆曰不可思議。

安不言寒暑，不下堂廡，無流昐，無傾聽，如此者蓋有年矣。而又挺身魁岸，相好莊嚴，眉毫紺垂，顴骨圓聳，望之者如仰嵩華而揖滄溟，曾無測其高深也。

粵以會昌壬戌歲十二月二十一日泊然宴寂，俄爾示滅。先時而竹柏盡死，至是而精彩益振。爰有清響扣戶，祥光滿室，如環佩之鏗鳴，若劍戟之交射，示現之相，豈由於我哉。……

以會昌二年壬戌十二月二十二日泊然宴坐，俄爾示滅。先時竹柏盡死，至是精彩益振。爰有清響叩戶，祥光滿室，如環佩之鏘鳴，若劍戟之交射，瑞相尤繁，事形別錄。

可見〈齊安傳〉大體上是剪輯濃縮盧簡求所作碑傳，再貫串成文，贊寧亦於傳末以「事形別錄」明之。

有時贊寧則直接引用他人碑傳的敘述，例如卷六〈唐圭峯草堂寺宗密傳〉，傳文有一半篇幅直接引用裴休〈圭峰定慧禪師碑銘並序〉的內容，來解釋宗密禪教兼弘，究竟其所屬法系為何的詰難。

> 或曰：「密師為禪耶，律耶，經論耶？」則對曰：「夫密者四戰之國也，人無得而名焉，都可謂大智圓明自證利他大菩薩也。是故裴休論譔云：『議者以師不守禪行，而廣講經論；遊名邑大都，以興建為務，乃為多聞之所役乎，豈聲利之所未忘乎？嘻，議者焉知大道之所趣哉！夫一心者，萬法之總也，分而為戒定慧，開而為六度，散而為萬行。萬行未嘗非一心，一心未嘗違萬行。禪者六度之一耳，何能總諸法哉？……真如來付囑之菩薩，眾生不請之良友。其四依之人乎？其十地之人乎？吾不識其境界庭宇之廣狹深淺矣。議者又焉知大道之所趣哉？』❺❾其為識達大人之所知心為若也。密知心者多矣，無如昇平相國之深者，蓋同氣相求耳。」（頁 126-127）

《宋高僧傳》的傳文若有註明某人為傳主作碑記塔銘，往往大幅引用，以致某些傳文會出現敘事語言不甚一致的情形。可能贊寧編撰

---

❺❾　引自裴休：〈圭峰禪師碑銘並序〉，收錄於〔清〕董誥等奉敕編，陸心源補輯拾遺：《全唐文及拾遺》卷 743，頁 3452。

的時間只花了六年，太過短促，只能整理勾勒出時代高僧的輪廓，尚無暇全面統一其敘事風格。不過，從史學角度來看，高僧的碑傳寫作年代往往在傳主死後不久，作者多是傳主的門徒弟子，或曾與該僧有過往來的官員，或著名文人著筆，所以，對傳主的為人性格、功業事蹟能有具體的掌握，可信度應該是相當高。引用碑傳，一方面保存了傳主的重要史料，一方面可增加其傳記的可信度，所以，《四庫全書總目提要》讚其「於誄銘記志，摭采不遺，實稱詳博，文格亦頗雅贍。」❻⓪

　　然而，中國碑傳墓誌往往歌功頌德，以諛先人，其所記傳主事蹟雖大體可信，卻多經過文飾或修改，對事件經過或細節的可信度則值得商榷。而史家立傳時，不可能對每位傳主的事蹟都詳細考證，不少是直接採信這些碑傳墓誌，這實是中國史傳內容值得再深究的缺失。❻① 由於《宋高僧傳》有些傳文以碑傳為底本，然而中國碑傳書寫傳統，存在著「隱惡揚善」以阿諛死者的文化特質，碑傳作者多數是死者晚輩或者請託當時有名望的文人執筆，用意在於讚頌死者，所以多半會美化死者，只呈獻其美善的一面，而刻意迴避或隱去其性格或行事上的缺失，這也使得僧傳人物呈現過於一致的形象而缺乏真情實感。

---

❻⓪　〔清〕永瑢等：《四庫全書總目提要》卷 145，子部五十五釋家類，《宋高僧傳》下，頁 3020。

❻①　杜維運先生也認為中國正史中的列傳，不少是根據家傳碑志寫成，「這是中國傳記的最大缺點」。參見氏著：《史學方法論》〈第十六章傳記的特質與撰寫方法〉（台北：三民書局，2003 年），頁 302。

㈡ 別傳志記

贊寧作傳兼採他人所寫別傳史料，由於他非常重視客觀性，若不同史料記錄有所差異，又無法考證真偽時，往往兼記之，以免史實散軼。例如卷四〈唐京兆大慈恩寺窺基傳〉，對窺基出家因緣，兼採民間傳說流傳的「三車和尚」之說，以及根據窺基自序所言：「九歲丁艱，漸疏浮俗。」⑫使二說同時並存，就傳記的完整性而言，可視為缺點；若就客觀性而言，實謹慎可取的態度。

又如《宋高僧傳》中神秀、普寂、義福三人的傳文幾乎是直接抄錄自《舊唐書·方伎·神秀傳》。以下即以《舊唐書·神秀傳》和《宋高僧傳》中的〈神秀傳〉、〈普寂傳〉、〈義福傳〉的傳文作一比對。傳文有畫線者，為兩傳敘事有異之處；用□框起來者，是只有《舊唐書》有的部分；用＿記號者，是《宋高僧傳》另加的文字；未加任何標記者，即《宋高僧傳》完全承襲《舊唐書》傳文之處。

1.神秀

《舊唐書·神秀傳》⑬	《宋高僧傳·神秀傳》（頁177）
僧神秀，姓李氏，汴州尉氏人。少遍覽經史，隋末出家為僧。⑭	釋神秀，俗姓李氏，今東京尉氏人也。少覽經史，博綜多聞，既而奮

---

⑫　范祥雍點校：《宋高僧傳》，頁63。

⑬　〔五代〕劉昫撰：《舊唐書》卷191，頁5109。

⑭　《舊唐書·神秀傳》：「隋末出家為僧」，不甚可信。羅香林謂神秀神龍二年（706）卒，若溯至隋末，則神秀僧臘且及九十餘年。張說〈唐玉泉寺大通禪師碑銘〉謂：「……僧臘八十矣，生於隋末，百有餘歲。」據此，則神秀乃生於隋末，非隋末已出家為僧。張說碑又云：「少為諸生，游問江表，老

後遇蘄州雙峰山東山寺僧弘忍，以坐禪為業，乃歎伏曰：「此真吾師也。」<u>便往事弘忍</u>，專以樵汲自役，以求其道。	志出塵，剃染受法。 　　後遇蘄州雙峰東山寺五祖忍師，以坐禪為務，乃歎伏曰：「此真吾師也。」<u>決心苦節</u>，以樵汲自役而求其道。
昔後魏末，有僧達摩者，本天竺王子，以護國出家，入南海，得禪宗妙法，云自釋迦相傳，有衣鉢為記，世相付授。達摩齎衣鉢航海而來，至梁，詣武帝，帝問以有為之事，<u>達摩不說</u>。乃之魏，隱於嵩山少林寺，<u>遇毒而卒</u>。	昔魏末，有天竺沙門達摩者，得禪宗妙法。自釋迦佛相傳授，以衣鉢為記，世相傳付。航海而來，梁武帝問以有為之事，<u>達摩貴傳逕門心要，機教相乖</u>，若水投石。乃之魏，隱於嵩丘少林寺，<u>尋卒</u>。
其年，魏使宋雲於葱嶺回，見之，門徒發其墓，但有衣履而已。達摩傳慧可，慧可嘗斷其左臂，以求其法；慧可傳璨；璨傳道信；道信傳弘忍。弘忍姓周氏，黃梅人。初，弘忍與道信並住東山寺，故謂其法為東山法門。	其年，魏使宋雲於葱嶺見之，門徒發其塚，但有衣履而已。 　　以法付慧可，可付粲，粲付道信，信付忍。 忍與信俱住東山，故謂其法為東山法門。
神秀既師事弘忍，弘忍深器異之，謂曰：「吾度人多矣，至於懸解	秀既事忍，忍默識之，深加器重。謂人曰：「吾度人多矣，至於懸

莊元旨，書易大義。」是知神秀未出家前，曾為博士弟子員，從弘忍習禪，已年五十餘。按，「諸生」謂國子監所轄國子學、太學、四門小學等所屬學生也，神秀通「書易大義」，當是在諸生時所學，出家時，至少已年十五歲矣。參考氏著：〈舊唐書僧神秀傳疏證〉，《禪宗史實考辨》（台北：大乘文化出版社，1979 年），頁 247-248。

㊋　《舊唐書》以弘忍卒於咸亨五年（674），《宋高僧傳》、《景德傳燈錄》作卒於上元二年（675）。印順法師亦取上元二年之說，參見其《中國禪宗史》，第二章雙峰與東山法門，頁 71。

圓照，無先汝者。」弘忍以咸亨五年卒，神秀乃往荊州，居於當陽山。

則天聞其名，追赴都，肩輿上殿，親加跪禮，

敕當陽山置度門寺以旌其德，時王公已下及京都士庶，聞風爭來謁見，望塵拜伏，日以萬數。中宗即位，尤加敬異。中書舍人張說嘗問道，執弟子之禮，退謂人曰：「禪師身長八尺，龐眉秀耳，威德巍巍，王霸之器也。」

初，神秀同學僧慧能者，新州人也，與神秀行業相埒。弘忍卒後，慧能住韶州廣果寺。韶州山中，舊多虎豹，一朝盡去，遠近驚歎，咸歸伏焉。神秀嘗奏則天，請追慧能赴都，慧能固辭。神秀又自作書重邀之，慧能謂使者曰：「吾形貌矬陋，北土見之，恐不敬吾法。又先師以吾南中有緣，亦不可違也。」竟不度嶺而死。天下乃散傳其道，謂神秀為北宗，慧能為南宗。

神秀以神龍二年卒，士庶皆來送葬，有詔賜諡曰大通禪師。又於相王舊宅置報恩寺，岐王範、張說及徵士盧鴻一皆為其碑文。神秀卒後，弟子普寂、義福，並為時人所重。

解圓照，無先汝者。」忍於上元中卒[65]，秀乃往江陵當陽山居焉。<u>四海緇徒嚮風而靡，道譽馨香普蒙熏灼。</u>則天太后聞之，召赴都，肩輿上殿，親加跪禮，<u>內道場豐其供施，時時問道。</u>敕於昔住山置度門寺以旌其德，時王公已下，京邑士庶競至禮謁，望塵拜伏，日有萬計。泊中宗孝和帝即位，尤加敬重。中書令張說嘗問法執弟子禮，退謂人曰：「禪師身長八尺，厖眉秀目，威德巍巍，王霸之器也。」

初，秀同學能禪師與之德行相埒，<u>互得發揚，無私於道也。</u>

嘗奏天后請追能赴都，能懇而固辭。秀又自作尺牘，序帝意徵之，終不能起。謂使者曰：「吾形不揚，北土之人見斯短陋，或不重法。又先師記吾以嶺南有緣，且不可違也。」了不度大庾嶺而終。天下散傳其道，謂秀宗為北，能宗為南，南北二宗，名從此起。

秀以神龍二年卒，士庶皆來送葬，詔賜諡曰大通禪師。又於相王舊邸造報恩寺，岐王範、燕國公張說、徵士盧鴻各為碑誄。<u>服師喪者，名士達官不可勝紀。</u>門人普寂、義福並為朝野所重，<u>蓋宗先師之道也。</u>

　　對照兩傳，可以明確看出：《宋高僧傳·神秀傳》是剪裁自《舊唐書·神秀傳》而來。《宋高僧傳》加強神秀出家的意志，「舊志出塵，剃染受法」。並渲染神秀在弘忍死後，門庭崇重的情形：「四海緇徒嚮風而靡，道譽馨香普蒙熏灼。」以及刻意強調神秀死時，「服師喪者，名士達官不可勝紀」。就宗教人物而言，強化神秀出家、度眾到死亡的情節，使神秀身為兩京帝師的地位更為顯著。其次，《宋高僧傳》將《舊唐書》中述及達摩被毒而死，慧可斷臂求法，惠能住廣果寺，虎豹應感而去等相關人物的情節，予以刪去。僧傳的敘事特色往往添加高僧的神異情節來強化傳主的高僧地位，這從下面普寂、義福的傳文末段所添加的神異敘事可以印證，那麼，何以在此刻意刪除這三人的特殊神異情節呢？從敘事主體來思考，可能贊寧希望將焦點集中在傳主神秀身上，不想橫加枝節於其他人，以免喧賓奪主；從傳文內容來看，神秀傳本身缺乏神異情節，更不可能添加他僧的神異而掩蓋傳主光芒。神秀約小弘忍五歲，較惠能年長三十歲，他向武后推薦慧能，或許帶有推薦禪門傑出後輩的意味，這個動作也襯托出神秀寬闊的長者胸襟，不應將二人視為弘忍後對立的兩宗之首來看待。

2.普寂

《舊唐書·神秀傳》	《宋高僧傳·普寂傳》（頁 198）
普寂，姓馮氏，蒲州河東人也。<u>年少時遍尋高僧，以學經律</u>。	釋普寂，姓憑氏，蒲州河東人也。<u>年纔稚弱，率性軒昂，離俗升壇，循于經律，臨文揣義，迥異恒流</u>。
時神秀在荊州玉泉寺，普寂乃往	初聞神秀在荊州玉泉寺，寂乃往

師事凡六年，神秀奇之，盡以其道授焉。久視中，則天召神秀至東都，神秀因薦普寂，乃度為僧。及神秀卒，天下好釋氏者咸師事之。中宗聞其高年，特下制令普寂代神秀統其法眾。<u>開元十三年</u>，敕普寂於都城居止，時王公士庶競來禮謁，普寂嚴重少言，來者難見其和悅之容，遠近尤以此重之。二十七年，終於<u>都城興唐寺</u>，年八十九。時都城士庶曾謁者皆制弟子之服，有制賜號為<u>大照禪師</u>。及葬，河南尹裴寬及其妻子並衰麻列于門徒之次，士庶傾城哭送，閭里為之空焉。	師事凡六年，神秀奇之，盡以其道授焉。久視中，則天召神秀至東都論道，因薦寂，乃度為僧。及秀之卒，天下好釋氏者咸師事之。中宗聞秀高年，特下制令普寂代本師統其法眾。<u>開元二十三年</u>❻❻，敕普寂於都城居止，時王公大人競來禮謁，寂嚴重少言，來者難見其和悅之容，遠近尤以此重之。二十七年，終於<u>上都</u>❻❼興唐寺，年八十九。時都城士庶謁者皆制弟子之服，有制賜謚曰<u>大慧</u>❻❽禪師。及葬，河南尹裴寬及其妻子並縗麻列于門徒之次，傾城哭送，閭里為之空焉。 <u>裴尹之重寂，職有由矣。寂之闡化，神異頗多，裴皆目擊，又得心印，歸向越深，時多譏誚。裴日夕造謁，執弟子禮，曾無差脫，一日詣寂，寂懸知弟子一行之亡。及寂之終滅，裴之悲慟若喪所親，縗絰徒步出</u>

---

❻❻ 《宋高僧傳・普寂傳》：「開元二十三年」為「開元十三年」之筆誤。

❻❼ 《宋高僧傳・普寂傳》言普寂終於「上都」興唐寺，和標題「京師興唐寺」，都誤將《舊唐書》所言之「都城」誤解為「上都」長安，實則興唐寺是在洛陽。事實上，唐代一般稱長安為京師、上都，或單名「京」；稱洛陽為東都、洛京，或單名「都」，不會混淆。參考王振國：〈略析《宋高僧傳》、《景德傳燈錄》關於部分禪宗人物傳記之誤失〉，《敦煌學輯刊》（洛陽：龍門石窟研究所，2002年），頁99。

❻❽ 《宋高僧傳・普寂傳》記普寂謚號為「大慧禪師」，誤也，應該是《舊唐書・神秀傳》所記得「大照禪師」。

	城，妻子同爾，搢紳之譏，生於是矣。

　　普寂是繼神秀之後京城禪宗的領眾者，《宋高僧傳·普寂傳》的內容，幾乎是承襲《舊唐書·神秀傳》而來，其中有兩段文字較《舊唐書》更為詳盡：一，是強調普寂捨俗學法的情形：「年纔稚弱，率性軒昂，離俗升壇，循于經律，臨文揣義，迥異恒流。」《舊唐書》只說他「遍尋高僧，以學經律。」《宋高僧傳》則特加強調普寂年幼即志氣不凡，離俗學法，與眾不同，因為少年自願捨俗，幾乎成了僧傳中描述高僧自覺性格的特徵。二，是多了一段話來解釋裴寬敬重普寂的原因，因為普寂「神異頗多」，而裴氏皆目擊，並舉普寂能預知弟子一行之死為證，又獲得普寂的心印，日夕求教，可以算是入室的在家弟子，師徒的緣分不可謂不深，親師捨壽，裴寬以弟子禮縗麻送喪，也是其至性之表現。因為裴寬的行徑，必然受到當時後代儒門衛道者之批評，贊寧之言，無乃在為裴寬作解。

3. 義福

《舊唐書·神秀傳》	《宋高僧傳·義福傳》（頁 197）
義福，姓姜氏，潞州銅鞮人。	釋義福，姓姜氏，潞州銅鞮人也。<u>幼慕空門，黍累世務。</u>
初止藍田化感寺，處方丈之室，凡二十餘年，未嘗出宇之外。後隸京城慈恩寺。	初止藍田化感寺，處方丈之室，凡二十餘年，未嘗出房宇之外。後隸京師慈恩寺。<u>道望高峙，傾動物心。</u>
開元十一年，從駕往東都，途經蒲、虢二州，刺史及官吏士女皆齎幡	開元十一年，從駕往東都，經蒲虢二州，刺史及官吏士女皆齎<u>旛</u>花迎之，

花迎之，所在途路充塞。 以二十年卒，有制賜號大智禪師，葬於伊闕之北，送葬者數萬人。中書侍郎嚴挺之為製碑文。 　　神秀，禪門之傑，雖有禪行，得帝王重之，而未嘗聚徒開堂傳法。至弟子普寂，始於都城傳教，二十餘年，人皆仰之。	所在途路充塞。拜禮紛紛，瞻望無厭。以二十年卒⑥⑨，有制諡號曰大智禪師，于伊闕之北，送葬者數萬人。中書侍郎嚴挺之躬行喪服，若弟子焉，撰碑文。 　　神秀，禪門之傑，雖有禪行，得帝王重之無以加者，而未嘗聚徒開法也。泊乎普寂，始於都城傳教，二十餘載，人皆仰之。 初，福往東洛，召其徒戒其終期，兵部侍郎張均、太尉房琯、禮部侍郎韋陟常所信重，是日皆預造焉。福乃升堂為門人演說，且曰：「吾沒日戾，當為此決別耳。」久之，張謂房曰：「某夙歲餌金丹，未嘗臨喪。」言訖，張遂潛去。福忽謂房曰：「與張公遊有年矣。張公將有非常之咎，名節皆虧。向來若終此法會，足以免禍。惜哉！」乃提房手曰：「必為中興名臣。其勉之！」言訖而終。後張均陷賊庭也，受其偽官，而房翼戴兩朝，畢立大節，皆終福之言矣。

　　對照《宋高僧傳·義福傳》的傳文，亦多承襲自《舊唐書》，再加以添筆，使之更具宗教感染力。先是強調義福「幼慕空門，黍累世務」，住錫京師慈恩寺時，「道望高峙，傾動物心」，隨駕往

---

⑥⑨　根據嚴挺之〈大智禪師碑銘〉，《全唐文》卷280，義福應是卒於開元24年。

東都，途中官民男女香花遠迎，「拜禮紛紛，瞻望無厭」，多麼具體地描繪義福當日所受崇敬。並且，將中書侍郎嚴挺之描繪成和裴寬一般，在義福死時，「躬行喪服，若弟子焉。」其次，傳文中間有一段話：「神秀，禪門之傑，雖有禪行，得帝王重之無以加者，而未嘗聚徒開法也。泊乎普寂，始於都城傳教，二十餘載，人皆仰之。」完全抄自《舊唐書》，但是，內容根本與傳主義福無關，或者移至普寂傳中較為合適，這很可能是贊寧直接抄錄唐史文字，一時不察的疏忽。最後一段描述義福在東都洛陽往生前，預言張均日後名節具損，而房琯輔佐兩朝為大功臣，所言皆應驗，令人不禁慨嘆張均迴避法會而頓失避禍之機，由此亦可見義福特殊的感通能力，以及僧傳人物敘事與史傳不同的重點所在。

(三) 徵之耆舊

　　贊寧對史料的蒐集，用力甚深，尤其是傳主本身的著作、筆記，更是了解傳主的第一手資料，像卷十六〈唐越州開元寺丹甫傳〉，贊寧聽說丹甫有著手記，即多方蒐羅，只是「尋且未獲，吁，惜哉！」⑩贊寧所處時代距離唐代不遠，因此，他也採用田野調查的方式，探訪高僧身後的弟子或說法教化的鄉里，蒐集高僧的實際形跡。例如卷十六〈唐會稽開元寺允文傳〉：「贊寧登會稽，曾禮文真相，見法孫可翔，苦節進修，協杜多之行，故熟其事跡也。」⑪贊寧因親身到會稽開元寺參拜允文真相，並且向其法孫可翔討教允文生前事跡，加上親見可翔刻苦精進的門風，更可想見允

---

⑩　范祥雍點校：《宋高僧傳》，頁394。

⑪　同前註，頁397。

文講經時威德儼然的形貌。卷十三〈梁台州瑞巖院師彥傳〉⓻，師彥神異事蹟繁多，兩浙武肅王錢氏屢次徵召方肯來儀，終苦辭去。師彥與贊寧同受吳越國錢氏所重，武肅王去世後，文穆王即位，贊寧與之頗有淵源，因此傳中所記，應是贊寧在吳越國時親所聽聞。又如卷二十七〈唐天台山福田寺普岸傳〉，普岸禪師住錫石橋聖寺，入滅後，塔於山前，乃至到了五代，各種祥瑞猶存：「其石梁聖寺在石橋之裏，梵唄方作，香靄始飄。先有金色鳥飛翔，後林樹石畔見梵僧，或行或坐，或招手之狀，或臥空之形，瞬息之間，千變萬化。」⓽漢南國王錢氏每年施供，祥瑞極繁。至宋太宗宣問贊寧石橋長廣度量，贊寧都能「一皆實奏」，可見他必是實際踏察該寺，而上諸描述乃是其親身體驗，難怪太宗聞而「歎嗟久之」。所以，為求實錄精神，向一些唐末五代至今尚存的耆宿先民請教唐代高僧的行誼，「研磨將經論略同，仇校與史書懸合」⓾，可見其態度嚴謹，同於史家。

(四) **親身見聞**

《宋高僧傳》中並收錄與贊寧同代的高僧，所以有些高僧贊寧曾經親炙或見聞其人，其敘事特別具有可信度和切身感。尤其贊寧屬於南山律法系，對於學律高僧的事蹟往往來自第一手資料，因此經常可見「都僧正贊寧」出現於傳文中。例如卷十六〈漢錢塘千佛寺希覺傳〉，希覺可說是贊寧師長之輩，受到武肅王季弟錢鏵的禮

⓻　同前註，頁 307。

⓽　同前註，頁 681-682。

⓾　同前註，〈宋高僧傳序〉，頁 1。

重，亦曾任僧職，他「外學偏多，長於《易》道，著《會釋記》二
十卷，解《易》，至上下〈繫〉及末文甚備。常為人敷演此經，付
授于都僧正贊寧。」解職之後，著書談嘯，晚年以吟詠為樂，「往
生前，每睡，見有一人純衣紫服，肌膚軟弱如緜纊焉，意似相伴。
纔欲召弟子將至，此人舒徐下床，後還如故。『親向贊寧說此』，
某知是天人耳。」❼⓹可見，這些事是希覺親口對贊寧說的，贊寧並
親見希覺往生。又如卷二十二〈宋明州❼⓺乾符寺王羅漢傳〉王羅漢
與贊寧同時代，又同來自江南，傳文云：「至今肉身存于本寺」❼⓻
此「今」係贊寧寫傳的時間，可見贊寧對於王羅漢種種瘋狂難測的
行徑和神異事蹟，應是其親身見聞所得。

本章小結

　　從唐五代至北宋，佛教發展一方面趨於穩固，一方面受到朝廷
佛教政策的影響，以及唐武宗和後周世宗兩次毀佛事件的重創，因
此，贊寧在宋太宗的敕命監督下，既要為佛教復興尋求王法的支
援，又要努力消弭儒、道二教的排佛意識，並傳承佛教僧傳的傳
統，由此推知，贊寧之為《宋高僧傳》所必須考量的客觀條件限制
不可謂少。
　　贊寧在這樣的環境下，以其深厚的內、外學基礎和學養，繼承

---

❼⓹　同前註，頁 402。
❼⓺　明州，吳越國名為鄮縣，在今之浙江寧波。
❼⓻　范祥雍點校：《宋高僧傳》，頁 569。

慧皎、道宣的僧史精神，如同傳統史家，以嚴謹的態度，蒐羅塔銘碑傳、別傳志記，加上其親身見聞和尋訪耆舊所得，兼顧朝廷和教內的期待，在朝廷的監督以及自己護持佛教傳統的使命等內外條件下，完成了《宋高僧傳》。

此書實是相當客觀地反映了唐五代至北宋不同高僧的具體形象和修行生活的一部僧傳，即使有些僧傳剪輯自碑傳，贊寧仍刻意在敘事文脈中，闌入一些宗教性敘述，來強化傳文的宗教情操。因此，從下章開始，我們將從敘事的角度，針對此書的內容深入討論，以開拓僧傳在史學和宗教之外，作為佛教傳記文學這一面向的價值。另一方面，從契嵩、惠洪對贊寧史法的批評，已經可以明顯的嗅聞到當時禪宗僧侶對《宋高僧傳》的不滿，對於宋代大量禪宗宗史的出現，就不令人意外了。

第四章 《宋高僧傳》的
敘事結構

　　任何類型的傳記，無論作者如何宣稱其寫作態度的客觀性，其作品絕不可能僅僅只是生平記錄而已，必然包含他對傳主生平材料的重組、解釋於其中。即使傳記本身是由既有的碑塔傳文所連綴剪裁而成，一旦經過作者的取捨連貫，就已隱含其構思觀點，必須視之為獨立的傳記作品來看待。所以，本章不擬從史學角度，僅將《宋高僧傳》視為佛教史書，去考證其內容、材料的正確性，而將重點放在僧傳敘事方式的探討上。為什麼選擇從敘事的層面切入僧傳呢？研究方法的運用必須相應於研究對象的特質，余國藩先生謂：「歷史都是過去事件的言辭陳述，是一種『敘述出來的故事』，因而也會具有多數敘事文學所共有的某些形式特徵。」❶高僧的傳記也是作者根據既有材料敘述出來的，了解作者的敘事手段，當我們在看像《宋高僧傳》這樣的一部僧傳時，就不會只是在閱讀高僧生平史實，而可以更進一步揭發作者的敘事企圖，如此，

---

❶　引自氏著：〈歷史、虛構與中國敘事文學之閱讀〉，《余國藩西遊記論集》（台北：聯經出版社，1989 年），附錄一，頁 223。

對僧傳的思考視野將變得更加寬廣而多層。

從敘事的角度來討論僧傳，必然涉及敘事文的四個基本要素：情節結構、視角運用、人物描寫和主題意義，以下將分別從第四章到第七章進行討論。

第一節　《宋高僧傳》敘事結構的形成

《宋高僧傳》的傳文若有所本，必於傳末標明誰為傳主立碑或作塔銘，以注明出處。要將這些史料串連成一個富有時間次序的生命故事，這當中必然得加入一些合理的想像和編造，這種重建傳主生命情節的活動，其實和小說創作的故事推展類似，必須考慮事件發展的合理性和完整性，從這個角度而言，傳記實較歷史更近於文學。

從慧皎《高僧傳》已經建構了十科的編輯結構來框架中國高僧群的成就準則，其後，道宣根據時代的發展，將《續高僧傳》的十科內容略做調整，贊寧《宋高僧傳》的架構則完全承襲道宣僧傳，並且，從結構層面，將論贊獨立出來；從修辭層面，對敘事語言做調整。就每篇傳記而論，三本高僧傳的敘事模式一脈相承，欲分析《宋高僧傳》的敘事結構，應先從其敘事結構的源頭追本溯源，因此下面將從三本高僧傳的敘事結構的承繼，來觀察僧傳敘事模式的形成。

高僧群傳的人物、情節有很強的類似性，其傳文的敘事結構是先有預設，還是由實際傳文歸納而得，實有待釐清。以下將以三本高僧傳〈譯經篇〉最具代表性的人物：鳩摩羅什、玄奘和義淨的傳

記為例，從三本僧傳的敘事情節歸納各傳敘事結構的基本型態，重點不在於傳記結構的差異比較，而是三傳一脈相承的敘事結構的發展。之所以以此三人為分析範例，主要是「譯經」為十篇之首，而此三人分別是這三個時代譯經成就的代表人物，對佛教有一致公認的貢獻，不必靠納入僧傳，以其本身對佛教的貢獻即可流傳後世，他們的事蹟史料應比其他僧人更為豐富，在這樣的條件下，僧傳作者如何將其生平史料納入僧傳既定的敘事結構來整理他們的傳文，正可以凸顯該僧傳是以個別僧人生平敘事為主，還是以其僧傳本身的敘事結構為主。

一、慧皎《高僧傳·鳩摩羅什傳》

結構	傳文❷
家世出身	鳩摩羅什，此云童壽，天竺人也。家世國相。什祖父達多，倜儻不群名重於國。父鳩摩炎，聰明有懿節，將嗣相位，乃辭避出家，東度蔥嶺。龜茲王聞其棄榮，甚敬慕之，自出郊迎請為國師。王有妹年始二十，識悟明敏，過目必能，一聞則誦，且體有赤黶，法生智子，諸國娉之，並不肯行。及見摩炎，心欲當之，乃逼以妻焉，既而懷什。
誕育瑞兆	什在胎時，其母自覺神悟超解有倍常日，聞雀梨大寺名德既多，又有得道之僧，即與王族貴女德行諸尼，彌日設供請齋聽法。什母忽自通天竺語，難問之辭必窮淵致，眾咸歎之。有羅漢達摩瞿沙曰：「此必懷智子。」為說舍利弗在胎之證，及什生之後，還忘前言。

---

❷　《大正藏》，第 50 冊，頁 330 上。

出家因緣	頃之，什母樂欲出家，夫未之許，遂更產一男名弗沙提婆。後因出城遊觀，見塚間枯骨異處縱橫，於是深惟苦本，定誓出家，若不落髮，不咽飲食。至六日夜，氣力綿乏，疑不達旦，夫乃懼而許焉。以未剃髮故猶不嘗進，即勑人除髮，乃下飲食。次旦受戒，仍樂禪法，專精匪懈，學得初果。什年七歲，亦俱出家。
學法過程	從師受經日誦千偈，偈有三十二字，凡三萬二千言。誦毘曇既過，師授其義，即自通達，無幽不暢。時龜茲國人以其母王妹，利養甚多，乃攜什避之。什年九歲，隨母渡辛頭河至罽賓，遇名德法師槃頭達多，即罽賓王之從弟也，淵粹有大量，才明博識獨步當時，三藏九部莫不該練，從旦至中手寫千偈，從中至暮亦誦千偈，名播諸國，遠近師之。什至即崇以師禮，從受雜藏中長二含凡四百萬言，達多每稱什神俊，遂聲徹於王。王即請入宮，集外道論師共相攻難，言氣始交，外道輕其年幼，言頗不遜，什乘隙而挫之，外道折伏，愧惋無言。王益敬異，日給鵝臘一雙，粳米麫各三斗酥六升，此外國之上供也。所住寺僧乃差大僧五人沙彌十人營視掃灑有若弟子，其見尊崇如此。
羅漢預言	至年十二，其母攜還龜茲，諸國皆聘以重爵，什並不顧。時什母將什至月氏北山，有一羅漢見而異之，謂其母曰：「常當守護此沙彌，若至三十五不破戒者，當大興佛法，度無數人，與優波掘多無異。若戒不全，無能為也，正可才明儁藝法師而已。」
首度傳法	什進到沙勒國，頂戴佛鉢，心自念言：「鉢形甚大，何其輕耶？」即重不可勝，失聲下之。母問其故。答云：「兒心有分別，故鉢有輕重耳。」遂停沙勒一年。其冬誦阿毘曇，於十門修智諸品無所諮受而備達其妙。又於六足諸問無所滯礙，沙勒國有三藏沙門名喜見，謂其王曰此沙彌不可輕，王宜請令初開法門，凡有二益：一國內沙門恥其不逮必見勉強；二龜茲王必謂什出我國，而彼尊之是尊我也，必來交好。王許焉，即設大會請什升座，說轉法輪經，龜茲王果遣重使酬其親好。
性格特質	什以說法之暇，乃尋訪外道經書，善學圍陀含多論，多明文辭製作問答等事，又博覽四圍陀典及五明諸論，陰陽星算，莫不必盡，妙達吉凶，言若符契。為性率達，不屬小檢，修行者頗共疑之，然什自得於心，未嘗介意。

學大乘經論	時有莎車王子、參軍王子兄弟二人，委國請從而為沙門，兄字須利耶跋陀，弟字須耶利蘇摩。蘇摩才伎絕倫，專以大乘為化，其兄及諸學者皆共師焉，什亦宗而奉之，親好彌至。蘇摩後為什說阿耨達經，什聞陰界諸入皆空無相，怪而問曰：「此經更有何義而皆破壞諸法？」答曰：「眼等諸法非真實有。」什既執有眼根，彼據因成無實，於是研覈大小，往復移時，什方知理有所歸，遂專務方等，乃歎曰：「吾昔學小乘，如人不識金，以鍮石為妙。」因廣求義要，受誦中百二論及十二門等。頃之，隨母進到溫宿國，即龜茲之北界。時溫宿有一道士，神辯英秀，振名諸國，手擊王鼓而自誓言：「論勝我者，斬首謝之。」什既至以二義相檢，即迷悶自失，稽首歸依。於是聲滿蔥左，譽宣河外，龜茲王躬往溫宿，迎什還國，廣說諸經，四遠宗仰，莫之能抗。時王子為尼，字阿竭耶末帝，博覽群經，特深禪要，云已證二果，聞法喜踊，迺更設大集請開方等經奧，什為推辯諸法皆空無我分別陰界假名非實，時會聽者莫不悲感追悼恨悟之晚矣。至年二十受戒於王宮，從卑摩羅叉學十誦律。
發願東行	有頃，什母辭往天竺，謂龜茲王白純曰：「汝國尋衰，吾其去矣。」行至天竺，進登三果。什母臨去謂什曰：「方等深教應大闡真丹，傳之東土，唯爾之力，但於自身無利，其可如何？」什曰：「大士之道利彼忘軀，若必使大化流傳，能洗悟矇俗，雖復身當爐鑊苦而無恨。」
度化業師	於是留住龜茲，止于新寺。後於寺側故宮中，初得放光經，始就披讀，魔來蔽文，唯見空牒，什知魔所為，誓心踰固，魔去字顯，仍習誦之，復聞空中聲曰：「汝是智人，何用讀此？」什曰：「汝是小魔，宜時速去，我心如地，不可轉也。」停住二年，廣誦大乘經論，洞其祕奧。龜茲王為造金師子座，以大秦錦褥鋪之，令什升而說法，什曰：「家師猶未悟大乘，欲躬往仰化，不得停此。」俄而，大師盤頭達多不遠而至，王曰：「大師何能遠顧？」達多曰：「一聞弟子所悟非常，二聞大王弘贊佛道，故冒涉艱危，遠奔神國。」什得師至，欣遂本懷，為說德女問經，多明因緣空假。昔與師俱所不信，故先說也。師謂什曰：「汝於大乘見何異相而欲尚之？」什曰：「大乘深淨明有法皆空，小乘偏局多諸漏失。」師曰：「汝說一切皆空，甚可畏也。安捨有法而愛空乎？」……什乃連類而陳之。往復苦至經一月餘日，方乃信服。師歎曰：「師不能達，反啟其志，驗於今

	矣。」於是禮什為師，言和上是我大乘師，我是和上小乘師矣。
東行罹戒	西域諸國咸伏什神俊，每年講說諸王皆長跪座側，令什踐而登焉，其見重如此。什既道流西域，名被東川，時符堅僭號關中，有外國前部王及龜茲王弟並來朝堅。堅引見，二王說堅云：「西域多產珍奇，請兵往定，以求內附。」至符堅建元十三年歲次丁丑正月，太史奏云：「有星見於外國分野，當有大德智人入輔中國。」堅曰：「朕聞西域有鳩摩羅什，襄陽有沙門釋道安，將非此耶？」即遣使求之。至十七年二月，善善王前部王等又說堅請兵西伐，十八年九月堅遣驍騎將軍呂光、陵江將軍姜飛、將前部王及車師王等，率兵七萬，西伐龜茲及烏耆諸國。……光既獲什，未測其智量，見年齒尚少，乃凡人戲之，強妻以龜茲王女，什距而不受，辭甚苦到。光曰：「道士之操不踰先父，何可固辭。」乃飲以醇酒，同閉密室。什被逼既至，遂虧其節。或令騎牛及乘惡馬，欲使墮落，什常懷忍辱，曾無異色。光慚愧而止。……至涼州，聞符堅已為姚萇所害，光三軍縞素，大臨城南。於是竊號關外，稱年太安。……頃之光又卒，子紹襲位。數日，光庶子纂殺紹自立，稱元咸寧。……呂光父子既不弘道，故蘊其深解，無所宣化。符堅已亡，竟不相見。及姚萇僭有關中，亦挹其高名，虛心要請。諸呂以什智計多解，恐為姚謀，不許東入。及萇卒，子興襲位，復遣敦請。……方得迎什入關，以其年十二月二十日至于長安。
譯經傳教	興待以國師之禮，甚見優寵，晤言相對則淹留終日，研微造盡則窮年忘勌。自大法東被，始于漢明，涉歷魏晉，經論漸多，而支竺所出多滯文格義，興少達崇三寶，銳志講集，什既至止，仍請入西明閣及逍遙園譯出眾經。什既率多諳誦無不究盡，轉能漢言音譯流便，既覽舊經，義多紕僻，皆由先度失旨，不與梵本相應。於是興使沙門增略、僧遷、法欽、道流、道恒、道標、僧叡、僧肇等八百餘人諮受什旨，更令出大品。什持梵本，興執舊經，以相讎校，其新文異舊者，義皆圓通，眾心愜伏，莫不欣讚。興以佛道沖邃，其行唯善，信為出苦之良津，御世之洪則，故託意九經，遊心十二，乃著《通三世論》以勗示因果。王公已下並欽贊厥風，大將軍常山公顯左軍將軍安城侯嵩並篤信緣業，屢請什於長安大寺講說新經。續出小品、金剛波若、十住、法華、維摩、思益、首楞嚴、持世、佛藏、菩薩藏、遺教、菩提無行、呵欲自在王、因緣觀、小無量壽、新賢劫、禪

	經、禪法要、禪要解、彌勒成佛、彌勒下生、十誦律、十誦戒本、菩薩戒本、釋論、成實、十住、中、百、十二門論，凡三百餘卷，並暢顯神源，揮發幽致。于時四方義士萬里必集，盛業久大，于今咸仰。龍光釋道生，慧解入微，玄搆文外，每恐言舛，入關請決。廬山釋慧遠，學貫群經，棟梁遺化，而時去聖久遠，疑義莫決，乃封以諮什，語見遠傳。初沙門僧叡才識高明，常隨什傳寫，什每為叡論西方辭體商略同異云：「天竺國俗甚重文製，其宮商體韻以入絃為善，凡覲國王，必有贊德；見佛之儀，以歌歎為貴，經中偈頌皆其式也。但改梵為秦，失其藻蔚，雖得大意，殊隔文體，有似嚼飯與人，非徒失味，乃令嘔噦也。」
壯志難伸	什嘗作頌贈沙門法和云：「心山育明德，流薰萬由延，哀鸞孤桐上，清音徹九天。」凡為十偈，辭喻皆爾。什雅好大乘，志存敷廣，常歎曰：「吾若著筆作大乘阿毘曇，非迦旃延子比也。今在秦地深識者寡，折翮於此，將何所論？」乃悽然而止。唯為姚興著《實相論》二卷，并注維摩，出言成章，無所刪改，辭喻婉約，莫非玄奧。
被逼捨戒	什為人神情朗徹，傲岸出群，應機領會，鮮有倫匹者。篤性仁厚，汎愛為心，虛己善誘，終日無勌。姚主常謂什曰：「大師聰明超悟，天下莫二，若一旦後世，何可使法種無嗣？」遂以妓女十人逼令受之。自爾以來不住僧坊，別立廨舍，供給豐盈。每至講說，常先自說：「譬喻如臭泥中生蓮花，但採蓮花，勿取臭泥也。」初什在龜茲從卑摩羅叉律師受律，卑摩後入關中，什聞至欣然師敬盡禮。卑摩未知被逼之事，因問什曰：「汝於漢地大有重緣，受法弟子可有幾人？」什答云：「漢境經律未備，新經及諸論等多是什所傳出，三千徒眾皆從什受法。但什累業障深，故不受師教耳。」又杯渡比丘在彭城，聞什在長安，乃歎曰：「吾與此子戲別三百餘年，杳然未期，遲有遇於來生耳。」
臨終過程	什未終日，少覺四大不愈，乃口出三番神呪，令外國弟子誦之以自救，未及致力，轉覺危殆，於是力疾與眾僧告別曰：「因法相遇，殊未盡伊心，方復後世，惻愴何言！自以闇昧，謬充傳譯，凡所出經論三百餘卷，唯十誦一部未及刪煩，存其本旨，必無差失。願凡所宣譯傳流後世咸共弘通。今於眾前發誠實誓：若所傳無謬者，當使焚身之後，舌不燋爛。」以偽秦弘始十一年八月二十日卒于長安，是歲晉義熙五年也。即於逍遙園依外國

	法以火焚屍，薪滅形碎，唯舌不灰。後外國沙門來云：「羅什所諳，十不出一。」
補敍命名由來	初什一名鳩摩羅耆婆，外國製名多以父母為本，什父鳩摩炎，母字者婆，故兼取為名。然什死年月諸記不同，或云弘始七年，或云八年，或云十一年。尋七與十一字或訛誤，而譯經錄傳中猶有一年者，恐雷同三家無以正焉。

　　鳩摩羅什是魏晉時期譯經家的代表，當時中國尚乏翻譯人才，多靠西域僧人來華傳譯佛典。傳文首先交代羅什出身國相之家，其父鳩摩炎棄榮出家，龜茲國王請為國師，卻因此被逼與王妹成婚而生下羅什，這一段過程似乎與羅什後來的遭遇相似。羅什之母懷胎時，慧解倍常，並能自通天竺語，藉由羅漢所言：「此必懷智子！」強調羅什出世因緣非常。

　　羅什七歲即隨母出家，展開其學法歷程，剛開始以小乘法為主，後遇一羅漢預言曰：「常當守護此沙彌，若至三十五不破戒者，當大興佛法，度無數人，與優波掘多無異。若戒不全，無能為也，止可才明僔藝法師而已。」這一段話，似乎預示了羅什兩種可能的人生道路。作者鋪敘此段，似乎有意無意地在為他後來戒德不全的遭遇作合理的解釋。以羅什之聰明才智，應可大開法幢，卻僅以傳譯經教的貢獻，入於高僧之列；其次，以作為律學僧的慧皎看來，戒範不全，實乃一大遺憾，因此，我們在閱讀的過程，可以明顯感受到慧皎在羅什的前期經歷中，將其違戒一事的前因後果，以預敍方式暗示他宿命中即隱藏變數的可能性。

　　其次，羅什學不拘於佛法，乃至四韋陀典、五明諸論、文辭製作、陰陽星算等多方涉獵，展現其廣學多聞的性格，加上「為性率

達,不屬小檢,修行者頗共疑之,然什自得於心,未嘗介意。」這樣廣闊的胸襟性格,正是其由小乘趨入大乘的條件,於是廣學中論、百論、十二門論。

羅什往東土行化,是其母臨去印度時所指示:「方等深教應大闡真丹,傳之東土,唯爾之力,但於自身無利,其可如何?」似乎預言羅什來華必然為利生而損己。在層層的預言中,羅什仍矢志東來,曰:「大士之道,利彼忘軀。若必使大化流傳,能洗悟矇俗,雖復身當爐鑊,苦而無恨。」強化了他實踐菩薩道的大乘精神。在羅什早年學法的過程中,母親耆婆一直擔任保護他的角色,至此以下,母親退場,開始羅什獨當一面接受命運的挑戰。在多數高僧傳記中,母親的角色多半只出現在其出生有特殊徵兆的敘事中,很少像羅什的母親一般,在他早年學法的過程中扮演如此重要的角色。❸

接下來羅什開始實踐其東土行化歷程,此時中國正處於北朝亂世,苻堅僭竊關中,為求大德智人,乃命呂光率兵伐龜茲以尋羅什,沒想到呂光因見羅什年齒尚少,不加尊禮,強迫其飲酒並與龜茲王女同閉密室,「什被逼既至,遂虧其節。」由此往前呼應幼年

---

❸ 關於〈羅什傳〉中對羅什與其母耆婆的敘事,在宗教和文化上的意義過去很少人注意到,陸揚認為,羅什誕生的過程,也是耆婆尋求宗教解脫的開始,而羅什那些重要的個人特質,包括聰慧、無礙辯才和自由的精神等,也是從母親繼承而得。慧皎如此費力經營耆婆求道的形象,很可能與當時社會比丘尼地位大幅提昇有關。參見氏著:〈解讀〈鳩摩羅什傳〉:兼談中國中古早期的佛教文化與史學〉,《中國學術》第 23 輯(北京:商務印書館,2006 年),頁 9-13。

時羅漢的預言，並往後應驗羅什至晚年感慨自己僅譯經利生，未能成為大開法幢的人天師的原因。並以呂光令其騎牛、乘惡馬，欲令墜落，羅什常懷忍辱，來強化羅什忍辱負重，只為傳揚佛法至東土的精神，完全信守他當初東來時不畏損己利生的誓言。

其後一大段落交代苻堅為姚萇所害，呂光自立，光死子繼，不過他們父子對佛法毫不關心，及至姚萇之子姚興繼位，羅什方得弘法之機。這中間多次描述羅什有預知來事的能力，並在姚興的支持下，開始譯經事業，先後共譯出《大品般若經》等三百餘卷。羅什並比較華梵辭體同異，對於漢譯經偈失去原來的韻律和詞藻，僅得大意，並不甚滿意。羅什本有在東土廣演大乘的雄心，然而，從前文羅漢的預言可知，何以羅什僅能作為一位譯經師而鬱鬱不得其志，以致晚年感嘆遂深：「今在秦地，深識者寡，折翮於此，將何所論？」著作僅有《實相論》二卷、注《維摩詰經》，對照於其少年時在西域博學演論所受的崇敬，實有天壤之別。

姚興雖篤信佛法，然為使羅什之法有繼承者，「遂以伎女十人，逼令受之。」此後羅什形同捨戒，不住僧坊，此遭遇與其父竟頗為相似。故每說法之前，常自說闍：「如臭泥中生蓮花，但採蓮花，勿取臭泥也。」最後敘述羅什臨終前誓言：「若所傳無謬者，當使焚身之後，舌不燋爛。」以此神異保護所譯經典不受他個人具爭議性的事蹟所傷。的確，羅什「淪陷戒檢」常被拿來與他不按原典字句對譯，而摘要節譯的翻譯方式聯想起來，據此懷疑所譯經典的正確性，因此，「舌不燋爛」的神蹟，成為羅什維護所譯經典的重要象徵。

　　對照於《晉書卷九十五‧藝術傳‧鳩摩羅什傳》❹，強調羅什能顯現多種神異，故列於專收異術人士的〈藝術傳〉中，並記載羅什以吞針的神異能力，宣示他雖蓄家室，非同於一般的破戒凡夫。由此可見，傳記的撰著目的不同，會影響其傳記的敘事結構，而此敘事結構將決定史料的取擇運用標準，慧皎僧傳以「高」為名，所以更重視僧侶個人道德和對佛教貢獻的描寫，為了達到此宗教目的，在〈羅什傳〉中一方面刻意淡化處理羅什破戒的情節，還以各種對羅什不利的預示來為羅什的行為解套，一方面強調他即使損己利生在所不惜的大乘精神，反而塑造了他為法忍辱負重的形象，來抬高讀者的崇敬之情。

二、道宣《續高僧傳‧玄奘傳》

結構	傳文❺
家世	釋玄奘，本名褘，姓陳氏，漢太丘仲弓後也。子孫徙於河南，故又為洛州緱氏人焉。祖康北齊國子博士，父慧早通經術，長八尺，明眉目，拜江陵令，解纓而返，即大業末年，識者以為剋終，隱淪之候故也。
出家	兄素出家，即長捷法師也。容貌堂堂，儀局瑰秀，講釋經義，聯班群伍，住東都淨土寺，以奘少罹窮酷，攜以將之。
國內學法	日授精理，旁兼巧論。年十一誦維摩、法華，東都恒度便預其次，自爾卓然梗正不偶朋流，口誦目緣略無閒缺。觀諸沙彌劇談掉戲，奘曰：「經不云乎，夫出家者為無為法，豈復恒為兒戲？」可謂徒喪百年，且思齊之懷，尚鄙而不取，拔萃出類，故復形在言前耳。時東都慧日盛弘法席，涅

---

❹　〔唐〕房玄齡等：《晉書》（台北：鼎文書局，1976 年），頁 2499。

❺　《大正藏》，第 50 冊，頁 446 下。

過程	綮、攝論輪馳相係，每恒聽受，昏明思擇，僧徒異其欣奉，美其風素，愛敬之至，師友參榮。大眾重其學功，弘開役務，時年十五，與兄住淨土寺，由是專門受業，聲望逾遠。大業餘曆，兵饑交貿，法食兩緣投庇無所，承沙門道基化開井絡，法俗欽仰，乃與兄從之。行達長安，住莊嚴寺，又非本望，西踰劍閣，既達蜀都，即而聽受阿毘曇論，一聞不忘，見稱昔人，隨言鏡理又高倫等，至於婆沙廣論、雜心玄義，莫不鑿窮嚴穴，條疏本幹。然此論東被，弘唱極繁，章鈔異同，計逾數十，皆蘊結胸府，聞持自然，至於得喪筌旨，而能引用無滯，時皆訝其憶念之力終古罕類也。基每顧而歎曰：「余少遊講肆多矣，未見少年神悟若斯人也。」席中聽侶僉號英雄，四方多難總歸綿益，相與稱讚逸口傳聲。……武德五年，二十有一，為諸學府雄伯沙門講揚心論，不窺文相而誦注無窮，時目神人，不神何能此也！晚與兄俱住益南空慧寺，私自惟曰：「學貴經遠，義重疎通，鑽仰一方，未成探賾。」……
西行求法遊化經過	僕射宋公蕭瑀敬其脫穎，奏住莊嚴，然非本志，情栖物表，乃又惟曰：「余周流吳蜀，爰逮趙魏，末及周秦，預有講筵，率皆登踐。已布之言令，雖蘊胸襟，未吐之詞宗，解籤無地。若不輕生殉命，誓往華胥，何能具觀成言，用通神解，一覩明法了義真文，要返東華傳揚聖化，則先賢高勝，豈決疑於彌勒；後進鋒穎，寧輟想於瑜伽耶？」時年二十九也。遂屬然獨舉，詣闕陳表，有司不為通引，頓迹京輦，廣就諸蕃，遍學書語，行坐尋授，數日便通，側席面西，思聞機候。會貞觀三年，時遭霜儉，下勅道俗，逐豐四出，幸因斯際，徑往姑臧，漸至燉煌。路由天塞，裹糧弔影，前望悠然，但見平沙絕無人徑，迴遑委命任業而前，展轉因循，達高昌境。初奘在涼州講揚經論，華夷士庶盛集歸崇，商客通傳預聞蕃域，高昌王麴文泰特信佛經，復承奘告將遊東西郡，恒置郵駟，境次相迎。忽聞行達，通夕立候，王母妃屬執炬殿前，見奘苦辛備言意故，合宮下淚，驚異希有。延留夏坐，長請開弘，王命為弟，母命為子，殊禮厚供，日時恒致。乃為講仁王等經及諸機教，道俗係戀，並願長留，奘曰：「本欲通開大化遠被家國，不辭賤命，忍死西奔。若如來語一滯此方，非唯自虧發足，亦恐都為法障。」乃不食三日，僉見極意，無敢措言。王母曰：「今與法師一遇，並是往業因緣，脫得果心東返，願重垂誠詁。」遂與奘手傳

香信，誓為母子。麴氏流淚執足而別，仍勅殿中侍郎齎綾帛五百匹、書二十四封，并給從騎六十人，送至突厥葉護牙所，以大雪山北六十餘國皆其部統故，重遣達奚開前路也。初至牙所，信物倍多，異於恒度，謂是親弟，具以情告，終所不信。可汗重其賄賂，遣騎前告所部諸國，但有名僧勝地，必令奚到，於是連騎數十，盛若皇華，中途經國道次參候，供給頓具倍勝於初。自高昌至於鐵門，凡經一十六國，人物優劣，奉信淳疎，具諸圖傳。其鐵門也即鐵門關，漢之西屏，入山五百，旁無異路，一道南出險絕人物，左右石壁竦立千仞，色相如鐵故因號焉。……又前經國凡度十三至縛喝國，土地華博，時俗號為小王舍城，國近葉護南牙也。……城外西南寺中有佛澡罐，可容斗許，及佛掃帚并以佛牙，守護莊嚴，殆難瞻覩，奚為國使，躬事頂戴。西北不遠有提謂、波利兩城，建塔淩虛，即爰初道成獻麨長者之本邑髮爪塔也。又東南行大雪山中七百餘里，至梵衍國，僧有數千學出世部，王城北山有立石像，高百五十尺，城東臥佛長千餘尺，並精舍重接，金寶莊校晃曜人目，見者稱歎。又有佛齒舍利，劫初緣覺齒長五寸許，金輪王齒長三寸許，并商那和修鉢，及九條衣絳色猶存。又東山行至迦畢試國，奉信彌勝，僧有六千，多大乘學，其王歲造銀像，舉高丈八，延請遍週，廣樹名壇，國有如來為菩薩時齒，長可寸餘，又有其髮引長尺餘，放還螺旋。自斯地北民雜胡戎，制服威儀不參大夏，名為邊國蜜利車類，唐言譯之垢濁種也。又東南七百至濫波國，即印度之北境矣。……（筆者按：歷遊印度諸國並佛陀遺跡）

那 爛 陀 寺 學 法 經 過	又北三十餘里至那爛陀寺，唐言施無厭也。……常住僧眾四千餘人，外容道俗通及邪正乃出萬數，皆周給衣食無有窮竭，故復號寺為施無厭也。……其寺現在受封大德三百餘人，通經已上不掌僧役，重愛學問諸訪異法，故烏杖那已西被於海內。諸出家者皆多義學，任國往返都無隔礙，王雖守國不敢遮障，故彼學徒博聞該贍。奚歷諸國風聲久達，將造其寺，眾差大德四十人至莊迎宿，莊即目連之本村也。明日食後，僧二百餘俗人千餘，擎輿幢蓋香花來迎引入都會，與眾相慰問訖，唱令住寺，一切共同。又差二十人，引至正法藏所，即戒賢論師也，年百六歲，眾所重故號正法藏。博聞強識，內外大小一切經書無不通達，即昔室商伕王所坑之者，為賊擎出，潛淪草莽，後興法顯，道俗所推，戒日增邑十城，科稅以入，賢

以稅物成立寺廟，奘禮讚訖，並命令坐。問：「從何來？」答：「從支那國來，欲學瑜伽等論。」聞已啼泣，召弟子覺賢說己舊事。賢曰：「和上三年前患困如刀刺，欲不食而死，夢金色人曰：汝勿厭身，往作國王多害物命，當自悔責，何得自盡。有支那僧來此學問，已在道中，三年應至。以法惠彼，彼復流通，汝罪自滅。吾是曼殊室利，故來相勸，和上今損。」正法藏問：「在路幾時？」奘曰：「出三年矣。」既與夢同，悲喜交集，禮謝訖。寺素立法，通三藏者員置十人，由來闕一，以奘風問便處其位。日給上饌二十盤，大人米一斗，檳榔豆蔻龍腦香乳蘇蜜等，淨人四、婆羅一，行乘象輿三十人從。……過此已後便依僧位，便請戒賢講瑜伽論，聽者數千人，十有五月方得一遍，重為再講，九月方了。自餘順理、顯揚、對法等並得諳稟，然於瑜伽偏所鑽仰，經於五年晨夕無輟，將事博議未忍東旋。賢誡曰：「吾老矣，見子殉命求法經途十年方至，今日不辭朽老，力為伸明。法貴流通，豈期獨善？更參他部，恐失時緣，智無涯也，惟佛乃窮，人命如露，非旦則夕，即可還也。」便為裝行調，付給經論。奘曰：「敢聞命矣。意欲南巡諸國，還途北指，以高昌昔言不得違也。」……初那爛陀寺大德師子光等立中百論宗，破瑜伽等義，奘曰：「聖人作論終不相違，但學者有向背耳。」因造會宗論三千頌以呈戒賢諸師，咸稱善。先有南印度王灌頂師，名般若毱多，明正量部，造破大乘論七百頌，時戒日王討伐至烏荼國，諸小乘師保重此論以用上王，請與大乘師決勝。王作書與那爛陀寺，可差四僧善大小內外者詣行宮在所，擬有論義。戒賢乃差海慧、智光、師子光及奘為四應命，將往未發間，有順世外道來求論難，書四十條義懸於寺門。若有屈者斬首相謝，彼計四大為人物因，旨理沈密最難徵數，如此陰陽誰窮其數，此道執計，必求摛決。彼土常法，論有負者，先令乘驢，屎瓶澆頂，公於眾中，形心折伏，然後依投，永為皂隸。諸僧同疑，恐有殿負，默不陳對。奘停既久，究達論道，告眾請對，何得同恥，各立旁證。往復數番，通解無路，神理俱喪，溘然潛伏。預是釋門一時騰踴，彼既屈已，請依先約，奘曰：「我法弘恕，不在刑科。稟受我法，如奴事主。」因將向房遵正法要，彼烏荼論又別訪得，尋擇其中，便有謬濫，謂所伏外道曰：「汝聞烏荼所立義不？」曰：「彼義曾聞，特解其趣。」即令說之。備通其要，便指纖芥，申大乘義破

	之，名制惡見論千六百頌，以呈戒賢等師。咸曰：「斯論窮天下之勍寇也，何敵當之？」奘意欲流通教本，乃放任開正法，遂往東印度境迦摩縷多國。以彼風俗並信異道，故其部眾乃有數萬，佛法雖弘，未至其土。王事天神，愛重教義，但聞智人，不問邪正，皆一奉敬其人。創染佛法，將事弘闡，故往開化。……
返唐翻經	以貞觀十九年正月二十四日屆于京郊之西，道俗相趨，屯赴閭閻，數十萬眾，如值下生，將欲入都，人物諠擁，取進不前。遂停別館，通夕禁衛，候備遮斷，停駐道旁，從故城之西南至京師朱雀街之都亭驛二十餘里，列眾禮謁動不得旋。于時駕幸洛陽，奘乃留諸經像送弘福寺，京邑僧眾競列幢帳助運莊嚴，四部諠譁又倍初至。當斯時也，復感瑞雲現于日北，團團如蓋，紅白相映，當于像上顯發輪光。既非遶日，同共嗟仰，從午至晡，豫入弘福，方始歇滅。致使京都五日，四民廢業，七眾歸承，當此一期，傾仰之高，終古罕類也。奘雖逢榮問，獨守館宇，坐鎮清閒，恐陷物議，故不臨對。及至洛濱，特蒙慰問，并獻諸國異物，以馬馱之，別勅引入深宮之內殿，面奉天顏，談敘真俗，無爽帝旨。從卯至酉不覺時延，迄于閉鼓，上即事戎旃，問罪遼左，明旦將發，下勅同行，固辭疾苦，兼陳翻譯。不違其請，乃勅京師留守梁國公房玄齡專知監護，資備所須，一從天府。……既承明命，返迹京師，遂召沙門慧明、靈閏等以為證義，沙門行友、玄賾等以為綴緝，沙門智證、辯機等以為錄文，沙門玄模以證梵語，沙門玄應以定字偽，其年五月創開翻譯大菩薩藏經二十卷，余為執筆，并刪綴詞理。……又復旁翻顯揚聖教論二十卷，智證等更迭錄文，沙門行友詳理文句，奘公於論重加陶練。次又翻大乘對法論一十五卷，沙門玄賾筆受，微有餘隙，又出西域傳一十二卷，沙門辯機親受時事綴比前後，兼出佛地六門神呪等經，都合八十許卷。自前代已來所譯經教，初從梵語倒寫本文，次乃迴之順同此俗，然後筆人亂理文句，中間增損，多墜全言。今所翻傳，都由奘旨，意思獨斷，出語成章，詞人隨寫，即可披翫。……顯慶三年下勅為皇太子造西明寺成，令給上房僧十人以充侍者。有大般若者，二十萬偈，此土八部，咸在其中。不久下勅令住玉華，翻經供給一准京寺，遂得託靜不爽譯功。以顯慶五年正月元日創翻大本，至龍朔三年十月末了，凡四處十六會說，總六百卷，般若空宗此焉周盡。於間又翻成唯

	識論、辯中邊論、唯識二十論、品類足論等，至十一月表上此經，請製經序，於蓬萊宮通事舍人馮義宣勑許之。
臨終過程	奘生常以來願生彌勒，及遊西域，又聞無著兄弟皆生彼天，又頻祈請，咸有顯證，懷此專至，益增翹勵。後至玉華，但有隙次，無不發願生覩史多天，見彌勒佛。自般若翻了，惟自策勤，行道禮懺，麟德元年告翻經僧及門人曰：「有為之法必歸磨滅，泡幻形質何得久停。行年六十五矣，必卒玉華，於經有疑者可速問。」聞者驚曰：「年未耆耄，何出此言？」報曰：「此事自知。」遂往辭佛，先遶俱胝十億像所，禮懺辭別。有門人外行者，皆報好去，今與汝別，亦不須來，來亦不見。至正月九日告寺僧曰：「奘必當死。經云：此身可惡，猶如死狗。奘既死已，勿近宮寺，山靜處埋之。」因既臥疾，開目閉目見大蓮花鮮白而至，又見偉相，知生佛前。命僧讀所翻經論名目已，總有七十三部一千三百三十卷，自懷欣悅。總召門人、有緣並集云：「無常將及，急來相見。」於嘉壽殿，以香木樹菩提像骨，對寺僧門人辭訣，并遺表訖，便默念彌勒，令傍人稱曰：「南謨彌勒如來應正等覺，願與含識，速奉慈顏。南謨彌勒如來所居內眾，願捨命已，必生其中。」至二月四日，右脇累足，右手支頭，左手髀上，鏗然不動。有問何相，報曰：「勿問，妨吾正念。」至五日中夜，弟子問曰：「和上定生彌勒前不？」答曰：「決定得生。」言已氣絕，迄今兩月，色貌如常。又有冥應，略故不述。又下勑葬日，聽京城僧尼幢蓋往送，於是素蓋素幢浮空雲合，哀笳哀梵氣遏人神，四俗以之悲涼，七眾惜其沈沒，乃葬於白鹿原四十里中，皂素彌滿，其塋與兄捷公相近。苕然白塔近燭帝城，尋下別勑，令改葬樊川，與州縣相知供給吏力乃又出之，眾咸歎異，經久埋痓，色相如初，自非願力所持，焉能致此。
補敘贊歎	余以闇昧，濫露斯席，與之對晤，屢展炎涼，聽言觀行，名實相守，精屬晨昏，計時分業。度度不懈，專思法務，言無名利，行絕虛浮，曲識機緣，善通物性，不倨不諂，行藏適時。吐味幽深，辯開疑議，寔季代之英賢，乃佛宗之法將矣。且其發蒙入法，特異常倫，聽覽經論，用為恒任。既周行東夏，把酌諸師，披露肝膽，盡其精義。莫不傾倒林藪，更新學府。遂能不遠數萬，詣求勝法，誓捨形命，必會為期。發趾張掖，途次龍沙，中途艱險，身心僅絕。既達高昌，倍光來價，傳國祖送，備閱靈儀。

路出鐵門石門，躬乘沙嶺雪嶺，歷天險而志逾懍慨，遭凶賊而神彌厲勇。兼以歸稟正教，師承戒賢，理邃言揚，義非再授，廣開異論，包藏胸臆，致使梵侶傾心，不匱其法。又以起信一論文出馬鳴，彼土諸僧思承其本，奘乃譯唐為梵，通布五天，斯則法化之緣，東西互舉。又西華餘論，深尚聲明，奘乃卑心請決，隨授隨曉，致有七變，其勢動發異蹤，三循廣論，恢張懷抱，故得施無厭寺三千學僧皆號智囊，護持城塹，及觀其脣吻，聽其詞義，皆彈指讚歎，何斯人也。隨其遊歷塞外海東百三十國，道俗邪正，承其名者，莫不仰德歸依，更崇開信，可以家國增榮。光宅惟遠，獻奉歲至，咸奘之功。若非天挺英靈，生知聖授，何能振斯鴻緒，導達遺蹤。前後僧傳往天竺者，首自法顯、法勇，終于道邃、道生。相繼中途一十七返，取其通言華梵，妙達文筌，揚導國風，開悟邪正，莫高於奘矣。恨其經部不翻，猶涉過半。年未遲暮，足得出之，無常奄及。惜哉！

　　玄奘對佛典翻譯的鉅大貢獻，在佛教史上難出其右，其傳是《續高僧傳》最長的一篇，其他傳的篇幅與之相去甚遠。傳文之始，先追溯其祖先世系，祖父為國子博士，父早通經術，曾任江陵令，由此可知玄奘出身儒門。傳中並無提到任何關於玄奘出生的情形，可見道宣並不以先天的出生瑞兆異相等情節，來神化玄奘的譯經才智其來有自。玄奘隨兄長捷法師出家後，從十一歲到二十九歲之間，多方訪求義學僧學法通經，藉由道基讚歎：「余少遊講肆多矣，未見少年神悟若斯人也。」可知玄奘聰慧敏學有過於人。此時的玄奘已經博通經論，聲名崇重，不過，他不以此為足，經道深的勸勉，開始其在中土從師問學的歷程，同時夾敘了多位義學名匠，也呈現當時佛教界的義學趨向和特色。

　　二十九歲時決定前往西國求法，於是開始學習梵語，因有司不允，真觀二年乃隨飢民度隴，偷越五烽，由姑臧經敦煌達高昌（今

吐魯番）。高昌王、母、妃眷見奘如此辛苦，合宮下淚，驚異希
有，王命為弟，母命為子，殊禮厚供，玄奘三日不食以示西行決
心。高昌王乃命從騎護送，經大雪山歷千辛萬苦抵達印度。一路上
參訪諸多小國及往昔佛教聖地，面見各地大德名僧，廣學諸論，並
親睹各種靈應，展開印度學法的新頁。道宣敘述玄奘所到之地、所
見之人、所睹靈瑞，是以報告形式條貫述之，文字客觀而嚴謹，彷
若不同的地理風俗畫面一頁一頁呈現眼前。其中，描述玄奘正好於
正月十五日大神變月抵世尊覺證之金剛座，激動悲慟的情形，令人
動容：

> 奘初到此，不覺悶絕，良久蘇醒，歷睹靈相，昔聞經說，今
> 宛目前。恨居邊鄙，生在末世，不見真容，倍復悶絕，旁有
> 梵僧，就地接撫，相與悲慰。❻

這一幕將玄奘對佛陀法教濃厚的希慕之情表露無遺。到達那爛陀寺
後，聽戒賢論師弟子覺賢所述，和尚待支那僧來此學法已等了三
年，所以師徒相見，悲喜交集，親受那爛陀首座戒賢大師之瑜伽論
等法教，並代表那爛陀寺出論與外道辯難，留學五年，歸程沿途宣
講行化，至貞觀十九年正月二十四日返抵京郊，前後共歷時十七
年，踏足五十六國。

全傳三分之二在敘述玄奘西行求法的種種經歷，後三分之一才
進入譯經過程。他於返國同年二月六日開始譯經工作，持續十九

---

❻　《大正藏》，第 50 冊，頁 451 上。

年，未嘗一日廢輟，至死方歇。其中翻譯《大菩薩藏經》二十卷時，「余為執筆，並刪綴詞理。」因知道宣曾親自參與玄奘的譯經事業。玄奘一生共翻譯經典七十三部，一千三百三十卷。如此龐大的譯經功業，如何能在十九年中完成？道宣於傳文中解釋道：

> 自前代已來所譯經教，初從梵語，倒寫本文，次乃迴之，順同此俗，然後筆人觀理文句，中間增損，多墜全言。今所翻傳，都由奘旨，意思獨斷，出語成章，詞人隨寫，即可披翫。❼

可見玄奘因精通梵、漢語言文化，不需再經第三者轉譯斟酌，才能以如此快又精準的速度來翻譯。

　　玄奘生即誓往彌勒內院，至麟德元年二月五日中夜往生，得年六十五。傳文有「迄今兩月，色貌如常；又有冥應，略故不述。」可見該傳是寫於玄奘卒後兩個月，必有諸多靈應事蹟，是作者所親聞，但道宣卻選擇略而不述。對以神異事蹟來強化高僧的宗教傳記而言，這是很特殊的處理方式。此傳刻意略去玄奘「出生瑞兆」和「往生瑞應」的部分，而這兩部分往往是其他僧傳用以強調高僧善根夙慧和修行有成的證據，道宣為何麼要這麼做呢？筆者以為此傳主要篇幅集中於玄奘西行求法及譯經不輟的過程，光是求法的精神和譯經的貢獻，已足使玄奘垂範千古，實在不需要再以其他的表現來強化他的功德；若贅言其他靈應事蹟，反而會模糊玄奘譯經成就

---

❼　《大正藏》，第 50 冊，頁 455 上。

的焦點。傳文最末一段補敘，雖無如中國史傳傳統的論贊形式，但實際上，是對玄奘一生做一總評回顧。道宣因為曾親自參與玄奘譯場法席，他對玄奘的評斷都是來自親身見聞感知，語氣中肯而權威，格外能說服讀者。文末對玄奘積勞太勤，以致早逝，充滿惋惜之情：「恨其經部不翻，猶涉過半，年未遲暮，足得出之，無常奄及。惜哉！」

不過，道宣傳文過於重視修辭，講究駢偶對句的結果，人物的心思或對話，因為語氣上已經過修飾，反傷其真。就傳記的敘事性而言，其風格嚴謹翔實，文字表述簡約精鍊，但文辭修飾太周到，反而產生閱讀的距離感。

三、贊寧《宋高僧傳·義淨傳》

結構	傳文（頁1）
家世	釋義淨，字文明，姓張氏，范陽人也。
出家	髫齔之時，辭親落髮。
西行學法經過	遍詢名匠，廣探群籍，內外閑習，今古博通。年十有五便萌其志，欲遊西域，仰法顯之雅操，慕玄奘之高風。加以勤無棄時，手不釋卷，弱冠登具，愈堅貞志。咸亨二年，年三十有七，方遂發足。初至番禺，得同志數十人，及將登舶，餘皆退罷。淨奮厲孤行，備歷艱險，所至之境，皆洞言音，凡遇酋長，俱加禮重。鷲峯、雞足，咸遂周遊；鹿苑、祇林，並皆瞻矚，諸有聖迹，畢得追尋，經二十五年，歷三十餘國，以天后證聖元年乙未仲夏還至河洛，得梵本經律論近四百部，合五十萬頌，金剛座真容一鋪、舍利三百粒。天后親迎于上東門外，諸寺緇伍具幡蓋歌樂前導，勅於佛授記寺安置焉。
駐錫翻經	初與于闐三藏實叉難陀翻華嚴經，久視之後，乃自專譯。起庚子歲至長安癸卯，於福先寺及雍京西明寺譯金光明最勝王、能斷金剛般若、彌勒

過程	成佛、一字呪王、莊嚴王陀羅尼、長爪梵志等經，根本一切有部毘奈耶、尼陀那目得迦、百一羯磨攝等，掌中、取因假設、六門教授等論，及龍樹勸誡頌，凡二十部。北印度沙門阿儞真那證梵文義，沙門波崙、復禮、慧表、智積等筆受證文，沙門法寶、法藏、德感、勝莊、神英、仁亮、大儀、慈訓等證義，成均太學助教許觀監護，繕寫進呈。天后製聖教序，令標經首。暨和帝神龍元年乙巳，於東洛內道場譯孔雀王經，又於大福先寺出勝光天子、香王菩薩呪、一切莊嚴王經四部，沙門盤度讀梵文，沙門玄傘筆受，沙門大儀證文，沙門勝莊、利貞證義，兵部侍郎崔湜、給事中盧粲潤文正字，祕書監駙馬都尉楊慎交監護。帝深崇釋典，特抽睿思，製大唐龍興三藏聖教序。又御洛陽西門，宣示群官新翻之經。二年，淨隨駕歸雍京，置翻經院於大薦福寺居之。三年，詔入內與同翻經沙門九旬坐夏。帝以昔居房部，幽厄無歸，祈念藥師，遂蒙降祉，荷茲往澤，重闡鴻猷。因命法徒更重傳譯於大佛光殿，二卷成文，曰藥師瑠璃光佛本願功德經。帝御法筵，手自筆受。睿宗永隆元年庚戌，於大薦福寺出浴像功德經、毘柰耶雜事二眾戒經、唯識寶生、所緣釋等二十部，吐火羅沙門達摩末磨、中印度沙門拔弩證梵義，罽賓沙門達摩難陀證梵文，居士東印度首領伊舍羅證梵本，沙門慧積、居士中印度李釋迦度頗多讀梵本，沙門文綱、慧沼、利貞、勝莊、愛同、思恒證義，玄傘、智積筆受，居士東印度瞿曇金剛、迦濕彌羅國王子阿順證譯，修文館大學士李嶠、兵部尚書韋嗣立、中書侍郎趙彥昭、吏部侍郎盧藏用、兵部侍郎張說、中書舍人李乂二十餘人次文潤色，左僕射韋巨源、右僕射蘇瑰監護，祕書大監嗣虢王邕同監護。景雲二年辛亥，復於大薦福寺譯稱讚如來功德神呪等經，太常卿薛崇胤監護。自天后久視迄睿宗景雲，都翻出五十六部二百三十卷，又別撰大唐西域求法高僧傳、南海寄歸內法傳，別說罪要行法、受用三法、水要法、護命放生軌儀，凡五部九卷。又出說一切有部跋窣堵，即諸律中犍度跋渠之類，蓋梵音有楚夏耳，約七十八卷。淨雖遍翻三藏，而偏攻律部，譯綴之暇，曲授學徒。凡所行事皆尚急護。漉囊滌穢，特異常倫。學侶傳行，遍於京洛。美哉！亦遺法之盛事也。
臨終	先天二年卒，春秋七十九，法臘五十九，葬事官供所出。跋窣堵唯存真

遷化	本，未暇覆疏。而逼泥曰，然其傳度經律，與奘師抗衡。比其著述，淨多文。性傳密呪，最盡其妙，二三合聲，爾時方曉矣。今塔在洛京龍門北之高岡焉。
評贊	系曰：譯之言易也，謂以所有易所無也。……自漢至今皇宋，翻譯之人多矣。曾魏之際，唯西竺人來止稱尼拘耳，此方參譯之士，因西僧指楊柳，始體言意。其後東僧往彼，識尼拘是東夏之柳，兩土方言一時洞了焉。唯西唯東，二類之人未為盡善，東僧往西學盡梵書，解盡佛意，始可稱善。傳譯者，宋齊已還不無去彼迴者，若入境觀風，必聞其政者，奘師法師為得其實。此二師者兩全通達，其猶見璽文知是天子之書可信也。周禮象胥氏通夷狄之言，淨之才智，可謂釋門之象胥也歟。

　　本傳首先簡述義淨出身，及幼年出家，內外兼習，今古博通。義淨因慕法顯、玄奘西行求法的精神，年十五便志求西行，至三十七歲始出發從海路往天竺。由於義淨撰有《南海寄歸內法傳》，詳述其由海路西行求法的歷程，而贊寧作傳的目的也不在綜合諸說；相反的，若他傳有之，贊寧往往簡略帶過，必須與他傳參看，方得全旨，因此，對於義淨西行過程寫得非常簡略。至天后證聖元年返，經二十五年，歷三十餘國，留學那爛陀十年，共得梵本三藏近四百部。此傳的敘事重點放在「譯經」，因此，回溯義淨譯經事業始末，自天后久視至睿宗景雲，共譯出五十六部，二百三十卷，加上九卷儀軌、七十八卷律書，兩本西行求法高僧傳記：《大唐西域求法高僧傳》、《南海寄歸內法傳》等，貢獻卓著。❽然而傳文卻如目錄般，僅將譯經時間、地點、所譯經名卷數、筆受諸人等一一

---

❽　《舊唐書·方伎傳》有玄奘傳而無義淨之傳，可見義淨的譯經成就並未如玄奘般受到肯定。

列舉，沒有任何情節可言。接著，進一步分析義淨譯經「偏攻律部」，這是義淨所譯經典的特色，對應於其行為：「凡所行事，皆尚急護，漉囊滌穢，特異常倫，學侶傳行，偏于京洛。」可見他是一位解、行一致的高僧。

　　較之〈鳩摩羅什傳〉與〈玄奘傳〉，前者著重於描述羅什來華的弘化經歷；後者著重於玄奘西天學法遊歷的歷程敘事，〈義淨傳〉的篇幅較前二傳簡略許多，贊寧以極平實的手法來展開義淨的生平，其敘事風格簡略，正好與道宣翔實形成對比，所以對傳主的生平刻畫，難與前二傳的生動立體相比。綜合以上三傳，我們可以對照看出，僧傳異中有同的情節，並從這些生命歷程的敘事情節中，歸納出屬於高僧人物傳記一脈相承的敘事結構。顯然《宋高僧傳》不論傳主的生平多麼豐富，都可以將之簡化納入既定的敘事結構中，它重視的是一位高僧的典範性被記錄下來，所以重點似乎已經從個人生平情節，轉化成以一個固定的敘事結構來完成一群高僧的生命記錄，以標示高僧人物的存在意義，這是《宋高僧傳》與前二傳很不相同的地方。

第二節　《宋高僧傳》情節結構分析

　　高僧求法的終極典範當然是佛陀，他在娑婆世界苦修成道的歷程，成為後代高僧求道的指引，古今僧侶無不踏循著世尊修證的模式勇往直前而畢生行道。中國佛教僧傳的敘事結構大抵由佛傳中八相成道的敘事模式予以增減，再加上中土史傳撰作的敘事規則的影響，形成中國僧傳特有的敘事結構。

敘事結構取決於敘事對象，高僧傳記的結構要素，決定於「高僧」這一特殊群體的生命型態。佛教高僧不同於正史中政治人物的生活內容，其傳記的敘事重點乃根據佛教僧侶特有的精神修持和生命價值發展而成，所以，從《高僧傳》始，所建立的高僧傳記的敘事模式和敘事意義，即為後來的僧傳所共承襲。那麼，佛教聖徒傳記必備的敘事內容有哪些呢？本節將運用結構功能點的概念，從僧傳傳文歸納出一個情節結構表，再分析每個結構點在傳記中的作用和意義。❾

從《宋高僧傳》個別傳記來看，一篇高僧傳記該有的敘事成分，約可歸納出以下幾個部分，依序包括：
㈠出身世系
㈡出生瑞兆

---

❾　結構主義敘事分析理論中，關於敘事文的「結構點」分析，可做為分析僧傳敘事結構的參考理論。俄國普洛普（V. Propp）在 1928 年出版《民間故事型態學》一書，他以故事結構為研究重點，重視結構中的單元組織和結合方式，分析俄羅斯一百多個民間故事，歸納出三十一個「功能」（function），是故事組成的基本單元，這些功能受到一固定的結構制約，按照一定的結構次序出現。參考張寅德選編：《敘述學研究》（北京：中國社會科學院，1989 年），頁 3-4；以及高辛勇：《形名學與敘事理論》（台北：聯經出版社，1987 年），第一章俄國形式主義，頁 30-33。法國格雷馬斯（A.J. Greimas）將普洛普的結構「功能」點，修正為二十個結構點（point），並且認為外在結構的變化，其實是由一基本形式衍生而來，此即深層模式。布雷蒙和普洛普類似，也視「功能」為敘事結構的基本單位，但他從敘事的內在邏輯關係，另外提出「事綱」，作為敘事結構的基本單位，一個「事綱」，由三個功能結合而成，包括：可能、過程和結果。他認為這個敘事模式，適用於任何敘事文類的分析。參考高辛勇：《形名學與敘事理論》，第三章結構主義與敘事理論，頁 144-152。

㈢性格特質

㈣出家因緣

㈤修證求道

㈥駐錫度化

㈦臨終遷化

㈧封諡功德

㈨補述

㈩系通

　　傳記將傳主實際人生發生的時空順序，納入敘事時間和空間結合的結構體之中，使各種敘事成分以某種次序獲得適當的安排，在作者的「先在結構」和文本的完成結構之間存在著對應的張力，先在結構賦予文本結構以對世界、世界的意義和形式的體驗，「文本結構」則以其有限的形式，讓人們解讀其難以限量的潛在意義。在作者下筆時，對作品中的一字一句、一節一章在全文中擺放的位置、功能和意義隱約感覺到有一「先在結構」成竹於胸，依此對文本加以分解、斟酌、改動、調整和完善，賦予傳文以外在形體，方能完成文本的敘事結構。❿高僧人物本身已經規範了傳記的敘事結

---

❿　參考楊義：《中國敘事學》，頁 38-49。所以，楊義認為結構一詞在敘事學體系中，雖已是名詞，但在中國詞源上看，它是動詞、或具有動詞性。「結構的動詞性」，是中國人對結構的獨特認知，它將結構視為一個過程，因此，我們考察敘事作品的結構時，既要視之為已完成的存在，又要視之為正在完成中的過程。它具有自身的完整性，各部分間不是可以機械式拆解的，而有氣脈神韻貫注於其間，形成一個統一的生命體。不對結構進行動詞性解讀，和生命感的體驗，則難以窺見結構的深層奧秘。

構，而僧傳的敘事結構又會形成一貫的敘事風格來取擇史料，進而影響所形塑的高僧形象，因此，高僧人物和敘事結構之間，形成一種互為影響的關係。同時，傳文結構中每一個敘事環節，順著傳主生命時序的推進而貫通，展現傳記發展的層次感和情節轉折，使得結構有機地協調增減，形成一個不可分割的結構體。⓫所以，敘事結構並非一成不變的機械框架，它是一個有機的生命體，個別傳記相應於高僧獨特而個殊的遭遇仍有相當的差異，並非每篇傳記都同時具備這十個敘事成分。

　　個別傳記的情節安排，主要以展示傳主生命精神為目的，由傳主與其周圍的人物或環境之間的互動關係所形成的具體事件來推展。以「結構點」的分布而言，大約可分為四種類型：

一、全結構型

　　欲將高僧長長的一生完整的記錄下來，必得使用相當的篇幅筆墨，因此，若以一個等速的敘事時間來推進，又想要顧及傳主的每個生命環節的話，傳文篇幅越長，敘事密度才能越高；否則，將淪為每段情節都只點到為止而無暇仔細經營。

　　卷二〈唐洛京聖善寺善無畏傳〉算是《宋高僧傳》中篇幅較長的傳記。

⓫　楊義將結構要素具體分解為三類：順序性要素、聯結性要素、對比性要素。順序以見結構的模樣和層次感；聯結使結構的各部分承接、轉折、組合、貫穿，形成整體；對比要素使得結構能參差變化、波瀾曲折、比例協調，在整體性中增添生命感。這三種要素是互動、互補、相互貫通的。參見氏著：《中國敘事學》，頁65。

結構	傳文（頁17）
出身世系	釋善無畏，本中印度人也，釋迦如來季父甘露飯王之後，梵名戍婆揭羅僧訶，華言淨師子，義翻為善無畏；一云輸波迦羅，此名無畏，亦義翻也。其先自中天竺，因國難分王烏荼。父曰佛手王，以畏生有神姿，宿齋德藝，故歷試焉。
出家因緣	十歲統戎，十三嗣位，得軍民之情。昆弟嫉能，稱兵構亂，鬩牆斯甚。薄伐臨戎，流矢及身，掉輪傷頂。天倫既敗，軍法宜誅，大義滅親，忍而曲赦。乃抆淚白母，及告群臣曰：「向者親征，恩已斷矣。今欲讓國，全其義焉。」因致位於兄，固求入道。母哀許之，密與傳國寶珠，猶諸侯之分器也。
性格特質	畏風儀爽俊，聰叡超群，解究五乘，道該三學，總持禪觀，妙達其源。藝術伎能，悉聞精練。
修證過程	初詣那爛陀寺，此云施無厭也。像法之泉源，眾聖之會府。畏乃捨傳國寶珠瑩于大像之額，晝如月魄，夜若曦輪焉。寺有達摩掬多者，掌定門之祕鑰，佩如來之密印。顏如四十許，其實八百歲也，玄奘三藏昔曾見之。畏投身接足，奉為本師。一日侍食之次，旁有一僧，震旦人也。畏現其鉢中見油餅尚溫，粟飯猶暖，愕而歎曰：「東國去此十萬餘里，是彼朝熟而返也？」掬多曰：「汝能不言，真可學焉。」後乃授畏總持瑜伽三密教也。龍神圍遶，森在目前。其諸印契，一時頓受。即日灌頂，為人天師，稱曰三藏。夫三藏之義者，則內為戒定慧，外為經律論，以陀羅尼總攝之也。陀羅尼者，是菩提速疾之輪，解脫吉祥之海，三世諸佛生於此門，慧照所傳，一燈而已。……于時畏周行大荒，遍禮聖迹，不憚艱險。凡所履處，皆三返焉。又入雞足山為迦葉剃頭，受觀音摩頂。嘗結夏於靈鷲，有猛獸前導，深入山穴。穴明如晝，見牟尼像，左右侍者如生焉。時中印度大旱，請畏求雨。俄見觀音在日輪中，手執軍持注水於地。時眾欣感得未曾有。復鍛金如貝葉，寫大般若經。鎔中金為窣覩波，等佛身量焉。母以畏遊方日久，謂為已歿，旦夕泣淚而喪其明，洎附信問安，朗然如故。五天之境自佛滅後外道崢嶸，九十六宗各專其見。畏皆隨所執破滯析疑，解邪縛於心門，捨迷津於覺路。法雲大小而均澤，定水方圓而任器，仆異學之旗鼓，建心王之勝幢。使彼以念

	制狂，即身觀佛。掬多曰：「善男子，汝與震旦有緣，今可行矣。」畏乃頂辭而去。
駐錫度化	至迦濕彌羅國，薄暮，次河而無橋梁，畏浮空以濟。一日，受請於長者家，俄有羅漢降曰：「我小乘之人，大德是登地菩薩。」乃讓席推尊，畏施之以名衣，升空而去。畏復至烏萇國。有白鼠馴逸，日獻金錢。講毘盧於突厥之庭，安禪定於可敦之樹。法為金字，列在空中。時突厥宮人以手按乳，乳為三道飛注畏口。畏乃合掌端容曰：「我前生之母也。」又途中遭寇舉刃三斫而肢體無傷，揮劍者唯聞銅聲而已。前登雪山大池，畏不念，掬多自空而至曰：「菩薩身同世間，不捨生死。汝久離相，寧有病耶？」言訖沖天，畏洗然而愈。……畏以駝負經，至西州，涉于河，龍陷駝足沒于泉下，畏亦入泉三日，止住龍宮，宣揚法化，開悟甚眾。及牽駝出岸，經無沾濕焉。初畏途過北印度境，而聲譽已達中國，睿宗乃詔若那及將軍史獻出玉門塞表以候來儀。開元初，玄宗夢與真僧相見，姿狀非常，躬御丹青，寫之殿壁。及畏至此，與夢合符。帝悅有緣，飾內道場，尊為教主。自寧、薛王已降皆跪席捧器焉。……開元四年丙辰，齎梵夾始屆長安，勑於興福寺南院安置。續宣住西明寺，問勞重疊，錫賚異常。至五年丁巳，奉詔於菩提院翻譯。……畏性愛恬簡，靜慮怡神，時開禪觀，獎勸初學。奉儀形者蓮華敷於眼界，稟言說者甘露潤於心田，超然覺明，日有人矣。法侶請謁，唯尊奉長老寶思惟三藏而已，此外皆行門人之禮焉。一行禪師者，帝王宗重，時賢所歸，定慧之餘，陰陽之妙，有所未決，亦咨稟而後行。……又屬暑天亢旱，帝遣中官高力士疾召畏祈雨。畏曰：「今旱數當然也。若苦召龍致雨，必暴，適足所損，不可為也。」帝強之曰：「人苦暑病矣，雖風雷亦足快意。」辭不獲已，有司為陳請雨具，幡幢螺鈸備焉。畏笑曰：「斯不足以致雨。」急撤之。乃盛一鉢水，以小刀攪之，。梵言數百呪之。須臾有物如龍，其大如指，赤色矯首，瞰水面，復潛于鉢底。畏且攪且呪，頃之有白氣自鉢而興，迸上數尺，稍稍引去。畏謂力士曰：「亟去，雨至矣。」……帝稽首迎畏，再三致謝。又邙山有巨蛇畏見之歎曰：「欲決瀦洛陽城耶？」以天竺語呪數百聲，不日蛇死。乃安祿山陷洛陽之兆也。一說畏曾寓西明道宣律師房，示為

	蟲相，宣頗嫌鄙之。至中夜，宣捫蟲投于地，畏連呼：「律師撲死佛子。」宣方知是大菩薩，詰旦攝衣作禮焉。若觀此說，宣滅至開元中僅五十載矣。如畏出沒無常，非人之所測也。
臨終遷化	二十年求還西域，優詔不許。二十三年乙亥十月七日，右脅累足，奄然而化。享齡九十九，僧臘八十。法侶淒涼，皇心震悼，贈鴻臚卿。遣鴻臚丞李現具威儀，賓律師護喪事。二十八年十月三日葬於龍門西山廣化寺之庭焉。定慧所熏，全身不壞。會葬之日，涕泗傾都，山川變色，僧俗弟子……如喪考妣焉。
補述	乾元之初，唐風再振。二禪師刻偈，諸信士營龕，弟子舍于旁，有同孔墓之戀。今觀畏之遺形漸加縮小，黑皮隱隱，骨其露焉。累朝旱潦，皆就祈請，微驗隨生，且多檀施。錦繡巾帊，覆之如偃息耳。每一出龕，置于低榻，香汁浴之。洛中豪右爭施彈帊淨巾澡豆，以資浴事。今上禳禱，多遣使臣往加供施，必稱心願焉。

　　由上文可知，篇幅較長的傳文，就可以在一些重要情節上放慢敘事速度，使事件的描述更加完整翔實，以達到凸顯高僧形貌的目的。像本傳從善無畏家世出身到臨終，每個人生階段的結構點都有詳細的敘述，並對無畏遇達摩掬多學陀羅尼、龍宮說法、玄宗命其祈雨等多段神異情節，有較詳盡的鋪敘，使其傳文更吸引人。

　　相反的，《宋高僧傳》有少數幾篇傳文不滿百字，如卷十二〈唐洛陽韶山寰普傳〉。

結構	傳文（頁274）
出身世系	釋寰普者，不知何許人也。
性格特質	稟形淳粹，克性謙沖。
修證過程	居于醜夷，下風請業汪汪然，其識度輒難擬議。具戒之後，經論溫尋。

| 駐錫度化 | 然後杖錫南遊澧陽，遇夾山而得心契，有參學舉問，垂手攜歸，不使一機失其開誘。其所不蔫，勸令披覽經法，亦近秀寂之遺風耳。 |

  如此簡短的篇幅，使得每一段生命情節只能點到為止，實在很難建立人物的具體影像，如此，即使全傳首尾俱全，也只是浮光掠影的記錄而已。

  《宋高僧傳》多數傳文篇幅長短和情節結構類似於卷十一〈唐杭州鹽官海昌院齊安傳〉。

結構	傳文（頁 261）
出身世系	釋齊安，俗姓李，實唐帝系之英。先人播越，故生于海門郡焉，深避世榮，終祕氏族。
出生瑞兆	安在胎，母夢日兆祥，既誕而神光下燭。數歲，有異僧欵門召見，摩頂曰：「鳳穴振儀，龍宮藏寶，紹終之業，其在斯乎！」
出家因緣	及臻丱角，亟請出家，父母訶止。安曰：「祿利之養，止於親爾。冥報之利，不其遠邪？珪組之榮，止於家爾。濟拔之益，不其廣邪？」二親感其言而順從，遂依本郡雲琮禪師。雖勤勞謙默，和光同塵，而螢月殊暉，難鶴異態。
修證過程	年滿登具，乃詣南嶽智嚴律師。外檢律儀，內照實相。後聞南康龔公山大寂禪師隨化度人，慈緣幽感，裹足振錫，一日造焉。大寂欣其相依，論持不倦。及其蛻去，安盡力送終。元和末，安春秋已逾七十，而遊越之蕭山法樂寺，以其古製垣屋靡完，補壞扶傾，不克宴坐。
駐錫度化	時海昌有法昕者，緇林翹楚，於放生池壖廢地肇葺禪居焉。昕謙而不自有，延請安之，四海參學者靡至焉。道化之盛，翕然推伏。
性格特質	安不言寒暑，不下堂廡。無流眄，無傾聽，如此者蓋有年矣。而又挺身魁岸，相好莊嚴，眉毫紺垂，顱骨圓聳，望之者如仰嵩華而挹滄溟，曾無測其高深也。
臨終	以會昌二年壬戌十二月二十二日泊然宴坐，俄爾示滅。先時竹柏盡死，

遷化	至是精彩益振。爰有清響叩戶，祥光滿室，如環佩之鏘鳴，若劍戟之交射。瑞相尤繁，事形別錄。
補述	又安懸知宣宗皇帝隱曜緇行，將來法會。預誡知事曰：「當有異人至此，禁雜言，止橫來，恐累佛法。」明日，行腳僧數人參禮，安默識帝，遂令維那高位安置，禮殊他等。安每接談話，益知貴氣，乃曰：「貧道謬為海眾圍繞，患齋不供。就上座邊求一供疏。」帝為操翰攄辭，安覽驚悚，知供養僧齋去，所護豐厚，殆與常度不同。乃語帝曰：「時至矣，無滯泥蟠。」囑以佛法後事而去。帝本憲宗第四子，穆宗異母弟也，武宗恒憚忌之，沈之于宮廁。宦者仇公武潛施拯護，俾髡髮為僧，縱之而逸。周遊天下，險阻備嘗，因緣出授江陵少尹，實恐其在朝耳。
封諡功德	武宗崩，左神策軍中尉楊公諷宰臣百官迎而立之。聞安已終，愴悼久之，勅諡大師曰悟空，乃以御詩追悼。後右貂盧簡求為建塔焉。

　　本傳從齊安出身到封諡，每一個結構點都具備，但描述不算詳盡，這也可以看出《宋高僧傳》重視整體而忽略細節的敘事特色，各個結構點並非機械式的連結，而是順應不同的人物情節變化而調整其順序。另外，《宋高僧傳》在敘事結構上，常強調傳主出身貴族、官宦儒門等，很可能因為是勅撰僧史，所以贊寧刻意強調高僧出身儒門的外學根柢，並以各種出生的殊祥徵兆，以對應其人成為修行者的特殊因緣。若全結構的敘事仍不夠詳盡時，往往在傳末再加一段補敘，或者將傳文中某一事件單獨提出，詳述事件本末；或者對傳主性格進一步說明，目的都是要補強傳主的形象刻畫，以免全結構都顧及後，卻都不夠深入的遺憾。像本傳即以齊安默識宣宗一事為例，加深齊安識見幽微的智者形象。

二、側重修證求道型

有時僧傳敘事時間並非等速進行，會在某些特殊情節上，刻意放慢敘事速度，使該段情節特別詳盡，其他敘事環節則以較快的敘事時序推進，如此敘事焦點便會有所偏重。有些傳文以高僧求法學道的歷程為敘事重點，其他部分則相對地較為簡略帶過，這是為了凸顯高僧求法學道之艱難不易。

例如：卷二十一〈唐五台山華嚴寺牛雲傳〉。

結構	傳文（頁536）
出身世系	釋牛雲，俗姓趙，雁門人也。
性格特質	童蒙之歲有似神不足，遣入鄉校，終日不知一字。惟見僧尼，合掌有畏憚之貌。
出家因緣	年甫十二，二親送往五台華嚴寺善住閣院出家，禮淨覺為師，每令負薪汲水。時眾輕其朴鈍，多以謔浪歸之。
修證過程	年滿受具，益難誦習。及年三十有六，乃言曰：「我聞台上恒有文殊現形。我今跣足而去，儻見文殊，惟求聰明，學誦經法耳。」時冒寒雪，情無退屈。至東台頂，見一老人然火而坐。雲問曰：「如此雪寒，從何而來？」老人曰：「吾從川下來。」雲曰：「從何道上，何無屢跡？」曰：「吾雪前來。」老人却問雲曰：「有何心願，犯雪徒跣而至，豈不苦也？」雲曰：「吾雖為僧，自恨昏鈍，不能誦念經法。此來欲求見文殊，只乞聰明果報。」老人曰：「奇哉！」又曰：「此處不見文殊，更欲何之？」雲曰：「欲上北台去。」老人曰：「吾意亦然。」曰：「請師先行。」雲乃遊遍台頂，告別老人，自西而去。薄暮，方到北台，又見老人然火而坐，頗為驚怪。問曰：「適於東台相別，為何先至？」老人曰：「師不知要路，所以來遲。」雲雖承此語，心乃猶豫，只此老人莫應文殊也？雲乃鳴足禮拜。老人曰：「吾俗人也，不應作禮。」唯貪

	設禮，情屬不移。良久，老人云：「休禮。候吾入定，觀汝前身作何行業而昏鈍也。」老人閉目，候爾開顏語雲曰：「汝前生為牛來，因載藏經，今得為僧而闇鈍耳。汝於龍堂邊取一鑱來，與汝斲却心頭淤肉，即明快也。」雲遂得鑱度與。老人曰：「汝但閉目，候吾教開即開。」因閉目，次有似當心施鑱，身無痛苦，心乃豁然。似闇室立於明燈，。巨夜懸於圓月也。雲開目乃見老人現文殊像，語雲曰：「汝自後誦念經法，歷耳無忘。又於華嚴寺潤東院大有因緣，無得退轉。」雲乃行悲行泣，接足而禮，未舉頭頃，不見菩薩矣。雲後下山，四支無損。凡曰經典，目所一覽，輒誦於口。
駐錫度化	明年夏五月，遶育王塔行道念經。至更初，乃見一道直光從北台頂連瑞塔基，久而不散。於光明中現寶閣一所，前有金牌，題云善住。雲憶菩薩授記之言，依光中所現之閣而建置焉。道化施行，人咸貴重。
臨終遷化	於開元二十三年無疾而終，俗齡六十三，法臘四十四矣。雲名七上字，承文殊記識本迹為牛，故時號之焉。

　　本傳主要詳述牛雲為求聰明以誦經，跋涉五台，禮拜文殊菩薩，終於見到文殊化身的老人為他開智去愚的過程。因為凸顯求道歷程的敘事，使得〈牛雲傳〉特別具有求道勵志的效果。

　　卷二十三〈唐五台山善住閣院無染傳〉：

結構	傳文（頁585）
出身世系	釋無染者，不委氏族何許人也。
求道歷程	從中條山受業，講四分律、涅槃經、因明、百法論，善者從之。恒念：「華嚴經至說諸菩薩住處東北方金色世界，文殊菩薩與一萬聖眾從昔已來止住其中而演說法，或現老人，或為童子。近聞佛陀波利自西國來，不倦流沙，無辭雪嶺，而尋聖跡。高宗朝至台山思量嶺，啟告扣禮，乃見老人，即文殊也。利雖云面接，未決心疑，令知往西國取經，詣金剛

	窟入，文殊境界，於今不迴。古德既爾，吾豈無緣乎？」染乃從彼發跡，遍訪名公。或遇禪宗，窮乎理性。或經法席，探彼玄微。以貞元七年到台山善住閣院。時有僧智頗為台山十寺都檢校，守僧長之初也。遂挂錫棲心，誓不出山。每念文殊化境，非凡者之可勝，豈宜懈息？冬即採薪供眾，夏即跣足登遊，春秋不移，二十餘禩。前後七十餘遍，遊歷諸台，覩化現金橋、寶塔、鐘磬、圓光，莫窮其際。且曰：「松柏之鼠，不知堂密中有美樅乎？」言更有愈於諸瑞，吾得少，未為足也。最後於中台東忽見一寺，額號福生，內有梵僧，數可萬計。染從頭禮拜，遞互慰勞，見文殊亦僧也。語染曰：「汝於此有緣，當須荷眾，勿得唐捐，有願無行而已。」言訖化寺眾僧，寂無所覩。染歎而言曰：「觀茲靈異，豈可徒然！此危脆身，有何久固？」乃遵言廣興供施，每設一百萬僧，乃然一指，以為記驗焉。漸及五百萬數，遝遝委輸，若海水之入歸塘焉。及千萬供畢，十指然盡。
燃身遷化	迨開成中白大眾曰：「吾於此山，薄有因緣，七十二遍遊諸聖跡，人所不到，吾皆至止。又不出茲山，已報深願，幸莫大焉。奈何衰老，今春秋七十四，夏臘五十五，及存餘喘，欲於中台頂上焚一炷香告辭十方如來一萬菩薩。或息我以死，誰甘相代？況諸人等，並是菩薩門人，龍王眷屬。蒔栽善種，得住此山，夙夜精勤，羈勒三業，龍華三會，共結要期。此時下山，勿有留難。」合掌曰「珍重」而去。眾初不喻其意，皆言早迴。染乃但攜瓶錫，惟爇名香，遂命季氏趙華將蠟布兩端、麁麻一束、香汁一斗，於中台頂，從旦至暮，禮拜焚香，略無暫憩，都不飲食，念佛虔誠，聲無間斷。已至深更，趙氏怪其所以，陟彼崔嵬，見染不移舊止，轉更精專。染謂趙曰：「吾有密願，汝與吾助緣，不得相阻。為取蠟布、麻、油，將來纏裹吾身，於夜半子時要然身供養諸佛。吾若得道，相度汝也。」趙氏諫之，苦勸不止。將布纏身，披麻灌油，從頂而煉。言曰：「將吾灰骨當須飄散，無使顯異。」趙氏一從其命，略無移改，從頂而煉，至足方仆矣。趙氏歎曰：「昔聞藥王然身，今見上人，奇哉！痛哉！」後門人收真骨，於梵仙山南起塔，至今在矣。

　　無染以朝禮苦行感得文殊示現，全傳多集中於無染無我的求道

苦行的描述，最後並以焚身供養諸佛。以牛雲和無染的傳記為例，其敘事都集中在他們苦行求道的部分，其他環節的敘事相對的比較簡略，這麼做反而可以凸顯該傳的敘事重點，強化其傳文的主旨意涵。由此看來，凝聚敘事焦點於某些重要情節，較之面面俱到卻簡略的傳文，所建立的傳主形象反而更加深刻清晰。

三、側重行道度化型

《宋高僧傳》中，更多傳文主要重點放在高僧的利生事業或弘法度生的過程，這是為了強調高僧修行的目的，在於實踐大乘菩薩道無我利他的精神。例如：卷二十一〈唐興元府梁山寺上座亡名傳〉。

結構	傳文（頁 549）
出身世系	釋亡名者，不知何許人也。
性格特質	居襄城西數十里，號中梁山，數峯迴負，翠碧凝空，處于厥中。行終詭異，言語不常，恒見弗驚，乍親者可怪。平常酷嗜酒而食肉，矗重公行，又綱任眾事，且多折中，僧亦畏焉，號為上座。
駐錫度化	時群緇伍一皆倣習，唯此無懼。上座察知而興歎曰：「未住淨心地，何敢逆行？逆行非諸人境界。且世云金以火試，待吾一日一時試過。」開成中，忽作大餅招集徒眾曰：「與汝曹遊尸陀林去。」蓋城外山野多墳塚，人所棄屍於此，故云也。上座踞地舒餅裹腐爛死屍，向口便啖，俊快之狀頗嘉，同遊諸僧皆掩鼻唾地而走。上座大叫曰：「汝等能餧此肉，方可餧他肉也已。」自此緇徒警悟，化成精苦焉。遠近歸信。時右僕射柳仲郢任梁府，親往禮重。
臨終遷化	終時云年可八九十。真影存于山寺。至今梁、益、三輔間止呼為興元上座云。奇蹤異迹不少，未極詳焉。

| 系通 | 系曰：上座始則爾之教矣，後則民胥効矣。曾不知果證之人，逆化於物，終作佛事，用警未萌。故若歸其實，乃對法論中諸大威德菩薩示現食力住故也。如有妄云得果，此例而行，則如何野干鳴擬學師子吼者乎？ |

「亡名」，顧名思義不知其人之家世及出生等細節，此傳完全省略亡名求道學法的經過，所以亡名一開始就是以佯狂神異的姿態出現於世，並以食死屍肉這種與戒律和常態感官相違的激烈手段來化導眾生。亡名之奇蹤異迹不少，只是僧傳「未極詳焉」。

卷二十六〈唐晉州大梵寺代病師傳〉。

結構	傳文（頁669）
出身世系	釋代病者，台州天台人也，姓陳氏。以其嘗發大願，盡一報代眾生之病，致本名不顯矣。
出生瑞兆	誕育之辰，祥光充室，隣里異焉。
出家因緣	七歲喪父，哀毀幾于滅性。白母求出家，母纔艱阻，遂斷一指，親黨敦勸，偏親乃送於國清寺。
學道過程	因戒法登滿，誓志觀方。初止今東京，次於河陽，為民救旱，按經續八龍王，立道場，啟祝畢，投諸河。舉眾咸觀畫像沈躍不定，斯須雲起膚寸，雷雨大作，千里告足。自此歸心者眾。
駐錫度化	先是三城間多暴風雹，動傷苗稼雉堞，號為毒龍為之也。代病為誦密語，後經歲序，都七是患。盟津民立堂宇若生祠焉。大曆元年，登太行，遊霍山，乃深入幽邃，結茅而居。有盜其盂食，俄見二虎據路，會逢代病，盜叩頭陳悔。慰謝畢，因摩掌虎頭，如是累伏猛獸。其盜本樵子，願依附為苦行焉。其中山神廟，晉絳之間傳其肹蠁。代病入廟，勸其受歸戒，絕烹燀牲牢。其神石像屢屢隨勸頷首，顧其神婦，略無俞答之狀。遂剃神之髮，毀撤神婦。鄉人怪之，聞白州邑。太守怒之曰：

	「此唐高祖初起至此，久困陰雨，其神見形示路以迎義師。厥後礱石爲像，薦饗無虧。此之黌師無狀敢爾。」俾繫閉於嘉泉寺，扃鍵且嚴。至二十日啓關，寂然禪定，傾城咸往觀禮，或聲磬舒徐而起。太守急召之不來，以至約令斷頭。代病斬一指以付使者。太守感之，躬就迎請，移置大梵寺，別營甎浮圖以藏其指節矣。由是檀信駢肩矙蹱。有寘毒於酒者，賄貧女往施之。代病已知，貧女紿之曰：「妾家醞覺美，酌施和尚求福。況以佛不逆衆生願。」代病曰：「汝亦是佛。」然貧女懼反飮，具以情告。代病執杯啜之，俄爾酒氣及兩脛足，地爲之墳裂，聞者驚怪，以酒供養，自茲始也。汾隰西河人有疾，止給與淨水，飮之必瘳。凡屬荐饑，必募糧設食。後於趙州救斯荒歉，作施食道場，前後八會。遐邇賴之，道感多類。
臨終 遷化	以貞元十九年秋七月八日奄然跏趺示滅。四衆初謂如嘉泉寺之禪定歟，香華供養，至于隔歲，膚肉漸堅，方知永逝，遂漆布績畫之。武宗廢塔像，無巨細皆毀除，或議之移入陶竈中。既而生瑞草一本，其狀亭亭若蓋，盤錯縈紆，庇其風雨而有餘也。宣宗即位，佛事中興，綱紏比丘造小亭，移真形寘於此。先於嘉泉寺斷指節，已過百齡，筋肉甲爪光潤且如金色。或屬兵革，城陷指七。後有齎出逃難，事息歸還。亦陰福其逼七者，至今平陽人崇信焉。

　　本傳在出生、出家、學道的歷程，都以很快的敘事速度推進，到了住錫度化的部分，則明顯放慢敘事速度，一一詳述代病師各種解除衆生病苦的神異事蹟，「遐邇賴之，道感多類。」真正實踐了「盡一報代衆生之病」的菩薩願。

　　卷十八〈唐泗州普光王寺僧伽傳〉。

結構	傳文（頁 448）
出身 世系	釋僧伽者，葱嶺北何國人也。自言俗姓何氏，亦猶僧會本康居國人，便命爲康僧會也。然合有胡梵姓名，名旣梵音，姓涉華語。詳其何國，在

	碎葉國東北，是碎葉附庸耳。
出家 因緣	伽在本土少而出家。
學道 過程	為僧之後誓志遊方。始至西涼府，次歷江淮，當龍朔初年也。登即隸名於山陽龍興寺。自此始露神異。
駐錫 度化	初將弟子慧儼同至臨淮，就信義坊居人乞地，下標誌之，言決於此處建立伽藍。遂穴土獲古碑，乃齊國香積寺也。得金像衣葉，刻普照王佛字，居人歎異云：「天眼先見，吾曹安得不捨乎？」其碑像由貞元、長慶中兩遭災火，因亡蹤矣。嘗臥賀跋氏家，身忽長其床榻各三尺許，莫不驚怪。次現十一面觀音形，其家舉族欣慶，倍加信重，遂捨宅焉。其香積寺基，即今寺是也。由此奇異之蹤旋萌不止。中宗孝和帝景龍二年，遣使詔赴內道場，帝御法筵言談，造膝占對休咎，契若合符，仍褒飾其寺曰普光王。
臨終 遷化	四年庚戌示疾，勅自內中往薦福寺安置。三月二日儼然坐亡，神彩猶生，止瞑目耳。俗齡八十三，法臘罔知。在本國三十年，化唐土五十三載。帝慘悼黯然。于時穢氣充塞而形體宛如，多現靈迹。勅有司給絹三百疋，俾歸葬淮上，令群官祖送，士庶填閭。五月五日抵于所，帝以仰慕不忘，因問萬迴師曰：「彼僧伽者何人也？」對曰：「觀音菩薩化身也。經可不云乎？應以比丘身得度者，故現之沙門相也。」
補述 神異 事蹟	初伽化行江表，止嘉禾靈光寺。彼澤國也，民家漁梁罾弋交午。伽苦敦喻，其諸殺業陷墮於人，宜疾別圖生計。時有裂網折竿者多矣。伽閔而宴息，見神告曰：「天方亢陽，百姓苗死身胡藏？其懶龍耶！」伽曰：「為之奈何？」神曰：「若今夕但小指出窗隙外，其如人何？」伽依之，其夜霆擊異常，質明視指，微有紅線脈焉。伽曰：「吾與此壤無緣。」乃行抵晉陵，見國祥寺荒廢，乃留衣於殿梁而去，後人聞異香芬馥。伽嘗記之曰：「伊寺有人王重興。」去三十年後，果有僧俗姓全，為檀那矣。通天萬歲中於山陽眾中懸知嫌鄙伽者，乃昌言曰：「吾有五十萬錢奉助功德，勿生橫議。」伽於淮岸招呼一船曰：「汝有財施吾，可寬刑獄。汝所載者剩略得耳。」盜依言盡捨，佛殿由是立成。無幾，盜敗，拘於揚子縣獄。伽乘雲下，慰喻言無苦。不日，果赦文至，免死

矣。昔在長安，駙馬都尉武攸暨有疾，伽以澡罐水噀之而愈，聲振天
邑。後有疾者告之，或以柳枝拂者，或令洗石師子而瘳，或擲水餅，或
令謝過。驗非虛設，功不唐捐。却彼身災，則求馬也；警其風厄，則索
扇歟。或認盜夫之錢，或咋黑繩之頸，或尋羅漢之井，或悟裴氏之溺，
或預知大雪，或救旱飛雨。神變無方，測非恒度。中宗勅恩度弟子三
人，慧岸、慧儼、木叉各賜衣盂，令嗣香火。泊乎已滅，多歷年所，嘗
現形往漢南市漆器。及商人李善信船至寺覓買齋器，僧忽見塔中形像凝
然而指曰：「正唯此僧來求買矣。」遠近嗟歎。又嘗於洪井化易材木，
結筏而至焉。大曆中，州將勒寺知十驛，俾出財供乘傳者。至十五年七
月甲夜，現形于內殿，乞免郵亭之役。代宗勅中官馬奉誠宣放，仍齎捨
絹三百疋、雜綵千段、金澡罐、皇太子衣一襲，令寫貌入內供養。……
由此多於塔頂現小僧狀，傾州瞻望，然有吉凶表兆于時，乞風者分風，
求子者得子。今聞有躬禮者，往往有全不見伽形相者，或見笑容者吉，
不然則凶，其不可爰度者如此。泊乎周世宗有事于江南，先攻取泗上。
伽寄夢於州民，言不宜輕敵，如是達于州牧，皆未之信。自爾家家夢
同，告之遂降，全一郡生民賴伽之庇矣。天下凡造精廬，必立伽真相，
牓曰大聖僧伽和尚。有所乞願，多遂人心。李北海邕、胡著作浩各為碑
頌德。今上御宇也，留心于此。其年三月有尼遊五台山，迴因見伽於塔
頂作嬰孩相，遂登剎柱，捨身命供養。太平興國七年，勅高品白承睿重
蓋其塔，務從高敞，加其累層。八年，遣使別送舍利寶貨，同葬于下基
焉。其日有僧懷德預搆柴樓，自持蠟炬焚身供養。災燎之中，經聲不
絕。又將欲建浮圖，有巨木三根，沿淮而下，至近浮橋且止，收為塔心
柱焉。續勅殿頭高品李庭訓主之。先是此寺因竊中金像刻其佛曰普照
王，乃以為寺額。後避天后御名，以光字代之。近宣索僧伽實錄，上覽
已，勅還其題額曰普照王寺矣。

　　對泗州大聖僧伽的崇拜，唐已有之，至宋未衰，主要是僧伽所
顯現的神異事蹟，無論其在世或往生之後仍不斷發生，並得力於傳

記的流傳，使僧伽信仰更形普及。❷所以，〈僧伽傳〉在傳文敘事結構之末，加上比本傳篇幅還長的補敘，主要是補述作為觀音菩薩化身的僧伽，其以種種不可思議的神異事蹟來化導眾生。

以上無名、代病師和僧伽的敘事結構，都是以他們度化利生的事蹟為敘事重點。在《宋高僧傳》中，歸於感通、興福之類的高僧傳記，其敘事重點往往以度化事蹟為主，對於高僧出身、修行學法的經歷敘事相對地較為簡略。這種敘事重點的轉移，因為難以測知其人神異感通能力從何而得，更增添了高僧的神秘色彩。

四、單一故事型

故事的發展是由事件所組成，而事件需要某種行動的媒介，即人物。中國很少長篇傳記，《宋高僧傳》篇幅大多短小，若是在簡短的篇幅中完整記述傳主一生經歷，恐怕將流於按照僧傳敘事結構來填空而毫無特色可言。傳記的作用不只是記錄傳主一生，而在於重現其人的生命精神，因此，從傳主經歷的素材中選擇幾個具代表性的特殊事件，藉以塑造更鮮明的傳主形象，將是成功傳記較為可行的敘事策略。因為敘事時間集中，對於事件的處理反而較能詳細

---

❷　包括李邕著〈泗州臨淮縣普光王寺碑〉、《太平廣記》卷 96〈僧伽大師〉，宋仁宗時，蔣之奇編〈泗州大聖普照國師傳〉，南宋李綱作〈書僧伽事〉、〈泗上瞻禮僧伽塔〉，李祥寫〈大士滅度後靈異事蹟〉18 篇，泗州寺僧無餘著〈大士生存應化靈異事十八種〉，後二篇合為〈三十六化〉，顯示僧伽信仰經由傳記流通，從地方信仰擴大流行於全國的情形。參考黃啟江：〈泗州大聖僧伽傳奇新論——宋代佛教居士與僧伽崇拜〉，《佛學研究中心學報》第 9 期（2004.07），頁 177-220。

生動。因此,在僧傳固定的敘事結構之外,有些篇章則以特殊情節為重點,例如:卷三十〈唐幽州南瓦窰亡名傳〉❸,主要敘述亡名僧獨居燕城南窰竈間,偶拾一飢民所棄女嬰,乃以牛乳哺之,養及成年,女子容色豔麗,殆非凡俗,以此為人譏呵,而終不渝志。待燕帥劉仁恭遇之,收女為妻,乃知真處子也,信知亡名僧為果位中人。亡名僧歿,養女聞之,竟哀慟而死。故事雖短,卻是僧傳中少數直接從色欲的角度來彰顯高僧的德範。

卷四〈唐新羅國義湘傳〉則以義湘與其護法善妙女的故事為敘事主軸。義湘生且英奇,長而出離,逍遙入道,性分天然。因慕唐土佛教鼎盛,與元曉法師同志西遊,中歷險阻,元曉轉念不入唐土,義湘乃隻影孤征而遇善妙:

> 有少女麗服靚粧,名曰善妙,巧媚誨之,湘之心石不可轉也。女調不見答,頓發道心於前,矢大願言:「生生世世歸命和尚,習學大乘,成就大事,弟子必為檀越,供給資緣。」湘乃徑趨長安終南山智儼三藏所,綜習華嚴經。時康藏國師為同學也。所謂知微知章,有倫有要,德瓶云滿,藏海嬉遊,乃議迴程,傳法開誘。復至文登舊檀越家,謝其數稔供施,便慕商船,遂巡解纜。其女善妙預為湘辦集法服并諸什器,可盈篋笥,運臨海岸,湘船已遠,其女呪之曰:「我本實心供養法師,願是衣篋跳入前船!」言訖,投篋于駭浪。有頃,疾風吹之若鴻毛耳,遙望徑跳入船矣。其女復

---

❸ 范祥雍點校:《宋高僧傳》,頁 745。

誓之：「我願是身化為大龍，扶翼舳艫，到國傳法。」於是
攘袂投身于海。將知願力難屈，至誠感神，果然伸形天矯或
躍，蜿蜒其舟底，寧達于彼岸。湘入國之後，遍歷山川，於
駒麗、百濟風馬牛不相及地，曰：「此中地靈山秀，真轉法
輪之所。」無何，權宗異部聚徒可半千眾矣。湘默作是念，
大華嚴教非福善之地不可興焉。時善妙龍恒隨作護，潛知此
念，乃現大神變於虛空中，化成巨石，縱廣一里，蓋于伽藍
之頂，作將墮不墮之狀，群僧驚駭，罔知攸趣，四面奔散。
湘遂入寺中，敷闡斯經，冬陽夏陰，不召自至者多矣。（頁
75）

本文重點在以善妙作為陪襯，烘托義湘道行感召之不可思議。藉由
義湘不為所動的堅定意念，強化僧侶戒德高潔的品質。善妙從傾慕
義湘，後化身大龍，成為義湘的護法，傳文對他護持義湘的強烈信
念，以及與義湘之間的互動描寫，在《宋高僧傳》中極為特殊而罕
見，此篇敘事風格實近於志怪。

從文本的角度而言，敘事者著力經營的敘事世界的情節焦點，
就是全文的精神意蘊之所在。❹經過精心安排，文本聚焦的地方，
往往是故事的高潮，能產生石破天驚的戲劇效果，讀者即使忘記細
節，對故事焦點的印象將會留存於腦際。例如：卷二十四〈唐沙門
志玄傳〉，重點不在志玄生平，只記志玄因不居城市寺宇，而唯宿

---

❹ 簡而言之，視角討論「誰在看」，聚焦討論「在看誰」。楊義：《中國敘事
學》，頁283。

郊野林薄，一次夜宿墓林：

> 其夜月色如晝，見一狐從林下將髑髏置之於首，搖之落者不
> 顧，不落者戴之。更取芳草墮葉遮蔽其身，逡巡成一嬌嬈女
> 子，渾身服素練，立于道左。微聞東北上有鞍馬行聲，女子
> 哀泣，悲不自勝。少選，乘馬郎遇之，下馬問之曰：「娘子
> 野外深更號咷，何至於此耶？」女子掩淚，紿之曰：「賤妾
> 家在易水，前年為父母娉與此土張氏為婦，不幸夫婿去載天
> 亡，家事淪薄，無所依給，二親堂上，豈知妾如此孤苦乎！
> 有一于此，痛割心腑，不覺哀而慟矣。妾思歸寧，其可得
> 乎？郎君何怪問之？」乘馬郎曰：「將謂娘子哀怨別事，若
> 願還鄉，某是易定軍行，為差使迴還易水，娘子可乘其驢
> 乘。」女子乃收淚感謝。方欲攀踏次，玄從墓林出曰：「君
> 子！此女子非人也，狐化也。」彼曰：「僧家豈以此相誣？
> 莫別欲圖之乎？」玄曰：「君不信，可小住，吾當與君變女
> 子本形。」玄乃振錫誦胡語數聲，其女子還為狐走，而髑髏
> 草蔽其身。乘馬郎叩頭悔過：「非師之救，幾隨妖死。」玄
> 凡救物行慈皆此類也。（頁616）

整個傳文聚焦在志玄識破野狐變嬌妖女，欲加害路過的馬郎的過
程，故事以對話來推進情節，富有傳奇性，與小說無異。末則以
「玄凡救物行慈，皆此類也」作結，以一事例類推其他，可能關於
志玄的這類傳說故事相當普遍。

　　〈感通篇〉許多傳記的作法，往往是交代高僧的出身世系、性

格描述之後，直接記述傳主的一次感應靈驗事蹟而已。因此，無法得知此類高僧的修行軌跡，其人最後往往亦不知所終。例如：卷十九〈唐虢州閿鄉阿足傳〉，莫詳阿足出處。其形質癡濁，精神蕭然，但是，「人有隱憂，身嬰所苦，獲其指南者，其驗神速。」接著但記阿足師解一愚子冤業之事，末言「所行化導，皆此類矣。」❺

卷二十〈唐西域難陀傳〉全篇佈局宛若一篇傳奇故事，雖不甚長，卻發人深省：

> 初入蜀，與三少尼俱行，或大醉狂歌，或聚眾說法，戍將深惡之，亟令擒捉。喜被捉隨至，乃曰：「貧道寄跡僧門，別有藥術。」因指三尼曰：「此皆妙於歌舞。」戍將乃重之，遂留連為置酒肉夜宴，與之飲唱。乃假襦袴巾櫛，三尼各施粉黛，並皆列坐，含睇調笑，逸態絕世。飲欲半酣，喜謂尼曰：「可為押衙蹋舞乎？」因徐進對舞，曳練迴雪，迅起摩跌，伎又絕倫。良久，曲終而舞不已，喜乃咄曰：「婦女風邪？」喜忽起，取戍將刀，眾謂酒狂，坐者悉皆驚走。遂斫三尼頭，皆踣於地，血及數丈。戍將大驚，呼左右縛喜。喜笑曰：「無草草也。」徐舉三尼，乃筇竹杖也，血乃向來所飲之酒耳。（頁512）

---

❺ 范祥雍點校：《宋高僧傳》，頁 482。另外，如卷 18〈唐京兆法海寺道英傳〉，頁 464；〈唐京兆法秀傳〉，頁 465，也都是只記傳主的一次特殊的感通事蹟。

難陀帶三名妙齡女尼入蜀，以遊戲神通之法，令三人歌舞調笑，最後以刀斫斷其頭，血濺數尺，眾人驚嚇之餘，方知是竹杖所變現。頓時所有的色相瞬間化空，相信在場所有的人都因這戲劇性的一幕而有所警悟。

　　贊寧揀選其人特殊際遇來敘述，多數是因為這些人的生平資料不全，所以傳末往往可見「莫知所終」之語。這類僧傳，往往以小見大，只提舉幾項重要的貢獻和事蹟，卻能予讀者以其人深刻難忘的精神特質之印象。由於宗教人物的修持所顯現的特殊神異事蹟，作者在組織其傳文始末，必然已將高僧的生平作某種程度的想像還原，而使得僧傳具備傳奇神異性。這種神異色彩的真實性易受讀者質疑，但是從文學的角度來看，它結合了歷史的真實與藝術的想像，使得傳主的形象更生動地呈現，反而是《宋高僧傳》中較為成功的傳記。

　　綜合以上敘事結構類型分析，可知僧傳環繞傳主一生發展的情節較為單純，敘事先後排列所依循的法則，通常按時間順序來鋪排，情節隨時間發展而形成一個連貫變化的過程，不若小說好用多線情節交織發展的敘事結構。就高僧傳記的整體敘事結構論，可將之歸納為兩種層面的內容：自求解脫和廣度眾生。前者指高僧捨俗、求道的敘事；後者是高僧弘化利生的敘事，此二種內容結合，凸顯出高僧生命的重要特質，形成佛教的聖徒傳（Hagiography）的基本敘事元素。

　　「模式」具有一種框架作用，以確立文本的藝術風格，敘事模式主要分析故事情節如何串連，及情節發展的邏輯結構。《宋高僧傳》是宗教傳記，傳記屬於敘事文類的一種，而且每一篇傳文都以

類似的敘事結構來進行書寫,有一個俯瞰全篇的敘事者,情節安排具有內在的相互呼應關係,使其人生命故事重現並被合理接受。這種書寫方式,形成了一個固定的敘事模式:

　　捨俗→求道→利生。

這種模式,使讀者只要一看到僧傳,即能形成對傳主生命歷程的預期想像和宗教性的理解。

　　從敘事模式可以觀察出敘事者透過文本所欲表達的思想意向。中國僧傳如此強烈的敘事模式,是由人物特質所決定,那麼,僧傳敘事的模式化是其特色,還是僵化呢?《宋高僧傳》有很強的結構模式,情節的機械化,可能影響了人物形象的鮮明程度,然而,藝術的創造性並非贊寧作傳的重心,傳遞宗教的實踐精神才是其創作的主要目標。因此,從《宋高僧傳》多數傳文的閱讀經驗,可能較難使讀者記起個別僧人的形象,從人物敘事的角度來看,這也許是缺點,但是,就僧傳敘事模式而言,《宋高僧傳》所欲展現的,並非個別高僧的鮮明形象,而是以一個時代,一群同類型的僧人的行動,來體現一種群體性的精神典範。

第三節　《宋高僧傳》的互見敘事

　　互見法❶是中國史傳常見的一種互補敘事方法,指一個人物同

---

❶　《史通・二體篇》評論《史記》互見情形曰:「若乃同為一事,分在數篇,斷續相離,前後屢出,于紀則云語在項傳;于項傳則云事具高紀。」參見〔清〕浦起龍釋:《史通通釋》卷2,頁26。

時出現於不同傳文中，這是為了避免情節重複以節省篇幅的一種作法，讀者必須與傳主出現過的他傳相互參看，才能得出傳主事蹟的全貌。「互見法」會影響傳記的獨立性和完整性，讀者若僅讀到互見歷史中對傳主單一方面的敘事，就難以瞭解傳主所處的形勢之全局。有時史傳作者為了達到勸善懲惡的教化目的，有意識地以本傳所代表的倫理精神為中心來編撰傳文，而刪略了傳主與此主題無關的某部分生平記錄，為了彌補本傳記述的缺漏，作者往往於與傳主相關的他傳中做補充敘述。

就《宋高僧傳》的互見敘事而言，同一人物見於兩傳的情形，並不至於影響本傳的完整性，但藉由參讀他傳傳文中與本傳傳主相關的片段，有助於了解傳主更多的面向，具強化傳主形象的功能。例如：神秀向武太后奏舉慧能一事，分別見於卷八〈唐韶州今南華寺慧能傳〉和〈唐荊州當陽山度門寺神秀傳〉。前傳僅言：「武太后、孝和皇帝咸降璽書，詔赴京闕，蓋神秀禪師之奏舉也。」**⑰**參讀後傳，對事件經過及慧能的反應描述得更為詳盡：

> 初，秀同學能禪師與之德行相酹，互得發揚無私於道也。嘗奏天后請追能赴都，能懇而固辭。秀又自作尺牘，序帝意微之，終不能起，謂使者曰：「吾形不揚，北土之人見斯短陋，或不重法。又先師記吾以嶺南有緣，且不可違也。」了不度大庾嶺而終。天下散傳其道，謂秀宗為北，能宗為南，南北二宗，名從此起。（頁177）

---

⑰ 范祥雍點校：《宋高僧傳》，頁 174。

慧能謹遵師訓，不度嶺北，畢生行化於曹溪禪林，因此，傳文對帝
王徵召一事一筆帶過。參看〈神秀傳〉方可了解慧能不赴詔的原
因，一則是先師弘忍觀察慧能法緣在嶺南；二則是慧能自認相貌不
揚，恐不契京城人士的觀感。慧能的顧慮不無道理，因為根據〈神
秀傳〉的描述，神秀外貌厖眉秀目，具王霸之器。對比之下，慧能
的相貌帶有南方鄉野氣息，恐難入文化素質高尚的京都人之眼目。
由於慧能固守嶺南，神秀則弘傳於帝都，因此，當時禪宗形成南能
北秀的局面。

其次，在〈慧能傳〉中提到弟子神會若孔門之顏回，「勤勤付
囑，『語在會傳』。」參看於卷八〈唐洛京荷澤寺神會傳〉，描述
神會至嶺南參學於慧能的情節：

> 能問會曰：「從何所來？」答曰：「無所從來。」能曰：
> 「汝不歸去？」答曰：「一無所歸。」能曰：「汝太茫
> 茫。」答曰：「身緣在路。」能曰：「由自未到。」答曰：
> 「今已得到，且無滯留。」居曹溪數載，後遍尋名跡。（頁
> 179）

其後，神會大張旗鼓，發揚慧能禪法，「先是，兩京之間皆宗神
秀，若不淰之魚鮪附沼龍也。從見會明心六祖之風，蕩其漸修之道
矣。南北二宗，時始判焉，至普寂之門盈而後虛。」⑱所以，閱讀
〈慧能傳〉時，與〈神秀傳〉和〈神會傳〉參讀，對慧能的面貌、

---

⑱　同前註，頁179。

禪法特色，以及當日禪宗發展情況，將會有更深刻的認識。

卷二十四〈唐京兆大慈恩寺明慧傳〉，主要描述玄奘三藏往生當夜，明慧所見異象：

> 其夜子時，慧旋遶佛堂，忽見北方有白虹四道從北亘南，橫跨東井，直勢貫慈恩塔院，歷歷分明。慧心怪焉，即自念曰：「昔如來滅度，白虹十二道從西貫于太微，於是有雙林之滅。今有此相，將非玉華法師有無常事邪？」（頁611）

《續高僧傳》中，並未對玄奘臨終瑞應多加著墨，參看這段文字，從旁觀者所見異相，來印證玄奘修行德業之功，實可作為玄奘法師往生片段的加強敘事。又如卷十八〈唐泗州普光王寺僧伽傳〉，由於僧伽神異難測，多現靈跡，中宗仰慕不忘，因問萬迴：「彼僧伽者何人也？」萬迴回答曰：「觀音菩薩化身也。經可不云乎：應以比丘身得度者，故現之沙門相也。」⑲此事同時見於同卷〈唐虢州閿鄉萬迴傳〉。⑳一事兩記，可得互相印證之功。僧伽是觀音化身一說，由同代另一位神異難測高僧萬迴親口所言，更能加強其真實性。

卷二十一〈唐五台山竹林寺法照傳〉，言法照與五十餘僧同往金剛窟，親見文殊、普賢一萬菩薩，及佛陀波利與諸聖眾同在一

---

⑲　同前註，頁448。

⑳　「同時有僧伽，化跡不恒。中宗問迴曰：『此何人也？』迴曰：『觀音之化身也。』」同前註，頁455。

處。❷與卷二〈唐五台山佛陀波利傳〉對讀，更詳細節。此傳末敘
述南嶽雲峰寺沙門法照入五台山禮金剛窟，得見佛陀波利：

> 問曰：「阿師如此自苦，得無勞乎？有何願樂？」照對曰：
> 「願見文殊。」曰：「若志力堅強，真實無妄，汝可脫履於
> 板上，咫尺聖顏，令子得見。」照遂瞑目，俄已入窟。見一
> 院題額云「金剛般若寺」，字體遒健，光色閃爍。其院皆是
> 異寶莊嚴，名目不暇。樓觀複沓，殿宇連延，罥罻密緻，鈴
> 鐸交鳴，可二百所。間有秘藏，中緘《金剛般若》并一切經
> 法，人物魁偉，殆非常所睹也。文殊大聖處位尊嚴，擁從旁
> 午，宣言慰勞，分茶賦食訖，波利引之出去。照苦乞在寺，
> 波利不許，臨別勉之，努力修進，再來可住。照還至板上躡
> 履，迴眸之際，波利隱焉。（頁28）

佛陀波利當年為見文殊菩薩，不遠千里從北印度罽賓國來到清涼山
禮謁，「虔誠禮拜，悲泣雨淚，冀睹聖容。」後隱身於五台山金剛
窟，法照虔禮聖容之行，如同當年的佛陀波利一般，故贊寧「系
曰」：「佛陀波利出沒無恒，變化何極？出金剛窟接法照師，蓋與
之有緣。」❷

　　贊寧《宋高僧傳》為簡省篇幅，常與其他傳記互有詳略，若見
「語見別錄」，「他傳有之此略」，「見於某傳」等，則知他傳已

---

❷　同前註，頁538。
❷　同前註，頁29。

詳述，故贊寧簡略記之。㉓這種作法，其實也是受到《史記》詳略
互見的史法影響。由此可知贊寧的敘事原則是他傳詳則此傳略之，
必須互為參看，方可見傳主較完整的事略。若是見於他傳，為避免
傳文重複，則無可厚非；然而，見於別錄，等於是告訴讀者欲知詳
情，請去翻閱某書。試想：如果讀者閱讀該傳之後，還得照著作者
的指示再去閱讀另一本關於傳主更詳盡的傳記，那麼，贊寧之傳意
義何在？這樣的作法，對於一篇傳記的完整性而言，可以說是缺
點。由此可以理解贊寧似乎並不以撰述最完整的傳記為目的，而是
就他傳所缺的重要事蹟給予補述；他傳已詳的事蹟則略而不論，重
點在能完整蒐羅重要的高僧於一冊，勿使一代高僧行誼散佚。這顯
示了贊寧所持之作者意識是作為輯錄高僧行跡之使命的執行者，而
非以僧傳之創作者自居，務求使自己的傳著臻於完善，相反地，他
的重心是放在時代高僧事蹟的保存，所以，與其說他撰寫僧傳，不
如說他是被賦予保存僧史的使命。

第四節　《宋高僧傳》附傳的敘事策略

　　《宋高僧傳》目錄附傳列名一百二十六位，與正傳的比例約為

㉓　例如：卷 13〈梁撫州疏山光仁傳〉的附傳「居遁」傳末有「語詳別錄」，同
　　前註，頁 305；卷 13〈梁台州瑞巖院師彥傳〉最末有「具如別錄」，頁
　　307；卷 8〈唐溫州龍興寺玄覺傳〉有「語在別錄」，頁 184；卷 30〈唐南嶽
　　山全玭傳〉全傳僅 108 字，末句曰：「事詳《南嶽高僧傳》云。」頁 744；
　　卷 23〈唐吳郡嘉興法空王寺元慧傳〉：「其禮拜誦持，不勝其計，如別錄
　　也。」頁 589。

1：4，相較於前兩部僧傳，從人數來看，正傳的人數較前二部僧傳大幅提高；相對的，附傳人數卻明顯降低。❷從篇幅來看，正、附傳的篇幅差距甚遠，有的附傳甚至只有一句話帶過，顯示《宋高僧傳》以正傳為敘事中心的傾向。

那麼，正、附傳所錄高僧有等級之差嗎？附傳在整部僧傳中的存在價值為何呢？關於這個問題，可以分為以下三個層次來探討：

一，高僧的傳記列入正傳或附傳的評量標準為何？

二，附傳與正傳的關係為何？附傳系屬於正傳的原則為何？

三，附傳本身的敘事模式如何？什麼樣的敘事規模可以算是附傳，
　　什麼情況下不算呢？以下分別討論。

一、高僧列於附傳的衡量標準

㈠ 正傳必為僧人，附傳偶有例外

贊寧編撰僧傳時，對高僧編排必有立定某些可依循的規則，只是現有史料無從得知，我們僅能從其文本去揣測。高僧列入附傳比較明確的處理原則是：正傳必是僧人，附傳偶有例外。例如：有些修行人雖未現僧相，但修行證量或對法教貢獻卓著，既不應擯棄於傳外，又不能違背「僧」傳原則，只好折衷將之列於附傳。例如：卷二十二〈大宋魏府卯齋院法圓傳〉下的附傳「李通玄」。李通玄

---

❷　《宋高僧傳·序》謂附傳有 130 人，然目錄所編列附傳僅有 126 位，有可能編目時遺漏。因為《宋高僧傳》中有些實有附傳傳文，卻未見列於目錄者。《高僧傳》正、附傳比例約為 1：1（257：240）；《續高僧傳》正、附傳比例約為 2：1（485：209）。《宋高僧傳》正、附傳比例約為 4：1（531：126）。

傳是全書最長的附傳，篇幅甚至超過許多正傳，可能他是唐帝胄之後，故而記之；又因他並非僧侶，而是修行有得的在家人，只好列於附傳。

> 李通玄者，言是唐之帝胄，不知何王院之子孫。輕乎軒冕，尚彼林泉。舉動之間，不可量度。身長七尺餘，形貌紫色，眉長過目，髭鬢如畫，髮粘而螺旋，唇紅潤，齒密緻。戴樺皮冠，衣大布縫掖之制。腰不束帶，足不躡履，雖冬無皸皴之患，夏無垢汗之侵，放曠自得，靡所拘絆。而該博古今，洞精儒釋，發于辭氣，若鏗巨鐘。（頁574）

他精通《華嚴經》，造論之時，室無燭光，「每夜秉翰於口，兩角出白色光長尺餘，炳然通照，以為恆矣。」往生時，「儼然坐亡龕中，白色光從頂出，上徹太虛。」這絕非一般在家人能到達的境界，因此，贊寧「系曰」認為李氏「非小聖境界」：「神變無方，率由應以此身而為說法也。」❷⑤所以，李氏是「示現」為居士身以方便為眾說法。不過，全書另有其他居士身份而修行有得者，例如：李源、竇八郎和丁居士❷⑥，雖附述其生平於相關高僧的傳記之

---

❷⑤　范祥雍點校：《宋高僧傳》，頁575。

❷⑥　例如：卷20〈唐洛京慧林寺圓觀傳〉附記李源。圓觀和李源為「忘形之友」，傳末附記李源生平，包括家道變化及其死歿，「初，源忿父遇害賊庭，時方八歲，為群賊所虜，流浪南北，輾轉人家，凡六七年，歸於近親。代宗聞之，授河府掾。源遂絕酒肉，不婚娶，不役僮僕，常依慧林寺，寓一室，隨僧齋食。先命穴其野以備終制，時時往眠其間。至於榮辱是非，一皆

下，卻未列名於附傳。原因何在？筆者以為和傳主的出身有關，居士再如何修行有得，仍不應列於「高僧」傳記，而贊寧破例收錄李通玄，是因為李氏是帝系之後，《宋高僧傳》本是應制而著，因此贊寧特別注意上位者的觀感。又為了不因收錄在家人而顯得體例不一，於是只好花更多筆墨來神化李通玄的證道層次，使他存在於僧

均等也。時相國李公德裕表薦之，遂授諫議大夫。于時源已年八十餘矣，抗表不起。二年而卒，長慶二年也。」（范祥雍點校：《宋高僧傳》，頁518。）按其生平敘事首尾俱全，應可算是附傳，卻未列入附傳之目。卷25〈後唐鳳翔府道賢傳〉之末附記竇八郎的事蹟，按結構論，應屬附傳，然目錄也未標出。「竇八郎者，岐人也。家且富焉。自荷器鬻水，言語不常，唯散髮披衣狂走，與李順則相類。或遇牛驢車，必撫掌而笑。迨死，焚之，火聚中盡化金色胡蝶而飛去。或手搞衣扇行之，歸家供養焉。」（頁643）他也是在家人，且非一般信士，而是言語無常，散髮狂走之徒，唯死後火化，竟化為金色蝴蝶飛去。可議的是化蝶的意象，無乃更近於道家。以上二人都是在家居士，生平敘事尚稱完整，附記於高僧傳末，卻未算入附傳之列，可能因為他們非僧侶身份，只是與該高僧傳主有某種關係而附記其生平，所以，即使他們都有一定的修持定力，還是不能列入附傳。卷19〈唐西域安靜傳〉：「釋安靜，本西域人也。開元十五年振錫東遊至定陶，直問：『丁居士何在？』鄉人報之曰：『終已三載，葬於郊外。』且曰：『是人也，乃在家菩薩，專勤梵行，嘗禮事嵩山普寂禪師，云已得甚深法，將終合掌加趺而坐，儼然而絕，曹城諸寺院鐘磬不擊自鳴也。』靜至墳所，躬自發之。時五色雲氣騰噴而上，遂取其骨皆金色，連環若鎖，可五丈許，鏗然響亮，摱杖頭而行。別樹塔重葬，眾咸驚歎。少頃靜瞥然滅沒焉。」（頁479）篇幅簡短，焦點都放在丁居士，安靜僅是凸顯丁居士的媒介，連後面的「系曰」都是在評論丁居士而非傳主安靜。為什麼會產生這種敘事失焦的情況呢？很可能贊寧認為丁居士已是證得「八臂那羅延身」，欲收丁居士入傳，但礙於他是現在家人身份，不符合「高僧」的條件，因此，藉由安靜師東來中土尋訪丁居士墳的經過，來呈現丁居士的修行功德。以此敘事手法或篇幅來看，丁居士應可算入附傳，可是目錄又略而未提。

傳獲得合理性的地位。

㈡ 重要性或代表性較弱者列於附傳

　　為了精簡僧傳篇幅，當兩傳有師徒、同門、同寺院、共事，乃至事跡相類似者，則按其貢獻或成就大小，定正、附傳的位置。例如：卷二〈唐西京慧日寺無極高傳〉附傳有阿難律木叉師和迦葉師。❷⃝無極高譯成《陀羅尼集經》十二卷，而阿難律木叉師和迦葉師二人共譯《功德天法》一卷，此經編入《陀羅尼集經》的第十卷內❷⃝，故將此二人附列於無極高傳之下。卷七〈唐五台山華嚴寺志遠傳〉附傳元堪為志遠的弟子。❷⃝反之，卷十二〈唐明州雪竇院恒通傳〉附傳招賢岑師曾教導過恒通。❸⃝所以，師徒相系於正、附傳，依其重要性而定。卷二十四〈唐成都府靈池縣蘭若洪正傳〉附傳守賢因見洪正誦《金剛般若經》而躲過死期，從此也改誦此經。❸⃝卷二十〈唐吳郡義師傳〉附傳僅列證智、薦福寺老僧，事實上傳文的附傳內容有三人，首位是安國寺僧的生平❸⃝，其次才是證智和薦福寺老僧。為何同樣有生平傳文的三人，卻僅納後二者入附傳之目呢？贊寧的附傳評列標準似乎不甚統一。

---

❷⃝　范祥雍點校：《宋高僧傳》，頁30。

❷⃝　《陀羅尼集經》，收錄於《大正藏》，第18冊，頁785上。〈功德天法〉編入第10卷，頁874中。

❷⃝　范祥雍點校：《宋高僧傳》，頁139。

❸⃝　同前註，頁289。

❸⃝　同前註，頁615。

❸⃝　「又京兆安國寺僧事跡不常，熱地而燒木佛。所言人事，必無虛發。此亦不測之僧也。」同前註，頁525。

㈢ 資料不足者列於附傳

　　有些附傳與正傳不一定有直接關係，則利用「傍出附見」❸❸的方式，將與傳主功德事蹟相似或修行方式相同，但史料不足的高僧列於正傳之後，以配角的姿態附錄，這樣的作法既可凸顯傳中人物和本科主題相應的事蹟，又不致影響正傳敘事結構的一致性。例如：卷四〈唐京兆大慈恩寺法寶傳〉附傳勝莊，僅述法寶與法藏、勝莊同為義淨譯場的證義❸❹；卷五〈周洛京佛授記寺法藏傳〉附傳大儀，也僅言法藏與勝莊、大儀同為義淨譯場證義。❸❺同樣擔任譯場證義，可能法寶、法藏的史料事蹟較多，足以構成傳文，而勝莊和大儀因史料缺乏，雖有附傳之目，卻都只有在正傳中以一句話附帶提到而已。同樣是資料不足的條件下，有人列於附傳，有人卻被刻意忽略。例如：卷三〈唐羅浮山石樓寺懷迪傳〉附傳列有般若力、善部末摩二人❸❻，但傳文中提及的僧人有三位，包括罽賓三藏般若力、中天竺婆羅門三藏善部末摩、箇失密三藏舍那。「乾元元年有演賓三藏般若力、中天竺婆羅門三藏善部末摩、箇失密三藏舍那並慕化入朝，詔以力為太常少卿，末摩為鴻臚少卿，並員外置，放還本土。或云：『各齎經至，屬燕趙阻兵，不遑宣譯，故以官品榮之。』」❸❼為何前二人列於附傳，末者竟無？很可能此書算是官

---

❸❸　釋道修：《梁《高僧傳》「論贊」之研究──以歷史性與文學性的考察為主軸》，頁 73。

❸❹　范祥雍點校：《宋高僧傳》，頁 68。

❸❺　同前註，頁 89。

❸❻　同前註，頁 44。

❸❼　同前註，頁 45。

修僧傳，所以附傳只列受肅宗封官的兩人，而舍那何以未能同時受封並入列僧傳，在史料不足的情況下，就不得而知了。《宋高僧傳》中不少附傳是徒有其名，傳文僅一句話，甚至僅出現附傳者的名字，這種情形可能是因為附傳者的史料不足所致。

二、附傳與正傳的系屬原則

㈠ 師徒關係或師出同門

　　多數傳記以師父為正傳，弟子入附傳，例如：卷一〈唐京兆大興善寺不空傳〉附其傳法弟子慧朗傳。❸卷十〈唐荊州天皇寺道悟傳〉弟子龍潭禪院釋崇信為附傳。❸卷二十七〈唐五台山海雲傳〉附傳敘其門人守節。❹卷八〈唐睦州龍興寺慧朗傳〉與其附傳辯公二人互為師徒。❹

　　有時也有例外，若弟子較為傑出，則以弟子為正傳，再以附傳說明其師承。例如：卷二十三〈唐漢東山光寺正壽傳〉以其師愷禪師為附傳。不過，愷禪師的事跡非獨立出來，而是與正壽事跡有相互關係。愷禪師病危，譙王使問後繼者誰？愷禪師答曰：「貧道有正壽在。」王乃遣使召之，「壽白愷師曰：『喜王為檀越，其塔已成，某譽為先試，得否？』愷曰：「善，為吾試。」是時壽攝衣合掌入塔，斂容瞑目，結加趺坐，便即滅度，全身不散，時號為試塔和尚。譙王聞已，歎嗟終日曰：『弟子猶爾！』乃別議改圖，為愷

❸　同前註，頁 6。
❸　同前註，頁 233。
❹　同前註，頁 689。
❹　同前註，頁 187。

禪師營構焉。」贊寧「系曰」亦讚壽公：「出藍之青」。❷

　　或者二人有同門關係，例如：卷十三〈梁撫州疎山光仁傳〉與其附傳本仁、居遁，俱為洞山良价的弟子。❸卷八〈唐鄆州安國院巨方傳〉與其附傳智封二人具與神秀禪法相契，一見神秀而疑問冰消。❹

㈡ 同寺或共事法緣

　　正傳與附傳或出自同一寺院，例如：卷二十五〈唐荊州法性寺惟恭傳〉和其附傳靈巋同出法性寺。靈巋並無獨立的傳文，而是在描述傳主惟恭事蹟時，提到相關的人物靈巋。他們二人同屬法性寺僧，同樣不檢僧行，號為「一寺二害」。惟恭雖乖僧行，然勤持《金剛經》，將病死時，竟因持經功德，感得天人奏天樂相迎至淨土，因而感悟靈巋折節自勵，終於成為一代高僧。❺

　　卷十九〈唐天台山封干師傳〉封干師與其附傳寒山子、拾得三人同出天台山國清寺，封干剪髮齊眉，在寺舂穀供眾，為人瘋狂，言則多中。於山行間拾嬰，攜回國清寺，此即拾得。拾得在寺負責食堂、香燈，每收拾僧眾殘食菜滓，以筒盛之，待寒山來，負之而去。寒山子者，「世謂為貧子風狂之士」，「或廊下徐行，或時叫噪凌人，或望空謾罵。寺僧不耐，以杖逼逐，翻身撫掌，呵呵徐退。」此三人似僧非僧，佯狂特異，乃菩薩應身。❻

---

❷　同前註，頁 584。
❸　同前註，頁 304。
❹　同前註，頁 188。
❺　同前註，頁 638。
❻　同前註，頁 483。

或共同完成某種佛行事業，例如：卷二〈唐波凌國智賢傳〉與其附傳會寧、同卷〈唐五台山佛陀波利傳〉與其附傳順貞，均共譯經典，前者共譯《涅槃經》後分二卷；後者共譯《佛頂尊勝陀羅尼經》。**❹**卷五〈周洛京佛授記寺法藏傳〉附傳大儀**❹**，法藏與大儀、勝莊**❹**在義淨譯場共為證義。

🔘 修行法門相同

附傳與正傳同為禪門弟子，例如：卷九〈唐京兆慈恩寺義福傳〉附傳行思。義福乃北宗神秀傳法弟子之一，行思乃南宗慧能傳法弟子之一，因二人各為南北宗慧能、神秀的弟子而相附。**❺**然而，何以行思為附傳，而義福為正傳呢？南宗諸祖幾乎都有獨立傳記，獨獨深得慧能器重，行化於吉州（今江西）青原山的行思卻僅為附傳。從史料來看，行思非開宗人物，其傳法活動僅侷限於江西一帶，他是因為弟子石頭希遷門下分別開啟雲門宗、法眼宗和曹洞宗，由希遷往上追溯，才使行思之名廣為人知。相反的，義福在當時「得帝王重之無以加者」。相較之下，義福為正傳，行思為附傳，應是符合當時禪宗發展的實情。又如：卷十〈唐京兆興善寺惟寬傳〉及附傳寶修；卷十三〈唐蘄州黃崗山法普傳〉與附傳休靜俱參禪悟道。**❺**

---

❹ 同前註，頁 27、28。

❹ 同前註，頁 89。

❹ 見於范祥雍點校：《宋高僧傳》卷 4〈唐京兆大慈恩寺法寶傳〉附傳勝莊，頁 68。

❺ 同前註，頁 197。

❺ 同前註，頁 227、302。

　　附傳與正傳同修淨土法門，例如：卷二十四〈唐河東僧衒傳〉
與附傳啟芳、圓果同修淨業。僧衒年九十六始迴心念佛，日夜禮佛
一千拜，念彌陀八百萬遍。五年間，一心無怠。臨終，告弟子：
「阿彌陀佛來授我香衣，觀音、勢至行列在前，化佛遍滿虛空，從
此西去，純是淨土。」附傳啟芳、圓果亦同念彌陀，而感見西方勝
境。❺❷

（四）**行跡類似**

　　如果彼此既無師徒或同門的法緣，又沒有共事的交集，如何仍
能運用正、附傳來兜合不同的僧人呢？只好利用各種近似類比條
件，使更多毫無關係的傳記，有系統地整合起來，以簡省篇幅。例
如：卷九〈唐陝州迴鑾寺慧空傳〉與附傳元觀二人具出身官家，後
投身禪門。❺❸卷二十〈唐江陵府些些傳〉，些些「狀極憨癡，而善
歌《河滿子》，縱肆所為，故無定檢。」附傳食油師亦「憨癡，遊
行無度，每斷中，唯食麻油幾升。」❺❹二人均以佯狂難測之姿，行
化於民間而相附。卷五〈唐中大雲寺圓暉傳〉及其附傳懷遠、崇
廙，三人都曾為《俱舍論》作疏解。❺❺

（五）**附傳與正傳無明確關係**

　　《宋高僧傳》中尚有正、附傳之間找不到直接或類似的關連
性，這些人贊寧是以什麼原則使之連結呢？像卷二十二附於〈法圓

---

❺❷　同前註，頁 614。
❺❸　同前註，頁 213。
❺❹　同前註，頁 524。
❺❺　同前註，頁 95。

傳〉的李通玄傳。❺法圓是宋人，李通玄是唐人；法圓是僧人，李
通玄是俗人；法圓以神異為主，李通玄以釋論為務。像這般缺乏明
確關係卻相系屬的情形不少，顯見贊寧在附傳的歸屬方式上，並無
絕對的原則可循。

三、附傳的敘事模式

㈠ 附傳在正傳中的位置

1.附於傳末

　　《宋高僧傳》每篇傳記的篇幅都不算長，附傳尤是。一般而
言，將附傳附於正傳之末為常例，例如：卷八〈唐金陵天保寺智威
傳〉之末附傳本淨❺；卷十九〈唐西域安靜傳〉之末有附傳徐果
師❺；卷二十七〈唐五台山海雲傳〉，附傳敘其弟子守節，乃高力
士之子也。❺

2.夾敘於正傳

　　附傳除置於傳末為通例之外，另一種形式是夾敘於正傳中，並
無獨立的段落。會於正傳中夾敘的附傳，往往與正傳有師徒、同門
或共事等關係，或者生平事蹟相類似而於本傳敘事中連帶附記。不
過，夾敘的模式運用原則頗不統一，有些僅提及其名，便列為附
傳；有些頗多著墨者，反而未列名於附傳。

　　例如：卷二〈唐洛京聖善寺善無畏傳〉附傳達摩掬多，善無畏

---

❺　同前註，頁 574。

❺　同前註，頁 185。

❺　同前註，頁 479。

❺　同前註，頁 689。

到那爛陀寺學法時，「寺有達摩掬多者，掌定門之祕鑰，佩如來之密印，顏如四十許，其實八百歲也。玄奘三藏昔曾見之，畏投身接足，奉為本師。一日侍食之次，旁有一僧，震旦人也，畏視其鉢中見油餌尚溫，粟飯猶暖，愕而歎曰：『東國去此十萬餘里，是彼朝熟而返也？』掬多曰：『汝能不言，真可學焉。』後乃授畏《總持瑜伽三密教》也，龍神圍遶，森在目前，其諸印契，一時頓受。」⑩善無畏得其傳授密法後，繼續於印度遍禮聖跡，後來才到中國。所以，達摩掬多的事跡是夾敘於善無畏印度學法過程中的一段經歷。

卷十二〈唐明州雪竇院恒通傳〉以其師招賢岑師為附傳。招賢並無獨立的生平敘述，只是恒通從北方到南方，遇招賢岑大師，「大師問曰：『何處人也？』曰：『邢州人也。』招賢曰：『我道不從彼來。』通曰：『和尚還住此無？』於是有滯皆伸，無疑不決。後指洞山、石霜，皆往參焉。招賢示滅，通以弟子禮事之。」⑪招賢岑師僅是恒通學法經歷中的一位師長。

㈡ 附傳的敘事方式

附傳的運用，一方面可以增加僧傳收納人數；一方面利用傳文繁簡搭配可獲得較多的彈性空間，減少遺珠之憾。附傳本身的傳文敘事模式類同於正傳，只是更加省略而已。不過，《宋高僧傳》的附傳敘事方式常常不合體例。有些僅在正傳中略提幾筆，甚至僅記其名字，都列入附傳。反之，有些敘事已達附傳規模，卻未列附傳

---

⑩　同前註，頁 17。

⑪　同前註，頁 289。

之名。整體而言，《宋高僧傳》附傳的敘述方式非常簡約。

1. **目錄列有附傳之名，實際傳文卻僅一筆帶過。**

例如：卷十二〈唐長砂石霜山慶諸傳〉下有洪諲、令達兩位附傳，但兩附傳詳略懸殊。令達是洪諲的法嗣，只是在洪諲的傳文中帶過兩句：「達於兩浙大行道化，卒謚歸寂大師焉。」❷無其他傳文。若視令達為附傳，那麼，洪諲另兩位與令達並列的傳法弟子廬山棲賢寺寂公和臨川義直，是否也可列為附傳呢？

卷十九〈唐成都淨眾寺無相傳〉附傳智詵禪師，事實上，並無其傳，只是無相曾入蜀，「謁智詵禪師」而已。❸若傳主所見之人名，即可列入附傳，則附傳之數何其多哉？而且，相較之下，處寂授與無相名號，更有資格列入附傳才是：「有處寂者，異人也。則天曾召入宮，賜磨納九條衣，事必懸知，且無差跌。相未至之前，寂曰：『外來之賓，明當見矣。汝曹宜洒掃以待。』間一日果至，寂公與號曰無相。」然而，處寂卻未列於附傳。

尤其卷十五〈唐京師西明寺圓照傳〉的附傳利言，全篇傳文提及利言處，僅有圓照著作之一《翻經大德翰林待詔光宅寺利言集》❹而已。

2. **有附傳規模，卻未納入附傳之目，只能算是旁出附述。**

例如：卷二十〈唐漢州棲賢寺大川傳〉中夾敘僧深藏的事蹟：

---

❷　同前註，頁 282。

❸　同前註，頁 486。

❹　范祥雍於《宋高僧傳》卷 15〈校勘記〉中，亦謂：「按此傳中未及利言事蹟，僅有『翻經大德翰林待詔光宅寺利言集二卷』之記，與其他諸書並錄，不合本書附傳體例，二字疑衍。」頁 385。

「有僧深藏者，不謹愿，多所違犯。神人擲于山下可七里許，唯傷足指。從此無不悛革守戒者。」⑥按其敘事模式應可視為附傳，目錄卻未列。

卷二十六〈唐朔方靈武龍興寺增忍傳〉最後附記增忍弟子無轍事蹟：

> 弟子無轍，亦致遠之高足，齋血書經二卷、瑞花椀一枚，詣闕奏呈，宣賜紫衣，天復中終。及梁乾化初，中書令西平王韓公遜錄遺跡奏聞，太祖勅致謚曰法空，別賜紫方袍，塞垣榮之。後唐同光中，從事薛昭紀為碑焉。（頁667）

從無轍修道至命終，以及封謚之榮，首尾敘述完整。從其所在位置及內容而論，應可算是附傳，卻未列入。

卷二十九〈唐天台山國清寺道邃傳〉後半段實是附述道邃的學生日本沙門最澄之傳，其敘事語氣亦同附傳：

> 日本國沙門最澄者，亦東夷卉服中剛決明敏僧也。泛溟涬，達江東，慕天台之法門，求顗師之禪決。屬邃講訓，委曲指教，澄得旨矣。乃盡繕寫一行教法東歸。慮其或問從何而聞，得誰所印？俾防疑誤，乃造邦伯作援證焉。時台州刺史陸淳判云：「最澄闍梨，形雖異域，性實同源，特稟生知，觸類玄解。遠傳天台教旨，又遇龍象邃公，總萬行於一心，

了殊塗於三觀，親承秘密，理絕名言。猶慮他方學徒未能信
受，所請印記，安可不任為憑云。」澄泛海到國，齎教法指
一山為天台，號一寺為國清，風行電照，斯教大行。倭僧遙
尊邃為祖師。後終于住寺焉。（頁724）

從最澄來到中土求法，返國弘揚天台法教，遙尊道邃為祖師，到命
終的過程，敘述詳盡，應可算是附傳，卻未納入，豈不怪乎？

以上都是有附傳之實而目錄上卻未列入附傳的例子，據此而
推，《宋高僧傳》中的附傳數量應比贊寧序文所言為多。

附傳是正傳的縮略，因此，附傳除了生平敘事較為簡單之外，
傳文部分仍可視為有首有尾的獨立傳記。贊寧附傳的編排和認定相
當混亂，從前述可見，有附記完整的人物，卻未列入附傳之目；相
反的，有附傳之目者，往往僅在正傳中一筆帶過而已，根本稱不上
「傳」。贊寧附傳體例不夠一致，因此破例或存疑之處相當多，這
是編輯時遺漏了？還是體例不一所造成的淆亂？當然，一部收錄期
間橫跨中唐五代至北宋數百年時間的僧傳，僅以六年的時間來編
撰，如何在這麼短的時間面對地域範圍和收錄時間如此廣大而長遠
的史料，從龐大的僧侶史料中挑選出具代表性者，整理其傳記，並
決定其正、附主從地位，這確實並非易事。整體而論，《宋高僧
傳》的附傳運用和寫作，除了增加高僧的收錄數量外，對整部僧傳
的成績，並無太多正面的助益。

本章小結

　　本章從三朝僧傳類似的敘事情節中，歸結出屬於高僧傳記一脈相承的敘事結構，事實上，傳記的撰著目的和高僧人物的生命特質，已經規範了僧傳的敘事結構，而這個被強化的結構，將主導史料的取擇運用標準。僧傳的敘事重點乃根據佛教僧侶特有的精神修持和生命價值發展而成，包括自求解脫和求道利生兩方面的內容，形成高僧傳記最基本的敘事元素。較之前二部僧傳，《宋高僧傳》的敘事結構模式化傾向尤其明顯，不論傳主的史料多寡，都可以將之納入既定的敘事結構中，顯見其敘事重點不在凸顯個別高僧的形象或事蹟，而在於以一個固定的敘事結構來完成一群高僧的生命記錄，給予讀者以高僧群體的精神修持典型。

　　另外，《宋高僧傳》運用中國史傳的互見敘事法，使得各傳詳略互補；附傳敘事的運用，增加傳記承載的人物，都可見出贊寧對傳統史傳撰述方法的嫻熟。然而，他傳有之，本傳則略的敘事策略，顯示贊寧重視蒐羅、補齊時代高僧傳記的僧史任務，過於成為超邁前人僧傳之作者。附傳雖使僧傳人數增加，但其編輯體例和敘事標準不一，非但不能為此傳增色，反而使其敘事原則留下更多值得商榷的空間。

第五章 《宋高僧傳》的
敘事視角與時序

第一節 《宋高僧傳》敘事視角的運用

　　傳記敘事有趣之處在於傳主是已經過去的人，其生命故事是確定的，也就是結局已經知道，因此，作者在鋪排傳主一生時，往往將每一段經歷都帶著與其生命結局相關連的線索相互呼應。雖然《宋高僧傳》的傳文有些是剪輯自碑傳，贊寧仍暗中作了一些安排，使讀者閱讀時不至於感覺到剪貼痕跡，或者只是雜亂無章的彙編，而是一篇有首有尾的傳文，這當中即是以其設定的敘事視角所完成的敘事組合。

　　所謂敘事視角，是指一篇敘事文中，作者所選取的敘事者（Narrator）敘述故事所採取的視角（Perspective）。❶就像運用「鏡

---

❶　敘事者不同於作者，胡亞敏：「文本中的敘事者與真實作者有別，真實作者是創作或寫作敘事作品的人；敘事者是真實作者的代言人。敘事者身上有時也會有真實作者的影子。真實作者與敘事者是兩個不同的概念，前者是生活在現實世界的人；後者則是真實作者的產物，敘事者在文本中只是虛構之物。」參見氏著：《敘事學》（武昌：華中師範大學出版社，1994 年），頁

頭」來呈現故事,敘事視角是「作者把他體驗到的世界轉化為語言敘事世界的基本角度」。❷因為同樣的傳記材料或片段,可以用許多不同的方法來組織故事,對於傳主將產生不同的解釋和評價。

敘事視角是歷史敘事一直以來不斷被關注的焦點,因為敘事者觀看故事的角度、敘述的方式,及介入故事的程度,對傳主的看法及其與讀者的關係位置等,都將影響整個傳記呈現在讀者面前的面貌。作者便是仰賴敘事視角來組織傳主生平情節,並將他所欲傳達的道德評價或歷史鑑戒隱含其中。即使作者如何自覺地在敘述言詞中保持客觀,事實上,已不知不覺由其不自知的內在理解和思想意識來說故事了——這是敘事不可避免的主觀性成分,因此,對讀者而言,了解作者的詮釋角度和敘事策略,才能掌握其言論的深旨或意涵。

《宋高僧傳》的敘事人稱都是以第三人稱為主,偶於敘述過程中插入第一人稱自述的片段。❸即使以第三人稱來敘述,其敘事視

37。楊義也認為西方敘事學將敘述者、隱含作者和真實作者做了細緻的劃分,其實,所謂敘述者無非是作者在文本中的心靈投影,或者他故弄玄虛的一種敘事謀略。但中國人評論作品,講究「知人論世」,應該透過文本和真實作者進行心靈對話,認真考察從真實作者到文本的敘述者的心靈投影的方式,往往具有解開文本蘊含的文化密碼的關鍵性價值。因此,作者和敘述者的關係,是形與影、甚至是道與藝的關係。參見氏著:《中國敘事學》,頁217。

❷ 楊義:《中國敘事學》,頁207。

❸ 敘事人稱方面,採用第一人稱者,以「我」為敘述者,用第一人稱敘述,能與讀者建立直接對話的效果,讀者易於充分掌握作者的思想情感。但是,這種視角有相當的侷限性,讀者所能感知的事物、情感,都只能透過「我」這個人物視角來提供,因此對於歷史事件或傳記的敘述並不合適。採用第三人

角仍有不同的限制，一般而言，約可概括為三類：一、全知視角：
以全知觀點來敘事，視角能隨時變化不受限制，可以照顧到人物內
在思想和外在行動變化的關連。採用此種觀點，便於將歷史發展的
來龍去脈及其複雜的因果關係合理地置入故事之中。二、限知視
角：敘事角度或定位於某個人物，故事發展依據此一人物的知識、
情感、知覺來鋪陳表現；或輪流採用幾個特定人物的視角，來展現
事件發展的不同階段；或採多重視角，從各個人物不同的視角反覆
呈現某一事件，以拼合其故事的完整性。三、客觀視角：此種敘事
方式是排除一切人物的思想情感的傳達，將敘事視角限定於人物外
在的語言、行為及其與環境事物的互動，就像檔案記錄一般，不對
人物內在和事件因果表達任何意見。❹

稱來敘述故事時，敘事者是一個局外的旁觀者，而以「他」來敘述或評論事
件或人物，這種視角，敘事者能靈活描述人物內、外世界的變化，使讀者能
看到較廣闊的世界。參見羅鋼：《敘事學導論》，頁 166。

❹ 參考胡亞敏：《敘事學》，頁 36-49。此即法國結構主義敘事研究的一位代表
人物：熱奈特（Gerard Genette），從敘事「語氣」的不同，將敘事聚焦分成
三種模式：一是零聚焦，或稱全聚焦，敘事者是全知者，可縱貫古今，統籌
全局，即通稱之全知觀點；二是內聚焦，敘事者置身於故事之中，以某一人
的角度進行觀察，即通稱之限知視角；三是外聚焦，敘事者從旁觀角度，對
故事、人物進行客觀描述，即通稱之客觀視角。參考高辛勇：《形名學與敘
事理論》，頁 33。另外，關於敘事方式，倪豪士認為由作品本身抽演出三種
敘述者型態最合理且易於掌握，分別是：一、研究者（a researcher），二、
目擊者（a witness），三、報導者（a reporter）。這三種分類，類似於我們所
做的：全知、限知和客觀視角的分類。參見氏著：〈《文苑英華》中「傳」
的結構研究〉，《傳記與小說——唐代文學比較論集》（台北：南天書局，
1995 年），頁 28。

　　中國傳統史傳敘事往往採取第三人稱全知視角，才能全面探究
史實的來龍去脈，及其背後複雜的因果關係，並藉由用字褒貶達到
以史為鑑的目的，由此可知中國史家撰史所肩負的歷史和道德使
命。那麼，《宋高僧傳》究竟是採客觀描述，還是主觀詮釋的態度
呢？依筆者觀察，中國僧傳從《高僧傳》、《續高僧傳》到《宋高
僧傳》，敘事視角都是承襲傳統史傳，以全知視角來敘述故事。

　　《宋高僧傳》以第三人稱全知視角進行敘事，全知的敘事者可
隨時轉換其視角，以掌握故事全局的進行。就實際操作而言，敘述
故事的視角並不一定通篇統一，有時會隨情節轉變而流動，以增加
故事的藝術表現。以下即以實例分析《宋高僧傳》敘事視角的運
用。

一、全篇第三人稱全知視角

　　以卷十〈唐荊州天皇寺道悟傳〉❺為例，此傳通篇首尾連貫，
視角統一。雖然傳文之末明言符載著文頌德❻，但此碑極為簡短，
經筆者比對，內容並未與《宋高僧傳》中的道悟傳重疊，可見此傳
非剪輯符載碑文而成。❼道悟「受天粹氣，為法王子，生而神俊，
長而謹愿。」實為不可多得的法門龍象。十四歲決定出家，雙親慈

---

❺　范祥雍點校：《宋高僧傳》卷 10，頁 231。
❻　符載：〈荊州天皇寺道悟禪師碑〉，收錄於〔清〕董誥等編，陸心源補輯拾
　　遺：《全唐文及拾遺》卷 691，頁 3179。
❼　陳垣謂：「此書所本，多是碑文，故每傳末恆言某某為立碑銘或塔銘，此即
　　本傳所據，不當注明出處。」引自氏著：《中國佛教史籍概論》，頁 40。此
　　言有待商榷，未必傳末注明碑文者，即是傳文之所本。

愛之，故而不允，乃日唯一食，雖體腹羸餒，彌年益堅，因而得到
父母的許可。二十五歲受戒之後，敘事者綜述其學法精神：「以勇
猛力，扶牢強心，於六度門，修諸梵行。」接著，描述道悟的想
法：「常以為療膏肓者資上妙藥，開暗冥者求善知識。不假舟檝，
其濟渡乎？」因此毅然往尋徑山國一禪師而獲得印可。敘事者具體
陳述道悟的悟境：

> 於語言處，識衣中珠。身心豁然，真妄皆遣。斷諸疑滯，無
> 畏自在。直見佛性，中無纖磷。服勤五載，隨亦印可，俾其
> 法雨，潤諸叢林。（頁231）

然後轉往大梅山，夐無人煙，全知敘事者卻能掌握道悟當時的情
況，七日不食，至誠而感猿猴饋予橡栗。接著夾敘夾論，描述道悟
用功情形：

> 夫語法者無階漸，涉功者有淺深，木踰鑽而見火，鑑勤磨而
> 照膽，理必然矣。是以掃塵累，遯嚴藪，服形體，遺晝夜，
> 精嚴不息，趣無上道，其有旨哉！如是者三四年矣。（頁
> 231-232）

敘事者不斷運用比喻、議論，來烘托道悟的禪悟境界。「白月映太
陽齊照，洪河注大海一味，仲尼謂顏子亞聖，然燈與釋迦授記，根
果成熟，名稱普聞，如虛彌山特立大海。繇是近佛，恢張勝因，凡
諸國土，緣會則答。」開始接機度眾，都人士女動億萬計，莫不擎

跪稽首，嚮風作焉，甚至拿度人甚多的四祖優波鞠多尊者與之相
比，謂「彼優波鞠多者，夫何足云。」

接著敘述道悟住錫天皇寺的因緣，並以道悟與裴休對應的情
形，具體表現道悟攝眾的方式，他「神氣灑落，安詳自處，徐以軟
語，為之獻酬，必中精微，洞過肯綮。又常秉貞操，不修逢迎，一
無卑貴，坐而揖對。」所以，感召裴公投誠歸命。敘事者對於道悟
一生的行道功績，以評論的口吻給予高度的肯定：

> 悟身長七尺，神韻孤傑，手文魚躍，頂骨犀起。行在於瓔
> 珞，志在於華嚴，度人說法，雄健猛利。其一旨云「垢淨共
> 住，水波同體，觸境迷著，浩然忘歸，三世平等，本來清
> 淨，一念不起，即見佛心。」其悟解超頓，為若此也。（頁
> 233）

從道悟的形象神態、修行方式、度生風格等所作的品評，實類同於
傳末的論贊。也充分展現以全知的敘事者進行書寫，能自由進出於
文脈中，掌握傳記的發言權。最後補述道悟的靈應事蹟，有神人傾
所轄地之巨木，以供建寺之用，並一夕暴雨，萬株並進，送至寺
門。因為「事隣語怪，闕而不書。其感攝靈衹，皆此類也。」❽一
語總括道悟諸多感應事蹟。

---

❽　范祥雍點校：《宋高僧傳》卷 10，頁 233。

二、局部第一人稱限知視角

所謂「全知」視角，是相對的概念，在實際敘事操作中，有時某些局部事件或人物也會採用限知視角，從全知視角轉變為限知視角的一個過程，就是視角的流動。❾

以卷十八〈唐武陵開元寺慧昭傳〉❿為例，此傳情節頗富傳奇色彩。全傳先以第三人稱全知視角描繪慧昭性格特質：

> 其為僧也，性僻而高，恒修禪定，貌頗衰羸，好言人之休咎，而皆必中。與人交言，且不馴狎。閉關自處，左右無侍童。每日乞食，里人有八十餘者云：「昭居此六十餘年，其容貌無異於少時昔日也。」但不知其甲子。（頁459）

慧昭是一位特立獨行，好預言他人吉凶的修行人，性格孤僻，所以閉關自處時，只有全知的敘事者能知道左右無人。年齡是貫穿全文的重要線索，藉以凸顯慧昭的高壽。這裡藉一位八十餘歲里人的視角來描述慧昭的年齡：「昭居此六十餘年，其容貌無異於少時昔日也。」老人告訴讀者慧昭的外貌六十年如一日沒有改變，還同少時一般，這太超乎常態，若不藉由故事中的第三者的視角，決無法取信於讀者。

接著，敘述慧昭遇故人長沙王之六世孫陳廣，且悲且喜問曰：「陳君何來之晚乎？」陳廣心之所思，只有利用全知視角才能全然

---

❾　參見楊義：《中國敘事學》，頁240。
❿　范祥雍點校：《宋高僧傳》卷18，頁459。

為讀者得知:「自揣平生不識此僧,何言來晚?」接下來從「昭曰」以下,全文有三分之二篇幅是慧昭以第一人稱向陳廣陳述他與長沙王的淵源及後來出家過程:「我劉氏子,宋孝文帝之玄孫也。……」既然以「我」為自述人稱,視角就不可能全知,只能限於慧昭自己的觀點。

慧昭言:我原是南朝劉宋孝文帝之玄孫,生於梁普通七年夏五月,年三十於陳朝為卑官,與友沈彥文為詩酒之交,同侍長沙王門下,後因長沙王兄弟被誅,乃與彥文避禍於山林,「拾橡栗而食,掬溪澗而飲,衣一短褐,雖寒暑不易,以待所憂之所定。」後遇一老僧謂吾:「骨法甚奇。」勸吾曰:「塵俗以名利相勝,竟何有哉?唯釋氏可以捨此矣。」我接受了他的建言,從此不問世事,一過十五個年頭。這是慧昭自言出家前的歷程,可見他早期生活型態毋寧較近於道家。

接著,繼續藉由慧昭的視角陳述陳、隋的歷史興衰:陳滅隋起,我與彥文訪故都建業,宮闕盡毀,「文物衣冠,蕩然而盡。」故老相泣,而長沙王於遷徙流放中,仍日日沈淪於酒色,「吾與沈再拜於前,長沙悲慟,久之瀝泣而起,乃謂吾曰:『一日家國淪亡,骨肉播遷,豈非天乎?』」君臣舊義,於此可知。及長沙王及好友彥文相繼去世,睹此家國親近之更替死滅,乃剃髮為僧,遁跡會稽山佛寺二十年,「時已百歲矣!」這是慧昭自己親說。「雖容體枯瘠,而筋力不衰,尚日行百里。」印證了當年老僧說他骨法奇特的事實。

在慧昭的自述中,又用回溯法,倒敘十一年前夢見長沙王在夢中話舊傷感,並託付:「後十年,我之六世孫廣當官於此郡,師其

念之。」所以一見陳廣，即悲喜交加曰：「何來之晚乎？」因為自夢後過了十一年才與陳廣相見。

從以上慧昭自述，推估他自梁普通七年生，至唐元和十年，與陳廣相遇，已二百九十歲，歷經梁、陳、隋、唐四朝更迭的人世滄桑。我們可以看到，運用第一人稱限知視角，集中於傳主自身的視野，將其半生經歷娓娓道來，同時約束廣大時空於慧昭生命史的推進，增強敘事的真實感，給讀者以真誠自白的餘韻意味，令人感歎其人生命際遇之曲折漫長，讀來無限感傷。

文末換回第三人稱全知視角，慧昭對於人生際遇曲折如夢，不禁悲惋，「泣下數行」。陳廣本好浮圖，因求慧昭為師，隔日慧昭竟已遁去。至太和初年，又與慧昭不期而遇於道途，陳廣再度請求隨慧昭為物外之遊，慧昭同樣許之，卻同樣於翌日遁去。「廣茫然若有所喪，神情沮敗，自是盡不知所往也。」慧昭的作為令人難以理解，或許他就是以人生際會無常來啟悟陳廣；而陳廣二度與昭遇而復別，應也深切感悟此理吧！慧昭何以不念恩地之裔孫邪？贊寧通曰：「神仙隔一塵，猶未可與之遊。且廣是具縛凡夫，昭為度世上士，飛鳶與淵魚蹤跡相遠。此何怪歟？」❶或許，因為慧昭的啟悟，陳廣將成為另一個慧昭吧？全文從敘事視角的流動運用，俯瞰慧昭漫長一生，逆推作者心靈思維，更可感受贊寧溫和細緻的筆觸，和對修行生命的真誠禮讚。

---

❶　同前註，頁 462。

三、局部第三人稱限知視角

以卷二十六〈唐上都青龍寺光儀傳〉⓬為例，這是一篇成功的傳記，傳主的性格作為宛然紙上。本傳主要聚焦於光儀前半生的身世曲折，約可分為兩大段落。

首先，敘述光儀的出家因緣。光儀本是李唐宗室瑯琊王之子，因其父起兵反武曌失敗而全族被誅，光儀當時尚在襁褓，由乳母負之逃走。至年八歲，由於光儀相貌不群，神悟超拔，加上天后竊聞瑯琊王有子流落民間，急令尋捕。此時敘事者深刻體會到乳母內心憂慮光儀會被認出：「疑遭貌取而敗，且極憂疑。」於是乳母將光儀帶到桑林中，令其自去，告之曰：「敕搜不慢，吾慮俱死，無益於事。汝聰穎，必可自立。或一旦富貴，無忘老姥。」乳母臨別的叮囑，使得光儀慟不自勝。他二人林中生死離別，豈容第三者知見？敘事者安排這一幕卻宛如戲劇鏡頭般，令讀者同掬辛酸同情之淚。八歲的光儀，是如何的「聰穎」呢？接著敘述光儀四處流浪，與群兒嬉戲，有一郡守夫人路見光儀儀貌俊爽而憐之，問曰：「郎君家何在，而獨行至此？」光儀馬上機警地佯稱：「莊鄰於此，有時閑戲耳。」既獲得夫人賞食與錢，又懂得把錢放入內衣袋。這都不是一個普通八歲孩子能有的成熟機智。

至此，跟隨敘事者以全知視角，呈現光儀秉性聰慧俊爽的形象，及其特殊的身世遭遇背景。緊接著是故事轉折的開始。一日日暮時分，光儀沿路欲往村墅投宿，巧遇一老僧呼之曰：「爾小子，

⓬　同前註，頁 654。

汝今一身，家已破滅，將奚所適？」一語道破光儀眼下的處境，以
致他「驚愕佇立！」黃昏時刻，最易令人聯想到「回家」，此刻老
僧的警示宛如棒喝，對比出光儀無家可歸，此生無寄的蒼茫。老僧
先用「破」的方式，破除其人世可依的想念；接著，用「立」的方
式，循循善誘於出家的利益：「出家閑曠，且無憂畏，小子欲之
乎？」光儀尋即答曰：「素所願也。」乃隨老僧剃髮，穿上袈裟，
大小正稱其體，敘事者描述光儀當下舉止「猶如幾夏比丘」！這句
話暗示了光儀多生以來都是出家為僧，此生出家性所使然，故老僧
勉其「習性使然，善持僧行。」並指點去處後即消逝，敘事者告訴
讀者「方知聖僧也。」以上情節，都有一全知的敘事者出入於光
儀、乳母和老僧之間，刻畫其少年時期出家前後，特殊身世遭遇的
來龍去脈，及內心情緒的起伏。

　　其次，敘述光儀經過十年修行，已「洞明經律，善其禪觀」，
時中宗即位，唐室復興，敕求瑯琊王之後，光儀與其同宗伯父李使
君終得相認，然而，這方是另一個磨難的開始。適李使君有女與光
儀年齡相若，一見光儀而心悅，欲相逼為婚，光儀百般避拒而無
法，乃騙其女曰：「身不潔，請沐浴待命。」使君女出於戶外，
「自牖窺之」，以下即轉由使君女的視角來看事件的發展，隔著窗
戶，看見光儀手持削髮刀而言曰：「有于此根，故為慾逼，今若除
此，何逼之為？」於是自斷其根，投之于地，光儀亦悶絕。此段局
部妙寫採取限知視角，讀者彷彿和使君女一同從窗外窺見整個事發
的過程，更顯事態發展與光儀心志相違的戲劇張力，以致他以如此
激烈的方式，斷除自他欲想，只求能全身而退。這是一位心志堅
貞，視戒如命的高潔比丘！身為旁觀者的使君女和讀者，必為眼前

此幕所震懾。

最終光儀放棄襲封的爵位，誓願終生為僧歸隱山林。以上是其傳文的主要部分，末後則簡略補敘光儀後半生接引度眾及臨終情狀。全文主要篇幅著重於光儀早年生命歷程的刻畫，從身世敘事知其出家是累世習性，而人事無常使其出家因緣水到渠成；從其自斷命根，充分展現傳主個性的激切剛直。整體而言，這是一篇可讀性極高，感情成分豐富的僧傳，情節曲折，敘述生動，可視為《宋高僧傳》中的佳篇。

採用限知視角，事件外在事態發展和深層來龍去脈之間會產生顯隱對照的張力，使得情節更為耐人尋味。在傳記人物的外貌表現上，敘事者一般都是以全知視角來描述傳主，但這樣的作法，對讀者來說，印象不夠深刻，總覺得經過敘事者重新雕塑過，也未必採信。若是以第三者的視角來介紹傳主，所收到的效果則截然不同，例如：卷三十〈梁成都府東禪院貫休傳〉中，描述貫休的外貌，是藉由其弟子曇域來看貫休：「嘗覩休真相肥而矬。」❸敘事者巧妙的安排由曇域的視角來告訴讀者有名的詩僧貫休的相貌是「肥而矬」，雖然會很令讀者失望，卻非常寫實，且能立即取信於讀者。卷十八〈隋洺州欽師傳〉，欽師行神乖謬，造次難知，時時變身於豕彘群中，「童子馬世達等數人睹欽始變之時，乃停留伺察，意更觀其復人形也。後果忽復形。卻於看人之後大叫曰：『你輩欲何所觀耶？』群人驚愕，合掌拜之。其變無常，皆若此也。」❹這種神

---

❸　同前註，頁749。

❹　同前註，頁447。

變實超乎讀者所能想像，所以採用局部限知的視角，由馬世達等數人作為見證者，親身目睹欽師變身反覆，讀者不得不信其真。從欽師大叫「你輩欲何所觀耶？」簡直如同神通遊戲的表演者。

四、局部第三人稱客觀視角

贊寧雖承繼傳統史傳及僧傳的全知敘事傳統，卻刻意地降低敘事者的主觀性描述成分，盡量隱藏敘事者的聲音。《宋高僧傳·譯經篇》為了彰顯譯師的具體譯經成就，敘事方式往往採取局部客觀視角，以詳明譯師譯事的始末，例如：義淨的傳記（見於第四章第一節），此傳先由全知的敘事者，描述義淨幼年出家，遍訪名師，博通群經之後，十五歲萌發效法法顯、玄奘西行求法的志向，到三十七歲終於成行，並以極快的敘事速度，概括陳述義淨西行求法整個過程的來龍去脈。接著便轉而以一種不帶任何評判意見的態度，客觀陳述義淨翻譯經典的經過，如同檔案記錄一般，將他譯經的時間、地點、所譯經名、助譯團隊名單等一一詳述，然後，總結其譯經成就，從天后久視迄睿宗景雲，總共翻經五十六部，二百三十卷，加上兩部傳記，九卷儀軌，七十八卷律書等。這一大段落的客觀敘事，可說毫無情節可言，雖於傳記略嫌枯燥乏味，卻不需任何文辭增飾而具體羅列出義淨的譯經成就。末段，回復全知視角，敘事者以帶有評定的口吻，謂：「淨雖遍翻三藏，而偏攻律部，譯綴之暇，曲授學徒。凡所行事皆尚急護，漉囊滌穢，特異常倫，學侶傳行，遍于京洛。美哉！亦遺法之盛事也。」⑮說明了義淨譯經偏

---

⑮　同前註，卷1，頁3。

於律部的特色，以及他個人持戒特重細行的性格特質。

綜而言之，《宋高僧傳》以第三人稱全知視角，並適時運用視角的流動，局部轉換為限知或客觀視角，使敘事層次更有變化。雖有對傳主思想情感、內心活動的直接描述，卻是點到為止，其敘事視角具有史傳格局，寬廣而平實地回溯高僧的重要生命情節，風格含蓄內斂而不失敦厚。

第二節　《宋高僧傳》敘事者的隱與顯

敘事本身就是一個包含主觀成分的活動，敘事文中一定有一個敘事者在主導文本的進行，只是他要不要讓讀者感覺到他的存在而已。如果就讀者的感知而言，從敘事文本中敘事者介入故事的程度，可區分為隱藏的敘事者和介入的敘事者。⑯隱藏的敘事者是敘事者僅客觀呈現事件而不作任何評論，這時讀者往往察覺不到有敘事者存在，乍看之下，彷彿客觀敘事一般；介入的敘事者有時會在敘述故事中，對人物或事件加以評論或解釋而透露出敘事者的主觀意向，這是讀者在閱讀過程中輕易可以感知的。當然，敘事者所聲稱的客觀敘事，只是在敘事過程中單純呈現事實，盡量不加入個人主觀的價值判斷；換句話說，是在敘述文中看不到有敘事者，可是這並不意味純然客觀，作者只是隱身於其他敘事要素，諸如情節、

---

⑯　胡亞敏從敘事者對文本的人物、事件的參與態度，區分為客觀敘事和干預敘事。前者是敘事者只呈現事件，不做任何評論；後者是敘事者在敘述故事當中，會偶爾插入對人物或事件的評論。參見氏著：《敘事學》，頁 46。

人物、主題的安排設定，來暗地操控整篇傳記。

一、隱藏的敘事者

　　《宋高僧傳》的敘事者採取較客觀中立的立場，在敘述當中，少有敘事者現身說法，僅少數篇章會在行文中直接加入敘事者的意見，因此其敘事目的和意涵必須讀者自己去察覺。

　　有時作者刻意隱藏身份，即使在文中出現，也用客觀敘事的方式處理。例如：卷十三〈大宋天台山德韶傳〉，因德韶舍利繁多，建塔奉祀，「都僧正贊寧為塔碑」。❶卷二十二〈大宋明州乾符寺王羅漢傳〉，王羅漢嗜食蟲肉，為人瘋狂，但言多靈驗。死後肉身不壞，故「僧正贊寧作碑紀異」。❸卷二十七〈唐天台山福田寺普岸傳〉，普岸塔於石橋聖寺，感應祥瑞繁多，故而「今上太平興國三年，於滋福殿宣問『兩浙都僧正贊寧』石橋長廣量度，一皆實奏，帝歎嗟久之。」❾作者刻意將自己客觀化，可能贊寧為了顯示自己親身所見普岸的神異事蹟，所以用這種口吻，顯得較為客觀。因為《宋高僧傳》也收錄一些北宋初的高僧，當作者出現在其實際所在的時代時，便刻意以如同客觀歷史人物一般來處理自己出場的情境，呈現出客觀敘事的錯覺。

　　卷十六〈唐會稽開元寺允文傳〉末加上這麼一段話：「贊寧登會稽，曾禮文真相，見法孫可翔苦節進修，協杜多之行，故熟其事

---

❶　范祥雍點校：《宋高僧傳》，頁 317。
❸　同前註，頁 569。
❾　同前註，頁 682。

跡也。」⑳交待傳文所述關於允文持律說戒精勤嚴毅的情節，都是
贊寧從允文法孫可翔處得知，並從可翔勤苦行持，可以想見允文當
日訓誨弟子所樹立的家風。作者為了增加傳文的可信度，而補述內
容由來，意同於今言「筆者親見」，看起來內容的客觀性增強了。
不過，既然是透過筆者之眼所見，相對的，也代表此文的主觀性，
所以，到底作者現身作為見證，對其所述的傳文是增加主觀性或客
觀性的效果？變得有點弔詭。

　　贊寧重視客觀事實，對於傳主生平有異說而無法考證者，往往
採取並列兼收的客觀方式處理，這種作法相當特別，他不是只串連
成單一說法的傳記，而是讓可能的聖跡都保存下來。卷十八〈唐齊
州靈巖寺道鑒傳〉，一說道鑒是歷下靈巖山寺西廡廊下的壁畫之
僧，示現神通與同鄉的馮生神交；另說是蘇州城西靈巖山寺西北廡
廊下所畫之梵僧，以神力治陸公子之疾，種種不可思議的應現，乃
菩薩隨緣赴感，難以唯一真實來處理，故而基於聖人應化往往能分
身多處的考量而兩說並存。描述傳主在同一個時間，不同空間的行
動，這麼做對於傳記敘事的完整性可說是一種缺失，但以宗教人物
傳記的神異性而論，是可以理解的，所以，系曰：「斯蓋見聞不
齊，記錄因別也。」㉑或許，二者都是事實，並存事實的作法，反
而使得高僧生平獲得真正完整的保存。

　　《宋高僧傳》收錄人數冠於前二部僧傳，可是篇幅卻最短，其
中近半數傳文僅四五百字左右，如此短的篇幅，如何能交代傳主長

---

⑳　同前註，頁397。
㉑　同前註，頁457。

長的一生？只好簡之又簡，將所有敘事者對傳主經歷的分析抽掉，
僅簡略記述傳主一生的外在行狀，讀者須透由這些外在行動過程的
描述，自己去揣摹傳主的心理情境；外在事物除非與傳主發生重要
關連，否則一概略而不述。其敘述與否的取擇，及事物與傳主的關
係詮釋，端賴作者所欲經營的傳主特色來取決。這種表面上如行狀
的敘事，易給讀者以看似客觀的描述而增強可信度；相對地，由於
敘述簡短，缺乏能使人物立體化的情感因素，所以不易察覺隱藏的
敘事者存在。

二、介入的敘事者

　　敘事者介入文脈是指在敘述過程中，敘事者在不中斷故事進行
的原則下，插入個人的評論、比喻或情緒抒發等意見，使讀者能從
文本中看出敘事者意識之存在。論贊不能算是干預敘事，因為論贊
是傳文之外，作者直接傳達意見的獨立結構，與敘事者於故事進行
中插入表達個人意見是不同的。

　　《宋高僧傳》中，敘事者有時在敘述故事中途，打斷故事的進
行，介入敘事文脈中，表達個人對事件的看法，或對修行者的成就
加以評贊，具有強烈主體意識來掌控所呈現的傳主。例如：卷二十
九〈唐寧州南山二聖院道隱傳〉，末段對道隱一生修道的成就作總
評：

　　　議者以為得道真正，其器亦然。譬猶鍊丹之鼎，藥成鼎亦化
　　　金矣。在華嚴有諸菩薩成就如虛空忍，得無來身，以無去
　　　故；得不生身，以不滅故；得不聚身，以無散壞故。其隱師

之謂歟！（頁 726）

這段話是敘事者以第三者的口吻所作的評斷，其作用、形式類似以系通評贊傳主的修行成就，謂道隱身無散壞，所證位階如華嚴經所言之虛空忍智。

敘事者有時會於敘事中插入個人的詮釋，卷三十〈梁廬山雙溪院國道者傳〉，全文之末有「今以國字呼之，為名邪姓邪？未得詳焉。」㉒顯然是敘事者介入傳文中解釋傳主之名字疑雲，而非僅客觀敘述生平了。卷十九〈唐福州愛同寺懷道傳〉，對於懷道的種種感應事蹟插入一句：「此蓋道修練之心感於冥理也。」㉓卷五〈唐長安青龍寺道氤傳〉中，道氤進士及第，名滿天下，譽滿鄉里，卻在與一梵僧一席談話之後，油然生起出家之念，敘事者接著插入評述道：「將知良珠度寸，雖有百仞之水，不能掩其雲也。何君親而能阻入道之猛利心焉？」㉔卷四〈唐京兆大慈恩寺彥悰傳〉，敘彥悰求法於玄奘，然「其才不迨光、寶，偏長綴習學耳。於玄儒之業，頗見精微。辭筆之能，殊超流輩。」㉕敘事者介入將彥悰與普光、法寶的才能作比較並定高下。從這些含有評價性的話語，可以看出敘事者對傳主的觀感。

有時則發出慨歎，可以明顯讀出敘事者的感情。例如：卷六

㉒　同前註，頁 750。

㉓　同前註，頁 494。

㉔　同前註，頁 97。

㉕　同前註，頁 74。同書卷 4〈唐京兆大慈恩寺法寶傳〉中有言：「時光、寶二法師若什門之融、叡焉。」頁 69。

〈唐蘇州開元寺元浩傳〉，元浩為荊溪湛然弟子：

> 初受法華止觀，已得醍醐，唯以裂大綱，感大果，成大行，歸大處，以為大願。宴居三昧，常隨佛後，希夷自得，人莫能知，其秘密深遠，如海印三昧，不言出處，常行佛事，與夫難行苦行，更相祖述，默傳心要，為論為記，靈芝瑞草以為功德，傳於後世者，不同日而語矣。（頁119）

顯然贊寧對天台止觀禪法的評價，高過祖祖相傳，以心傳心的禪宗，以天台的大願大行所感大果，對比於禪宗諸師以靈芝瑞草、感應靈瑞以為功德，「不同日而語」，一言高下，分判立見。雖然未見贊寧直接評斷天台禪法高於禪宗，從敘述過程中，已處處埋藏了他對二宗高下的分判。

　　敘事者時時插入文脈中，將主導讀者的閱讀觀感，但讀者似乎並不會感到故事被打斷，這是因為文本所敘述的傳主生平必然屬於過去的時間，作者在敘述人物同時，涉入敘述中作解釋的時間是作者寫作的時間。等到讀者閱讀的時候，寫作時間也成為過去，所以，閱讀時就不易察覺插入敘事和生平敘事的時間落差了。

　　其次，當傳主生平史料因不同的說法而產生爭議時，贊寧為維護高僧的形象，往往一邊兼採異說，一邊對不同的說法加以解釋。卷四〈唐京兆大慈恩寺窺基傳〉❷❻即是一例。關於窺基出家學法的過程，有兩套說法。一種說玄奘法師欲度窺基出家，窺基抗拒曰：

---

❷❻　同前註，頁63。

「聽我三事,方誓出家。不斷情慾、葷血、過中食也。」玄奘「先以欲勾牽,後令入佛智。」侔而肯焉。所以人稱「三車和尚」。這個傳說在民間廣泛流傳,其真假如何呢?敘事者即插入傳文中進行辯解:「一基自序云:『九歲丁艱,漸疏浮俗。』若然者,三車之說,乃厚誣也。」語氣鏗鏘,捍衛慈恩大師的高僧形象!

　　另一種說法是,窺基十七歲出家,躬事奘師,學五竺語,二十五歲始應詔譯經,「講通大小乘教三十餘本,創意留心,勤勤著述,蓋切問而近思,其則不遠矣。造疏計可百本。」顯見窺基用功之勤!接著,又插入「三車和尚」傳說的敘述:「一云,行至太原傳法,三車自隨,前乘經論箱袠,中乘自御,後乘家妓女僕食饌。於路間遇一老父,問乘何人?對曰:『家屬。』父曰:『知法甚精,攜家屬偕,恐不稱教。』基聞之,頓悔前非,翛然獨往。老父則文殊菩薩也。此亦厄語矣。」以「此亦厄語矣」先否定這種民間傳說,並提出反證云:「隨奘在玉華宮參譯之際,三車何處安置乎?」在在都是敘事者的意見。這兩種生平,交互穿插,表面上是客觀呈現窺基生平的兩種版本,然而,從敘事者的反駁和語氣,即可知道敘事者不斷駁斥「三車」之說為誣妄。

　　卷二〈唐洛京聖善寺善無畏傳〉中,也有一段「一說」:

　　　一說畏曾寓西明道宣律師房,示為麤相,宣頗嫌鄙之。至中
　　　夜,宣捫虱投于地,畏連呼「律師撲死佛子。」宣方知是大
　　　菩薩,詰旦攝衣作禮焉。若觀此說,宣滅至開元中僅五十載
　　　矣,如畏出沒無常,非人之所測也。(頁21)

這個故事類似於卷二十四〈唐洛陽廣愛寺亡名傳〉❷的情節，都是律師執著於律法，以致嚴以律人，卻因此錯怪聖者。由此可知作者對傳主的褒貶不一定只有在論贊中才能看出，而經常是透過描述傳主的才性、事蹟和語言等不著痕跡地寄寓其評價，像敘事者讚嘆窺基由內在的修為所煥發於外在的姿容，曰：「基魁梧堂堂，有桓赳之氣，而慈濟之心，誨人不倦，自天然也！」❷

《宋高僧傳》表面不容易看出有敘事者主體，作者通常不會在敘事中插入個人化的議論，只有在十科的「論曰」和每傳末的系、通，才能夠聽到作者的聲音。事實上，若更仔細的閱讀，便可以發現，作者的聲音仍藉由敘事透露其觀點。何況有時候若隱藏敘事已經不足以使讀者瞭解當時的歷史情境時，作者只好藉由介入性的解釋使事件更為清楚，這當中的尺度斟酌，正是史家從事歷史敘事最大的考驗。

第三節　《宋高僧傳》敘事時序的安排

我們存在的宇宙時空中，時間以一個定向在推進，所以人類的歷史，是在時間的不可逆性中成立，呈現為一個有序的過程。就歷史時間的本質意義而言，歷史時間是與自然時間同向前進的，透過歷史書寫，則可以令吾人逆向地回溯已逝的歷史時間。❷那麼，如

---

❷　同前註，頁 620。可對照第六章第二節第三目，重戒研律型高僧。

❷　同前註，卷 4〈唐京兆大慈恩寺窺基傳〉，頁 66。

❷　李紀祥謂：「時間有一個箭頭，而且是不可逆的。歷史箭頭有兩個：歷史箭頭 A 與歷史箭頭 B，前者依自然時間而成立，後者則具有可逆性；前者表

何回溯、重整過去的歷史呢？就歷史敘事而言，自然時間是延續的，但透過歷史記錄，歷史時間即可被有序地轉化為敘事時間，因此，史書所記載的其實是敘事時間而非歷史時間，因為史實是經由選擇、安排、銜接、重組等所刻意還原出來的歷史拼圖，在重整時間序列時，表面上是自然時間的記錄，事實上它已是一種敘事時間的組成結果。

歷史時間是指故事發生的自然時間，敘事時間是敘事文本具體呈現出的時間，不同於自然時間，它具有可斷性，可隨時抽離、插入、銜接。當然，歷史的定向推展是敘事的前提，但敘述時間是可以依作者的安排、選擇來主導所呈現的歷史圖景，以或跳接、或倒敘、或停格、或穿插等手法所組成的史實拼圖，加上敘事中有意識或無意識的意識型態介入，以連接其所選擇的情節「點」，其成品必然形成一個有序的文本圖景，否則敘事便不算成功，所以敘事活動的進行，必然要在時間之流中進行方能成立。

因此，文本內實際包含兩種時序：一是歷史時序，一是敘事時序。歷史時序是恆定性的，是事件發生從開始到結束的自然時間，敘事時序則是已經經過敘事者重組以展開事件的文本時序。敘事者

現為流傳、逝去，後者表現為回溯、回憶等特性。」他認為相應於敘事時間的兩種敘事基型，是「敘述」與「轉述」。一、將單一線性時間的事相呈現出來，是「敘述」。二、將二條或以上的線性時間的史事或情節呈現出來，成為一複雜事件，亦即從一條線性敘述中斷，連結到另一條線性時間上的手法，稱之為「轉述」，如此方能對多次元的人物、事件、心理等關係網絡進行描繪。參見氏著：〈時間、歷史、敘事——可逆性、可斷性、轉述及其它〉，《華岡文科學報》第 22 期（1998.03），頁 169、184-185。

可按其安排來掌控敘事時序，一般而言，敘事的時序可分為：直敘、倒敘、插敘、預敘、補敘等。❸「敘」本身隱含按時間順序來說的意涵，所以，如果沒有時間次序先後的推展，只能說是描述不能算是敘事。

　　直敘是最普遍的敘事方式，按時間順序來鋪陳事件。大多數僧傳有一固定的敘事情節，就時間而言，是順敘的，從傳主的生到死，是一條線性的敘事脈絡，使得傳記的整個敘事結構中的每一個情節發展階段之間都有一致的連貫性。這種情況下，如果每篇傳記都還以直敘進行，將顯得制式呆板而降低可讀性，因此，在個別傳記中安排不同的敘事時序，傳記的節奏將變得比較活潑，並能提升整本傳記的可看性。

　　倒敘指敘事時序的倒轉，可用以回溯傳主經歷的因果性，並填補故事時間中的某些空白段落，尤其是早年的經歷。插敘雖也是以倒轉或停頓敘事時間的進行來追溯往事，不過通常敘事時間的篇幅簡短，不會影響原來敘事時間順序的進行。有時贊寧利用「倒敘」的方式，回憶傳主一生，在倒敘中又插敘回溯更早的記憶。例如卷十八〈唐武陵開元寺慧昭傳〉❸中，慧昭以第一人稱自敘方式追憶他由出生到與陳廣相遇為止的生命歷程，在回憶之中，又運用一小段「插敘」，回溯他從夢見長沙王托夢到見到長沙王六世孫陳廣歷經十年等待的經歷。

　　預敘則是透過伏筆或預示來暗示人物未來的命運轉折，顯示個

---

❸　參見楊義：《中國敘事學》，頁 160-164。
❸　范祥雍點校：《宋高僧傳》，頁 459。

人生命與整體宇宙時空的一種連結呼應感,可提升整部作品的思想空間。預言式的敘事在宗教敘事文中經常出現,這是緣於所記是特殊的宗教人物,僧傳往往採用「預敘」方式來暗示從高僧某些特殊的出身經歷或特質,已透露其將走向修行之道的殊勝因緣,從而使僧侶的生命產生一種聖化的效果。預敘在僧傳中運用普遍,蓋為強調高僧稟性天然,善根深厚,往往於出生時有特殊瑞兆,預示其為再來人。例如:卷六〈唐京師大安國寺端甫傳〉敘述端甫的母親夜夢梵僧從囊中取出舍利使吞之,謂曰:「當生貴子。」

> 及誕,所夢僧白晝入其室,摩其頂曰:「必當大興法教。」
> 言訖而滅。既成人,高顙深目,大頤方口,長六尺五寸,其
> 音如鐘。夫將欲荷如來之菩提,繫生靈之耳目,固必有殊祥
> 奇表歟?(頁122)

及長,又夢梵僧以舍利滿琉璃器,使吞之,並告之曰:「三藏大教,盡貯汝腹矣。」從此端甫經律論三藏無敵於當時,演唱法音,並與儒、道對辯,成一代高僧。從端甫出生時所「預敘」的非凡來歷,已預告他將成為一代講師。像這樣運用預敘的方式,從高僧出生瑞兆或童年經歷來暗示傳主特殊的性格趨向,在人生的開端即暗示了生命發展或結局的可能,使其人生命前、後期產生因緣交織的呼應關係,而充滿宗教意味和命運迴圈的哲理。

補敘在《宋高僧傳》中也普遍運用,其敘事模式往往是先將傳主一生從生至死敘述完成之後,接著另起一段更深一層追敘傳主的某一段事蹟或深入剖析傳主的特殊性格,有點像在評贊傳主,但比

較是針對人物經歷，與史論無關。通常用「初」或「又」字起頭，有時甚至無「初」字，帶有一種回顧傳主整體的人生的意味，其實往往是作者抒發對傳主的看法，所以不會打斷原有故事時間的線性發展。例如：卷二十五〈周會稽郡大善寺行瑫傳〉最末一段即深入說明行瑫性格：

> 瑫性剛正，無面諛，無背憎，足不趨豪貴之門，囊不畜盈餘之物，房無閉戶，口無雜言。亦覽群書，旁探經論，慨其郭逐音義疏略，慧琳音義不傳，遂述《大藏經音疏》五百許卷，今行于江浙左右僧坊。然其短者，不宜稱疏。若言疏，可以疏通一藏經，瑫便過慈恩百本幾倍矣。其耿介持律，古之高邁也矣！（頁644）

一來強化傳主是一為剛正不阿的僧侶；二來深入傳主較為特殊的才華或貢獻等事蹟，對傳主的論疏略加評論，贊寧認為行瑫著書固有貢獻，但是書名不當。如果一本《大藏經音疏》可以疏通整部藏經，那他的貢獻豈不超越百本疏主窺基了嗎？從這段話，可以明確感受到贊寧對傳主的讚賞與批評。「然其短者，不宜稱疏。」也是敘事者介入來批評傳主了。

又如卷二十八〈大宋東京普淨院常覺傳〉❸❷於常覺生平敘事完畢之後，另起一段：「嘗居京邑，屢登斯院……」雖省略主語「吾」，實際上就是作者現身於文中，贊寧自言曾親至普淨院，見

❸❷　同前註，頁706。

北海陶尚書穀為湘東張仲荀〈序詩贈覺〉一文,以稱揚常覺以「利行濟物」❸為宗,而堅決拒絕紫衣之封。文末並以讚嘆口吻作結:「其為名流碩學旌別有如此者。」這是贊寧進入文脈中來說話了,目的是藉由其他人的話語來評贊傳主。這時候敘事者和作者是統一的,但是為了保持故事敘事的觀點一致,消除敘事者直接的言談介入,因此以省略主詞的方式來處理。❸

其次,敘事時間的速度和敘事情節推展的密度正好成反比,情節密度愈高,敘事的速度就會愈慢,反之,情節密度愈低則敘事速度愈快。❸歷史的時序具有恒定性,而敘事的時序則隨作者的需要而變化。楊義認為中國史書的敘事特點是:

> 把歷史時間切分為段,在每一時間段中則使用「現在時」的行文,這是我國編年史著作對語言時態的非原生性的處理方式。這一處理方式減少了每一時間段內複雜的時態糾纏,使歷史敘述者和論贊者不必拘束於時態,直接進入臨境狀態,

---

❸ 同前註,頁 706。

❸ 這個表現方式在《宋高僧傳》中是很獨特的,因為以往贊寧會保持敘事者的身份,在文中現身時,往往將「贊寧」這個人也客觀化處理,參見本章第二節討論到隱藏的敘事者部分,例如:卷 13〈大宋天台山德韶傳〉:「都僧正贊寧為塔碑」;卷 22〈大宋明州乾符寺王羅漢傳〉:「僧正贊寧作碑紀異」,贊寧不會直接以作者身份現身於文脈中。

❸ 所謂敘事時間速度,乃是由歷史時間的長度和敘事文本的長度比較而成立的,歷史時間越長而文本長度越短,敘事時間速度越快;反之,歷史時間越短而文本長度越長,敘事時間就越慢。楊義:《中國敘事學》,頁 153。

和歷史人物、歷史事件進行對話。㊱

這同時也體現了中國歷史敘事不重時態變化，而重歷史事件對當代的鑑戒對話的特色。從時間的向度來看，一個事件發生，必然是在某個時空點上，從接受觀點來看，此歷史事件是向未來的時間開放的，有無窮回應的可能性，可以在事件之後不斷地展開。從這個角度而言，可以說歷史是古今並存的，是今人據以認知古人的一個所在；而這個並存，是透過敘事剪接使畫面並置。換言之，「『歷史』揭示著人類存在的『今古並存』與『古今共在』之本性，而『歷史敘述』則為其提供了場域。」㊲

歷史是敘事行動與敘事內容結合的成果。我們所熟知的歷史知識，其實是透過時間的可斷性而連續出來的圖景，它應該還可以從不同的點做不同的聯結組合，以形成不同的歷史圖景。㊳那麼，現存的歷史記載就不是唯一的事實了。我們可以試圖去挖掘其組成歷史背後的企圖，破除一貫的歷史觀，從不同的敘事角度來解讀這些

㊱　同前註，頁 202。

㊲　李紀祥：〈時間、歷史、敘事──可逆性、可斷性、轉述及其它〉，《華岡文科學報》第 22 期（1998.03），頁 189。

㊳　懷特認為可以把歷史敘事視為擴展的隱喻。「作為一個象徵結構，歷史敘事不『再現』（reproduce）其所形容的事件；它只告訴我們對這些事件應該朝什麼方向去思考，並在我們的思想裡充入不同的感情價值。歷史敘事並不『想像』它所指涉的事情；它使事情的形象浮現在人們的腦海裡，如同隱喻的功能一樣。」〔美〕海登·懷特（Hayden White）著，張京媛譯：〈作為文學虛構的歷史文本〉，《新歷史主義與文學批評》（北京：北京大學出版社，1993 年），頁 170。

圖景。因此，從這個角度而言，歷史也是一種創作，其中必隱含作者性及人為建構性。

　　傳記敘事按照時間順序，其內在必有因時間連貫成的因果關係，傳主的一生並不是作者當下眼見而建立的，而是作者站在現在的時間點，將傳主過去時間的一生歷史加以組構串連而成的。這當中滲雜作者所處的時間和傳主生活的時間的雙重性，所以我們可以理解，對於歷史人物所進行的理解、建構和描寫，其中有一部分是依循作者所經驗過的生活行事來理解，這是過去的事件與敘事當下建立起的關係，而讀者對傳主的理解，也是透過其個人生活經驗，來理解作者經驗所建構的傳主。因此，從傳主、作者到讀者，這當中其實已經經歷三層的轉譯了。

本章小結

　　敘事視角的運用，能讓讀者不知不覺地接受敘事者所安排的觀點來想像傳主的樣貌，並將所欲傳達的道德評價或歷史鑑戒隱含其中。《宋高僧傳》主要運用傳統中國史傳第三人稱全知視角來安排僧傳情節，並適時運用視角的流動，轉換成客觀視角或限知視角，使敘事層次更有變化，豐富傳記的藝術表現。

　　其次，《宋高僧傳》的敘事語氣看似平緩客觀，讀者不易察覺敘事者的介入，事實上，贊寧除了借系、通以褒貶人物之外，還巧妙地透過或隱或現的敘事者身份，穿梭於敘事文脈中，藉由對情節的安排、故事焦點的設計，以及偶爾現身評論或解釋的身影，來建構他所理解或組織出來的傳主形象。

　　故事其實是敘事者透過敘事時間的可斷性而連接起來的歷史圖景，《宋高僧傳》的敘事時序如同中國史傳，都是按照自然時間的先後次序來進行，再利用補敘加強傳主的特殊生命經歷，預敘強化歷史事件的因果連結，從這個角度來看，高僧的傳記中實充斥著人為建構性和主觀創作性成分於其中。

第六章　《宋高僧傳》的
高僧形象與宗教生活

　　既然傳記是以「人物」為對象，來刻畫傳主的形象、性格和形成此性格的生命閱歷，那麼，形塑高僧典範便成為僧傳最重要的任務了。人物典型的刻畫生動與否，成了作品成功的關鍵。本章即是以《宋高僧傳》的人物為中心，來討論整部傳記如何塑造高僧形象，而不將焦點放在個別高僧的經歷考證上；也不依僧傳原有的十科分類來討論，因為原本的分類是按照高僧一生最明顯的事功趨向為基準，而本章的目的是從人物敘事的角度，來探討其對高僧形象的塑造。

　　《宋高僧傳》每篇傳文的篇幅較前兩部僧傳簡約許多，其以散文之筆，重點勾勒所呈現的「高僧」形象，就人物敘事而言，有些與前二部僧傳的風格一脈相承，有些則反映了唐代僧人特有的人物特質。因此，以下的論述步驟，首先探討《宋高僧傳》的高僧形象如何建立？其次，依據高僧行持取向的差異，所形成的高僧類型加以分析，凸顯不同的修持取徑及其人物特質的差異性。最後，鳥瞰本傳所包含的歷史時期，僧侶的宗教生活型態的變化。

第一節　《宋高僧傳》典型形象的刻畫

　　高僧傳記並非佛教經典，而是佛陀法教實踐者的生命故事，其結集的用意不在於傳播教義，而是記錄這些修行者的實修經驗所建立的種種生命典範，以引發讀者見賢思齊的宗教情操，或提供後人值得仿效的成佛之道。因此，作者在編撰高僧傳時，面對傳主的生平材料，必然思考過「高僧典範」如何建立的問題，這就牽涉到讀者閱讀的心靈效應，才能決定如何寫作僧傳。

　　傳記主要敘述傳主的生活、形象與性格特質，以各類「高僧」為對象的總傳，人物本身就有明確的共通特性，從這些特性即可歸結出同類型人物的典型形象；相對於共通性，不同高僧又有各自獨特的性格，使個別人物從同類型人物中被辨識出來，成為獨立的「個體」。

　　贊寧如何刻畫《宋高僧傳》的高僧典型形象呢？傳記的人物形象通常是透過一些人物敘事的基本元素，由一系列的事件發展串連起來的。這些事件都是為了凸顯人物主體的性格特質而服務；亦即傳記情節的經營和取捨，即是人物形象的具體化方式。關於人物的描寫，可以從形象、心理、語言和動作這四個最主要的面向來考察《宋高僧傳》的人物敘事，❶以見贊寧如何透過這些敘事片段來塑造一個更具體的高僧形象。當然，以形象塑造而言，未必每傳都具足這四個敘事層面，不過，我們正可以此來檢視《宋高僧傳》人物

---

❶　參見丁樹南譯：《人物刻劃基本論》（台北：傳記文學出版社，1969 年），頁 12。

敘事的特色及其不足之處。

一、外貌形象的塑造

　　《宋高僧傳》關於高僧形貌的描繪，多放在家世出身之後，若有形貌殊異者必特加強調，以襯托傳主獨特的性格特質，雖著墨不多，僅簡單勾勒幾筆，卻能予讀者以深刻而具體的印象。例如：智佺「身器挺然八尺，面色玉如，行步若舒鴈，言音如扣鐘。人望之凜然，僉曰：『美丈夫也。』」❷慧忠「肌膚冰雪，神宇峻爽」。❸齊安「挺身魁岸，相好莊嚴，眉毫紺垂，顴骨圓聳，望之者如仰嵩華而挹滄溟，曾無測其高深也。」❹元崇「身長六尺，儀表端肅，望之儼然，即之生畏。意密情恕，心和行高，天姿龍象，生此岐嶷。」❺惠忠「身逾七尺，霜眉徑寸，儀容殊偉，蘥頷龍腮，神氣孤拔，色如金聚，含光玉潤，若梵僧。」❻業方「古貌軒昂，垂手過膝，眉長數寸，目有重瞳，人望凜然。」❼玄晏「儀形峭拔，眉目秀朗，如孤鴻野鶴，獨立迴澤。望風瞻想，自有遠致。」❽〈神秀傳〉更透過中書令張說親見神秀後，向旁人描述神秀儀容：「禪

---

❷　范祥雍點校：《宋高僧傳》卷7〈周魏府觀音院智佺傳〉，頁156。

❸　同前註，卷9〈唐均州武當山慧忠傳〉，頁204。

❹　同前註，卷11〈唐杭州鹽官海昌院齊安傳〉，頁261。

❺　同前註，卷17〈唐金陵鐘山元崇傳〉，頁419。

❻　同前註，卷19〈唐昇州莊嚴寺惠忠傳〉，頁496。

❼　同前註，卷26〈唐五台山昭果寺業方傳〉，頁654。

❽　同前註，卷29〈唐鄂州開元寺玄晏傳〉，頁732。

師身長八尺，厖眉秀目，威德巍巍，王霸之器也。」❾更顯得客觀傳神。端甫入母胎時，母夢梵僧告之：「當生貴子。」出胎時，夢中之僧即來摩頂曰：「必當大興法教！」及端甫長成，「高顙深目，大頤方口，長六尺五寸，其音如鐘。」接著贊寧出乎意料地介入敘事中，對端甫的形貌作一評解：「夫將欲荷如來之菩提，鑿生靈之耳目，固必有殊祥奇表歟？」❿用疑問口吻來肯定將欲承擔如來家業，化導眾生，所以會有如此殊勝的儀表。這些高僧以其「殊祥奇表」，令人見之忘俗，瞻戀不捨，肯定世俗之外別有高人，而令讀者油然生起「高山仰止」之情。

　　其實，三朝僧傳都很注重高僧相貌特奇或卓爾不群的氣質點描，佛陀滅度時，曾告誡弟子依法不依人，然而，法由人弘，三寶之一的僧伽成為佛法住世的一種表徵，因此其形貌的圓滿，也成為感召信眾的一種心理因素，所以中國佛教僧傳對高僧外在形貌特別的關注。佛典中十方諸佛菩薩、羅漢弟子出場時，必費一番篇幅來描述其相貌、神態、衣飾等等，並以未曾有的語氣加以讚嘆頌揚，這是因為在佛教中，外在的「相」，其實是內在修行功德的顯現，從其具足多少「相好莊嚴」，即可評斷所成就的位階。而佛陀一出生時，即身色端嚴，具足三十二相八十種好，是種種修行功德圓滿的最極展現，以致遊行各地說法，百姓一見即能升起皈信之心。

　　佛典中盡是「相好莊嚴無等倫」的佛菩薩，而中土文化本身，從魏晉以來以人物為審美品鑑對象的風氣，也影響了我們對「形」

---

❾　同前註，卷 8〈唐荊州當陽山度門寺神秀傳〉，頁 177。

❿　同前註，卷 6〈唐京師大安國寺端甫傳〉，頁 122。

與「神」相互關係的思考，「形神兼備」方為美之極致。❶這兩種文化的結合，使得「相」的描述，在人物表現上格外具有意義，外在形貌成為可以用來評價人物精神的一種憑藉，這當然與中土整體文化觀念認為可以由「形」觀其人之「神」的態度有關，而這種「相人」的風尚表現在僧傳中，並不令人意外。由此，我們不難理解為何慧能當日固辭武則天的徵請，並說「吾形不揚，北土之人見斯短陋，或不重法」❷的箇中原因了。

　　有趣的是，《宋高僧傳》中相貌殊特的高僧，像端甫那種印度式僧侶形貌者並不多，反而多是中國文化所認同的，儒家式的王霸之相、目有重瞳，更多的是如同魏晉以來的名士，肌膚冰雪、儀形峭拔、炳然殊姿的美丰儀。

　　外在形貌的莊嚴，甚至能成為感召信徒歸向的一種動力。卷二十九〈唐呂后山道場寧賁傳〉形容寧賁形貌：

> 菩提直幹，挺秀七尺，村豪里宿覩其異狀，歸依瞻仰，老幼爭先，同味醍醐，疾病皆愈。是時多有行路綰戾，欲暴僧徒，賁乃引之而前，威之而退。驚駭儀貌，禮足歸依。調御山林，魔邪懾伏，不下嚴嶺，近萬餘辰。德遠道高，僧徒彌眾。（頁736）

---

❶　參考曾祖蔭：《中國古代文藝美學範疇》（台北：文津出版社，1987 年），頁 104。

❷　范祥雍點校：《宋高僧傳》卷 8〈唐荊州當陽山度門思神秀傳〉，頁 177。

寧賁以其隆重的儀貌，即能令見者升起敬信之心，甚至「疾病皆癒」，這當中也許有誇張的敘事成分，以及信徒的心理因素，然而他圓滿的行儀，成為修行功德的一種示現，乃至能感召惡徒，保護徒眾，不須言教，已然達成化導眾生的目的。

不過，並非全部高僧都是天生敏慧，神情俊朗，這就太偏執於外貌色相了。先天形質圓滿出眾的刻畫，除了令讀者恭敬嚮往，還可能因此產生遙不可及的距離感，因為這不普遍。因此，《宋高僧傳》中也呈現一些貌不驚人、處於市井的高僧，來平衡儀表出眾的高僧給人的距離感，他們的出身或相貌資質，並無過人之處，甚至有顏貌陋劣，形質闇鈍者。例如：法喜「形容瘦陋，短弱迂疎。可年四十許，嶺表耆老咸言：兒童時見識之，顏貌如今無異。」❸阿足師「形質癡濁，精神薈然」，卻常能預知後事，「時有所言，靡不先覺。」❹光仁「形矬而么麽」，不過「幼則氣概凌物，精爽殆與常不同。」❺廣陵大師「形質瘦陋，性多桀黠，真率之狀，與屠沽輩相類，止沙門形異耳。」❻地藏「慈心而貌惡，穎悟天然。」❼由此可見，外在形貌圓滿與否，與內在的修德不一定成正比，只是對世俗大眾而言，相好莊嚴更令人欣羨。

因此，《宋高僧傳》中有些高僧呈現為對殊勝外表的一種背反，回歸到強調以後天品德上的努力來克服先天的不足，像牛雲為

---

❸　同前註，卷 18〈隋江都宮法喜傳〉，頁 446。

❹　同前註，卷 19〈唐虢州閿鄉阿足師傳〉，頁 482。

❺　同前註，卷 13〈梁撫州疎山光仁傳〉，頁 304。

❻　同前註，卷 19〈唐揚州孝感寺廣陵大師傳〉，頁 490。

❼　同前註，卷 20〈唐池州九華山化城寺地藏傳〉，頁 515。

求智慧，以堅強的意志禮足五台，來克服先天的闇鈍⓲，也許更具積極的意義。在〈感通篇〉中，尤多如同寶誌之流，形貌不足卻身懷異稟的僧人，適足以破除學人對於外相的執著和偏好。這些看似平庸之輩，藉由後天的毅力苦修，一樣能列位高僧，像這樣的例子，反而更能引起讀者「有為者亦若是」的宗教實踐動力。

二、性格思想的描寫

《宋高僧傳》中對人物性格的刻畫，多數是作者以帶著評論性的口吻，直接描述傳主的性格特質，例如：無作「不入尼寺，不謁公門，不修名刺，不趨時利，自號逍遙子焉。」⓳曇璀「和敏而純素，溫恭而克明，神器夙昭，清風漸扇。」⓴法持自幼「天機內發，識浪外澄。」㉑普寂「嚴重少言，來者難見其和悅之容，遠近尤以此重之。」㉒辯光「居必介然不與常人交雜，好自標遇，慢易緇流。」㉓這些敘事或許滲雜若干作者主觀的評斷，乃至美化的成分。當然，高僧的性格未必都臻於完美，仍有他個人的特殊習氣，像惠明「性且剛直，言多忤物，是其所短也。」㉔最末一句，已是敘事者直接對傳主的性格特質加以評斷了。不過，贊寧似乎只

⓲　同前註，卷21〈唐五台山華嚴寺牛雲傳〉，頁536。
⓳　同前註，卷30〈梁四明山無作傳〉，頁748。
⓴　同前註，卷8〈唐潤州竹林寺曇璀傳〉，頁181。
㉑　同前註，卷8〈唐金陵延祚寺法持傳〉，頁182。
㉒　同前註，卷9〈唐京師興唐寺普寂傳〉，頁198。
㉓　同前註，卷30〈後唐明州國寧寺辯光傳〉，頁753。
㉔　同前註，卷23〈周錢塘報恩寺惠明傳〉，頁598。

注意傳主性格的基本特徵，很少深入去挖掘傳主的思想，讀者必須從傳主生平的描述中，自行揣摩其人格特質，才能有更深入的體察。

其實，為已故去的人作傳，不可能與傳主直接接觸、訪談來了解傳主，只能透由傳主所留下的作品來揣想其人。作為僧傳的作者，贊寧只是比讀者更早一步閱讀到高僧的相關史料，再依個人的理解判斷鎔裁成一篇完整的傳記。因此，贊寧對傳主性格的主觀評判，可能來自他閱讀傳主相關資料所獲得的印象，那麼，讀者所獲得的其實是贊寧對傳主的理解，而不一定與實際的傳主相符。

《宋高僧傳》受篇幅所限，難以深入闡述傳主內在的思想情感，典型的敘事方式是以白描法勾勒傳主思想特徵，例如惠立「以其博考儒釋，雅著篇章，妙辯雲飛，益思泉湧，加以直詞正色，不憚威嚴，赴火蹈湯，無所屈撓。」㉕可見他以慧學的博辯智慧，豎立了多才又能護教的聰慧形象。智威「淡然閑放，形容溫潤，面如滿月，言辭清雅，慧德蘭芳。」以寬和閑雅的氣度，贏得眾人的傾慕，所以「江左定學往往造焉」。㉖由此可知，《宋高僧傳》承襲中國傳統史傳對人物的描述方式，綜覽人物的外在事功，而不在每一個事件點深入心理或思想層面去刻畫傳主，使人物有更厚實的靈魂重量，這是中國傳記不同於西方傳記的敘事特色。

有些傳記有較長的篇幅，則能針對傳主的思想加以說明，例如卷十〈唐天台山佛窟巖遺則傳〉，描述遺則從牛頭慧忠得禪法心

㉕　同前註，卷 17〈唐京兆魏國寺惠立傳〉，頁 413。
㉖　同前註，卷 8〈唐金陵天保寺智威傳〉，頁 185。

要，其禪法體悟以為：

> 天地無物也，我無物也，雖無物未嘗無物也。此則聖人如
> 影，百姓如夢，孰為死生哉？至人以是能獨照，能為萬物
> 主，吾知之矣。（頁228）

從遺則的主張，可知他繼承牛頭慧忠禪學思想，而牛頭禪法本身就
頗具道家色彩，遺則禪學融合了老莊「天地無物」、「至人獨照」
的觀念，玄學化傾向則更加明顯。㉗

　　卷十〈唐袁州陽岐山甄叔傳〉描寫甄叔向大寂禪師扣問禪法，
一造玄機，萬慮都寂。乃言：

> 群靈本源，假名為佛，體竭形消而不滅，金流朴散而常存。
> 性海無風，驚波自湧。心虛絕兆，萬象齊照。體斯理者，不
> 言而遍歷沙界，不用而功益玄化。如何背覺，反合塵勞，於
> 陰界中，妄自囚繫。（頁235）

㉗　遺則住在天台山（今浙江天台縣）的佛窟巖，前後四十年。在當時的「南宗
　　學」、「北宗學」、「牛頭學」以外，被稱為「佛窟學」，這表示了佛窟遺
　　則的禪，有其獨特的新內容。遺則是江東禪學更玄學化的一人，如天地與
　　萬物，聖人與百姓，都是老莊之語；「獨照」，從莊子的「見獨」而來。遺
　　則雖是慧忠弟子，而自己又有所創發，他比牛頭的禪學玄學化的程度更深，
　　形成廣義的江東禪學，而逐漸融化於曹溪南宗之中。參考印順法師：《中國
　　禪宗史》（台北：正聞出版社，1994年），頁395-400。

甄叔體得禪宗以自性迷悟為出生死海之關鍵，從此流浪四方，至陽岐山群峰四合而歎曰：「坤元作鎮，造我法城。」纔發一言，千巖響答，「松開月殿，星布雲廊，青嵐域中，化出金界。始從宴坐，四十餘年，滿室金光，晝夜常照。」主體精神與自然界冥合一體，響答呼應。

〈真表傳〉將真表決定出家的心路歷程，具體而生動地模擬出來。他發心出家時，內心思惟曰：「我若堂下辭親，室中割愛，難離慾海，莫揭愚籠。」❷由是逃入深山，自以刀斷髮，誠苦懺悔，志求戒法。真表內心的意念，作者如何得知？顯然是贊寧從其身世經歷推敲出來的，這段真表的內心獨白，使他捨俗的過程中，內在世界的掙扎更為讀者所知，人物形象因而變得鮮明而有血肉感情，其斷髮出家的情節更加真摯感人，可惜全書關於傳主內心世界的敘事並不算多。

贊寧在基本性格的敘事之餘，傳文較短的篇章，甚少深入去呈現傳主的內在思想情感。以《宋高僧傳》的撰述取向而言，與其說是呈現高僧的生命精神，不如說是總結高僧的生平事功。因此，在有限篇幅中，除重要經歷之外，已無暇更深入傳主精神層面的敘事了。傳記最主要的任務是刻畫傳主的思想性格，然而，這方面的敘事卻是《宋高僧傳》最弱的一環，這使得僧傳的閱讀者無法對個別人物留下深刻的印象，讀者所憶起的高僧形象，往往不是具體的某個人，而是一群同類型的人物印象不斷堆疊而成。從我們對傳記的期待而言，這是本傳不足之處；但是從另一個角度來說，這是中國

---

❷　范祥雍點校：《宋高僧傳》，卷 14〈唐百濟國金山寺真表傳〉，頁 338。

僧傳的敘事特質之一。

三、人物語言的展現

　　人物語言通常運用在對話或透過傳主自述來表現，通過對話最能自然表現人物的性格或心理狀態。中國史傳像《左傳》、《史記》等，都是以對白來表現人物的性情和精神面貌，不過，《宋高僧傳》中敘事者主要以全知視角總覽傳主一生，有些篇幅較長的傳記才以人物對話來推進情節，所以少量的對話穿插，往往是具有關鍵性意義的話語。比較而言，以〈習禪篇〉的人物，最多對話描述，可能是禪僧講究言語機鋒，所流傳的話語材料遺跡較多。不過，贊寧非常嚴格遵守精省文字的原則，因此，若是禪宗史書已有記錄者，便不再浪費篇幅重複敘述，而以「語見別錄」一筆帶過。其次，贊寧傳文多本於碑傳等史料，而碑傳往往客觀敘述生平，少有人物本身的語言記錄，贊寧又是非常尊重原始材料的作者，很少自行揣摩傳主性格後設計對話。由此可知，《宋高僧傳》中的對話，是很珍貴可信的。

　　卷二十九〈唐京兆神鼎傳〉是少數將敘事焦點集中於利貞法師與神鼎的問答的篇章，藉由雙方應對問答來展現神鼎的反應智慧：

> （神鼎）嘗入寺中見利貞法師講於座前，傾聽少時，而問貞曰：「萬物定已否？」貞曰：「定。」鼎曰：「闍梨若言定，何因高岸為谷，深谷為陵，有死即生，有生即死？萬物相糾，六道輪迴，何得定耶？」貞曰：「萬物不定。」鼎曰：「若不定，何不指天為地，呼地為天，召星為月，命月

為星？何得不定耶？」貞無以應之。時眾驚其辯發如流。貞
公奧學，被挫其鋒，頗形慚色。張文成見之，歎嗟謂之曰：
「觀法師迅辯，即是菩薩行位人也。」鼎曰：「菩薩得之不
喜，失之不怨，撻之不怒，辱之不瞋。鼎今乞得即喜，不得
即怨，撻之即怒，辱之即瞋。由此觀之，去菩薩遠矣。」時
眾錯愕，合掌而散焉。（頁720）

神鼎能跳脫定執，作反向思惟，從變化的角度來看，現象界固無定
相；反之，若從不變的角度來看，萬物無常變化本身正是不遷之
法。菩薩的不喜、不怨、不怒、不瞋，與神鼎的即喜、即怨、即
怒、即瞋，適成對法，由之可見他已深契中道之諦。「雖喜怒而非
喜怒，非菩薩而誰也？」❷❾這回對話同時展現了外表狂狷，乞食不
定的神鼎，其深刻的佛學思想。實際上，禪宗用語的矛盾，只是在
語義表面否定常識見解，並無內在的矛盾，其所欲表詮的義蘊更在
語義之外，所以不僅能夠鬆動一般人對常識的見解，更可破除人們
對語言的執著，此即香嚴智閑所謂：「語中埋跡，聲前露容，即時
妙會，古人同風。」❸⓿

　　卷十〈唐鄴都圓寂傳〉附傳掘多尚禪定，來華謁見曹溪惠能，
機教相接，猶如弱喪還家，於是往遊五台，路見一禪者結庵獨坐：

---

❷❾　同前註，卷29〈唐京兆神鼎傳〉「系曰」，頁720。
❸⓿　引自〈答鄭郎中問〉二首之一，《禪門諸祖師偈頌》卷3，收錄於《卍續
　　藏》，第66冊，頁745上。

（掘多）問之曰：「子在此奚為？」曰：「吾觀靜。」多曰：「觀者何人？靜者何物？得非勞子之形，役子之慮乎？」其僧茫昧，拱默而已，作禮數四，請垂啟發。多曰：「子出誰門邪？」曰：「神秀大師。」多曰：「我西域異道寔繁有徒，最下劣者，不墮此見。兀然空空，蓨爛身疲，初無深益。子莫起如是見，立如是論。」早往韶陽請決所疑。能曰：「子何不自觀自靜邪？不觀相，不觀如，子遊歷日用，自然安樂也。」一如多所言。（頁234）

禪法方便的開發和轉變，主要是因應當機眾生的根基和傾向而施設，這也是禪宗充滿活潑的生命力之所在，從掘多對禪者的教示，可知他反對北宗住心觀靜的禪法，以為兀然空坐，心如槁木，毫無意義。惠能開示禪子直接從見聞覺知（語默動靜）中去悟入，即就尋常生活而立處皆真地體現個人生命的當下存在價值。

卷十五〈唐襄州辯覺寺清江傳〉中描述清江善文，體高辭典，雖早投曇一律師學南山律，後卻捨一公而遊方多學：

凡云律筵，無不預者。自責己曰：「天下行半，少有如我本師者。」還會稽，一公猶老，當其僧大集時，擊木唱：「某再投和尚攝受。」時一公詬罵，江雨淚而懺悔曰：「前念無知，後心有悟，望和尚大慈，施與歡喜。苟不許收，則越人不可以強售章甫也。」一公憫其數四求哀，乃曰：「為汝含垢。」遂為師資如初。（頁368）

從清江捨師遊方，後來悔悟懺悔的言語，可想見他少年才高，一時目空一切，嫌師不足，必得多方參學之後，才識自家珍寶。他一邊雨淚懺悔，一邊言詞又帶點耍賴要脅，言若悔過仍不能原諒，那到越地（會稽）去賣帽子也是徒然了。❸此語將清江才高率直卻褊急的性格展露無遺。

若以人物塑造而論，不同人物應有相應於其性格和文化背景的語言和語態，而傳記所記又是真實存在過的人物，若能模仿其語氣口吻，則人物性格自然躍然紙上。不過，《宋高僧傳》並不僅以寫其真為目的，傳記內容又都有一共通的書寫模式，而贊寧亦是透過其他史料以揣知傳主，這時人物的對話語言已經過修飾安排，所以，傳達語義的作用性實遠超過用來表現傳主個人語言特質的意義。

四、動作細節的刻畫

從高僧行、住、坐、臥各種威儀神態的捕捉，即能靈活呈現其個性和風采。例如：文舉「其形如山，其貌如玉，靜若止水，動如浮雲。目不迴視，口無戲言，四威儀中，無非律範。」❸無業「行必直視，坐即加趺。」❸可想見無業的嚴正性格。鴻楚也是嚴以律己，寬以待人：「楚寬慈，人未嘗見其慍色。神氣清爽，厥頤豐

---

❸ 古代越地有斷髮紋身的風俗，所以禮冠對越人而言根本無用。語出《莊子·逍遙遊》：「宋人資章甫而適諸越。」

❸ 范祥雍點校：《宋高僧傳》卷16〈唐天台山國清寺文舉傳〉，頁395。

❸ 同前註，卷11〈唐汾州開元寺無業傳〉，頁247。

下，且瞎其腹。目不斜視，顧必迴身。世俗之言，不輕掉舌。」❸
智一「善長嘯，嘯終乃牽曳其聲，杳入雲際，如吹筎葉，若揭遊
絲，徐舉徐揚，載哀載咽，颼颼淒切，聽者悲涼，謂之哀松之
梵。」❸智一絕妙之吟嘯，清雅超俗的風姿，絕不遜於魏晉名士，
其出眾的容止儀表，閑雲野鶴的氣度，從容淡定的神態，自然令世
俗世界的凡夫升起傾慕之心。萬迴從小「白癡不語」，常為鄰里兒
童所欺，而終無競爭之態：「不言寒暑，見貧賤不加其慢，富貴不
足其恭，東西狂走，終日不息。或笑或哭，略無定容，口角恒滴涎
沫，人皆異之。不好華侈，尤少言語，言必讖記，事過乃知。」他
萬里之外探望其兄，竟能一日而返，人皆謂其為寶誌之流，觀其舉
止，可知禍福。❸可見萬迴是一位大智若愚、深藏不露的證道者。

　道悟回應裴休時，氣度安閑，表現出一位容態秉性不凡、器宇
秀傑的高僧，是如何傾動人心：

> 江陵尹右僕射裴公，搢紳清重，擁旄統眾，風望昈眜。當時
> 準程，驅車盛禮，問法勤至。悟神氣灑落，安詳自處，徐以
> 軟語，為之獻酬，必中精微，洞過肯綮。又常秉貞操，不修
> 逢迎，一無卑貴，坐而揖對。（頁231）

裴氏以國之大臣身份親自驅車請法，而道悟的接應泰然自若、不亢

---

❸　同前註，卷25〈梁溫州大雲寺鴻楚傳〉，頁641。
❸　同前註，卷29〈南宋錢塘靈隱寺智一傳〉，頁717。
❸　同前註，卷18〈唐虢州閿鄉萬迴傳〉，頁454。

不卑，這是來自內在的操持所自然散發出來的氣度，也是高僧令人折服之所在。因此，裴公訝其峻拔，徵其善趣，謂：「抗俗之志，當徑挺如是邪？」道悟以為：「是法平等，不見主客，豈効世諦，與人居而局狹邪？」從此裴公理冥意會，投誠歸命。❸

　　從生活細節最能展現高僧對修行生活細行的注重，如志遠「業精道邀，志苦神和，臥不解衣，食非別請。時歲不稔，樵炊屢乖，每掬水溯流，將期永日。體有瘡疥，手不塗摩，戒檢遵修，警慎心口。常以四種三昧❸鍊磨身心。」❸可見志遠雖處困頓荒年，仍能

---

❸　同前註，卷10〈唐荊州天皇寺道悟傳〉，頁231。

❸　大乘禪定的四種三昧，是根據天台智顗大師的《摩訶止觀》卷二，把印度大乘佛教所用的禪觀方法整理成四種三昧。即：一，常坐三昧，根據《文殊師利所說摩訶般若波羅蜜經》而來，又稱一行三昧，即以九十日為一期，獨居靜室，結跏趺坐，捨諸雜念，專繫念法界，念念不離此三昧。二，常行三昧，根據《般舟三昧經》而來，所以又稱般舟三昧，是以經行的方式來修行，不休、不眠、不坐，以三月為期，繞行念阿彌陀佛，由佛威力、三昧力，及行者本功德力，能於定中見佛。三，半行半坐三昧，根據《大方等陀羅尼經》和《法華經》所說，又稱為法華三昧。以七日為期，持咒旋繞，思惟實相，除打坐之外，再加禮佛、誦經、懺悔等修行方法。或依法華經，於三七日間，或行讀此經，或坐讀此經皆可。四，非行非坐三昧，又叫作「隨自意三昧」，或「覺意三昧」，其法於一切時中，一切事上，隨意作觀，不拘期限，但觀自心，念起則加覺照而除滅之，只要心念不懈，隨著自己的意向，精進修持，一樣可以達成三昧的目的。其中，第四種「非行非坐三昧」不再規範行、住、坐、臥等行儀上種種的規定，而是含攝了日常生活中的一切事物，更要有前三種的基礎，才能進一步在一切時空、一切事上，起心動念即覺照之，則時時事事皆在甚深三昧之中。參見《望月佛教大辭典》，頁1834；聖嚴法師：〈《教觀綱宗》緒論〉，《中華佛學學報》第14期（2001年），頁357。

❸　范祥雍點校：《宋高僧傳》卷7〈唐五台山華嚴寺志遠傳〉，頁139。

嚴持戒律，以各種對境磨練身心，是一位意志力堅貞的出家人。

　　運用一連串行為動作來表現傳主的性格或心理情緒，是最能引發讀者情緒反應的手法，例如：虛受博通內外學，善講經論，但「性且狷急」，並以實例印證：「嘗自執爨饌齋食，柴生火滅，復吹又爁，怒發，汲水沃之，終日不食而講焉。」⓰因為火升不起來，憤而以水澆柴，並且整日講經不食，從這種舉動知其性情躁急好強，可見即使是專志修行的人，仍是生於人間，具有肉身，有其業報和習氣。

　　反之，行滿是另一種典型，他在天台華頂峰下智者院擔任茶頭，見人怡懌，居幾十載，未睹其慍色。「每日脫衣就床，則蚤虱蟄蟄⓱焉唼之，及餞飼得所，還著衣如故。」雖隨眾食，量少分而止，四十年內，「人未見其便溺。」⓲行滿隱身天台，以自己的肉身布施蚊蟲，讀之不用言教，教已在其中。道丕因長安焚蕩，盜賊作亂，背負其母，東逃華陰，又移入華山，安止巖穴，「時穀麥勇貴，每斗萬錢。丕巡村乞食，自專胎息，唯供母食。母問還食未？丕對曰：『向外齋了。』恐傷母意，至孝如此。」⓳末句是贊寧對道丕孝行的讚嘆！有時藉由描述環繞傳主周圍的其他事物，來襯托

⓰　同前註，卷7〈後唐會稽郡大善寺虛受傳〉，頁146。

⓱　揚州本、大正藏本作「蟄蟄」。宋本、元本作「蟄蟄」。按，「蟄蟄」見《詩經·周南·螽斯篇》，毛傳云：「和集也。」故作「蟄蟄」者，非也。詳見范祥雍點校：《宋高僧傳》卷22，〈行滿傳〉校勘記〔一〕，頁580。

⓲　同前註，卷22〈宋天台山智者禪院行滿傳〉，頁572。

⓳　同前註，卷17〈周洛京福先寺道丕傳〉，頁432。

傳主的德行，如卷十一〈唐南嶽西園蘭若曇藏傳〉❹藉曇藏所豢養
的靈犬宛如護法，發現巨蟒，蟒竟為曇藏所伏一事，以見其德化物
類之跡。這種敘事手法，可說是承襲中國史傳傳統，不直接揭露人
物內心的想法，多用動作間接呈現其性格，再以一兩句讚語而寓意
昭然。由之可見，運用人物生活化細節的描寫，揀選能夠將傳主性
格典型化的某些細節，能使人物得到立即活化的效果。

　　綜而言之，整部僧傳所記多為僧人求法的行動，及傳教活動的
外部描述，對於傳主的性格多用三言兩語簡潔的說明，關於傳主內
在思想和感情變化的描述含蓄，讀者必須透過傳主的行動來揣摩。
所以，人物性格往往一貫到底，多屬「扁形人物」。❹人物性格的
刻畫有轉折改變的並不多，常遇是少數「圓形人物」之例，他早年
極力擺脫世俗聲名，隱跡於山林，尤其具有強烈的向道之心，千里
涉雪朝禮華嚴寺求見文殊聖容，並且燃右手中指以為供養，以至誠
故，感見金光燦爛的金色世界。常遇「悲喜交感」，由是久居山頂
十七年，潛心克念，不遺寸陰。晚年，卻一反從前精警修道的態
度，變得瘋癲佯狂：「易舊規，或拊掌大咍，或擊石異語，類不輕
之海記，同楚客之佯狂。」❹

　　以上我們由高僧的外貌形象、性格思想、言語對話和動作細節

---

❹　同前註，頁 252。

❹　以福斯特《小說面面觀》的分法，將人物分成「圓形人物」和「扁形人
　　物」。圓形人物是指人物的性格從出場到終場有發展轉變；扁形人物是指整
　　個故事中，人物個性始終保持不變，十分單純，易於辨識和留下記憶。（台
　　北：志文出版社，1980 年），頁 92。

❹　范祥雍點校：《宋高僧傳》卷 21〈唐清涼山祕魔嚴常遇傳〉，頁 542。

觀察了《宋高僧傳》的人物塑造，發現高僧的基本形象，建立在外貌「相好莊嚴」的基礎上，若無殊特外表，則強調其性格之與眾不同。由於全書多以第三人稱全知觀點敘事，對高僧的外在動作、語言的描述，多於內在心靈思想的刻畫。然而，思想是呈現傳主內心世界的基點，由此看來，《宋高僧傳》人物形象的塑造不是以凸顯個別高僧的精神特質為目的，而是以高僧群體的印象不斷疊合於讀者腦中，來累積起時代高僧的整體形象。也就是他強調的並非每位高僧獨一無二的存在，而在傳遞一個時代，一群同類型的修行典範，所以他的重心是高僧宗教實踐精神的傳揚，而非傳記人物的藝術經營。

第二節　《宋高僧傳》高僧類型的分析

高僧傳的對象是在中國傳揚佛法有功或修行有成的僧侶，無論他是本國人或外國人均可入傳，三部高僧傳中有相當部分是外國僧侶，多數集中於譯經篇和義解篇，以表揚他們來華弘傳佛教的偉大貢獻。除此之外，其他八種高僧類型，都非由外來，而是佛教在中國發展，順應本土文化特色而產生。

以分類法來歸納人物，必須冒著將人物簡化為刻板形象，而忽略一些他們獨特的個人特質之危險，然而，從歸納中卻最能突顯出某些共通的特質取向。那麼，高僧類型的分類，以什麼為標準最適當呢？趨向解脫之道有多門，但人的生命精力有限，一位宗教家的生命取向，一方面相應於其內在的性格特質、修行的願力；另一方面，也受到其家世背景、師資因緣，以及當時社會宗教發展的環境

和需求等因素影響，而可能選擇不同的成佛之道。每一種分類基準都有優缺點，下面我們將撇開《宋高僧傳》原有的分科架構，而就個別高僧因性格取向的差異，所採取的不同的修行路徑，分成四種類型加以討論。

一、慧解學問型

經典翻譯是佛教流傳東土的根本，所以從慧皎《高僧傳》始，即列於首篇。從佛法初傳中土伊始，先是眾多印度高僧為傳譯經典和教授法門來華，接著中國逐漸有僧侶獻身於經典翻譯**47**、義理疏通和詮釋等工作，從六朝至唐宋，譯經事業受到中央的支持而持續進行，佛經翻譯可說是以國家文化事業來經營，譯場往往是一時文

---

47 梁啟超從譯經的不同特色，將中國譯經發展分為三個階段：㈠東漢至西晉時期是譯經的啟蒙期。這時的翻譯多為簡略本，零散不全，無系統性，也沒有形成獨自的文體。㈡兩晉至南北朝是譯經的拓展期，又可分為東晉至二秦的廣譯階段和南北朝迄隋的研索會通階段。前段時期，各路高僧致力於選版本，譯全書，成績斐然。諸如：四阿含、華嚴全部譯出，法華第二譯定本譯出，涅槃初出，且有兩譯，大集譯出過半，寶積續譯不少，般若之短劇大品，皆經再治，律藏初譯，大乘論初譯，空宗特盛，小乘論初譯，有部宗特盛。如此輝煌業績的取得，固然是幾代高僧努力的結果，但道安及其弟子慧遠卻起了關鍵作用，他雖不通梵文，但總結了以前譯經的經驗，注重研究，力求真實，文體也甚講究，譯述頗為嚴密，使譯經達到了一個新水準。後段時期，譯者集中於研討和論述佛經的本意，在前一段廣譯的基礎上繼續提升。總之，佛經的基本格局是在第二期中奠定的。㈢唐貞觀至貞元是佛經翻譯的鼎盛期。由於玄奘等對譯經的重大貢獻，佛經翻譯的過程就是中印文化交流的過程，也是佛學對中國文化潛移默化的過程。參見氏著：〈佛典之翻譯〉，《佛學研究十八篇》（北京：中華書局，1989 年），頁 183。

化菁英匯集之地，包括梵、漢譯師，朝廷所派潤文官等，從事翻譯工作具有崇高的學術聲響，也受到社會的高度尊敬與認同。同時，譯經促進中印文化交流，譯經院本身即是文化溝通的場域，以致崔湜曾讚嘆說：「清流盡在此矣！」❹而自請加入譯場工作。

　　致力於經典翻譯、詮釋、講說的高僧，多半具備儒學根柢，性格上博學深思，所以修行之道趨向從經典直探佛法精髓。例如：義淨自髫齡出家，「內外閑習，今古博通。」❹可止「風神峭拔，戒節孤高，百家子史，經目無遺。該博之外，尤所長者，近體聲律詩也。」❺良賁「識鑒淵曠，風表峻越，外通墳典，內善經論，義解之性，人罕加焉。」❺直從慧學下手，非宿慧根柢深厚者不能行，〈義解篇〉「論曰」即言：「夫以能化之教已翻，所詮之理難悟，苟非宿慧，安喻經心？宿慧當多世之熏，方能升起；經心乃大雄之意，豈易尋求？」❺

　　翻譯經典是傳教的首要工作，同時是兩種異質文化系統展開接觸，形成交通語彙的第一步。例如：義淨十五歲立志效法法顯、玄奘西行求法，至三十七歲方如願成行。一人奮勵孤行，備歷艱險，

---

❹　「及菩提流志於崇福寺譯《大寶積經》，沼預其選，充證義，新羅勝莊法師執筆，沙門大願、塵外皆一時英秀，當代象龍。于時武平一充使，盧藏用、陸景初總預斯場。中書侍郎崔湜因行香至翻經院，歎曰：『清流盡在此矣，豈應見隔？』因奏請乞同潤色新經。」范祥雍點校：《宋高僧傳》卷 4〈唐淄州慧沼傳〉，頁 73。

❹　同前註，卷 1〈唐京兆大薦福寺義淨傳〉，頁 1。

❺　同前註，卷 7〈後唐洛京長壽寺可止傳〉，頁 150。

❺　同前註，卷 5〈唐京師安國寺良賁傳〉，頁 99。

❺　同前註，頁 165。

經二十五年，歷三十餘國，得梵本經律論近四百部，此後一生奉獻於譯經事業，共譯經五十六部，二百三十卷，其義學研究，以律部為主，譯經之暇，講學授徒。觀其一生遊學、翻譯、著作、講學，完全沈浸於佛法慧海之中。隨著佛經漢譯之後，進一步是中國僧侶對經典意義的詮釋格義，例如：惠立「識敏才俊，神清道邁」，在大慈恩寺輔佐玄奘翻譯經典，「博考儒釋，雅著篇章，妙辯雲飛，益思泉湧，加以直詞正色，不憚威嚴，赴火蹈湯，無所屈撓。頻召入內，與黃冠對論，皆愜帝旨。」可見惠立既能輔佐玄奘譯經；又能以慧解之力與道教對辯，並深愜君意，可說亦護教有功，故太常博士柳宣讚其「外禦其侮，釋門之季路也。」❺❸

其後，佛教與中國固有思想之間相互激盪，產生觀念的衝突，而有思想上或行動上與儒、道的論辯、批駁等護教的行動。例如：威秀「博達多能，講宣是務，志存負荷，勇而有儀。」高宗龍朔二年，敕勒僧道咸施俗拜，當時僧徒惶惑，不知所適。威秀「嗟教道之中微，歎君王之慢法，乃上表稱沙門不合拜。徵引諸史，爰歷累朝抑挫，朝纔發令，夕又改圖，皆非遠略也。方引經律論以為量果，詞皆婉雅，理必淵明。」於是，高宗令朝中百官表決，結果五百三十九人請不拜，三百五十四人請拜，此事乃廢。❺❹神悟與李華、崔益等國之重臣學士論辯孔、老、佛三教優劣，「近取諸身，遠喻於物，如理答酬，無不垂頭搭翼者。」❺❺神邕因道士吳筠造邪

---

❺❸ 同前註，卷 17〈唐京兆魏國寺惠立傳〉，頁 413。

❺❹ 同前註，卷 17〈唐京師大莊嚴寺威秀傳〉，頁 411。

❺❺ 同前註，卷 17〈唐潤州石枊山神悟傳〉，頁 416。

論斥毀釋教，迷惑無知，於是著〈破倒翻迷論〉三卷，令吳筠俯首無言。❺❻

　　此時佛教也逐漸發展出不同的宗派思想，禪門與教下壁壘分明，各自強調自家宗派系譜的正統，僧人參學少有兼善者，宗密是少數兼通禪、教的典範，他少通儒典，剃染後禪、教兼習，「皆本一心而貫諸法，顯真體而融事理，超群有於對待，冥物我而獨運。」❺❼其經教禪觀、律儀行持，尤其受當時王公大臣如李訓、裴休等之崇禮與交契。或有禪徒質疑他歸屬於禪宗？律宗？還是教門？裴休為他所作的碑文可以為答：

> 嘻，議者焉知大道之所趣哉！夫一心者萬法之總也，分而為戒定慧，開而為六度，散而為萬行。萬行未嘗非一心，一心未嘗違萬行。禪者六度之一耳，何能總諸法哉？

故「大師之為道也，以知見為妙門，寂靜為正味，慈忍為甲盾，慧斷為劍矛。」❺❽稱讚宗密真正是經由聞思修入道，戒定慧兼備的高僧。

　　雖然入道有多門，然能夠從事佛典翻譯，溝通中印文化，義解講說，以及與本土儒、道諸家對辯的僧侶，必然要有深厚的中國文化基礎和過人的佛學素養與智慧，這並不是每一位出家僧侶都能勝

---

❺❻　同前註，卷 17〈唐越州焦山大曆寺神邕傳〉，頁 422。

❺❼　同前註，卷 6〈唐圭峯草堂寺宗密傳〉，頁 124。

❺❽　以上兩段引文，均引自裴休：〈圭峰禪師碑銘並序〉，收錄於〔清〕董誥等奉敕編，陸心源補輯拾遺：《全唐文及拾遺》卷 743，頁 3452。

任的，從這一點而言，慧解型高僧在佛教及世俗社會中，都具有無比崇高的地位。在僧傳中，「譯經」、「義解」及部分「護法」高僧，內外學兼備，傾向於智辯思惟，重視教義的理解和傳遞，畢生精力集中於經典上刻苦用功，同時，具有深厚的經教基礎和思辨能力，在唐代三教對陣的場合，往往能以理折人，扮演傳教、護教的角色，故將之歸於「慧解學問型」高僧。

二、禪定參悟型

定慧等持是修行者趨向解脫的基礎，因此禪定的修習是僧侶必備的訓練。從三朝高僧傳的〈習禪篇〉可以看到中國僧侶所習禪法的轉變脈絡。依地理分佈而論，禪法在中國各地流傳展開，發展成四個不同的流派：中原一帶盛行「念處」禪法；江、洛之間流傳達摩「壁觀」禪法；晉、趙地區盛行頭陀行；江南傳衍天台止觀。這四家禪法，念處禪和頭陀行於唐初衰落；天台止觀禪法與教法兼備，深奧嚴謹卻不易普遍傳揚；只有達摩一支，經道信、弘忍的弘傳而盛傳於晚唐。❺❾所以，禪修在中國佛教中的地位，從禪定的訓練逐漸上升，形成宗派意識，在唐末成為一種普遍的修行法門。禪宗重視師資傳承過於印度遠祖，脫離傳統佛教修習禪定的方式，創造了屬於中國獨特風格的宗派，贊寧讚言：「是以倡言曰：『吾直指人心，見性成佛，不立文字也。』此乃乘方便波羅蜜，徑直而度，免無量之迂迴焉。嗟呼！經有曲指，曲指則漸修也。見性成佛

---

❺❾ 參見冉雲華：〈中國早期禪法的流傳和特點——慧皎、道宣所著「習禪篇」研究〉，《華岡佛學學報》第 7 期（1984.09），頁 66。

者，頓悟自心本來清淨，元無煩惱，無漏智性，本自具足。此心即佛，畢了無異，如此修證，是最上乘禪也。」❻⓪

　　禪宗的發展，依中國文化尚簡的趨向，在修行方法上直截了當而得以廣泛弘揚。慧能強調透過「頓悟」把握本心、自性，那麼，如何達到「頓悟」？就是一個很重要的修養論的問題了。禪宗把這個問題放在具體實踐的層次來談；亦即，惟有透過生活實踐的工夫才能達到頓悟。宗密〈禪源諸詮集都序〉卷一說：「古來諸家所解，皆是前四禪八定，諸高僧修之，皆得功用，南岳天台令依三諦之理修三止三觀，教義雖最圓妙，然其趣入門戶次第，亦只是前之諸禪行相，唯達摩所傳者，頓同佛體，迥異諸門。」❻①有了頓悟的親證經驗，才有智慧在尋常生活中，即用見體，妙用無方。

　　習禪僧必然會經歷一段求道悟性的歷程，重視主體自性覺悟力量的開發，可說是絕對自力成就的法門，如同《頓悟入道要門論》卷上所云：

　　　　問：「欲修何法，即得解脫？」（慧海）答：「唯有頓悟一門，即得解脫。」「云何為頓悟？」答：「頓者，頓除妄念；悟者，悟無所得。」問：「從何而修？」答：「從根本修。」「云何從根本修？」答：「心為根本。」❻②

---

❻⓪　范祥雍點校：《宋高僧傳·習禪篇》「論曰」，頁318。

❻①　《大正藏》，第48冊，頁399中。

❻②　《卍續藏》，第63冊，頁18上。

禪宗的修行機鋒全與日常生活打成一片，強調把握自心本性的方法
在於頓悟，此種悟力乃從清靜明澈之心體流出。由此自性而生出的
「悟」，不是精神活動的停止，反而是精神生機的展現，所謂「寂
然而應，大用現前」❻，其關鍵就在一剎那間的頓悟。妙悟所證入
的本體在於心性，則禪宗的頓悟，一則將真如本體安放於人的自心
當中；二則心即是真如本體，所以頓悟即在澈見此一本心，因此簡
化了佛教對本體之悟的修養歷程，也同時使心的地位變得重要無
比。

妙悟往往從尋常生活中獲得，許多禪師都是在日常作務中，因
為偶然機緣的觸動而悟入本體，如：香嚴智閑以瓦礫擊竹而悟；洞
山良价因過河睹影而悟。❻由於禪的機鋒峻切，若非厚德利根者，
則易流於偏狹，自六祖以來，多談禪理，少談禪行，因此，贊寧刻
意在僧傳中強調「行」的重要：「無令口說而身意不修，何由助道
耶？」❻

《宋高僧傳》中所收錄的高僧，以禪宗法系者最多，習禪成為
當時最普遍的修行法門。❻好習禪坐，樂求頓悟的禪僧，性格多屬

---

❻　《宏智禪師廣錄》卷1，收錄於《大正藏》，第48冊，頁2上。

❻　分別參見《景德傳燈錄》卷11〈鄧州香嚴寺智閑禪師〉、卷15〈筠州洞山良
价禪師〉，收錄於《大正藏》，第51冊，頁283下-284上；頁321中-321
下。

❻　范祥雍點校：《宋高僧傳》卷18〈陳新羅國玄光傳〉「系曰」，頁445。

❻

	總人數（正傳＋附見）	神異、感通	習禪
高僧傳	497(257＋240)	30(20＋10) 6.03%	32(21＋11) 6.43%

超然物表，閒雲野鶴之屬，例如：懷讓「炳然殊姿，特有靈表。」❻❼
道悟「身長七尺，神韻孤傑，手文魚躍，頂骨犀起。」❻❽惠符「登
其弱冠，勇氣過人，角力馳逐，無能及者。然其任俠，且厭在家，
忽投香嚴寺，矯跡柔心，淳淑頓變。納法之後，練行孤標，每夜沿
山據草座，安禪不動。」❻❾

禪悟體驗如人飲水，無法用言語傳達，強調唯經驗性，有了親
身的經驗，自能以心照心，無言默契。雖然禪重視頓悟，然「語法
者無階漸，涉功者有淺深。」❼❿不同的人，參悟的方式和歷程也不
盡相同。例如：道悟以勇猛心，扶牢強心，於六度門，修諸梵行，
先禮徑山國一禪師，「於語言處，識衣中珠。身心豁然，真妄皆
遣，斷諸疑滯，無畏自在，直見佛性，中無緇磷。」服勤五年之
後，遁入大梅山精勤用功，感猿猴獻栗，猛虎側護，「是以掃塵
累，遯巖藪，服形體，遺晝夜，精嚴不息，趣無上道，其有旨哉！
如是者三四年矣。」❼①爾後方開堂度眾。

| 續高僧傳 | 694(485＋209) | 126(118＋8) 18.15% | 133(95＋38) 19.16% |
| 宋高僧傳 | 657(531＋126) | 113(89＋24) 17.17% | 132(103＋29) 20.21% |

本表參考：柳田聖山：《初期禪宗史書の研究》（東京：法藏館，2000
年），頁 11。《宋高僧傳·感通篇》的僧人多數都是禪宗法系出身。

❻❼ 范祥雍點校：《宋高僧傳》卷 9〈唐南嶽觀音台懷讓傳〉，頁 199。
❻❽ 同前註，卷 10〈唐荊州天皇寺道悟傳〉，頁 231。
❻❾ 同前註，卷 19〈唐廬江灊山天柱寺惠符傳〉，頁 477。
❼❿ 同前註，卷 10〈唐荊州天皇寺道悟傳〉，頁 231。
❼① 同前註，卷 10〈唐荊州天皇寺道悟傳〉，頁 231。

無業出家之後，先學律學和經論，後聞洪州大寂禪師，特往瞻禮：

> 業身逾六尺，屹若山立，顧必凝睇，聲件洪鐘。大寂一見異
> 之，笑而言曰：「巍巍佛堂，其中無佛。」業於是禮跪而言
> 曰：「至如三乘文學粗窮其旨。嘗聞禪門即心是佛，實未能
> 了。」大寂曰：「只未了底心即是，別物更無。不了時即是
> 迷，若了即是悟。迷即眾生，悟即是佛道。不離眾生，豈別
> 更有佛？亦猶手作拳，拳全手也。」業言下豁然開悟，涕淚
> 悲泣，向大寂曰：「本謂佛道長遠，勤苦曠劫方始得成，今
> 日始知法身實相本自具足。一切萬法從心所生，但有名字，
> 無有實者。」（頁247）

無業既傳心印，尋詣曹溪禮祖塔，迴遊廬嶽天台及諸名山遍尋聖
跡，此後於汾州傳法二十年。憲宗詔請而固辭，穆宗即位，思一瞻
禮，兩街僧錄靈準迎請曰：「知師絕塵物表，糠粃世務，法委國
王，請師熟慮！此迴恩旨，不比常時，願師必順天心，不可更辭以
疾。相時而動，無累後人。」無業笑言：「貧道何德，累煩聖主？
行即行矣，道途有殊。」當夜剃髮澡浴，跏趺而坐，奄然歸寂。❼❷
又如普願「足不下南泉三十年矣。」❼❸這是禪師的典型，固守從慧
能以來不受朝廷封賜，終身棲隱山林的傳統。

---

❼❷　同前註，卷11〈唐汾州開元寺無業傳〉，頁247。
❼❸　同前註，卷11〈唐池州南泉院普願傳〉，頁256。

　　中國禪的特色是重視心地功夫，不耐義學思辨，把印度的禪定放在日常生活中來訓練，其實踐意涵，一者指禪本身並非理論概念，而是實際的人生體驗；二者實際生活本身，就是自性隨機施用的場域，因此把所有日常生活都納入禪觀的範圍當中，這種隨緣任運的生活方式，其實是以更緊密峻烈的手段來修行。我們看禪師參悟公案，經常揭示了頓悟前的刻苦磨鍊，如：惠能負石舂米、臨濟三次問法三次遭棒打等，這些祖師們開悟過程都是經歷千辛萬苦、石破天驚才得。因此，習禪者的生活型態，往往山林幽居，像神秀及其弟子留止京城的並不多，多數是山間水上，木食草衣，即使名震京師，仍堅持不入市廛京邑，寧可終老山林，「實方外之高士也」。❼❹

三、重戒研律型

　　律是佛教三學之一，戒律的制訂，是佛陀依人依事依地依時之不同而施設，所以，不同僧團所依循的律書可能不盡相同。從南北朝到隋唐時期，研律高僧根據戒學原理，融合各家說法，企圖找到最適用於中國僧侶的律學規範。❼❺唐代道宣所屬的南山律一系，以

---

❼❹　同前註，卷 9〈唐杭州徑山法欽傳〉，頁 210。

❼❺　中國律學發展始於律藏的傳譯。姚秦弘始時分別譯出十誦律、四分律，東晉義熙時譯出僧祇律。就律學地理分佈來看，六朝時，華北地方採僧祇律，江南則行十誦律，僧侶受戒則多依四分律，當時律學有混雜兼用的情形。其中四分律經北魏法聰至北齊慧光及其門下弟子不斷弘揚而奠定宗派基礎。參見佐藤達玄著，釋見憼等譯：《戒律在中國佛教的發展》（嘉義：香光書鄉出版社，1997 年），頁 35、301。

《四分律》**⑯**為基礎，融合大小乘戒律，成為中國佛教的律學主流。其實，《四分律》本是小乘法藏部所傳承的律書，道宣則以大乘唯識學的觀點闡釋戒體，立說通達，適合華人根性，從而建立以大乘佛教理論為基礎的律學體系。

《宋高僧傳》卷十九〈唐嵩嶽閑居寺元珪傳〉，記元珪先習毗尼，執律唯堅，後於少林寺悟禪宗心要，他曾授一嶽神五戒曰：

> 以有心奉持而無心拘執，以有心為物而無心想身。能如是，則先天地生不為精，後天地死不為老，終日變化而不為動，畢盡寂默而不為休。悟此，則雖娶非妻也，雖饗非取也，雖柄非權也，雖作非故也，雖醉非惛也。若能無心於萬物，則羅欲不為婬，福淫禍善不為盜，濫誤混疑不為殺，先後違天不為妄，惛荒顛倒不為醉，是謂無心也。無心則無戒，無戒則無心，無佛無眾生，無汝及無我，無我無汝，孰能戒哉？
>
> （頁474）

講求頓悟的禪宗，對戒律流於外在形式提出強烈質疑，因此，元珪的解釋是將戒的根本放回到自心，以心為持犯之基，將外在的律制，放回到以心念為持犯的衡量標準，避免持戒流於形式化的危

---

⑯ 四分律在唐代分為三派：南山宗、相部宗和東塔宗。此三宗的根本差異在於對戒體的論點不同。南山宗依大乘唯識義，以戒體為第八阿賴耶識之種子；相部宗依成實論，唱戒體為非心非色法；東塔宗依俱舍論，以戒體屬色法。參見顏尚文：《隋唐佛教宗派研究》（台北：新文豐出版社，1980年），頁112-115。

險，同時，也使戒律的作用更為普及化。其後有延壽繼而提出「攝心為戒」❼的觀念，賦予戒律新的解釋。

戒律是比丘生活的準則，學戒是一切修行的基礎，如果不習律儀，則難調心性，教法將日見凌夷，所以《宋高僧傳》中多是持律精嚴的高僧，如文舉「身量六尺餘，其行如山，其貌如玉，靜若止水，動如浮雲。目不迴視，口無戲言，四威儀中，無非律範。」❼行滔善於誦經，兼通經義，並持戒嚴謹，「性剛正，無面諛，無背憎，足不趨豪貴之門，囊不畜盈餘之物。房無閉戶，口無雜言。」所以贊寧稱其「耿介持律，古之高邁也矣。」❼從禮因睡魔相撓，「忿其昏濁，作鐵錐刺額兼掌，由是流血，真逾半稔，方遂誦通。自爾精持律範，造次顛沛必於是。」❽這種嚴持戒律的修行態度，完全不同於世俗生活，也是讀者對高僧最直接的印象。故戒律是正法住世的條件，比丘持戒功德利益不可思議，《宋高僧傳》卷十六〈明律篇〉「論曰」：

> 夫如是，知戒律是佛之家法明矣。大則三聚感三身於果中，小則形俱持盡形於因地。受既如是，隨則若何？有威儀焉，

---

❼ 延壽雖不滿小乘戒律，但他從未否定戒律在宗教生活的重要性。因此，他引用大乘經典給予大乘菩薩戒以新的詮釋，並從《首楞嚴經》中找到依據，提出「攝心為戒」的口號。參見冉雲華：〈延壽的戒律思想初探〉，《中華佛學學報》第 4 期（1991.07），頁 306-308。

❼ 范祥雍點校：《宋高僧傳》卷 16〈唐天台山國清寺文舉傳〉，頁 395。

❼ 同前註，卷 25〈周會稽郡大善寺行滔傳〉，頁 644。

❽ 同前註，卷 16〈後唐天台山福田寺從禮傳〉，頁 399。

有細行焉。為有順違，乃生持犯。由是繁廣，因事制宜。……毗尼是正法之壽命焉，此科所班，乃是鍊金液轉還丹之手。勸人服之，使其近添其壽，遠則昇仙。故我世尊凡制一戒，獲其十利功德，意在令正法久住耳。（頁404-407）

無論是專研戒律，或者持戒精嚴的高僧，其人格特質多肅穆嚴毅，自律精敏，如文綱宿植善根，猶有持戒習氣，母親懷孕時，即捐棄雜食；襁褓之時，午後不受乳哺，堅持持齋。⑧允文「貌古而脩長，銳頂而骭黑，執持密緻。」他訓勉徒子頗為嚴厲：「夫苾芻行非家法，具足別解脫律儀眾同分是其自性，於其形色精進故，怖畏故，防守故。如是方疾得道果矣。」聞其警策者，「有涕泗交橫，悛心革行，思過半矣。」⑧彥偁「揭厲戒律，錙銖塵務，勤求師範，唯善是從。」⑧並鳩集律學同好，號為「毗尼窟宅」。

道宣可說是唐代律師的代表，其母娠而孟月貫其懷，又夢梵僧語曰：「汝所妊者即梁朝僧祐律師。」⑧他十五歲厭俗，誦習諸經，十六落髮，二十歲專精克念，「感舍利現于寶函」。隨師聽律二十遍，乃坐山林，行定慧，持戒精密而感各種神異，像地湧山泉，猛獸馴伏，花香草馥，群龍禮謁，護法神環繞。曾失足階前而那吒相扶，在在顯示持戒功德之不可思議！反之，有僧深藏，不謹守戒規，多所違犯，結果「神人擲于山下可七里許，唯傷足指。從

---

⑧　同前註，卷 14〈唐京師崇聖寺文綱傳〉，頁 332。
⑧　同前註，卷 16〈唐會稽開元寺允文傳〉，頁 396。
⑧　同前註，卷 16〈梁蘇州破山興福寺彥偁傳〉，頁 398。
⑧　同前註，卷 14〈唐京兆西明寺道宣傳〉，頁 327。

此無不悛革守戒者。」❽

戒律是佛教修行的基石，禮儀人倫是儒家生活的軌範，卷十四〈唐揚州龍興寺法慎傳〉中，記法慎善巧地將二者結合，擴大世俗對戒律的接受面，使戒儀成為儒、釋共通認同的道德品質：

> 慎與人子言依於孝，與人臣言依於忠，與人上言依於仁，與人下言依於禮。佛教儒行，合而為一。學者流誤，故親校經論；延來者聽受，故大起僧坊；將警群迷，故廣圖菩薩因地；善護諸命，故曲濟眾生壽量；以文字度人，故工於翰墨；以法皆佛法，故兼采儒流；以我慢為防，故自負衣缽；以規矩為任，故綱正緇林；以發揮道宗，故上行恭禮；以感慕遺跡，故不遠他邦；以龍象參議，故再至京國；以軌度端明，故研精律部歟！（頁346）

在儒服者反佛意識高漲，致力於復興儒教的時代，法慎的觀點正可以作為理解贊寧對高僧典範的註腳。僧人本身也因為恪遵戒法，而成為社會所尊重的道德典範。

習律高僧像法慎這樣，兼擅外學者不少，從《宋高僧傳》中可看到律宗傳承下的高僧多善文采，這是什麼原因呢？舞文弄墨就戒律而言，不是平添妄想執著嗎？以曇一律師為例，他「刃有餘地，時兼外學，常問周易於左常侍褚無量，論史記余國子司業馬貞。遂漁獵百氏，囊括六籍，增廣聞見，自是儒家，調御人天，皆因佛

---

❽　同前註，卷20〈唐漢州棲賢寺大川傳〉，頁511。

事，公卿響慕，京師藉甚。」[86]一來懂得戒學者，往往兼通儒學，因為就重視禮儀法度這點，儒釋相通；其次，學戒之人，必須有敏銳的觀察力，心思往往細密，對於詩文的情境，反而易於掌握。

贊寧本身屬於南山律宗，時號律虎。不過，《宋高僧傳》中明律篇僅占三卷，篇幅和內容並無刻意突顯之處，可見贊寧非但未因此偏袒學律高僧，尚有以律僧為警誡的例子。亡名律師精習戒法，慎防缺惡，因故與一看來頗為輕率的雲遊僧同宿一室。該雲遊僧不但向主人索酒、買肉，且飲啖毫無愧慚，亡名即呵之曰：「身披法服，對俗士恣行飲啖，不知慚赧。」雲遊僧漠然無對，是夜，盥漱之後，端身趺坐，以梵音諷誦《華嚴經》，口發金光，其聲容使「聞者垂泣，見者嘆嗟」。誦至半夜，光遍庭宇，亡名不識此光，又暗自批評：「彼客何不息燈，損主人油燭？」因起身如廁，方知此光來源。明旦涕泣而來，五體投地，求哀懺悔輕謗聖賢之罪。這個經歷使得亡名律師因此勤苦自修，終為高僧，卻後莫知所終。[87]亡名律師與雲遊僧正好是兩種截然對比的僧人，習律者最大蔽障在於以律律人而不見己過，嚴守戒規卻失去戒律的內在精神在於調服自身，這個故事正好可以給習律者一個警惕。其次，亡名者，名為亡名，還是姑隱其名？律師師範嚴謹，起亡名之名的可能性不高；又，不知名號卻知其籍貫、寺院者，豈非矛盾？可能贊寧知道該僧之名，但是為了維護律師的聲名，而以「亡名」代替。另一方面，雲遊僧不合戒規，卻是有道高僧，《宋高僧傳》中這種人不只一

---

[86]　同前註，卷14〈唐會稽開元寺曇一傳〉，頁352。
[87]　同前註，卷24〈唐洛陽廣愛寺七名傳〉，頁620。

位，由之可見贊寧雖為律師，對各種僧格具有開放的接受度，但亡名之例，或許反映了唐代律僧的特殊現象。**❸**

四、廣積福德型

　　佛教在中國弘傳的過程，即不斷面對本土文化的衝突與質疑，因此不論在僧團的生活方式、修行方法或法務的推展上，為適應中國文化禮俗而做了相當多的調整。尤其「捨俗」而「出家」，更大悖於家庭倫常，因此，如何改變世俗對於僧侶只顧山林苦修，不管民間疾苦的印象呢？這也是中國佛教發展趨向大乘精神的社會因素，為令廣大眾生能入佛智，在中國便出現了以服務眾生為職志，或為推廣佛教生活而成立的法門，像誦經、拜懺、俗講、慈善救濟等事業，強調身體力行來實踐成佛之道，以適應世俗世界的需求，使佛教影響力更普及於民間。

　　這類高僧多半性格質樸，非來自上層文化菁英群，其修行方式通常非專主一門，往往廣學龐雜，畢生精力貫注於以實際的苦修或利他事業，來實踐無我利他的精神。在《宋高僧傳》原本的分科結構中，歸於「讀誦」、「興福」、「雜科聲德」諸篇的高僧，即是比較傾向於以廣大慈悲行，達成宣教或利生的菩薩行願。

　　宗教高度精神淨化的終極境界，在回到現實社會作廣度宣化時，由教義的探索到教法的宏揚，必須以更具體的操作來尋求大眾

---

❸　在〈善無畏傳〉中，也曾提到畏曾與道宣同房，示為龘相，而為道宣所嫌鄙。至中夜，宣捫虱投地，畏連呼「律師撲死佛子」，宣方知畏為大菩薩，旦起攝衣作禮。參見范祥雍點校：《宋高僧傳》卷2，頁21。

的理解和認同。由於中國文化性格較重實際，故而採取有助於改善
人們現實生活的行動，更能贏得廣大信眾的共鳴，乃至培福、積福
的觀念，因有利於來生而廣為信眾所接受。慧皎《高僧傳·卷十
三·興福篇》「論曰」云：「入道必以智慧為本，智慧必以福德為
基。」❽《宋高僧傳·興福篇》「論曰」亦云：「福也者，上諸聖
之階陛也。」又云：

> 凡夫氣分，唯說罪多；聖者品流，但聞福厚。順性故易造，
> 逆意故難修。修有多門，行有眾路，大約望檀波羅蜜多令度
> 無極也。始則人天福行，施食與漿，橋梁義井。次則輪王行
> 中下品善，上品十善者則梵天福行也。一造偷婆❾，二補修
> 故寺，三請佛轉法輪。次則二乘淨福行，同三品善，止自利
> 功強耳。次究盡位福行，乃成二嚴莊嚴相好。從三輪無礙，
> 見萬法體空，獲利殊多，盡未來際。夫如是福之廣矣大矣，
> 乃知聖者為福則易爾。何耶？純淨之故也。凡夫則反是，易
> 薰染之故也。是以佛亦為穿針之福，知福不宜厭焉。（頁

---

❽　《大正藏》，第 50 冊，頁 413 中。

❾　此為音譯名，即漢語「塔」義，塔是從印度傳來的建築形式，原是用來奉安
　　佛物或經文，埋舍利、牙、髮等，以金石土木築造，以供後人瞻仰的一種建
　　築形式，作為已涅槃的佛陀精神存在的象徵。潘朝陽謂佛塔固為墳冢，但實
　　質上卻是永生的涅槃的象徵；涅槃是佛之不生之生，是徹底的、超越有待性
　　而為無待的生。塔的半球形主體的梵文為 Anda，其義為「蛋」，又稱為
　　Gabbha，義為內含「種子」（Bija）的子宮，此均不著重「死」，而是著重
　　「生」。所以，佛塔構成存在空間的神聖中心的意蘊明顯且強烈。參見氏
　　著：《出離與歸返：淨土空間論》，頁 129。

711）

累積足夠的福德資糧，是進一步修行的基礎。興福之本在於利他，但是不同的發心，所修福業層次亦有別。施食、修橋是屬於人天福行；往上是轉輪王行中下品善；再上層是梵天福行，包括造塔、建寺、請佛轉法輪；更高一層次的是二乘淨福行，自利而已；究竟位福行，則能成就二莊嚴相好，此福廣大無邊。如慧雲行事絕不為私，因此贏得士庶欽敬，並力勸人捨棄慳病，隨處蓋造寺宇二十餘所，時號為「造寺祖師」。因感見兜率內院而發願造寺並鑄彌勒之像，完工之後於彌勒像前泣淚焚香，重禮告曰：「若與此有緣，當現奇瑞，策悟群心。」結果像首放金色光照耀天地，滿城士庶皆嘆稀有，毀謗者隨喪兩目，舌腫一尺，經慧雲代於像前懺悔，馬上「失明者重視，舌卷者能言」。這樣的報應靈感自然遠近傳聞，爭相瞻禮，民眾「施捨如山」。[91]不過，《宋高僧傳》主要記錄高僧的宗教活動，對於僧人的社會參與的敘事，以與宗教直接關連者為主，像放生、祈雨、建寺、鑄像、供僧及神異治病等，對於僧人參與社會福利救助工作記錄並不多，此殊為可惜。[92]

　　持誦經典被認定為出家人的基本素養。宋太祖為了控制僧伽的

[91]　范祥雍點校：《宋高僧傳》卷26〈唐東京相國寺慧雲傳〉，頁658。

[92]　唐代寺院設立無盡藏及悲田、養病坊，悲田以救濟社會上一些貧困無依及殘疾重病的人。無盡藏是佛教特有的積聚財物的方式，取「以無盡藏物，施貧下眾生」之意，用於供佛並周濟貧困者，取財物聚散無窮無盡之義。參見全漢昇：〈中古佛教寺院的慈善事業〉，《佛教經濟研究論集》（台北：大乘文化出版社，1977年），頁19-32。

人數和品質，曾下詔：「釋門崇教，實自前王，歲試度人，宜有定數。苟誦持之未至，則行業以何觀？特示明規，庶懲濫得。應諸道、州、府管內僧尼，自今後逐年據帳，每一百人只許度有經業童行一人。」❾❸如果無法持誦經典，則不能受度。《宋高僧傳·讀誦篇》「論曰」亦言：「通經了意，最為第一。此乃精選誦經通義，為入道之階漸也。」❾❹像華嚴和尚恆持《華嚴經》以為淨業，「其所誦時，一城皆聞之，如在庭廡之下。」❾❺〈慧凝傳〉中，記慧凝曾得疾暴亡，七日而穌。起而說所見五沙門冥間報應區分，一是寶明寺智聖，以坐禪苦行得升天堂；二是般若寺道品，以誦《涅槃經》亦升天堂；三是融覺寺曇謨最稱講《涅槃經》、《華嚴經》，領徒千數，閻摩王曰：「講經者心懷彼我，以驕凌物，比丘中第一麤行。今唯試坐禪誦經。」最曰：「貧道立身已來，唯好講導，不能禪誦。」王曰：「付司。」即有青衣人送入黑門。四是禪林寺道恒唱云：「教導勸誘四輩檀越，造一切經、人中像十軀。」閻摩王曰：「沙門之體，必須攝心守道，志在禪誦，不干世事，不務喧繁。雖造經像，止欲得他財物，既得財物，貪心即起，既長貪行，三毒熾然，具足煩惱。」同入黑門。五是靈覺寺寶明，棄官出家，雖不禪誦，禮拜不闕。閻摩王以寶明作刺史時，曲理枉法，劫奪民財，亦送入黑門。「自此京邑城下比丘多修禪觀，誦持大部經法

---

❾❸　宋太祖開寶六年十二月限數度僧尼詔。參見四川大學古籍整理研究所編：《全宋文》（四川：巴蜀書社，1988 年），第 1 冊，頁 159。
❾❹　范祥雍點校：《宋高僧傳》，頁 648。
❾❺　同前註，卷 25〈唐幽州華嚴和尚傳〉，頁 634。

焉。」⑯從這種帶有報應勸說的故事，可知注經講說風氣漸歇，而普勸以保守的禪誦持經風氣來取代的原因。

其次，以無我施身來實踐成佛之道，例如：無染為法忘身，以堅毅不拔的意志求見文殊化境，冬天採薪供眾，夏天跣足登台山，如此二十餘年不曾間斷，終於親見文殊勉其不可「有願無行」。於是遵教奉行，廣興施供，每設供一百萬僧，即燃一指，及千萬供畢，十指燃盡。七十四歲時，告別大眾，上中台頂念佛焚身供養諸佛而終。⑰牛雲自幼神智不足，於鄉校讀書，終不能識一字，唯「見僧尼，合掌有畏憚之貌。」十二歲雙親將他送至五台山出家，負責負薪汲水等作務，眾人輕其朴鈍，往往戲謔他，年滿受戒之後，益難誦習。至三十六歲，決心朝禮台頂，求見文殊：「我今跣足而去，儻見文殊，惟求聰明，學誦經法耳。」雖冒寒雪，情無退屈。從東台頂到北台頂都遇到同一位老人，此老者正是文殊菩薩化身，觀牛雲昏鈍之因，謂雲前世為牛，因曾載藏經的因緣，今生得以為僧，但闇鈍不明。老人以鋤頭斲去牛雲心頭淤肉，牛雲「身無痛苦，心乃豁然，似闇室立於明燈，巨夜懸於圓月。」此後一覽經典，輒誦於口。⑱這種高僧的修行事蹟具有強烈的宗教感召力，很能勸化後之行者起而仿效或隨行。

這類高僧其身教的感召力遠勝於言教，性格上多質樸，不好繁瑣的理論爭辯，主要以堅定的信念，無我的奉獻，提供眾生及時切

---

⑯　同前註，卷29〈元魏洛陽慧凝傳〉，頁718。
⑰　同前註，卷23〈唐五台山善住閣院無染傳〉，頁585。
⑱　同前註，卷21〈唐五台山華嚴寺牛雲傳〉，頁536。

身的幫助，以此化導眾生令入佛道。其對象多數是平民百姓，所受教育有限，不適合艱深經教傳授。簡單易行的法門，顯而易見的成效，實踐同體大悲的精神，更能迅速在民間發揮影響力。例如：代病師曾發大願，盡此一報身代眾生之病苦。他為求出家，斷指明志，凡民之所求，無不盡力滿願，或祈雨、或伏虎，或收廟神，或以淨水治病，或為飢民募糧等等，完全無我奉獻其一生。因此願力並一生執行無怠，以致原本名號不顯，眾人以「代病」師呼之。❾❾智廣善於治療百病雜症，無論任何病苦，他都是以竹杖往痛處或指或撲，病苦立即痊癒，癱瘓者能起，跛足者能行，甚至一摑掌、一斥喝，即令病除。❿佛為大醫王，能治眾生心病，黎民百姓則為形體病痛無量所苦，藉由其神通能力解除眾生身苦，則能獲得眾生強烈的歸信。

佛教欲普及其信仰，廣面的深耕，有助於一般百姓接受，從世俗大眾普遍具有因果、來世的觀念，做各種善行廣積福德資糧，可見佛教對庶民思維的影響力。但另一方面，佛教為適應以解決現實苦難為重心的生民需求，所做的各種如因果俗講、靈驗治病等教化方式，並不能使一般信徒真正了解佛法真諦，此種妥協適俗的作法，一方面使教義有被簡化稀釋的危險，另一方面，也使佛教有走向廣面世俗化發展的趨勢。

---

❾❾　同前註，卷 26〈唐晉州大梵寺代病師傳〉，頁 669。

❿　同前註，卷 27〈唐雅州開元寺智廣傳〉，頁 687。

第三節 《宋高僧傳》宗教生活型態的轉變

佛教能傳到中國，端賴印度西域僧侶遊化中土的因緣，從經典的翻譯、經義的傳布，以及禪法的指導，使中國出家僧侶人數逐漸擴增。六朝時僧團共修模式已經形成，雖然戒律的傳衍始終未能統一，但是群居性的僧團已依戒律訂定修行者共同遵守的生活規範。從《宋高僧傳》中，可以看到僧侶的生活型態有兩個比較明顯的轉變趨勢：一者，中唐以後，由於禪宗盛傳，因應禪門修行的特殊需求，而於律寺之外另創禪門清規；二者，有些僧侶的修行生活有明顯的文士化傾向。相對而言，偏向個人行動的遊化參學方式，則始終存在於僧侶社會之中。

一、叢林制度興起

人們的生活形式與其生活體驗不可避免地會受到所屬文化傳統的歷史建構和時代社會情境的影響。佛陀的法教經由後代弟子組織化，形成宗教的規模後，在向外擴張、傳播的過程，不免與在地文化由磨合進而相互影響，尤其是具體的生活細節。

回溯印度的佛陀時代，出家的比丘、比丘尼等弟子是採取和合共住的方式，跟隨僧團過著集體的修行生活，他們完全放棄世間五欲享樂，恪守戒法律儀，專注於精神修持，以簡單的乞食來維持生命。這是因為種植本身極易殺害土地上的昆蟲，所以禁止僧侶耕種，而採取乞食方式解決民生問題，加上印度氣候炎熱，森林中有各種蟲蟻生物，因此，佛制規定出家人行步、飲水坐臥均應特別小

心，以免傷害有情。其次，印度夏季有三個月雨季，此時萬物萌芽生長，為了避免僧眾出門乞食時，無意中傷害生命，所以佛陀制定雨期安居精舍，專一辦道，不令離開僧團，這其間的飲食所需則接受在家信眾的供養。同時，為了使更多人能聽聞佛法，以及躲避酷暑，所以僧團會按季節或不同地方的請法而集體移動，並沒有固定的住處。因此，適應印度的氣候和地理環境制定了比丘三衣一缽，日中一食，樹下一宿，遊行乞食，雨季安居的僧團生活模式⑩，目的不外超越既有的物質世界，營造一個最有利於修行的空間，讓僧侶安心辦道。

然而，這種移動乞食的生活方式，適用於中國社會習俗和地理氣候條件嗎？從中國佛教發展史來看，答案是否定的。

印度原始佛教時期，由於僧侶以乞食維生，僧團並無經濟制度的問題。但到了中國六朝以後，隨著僧眾日益增加，出現了如道安、慧遠等所帶領的共住團體，由於中國素來農耕立國，以自食其力為處事之基，若乞食則易予人懶惰無恥之譏。⑫龐大的僧團生活所需及寺院建設等，除了接受貴族、信眾施捨，隋唐以後，僧團也

---

⑩ 參見中村元著，釋見憨等譯：《原始佛教：其思想與生活》（嘉義：香光書鄉，1995 年），頁 163。

⑫ 印度僧團律制不適用於中國社會，南懷瑾認為主要原因是：一者，印度文化敬信修行人，乞食無虞，且中南印氣候溫和，沙門亦可以野生果實充飢；二者，中國文化以自立更生為榮，以乞食為恥；三者，中國重視農耕，乞食被視為無賴和懶惰；四者，身體髮膚受之父母，不可輕易毀傷，剃髮則是不敬、不孝，若此而又乞食，更令人鄙視。南懷瑾：〈禪宗叢林制度與中國社會〉，《佛教與中國思想及社會》（台北：大乘文化公司，1978 年），頁 325-326。

逐漸適應中國社會生產方式，藉由經營土地、種植作物，建立自給自足的寺院經濟制度。黃敏枝認為中國佛教寺院發展出寺田經濟制度，主要原因有三：一者中國民俗習慣不能接受乞食的觀念；二者佛教僧團人數迅速擴大，乞食托鉢已不足以維持寺院生計；三者安史亂後，原本供養僧團的王公貴族經濟能力不足以負擔僧團開支。⑩所以寺院取得田產，以分租或自耕方式經營，成為其重要的經濟來源。

　　李瑞爽將中國佛教的社會型態分為四種類型，按時間發展：第一型，由傳教僧侶引入的原始佛教出世的僧團生活概念；第二型，由於梵漢風俗觀念的差異，中國僧徒發展出具中國倫理觀念的僧團形式，「僧團在實際上牽涉到一種『家』的變易——從他們的血緣關係的家，轉而為寺院的『家』。」第三型，由於佛教廣傳，出家人數大量擴增，素質良莠不齊，逐漸形成一種混雜化的寺院居所；第四型，由百丈清規發展而成的中國化寺院生活，其概念不離原始戒律，卻符合中國社會型態，佛教集團不再依賴外來的資源而能獨立生存，可視為佛教史上一個新創的生活傳統。在重戒律的同時，調和儒家對群居倫理的需求，遂形成了「中國化的寺院生活」。這種寺院生活，一方面受儒家重視人格、倫理的影響，在修行生活中，注重人格修養以及個體與個體之間的關係；另一方面，僧團的物質所需，不再依賴行乞制度，而靠耕種以自給自足，使僧團成為社會中有生產力的群體之一，所以「中國化的寺院生活，並不簡單

---

⑩　黃敏枝：《宋代佛教社會經濟史論集》（台北：台灣學生書局，1989 年），頁 20-21。

地是一個特殊的修道化僧侶們的社會居民，僅只住在一個住處，卻亦是社會的一種生動化的成分。」[104]

經濟型態的改變，是影響中國佛教僧侶改變生活方式的重要因素。這對印度僧團乞食生活而言，可說是一大變革；同時，也為佛教在中國發展奠定了良好的經濟基礎。然而，寺院擁有廣大土地，朝廷封賜豐厚，寺院經濟發達，一方面為僧團提供穩定發展的物質條件，一方面也引發僧團內部及其與封建統治階層間的矛盾。

唐代以來，僧侶人數迅速增加，其中尤以習禪者居多。早期禪者並無固定居住傳法之地，而是隨方參訪遊化，到了道信，駐錫在湖北黃梅雙峰山，學道人蜂集，到他死時，「山中五百餘人」[105]，禪侶共居，小具規模。弘忍根機不擇，廣傳法要，而法門大開，可知從遊方隨化到定居共住，是禪僧結構重大轉變的關鍵，使禪宗的規模實力集中，形成不可忽視的東山法門。其後，神秀被武則天奉迎至洛陽，備受崇敬禮遇，使得地方性的東山僧團，藉由中央宮廷政要的扶植，轉變為舉國盡知的宗門，加上南方慧能禪法迅速擴展，使得禪宗成為分佈勢力最廣的一宗。

禪僧在青原行思、南嶽懷讓之前，仍然以山間水上、木食草衣的山居生活為主，並無固定群居修行的型態，在不乞食、不入朝接受供養的情況下，如何維持生活呢？另一方面，禪僧修行重心不同

---

[104] 李瑞爽總結中國寺院生活的特點有二：一者，戒律上所依循的《梵網經》含有中國寺院生活的基本意識；二者，百丈清規包含了中國寺院組織制度及儀式等細節。參見氏著：〈禪院生活與中國社會〉，《佛教與中國思想及社會》，頁283-285，314。

[105] 引自《續高僧傳·釋道信》，《大正藏》，第50冊，頁606中。

於傳統僧院；加上禪門作風與律寺遵奉的小乘戒律相扞格，於是有百丈懷海根據禪僧修行的方式所需，建立了一個與傳統僧團不同的叢林制度。《大宋僧史略·卷上·別立禪居》：

> 達摩之道既行，機鋒相遘者唱和。然其所化之眾唯隨寺別院而居，且無異制。道信禪師住東林寺，能禪師住廣果寺，談禪師住白馬寺，皆一例律儀。唯參學者或行杜多，糞掃五納衣為異耳。後有百丈山禪師懷海創意經綸，別立通堂，布長連床，勵其坐禪。坐歇則帶刀，斜臥高木，為椸架，凡百道具悉懸其上，所謂龍牙杙上也。有朝參暮請之禮，隨石磬木魚為節度，可宗者謂之長老，隨從者謂之侍者，主事者謂之寮司，共作者謂之普請。或有過者，主事示以柱杖，焚其衣缽，謂之誡罰。凡諸新例，厥號叢林，與律不同，自百丈之始也。❿

唐代以前，僧侶依戒律建立群居共修的生活規範，禪宗盛行之後，先是於律寺別立禪院以因應禪修所需，後因禪宗修行方式和持戒態度與傳統律寺有異，於是在禪宗發展到一定程度時，適時出現了百丈別立禪門清規，立禪堂供宗門特殊修行的需要，以適應日益增多的禪徒僧眾。百丈自言：「吾於大小乘中博約折中，設規務歸於善焉。」⓫不立佛殿，唯樹法堂，詳細規定禪僧的生活軌則，以自耕

---

❿　《大正藏》，第 54 冊，頁 240 上-中。

⓫　百丈清規原本已佚，不過我們仍可從《宋高僧傳》卷 10〈唐新吳百丈山懷海

自食為主，募化為副，平日專志修證，實行一日不做，一日不食，上下均力的「普請法」[108]，建立集體勞動的農禪生活模式。百丈一生身體力行，贏得白衣的肯定和敬重，從此禪宗道場獨立於傳統僧院律寺之外。

叢林生活，普請勞動，自耕自食，一方面使寺院經濟脫離依附統治貴族的封賞，同時符合中國農耕為主的生活模式，改變世俗以僧人不事生產的觀感；一方面免於寺田經營過渡膨脹，導致僧人趨向經營世俗營利事業，以及一些無心修行者借出家逃避賦稅傜役，實是一個適應中國人生活價值和文化環境的出家生活型態。它以山林寺院為禪修的神聖空間，回到原始阿蘭若的型態，與世俗世間維持一個適當的距離。

實際上，《百丈清規》仍是脫胎於佛教戒律，只是根據禪修法門的特殊性有所調整，它標誌著中國化佛教寺院組織管理制度的完成。[109]由於百丈禪林清規具備諸多優點[110]，又能與中國社會相適

傳）、《景德傳燈錄》卷 6〈洪州百丈山懷海禪師〉的附錄〈禪門規式〉的記載，略知其叢林制度之梗概。

[108] 普請，即出坡，普遍邀請寺院僧眾共同勞作的規制。圓仁《入唐求法巡禮行記》卷 2，記錄了唐開成四年（839）九月二十八日，他在山東赤山寺所見僧院的普請勞動情形：「始當院收蔓菁、蘿蔔，院中上座等，盡出揀葉。如庫頭無柴時，院中僧等，不論老少，盡出擔柴去。」（台北：文海出版社，1971 年），頁 39 上。像雪峰在洞山作飯頭，慶諸在溈山為米頭，道匡在招慶為桶頭，灌溪在末山為園頭，紹遠在石門為田頭，可見苦行勞役是求法參學者的一種自我鍛鍊的歷程。

[109] 中國寺院清規，從東晉道安開始制定僧尼生活規範，其後支遁建立《眾僧集儀節度》，道安弟子慧遠建立《社寺節度》、《外寺僧節度》、《比丘尼節度》等。《百丈清規》成立後，成了禪宗寺院組織的共同依據。但百丈原本

應，因此十方禪林紛紛仿效，無論宗門、律門或教門，逐漸成為諸宗共遵的修行生活範式。例如如會從大寂得禪法心要，時「禪客仰慕，決求心要，僧堂之內，床榻為之陷折，時號『折床會』。」後移居長沙東寺，法門鼎盛，時無可敵，諺謂東寺為「禪窟」。(111)

叢林制度原是專就禪修所需而設計的寺院組織制度，何以竟能產生如此大的影響力，而為其他諸宗所共遵行呢？綜觀《百丈清規》的成立，使得佛教更徹底融入中國生活文化，僧團一方面墾植耕作，成為生產勞動的一份子；一方面嚴守戒律清規，真參實修，其規律自制的清修生活，更能博得世俗的崇敬。故贊寧評道：「益多而損少之故也」，「雖非佛制，諸方為清淨者，不得不行也。」(112)

《宋高僧傳》並未仔細去描繪傳主的寺院生活，不過，贊寧所選高僧除特立獨行雲遊四方者外，大多是寺院叢林的住持。住持之選任由寺僧共同推舉，再經朝廷或地方政府核可而產生。住持推舉

已經失傳，現今流傳的是北宋崇寧年間，真定宗頤蒐集諸寺行法，力圖保持《百丈清規》原貌和精神，重編而成《禪苑清規》十卷。其後，禪寺清規代有沿革，南宋有佚名《入眾須知》，惟勉《叢林校定清規總要》等，到了元順帝元統三年，江西百丈山住持德煇將各種清規匯集，刪繁補簡，定為九章的《敕修百丈清規》八卷，頒佈天下叢林共同遵行，但已全非百丈原本面目。明永樂二十二年同山忠智重刊，即今所傳之本，收錄於《大正藏》第 48 冊。

(110) 叢林制度的特色：一者，身份平等，集團生活；二者，勞役平等，福利經濟；三者，信仰平等，言行守律；四者，眾生平等，天下為家。南懷瑾：《禪宗叢林制度與中國社會》（台北：老古文化出版社，1980 年），頁 27-36。

(111) 范祥雍點校：《宋高僧傳》卷 11〈唐長沙東寺如會傳〉，頁 249-250。

(112) 同前註，卷 10〈唐新吳百丈山懷海傳〉「系曰」，頁 237。

的條件嚴格,但過程民主,「須擇宗眼明白,德劭年高,行止廉潔,堪服眾望者。又當合諸山輿論,然後列名籤狀,保申所司請之。」⑬可見要主持一寺的高僧,一方面修行證悟必在眾人之上,達到某種程度;另一方面言行德行能得眾望,始能領導寺務。《敕修百丈清規》云:

> 住持也者,謂藉人持其法,使之永住而不泯也。夫戒定慧者,持法之具也;僧圓物務者,持法之資也。法也者,大聖之道也,資與具待其人而後舉。善其具,不善其資不可也,善其資,不善其具不可也,皆善則可以持而住之也。⑭

住持是寺院的領導中心,因此特重僧團管理者的品德,這種以德望領導僧眾的觀念,與儒家倫理理想是一致的。

綜之,《百丈清規》的創制,是中國佛教僧團管理和生活制度的重大創舉,它繼承原始佛教的戒律和修行生活傳統,又能隨時代環境因素和經濟模式而有所調整,適當融入中國社會道德倫理觀念,確立了中國佛教僧團的管理模式。從佛教中國化的過程來檢視中國佛教文化特質,可以感受到中國佛教徒有更多的創意、方便和圓融的性格,隨順方俗而調整,因此與原始印度佛教文化的差異愈久愈趨明顯。

另一方面,從佛陀時代開始,乞食遊化是比丘最主要的生活型

---

⑬　《敕修百丈清規》卷3,《大正藏》,第48冊,頁1130中。
⑭　《大正藏》,第48冊,頁1130中。

態，只有老病無法隨僧團移動的比丘住在固定的茅篷，爾後逐漸由夏安居，而發展出寺院定居的模式。雖然中國社會不適用乞食模式，僧團群居共住於固定地點，也較能與信徒發展長期的互動關係，不過，在群體之外，個人性的遊方行腳，始終是比丘參學鍛鍊的重要方式。《宋高僧傳》中，有些僧侶最後不知所終，尤其是來華的譯經僧，這往往是因為他們四處弘法，中國只是其遊化行旅其中的一站而已。

不同於寺院生活制度的規範化，遊方參學適可平衡制式體制的修學模式，所以，在佛教僧侶中，一直存在這種較個人式的修行模式。凡是出家受戒後的比丘，為求悟道或深造佛法，都允許離開本寺，遊歷叢林、探訪高僧，其學不止一家，行不止一地，一般名之雲水僧、遊方僧或行腳僧。《祖庭事苑》卷八：「行腳者，謂遠離鄉曲，腳行天下，脫情捐累，尋訪師友，求法證悟也。所以學無常師，遍歷為尚。」⑮當然，遊方參訪還是以寺院和高僧為對象，並非於世俗中隨意廝混；寺院也不是隨時都接受雲遊僧，通常冬、夏安居⑯期間是不接待遊方僧的。

叢林的意義即是由十方僧侶共聚而成，只要能遵守叢林作息和道風，任何僧侶可以按照自己求道的意願而加入或退出，去參訪名

---

⑮ 《卍續藏》，第 64 冊，頁 432 下。

⑯ 中國寺院夏安居從農曆四月十五日至七月十五日，冬安居從十月十五日至次年一月十五日。夏安居沿襲印度佛教制度而來，冬安居則是禪宗興起之後所創設的，最主要的活動是坐禪，每七天為一期，是為禪七。參考藍吉富主編：《中華佛教百科全書》（台北：中華佛教百科文獻基金會，1994 年），第 4 冊，頁 2048 中。

山寶刹，尋覓適合的落腳地，這適可平衡僧院團體生活模式日益固定的僵化或疲乏，藉由參訪高僧的見聞體驗，及不同道風的歷練，增進修行的體驗，如同《華嚴經》中善財童子聽從文殊師利的建議，一一去親近參訪五十三位善知識，使自己的見聞體會逐漸深化，竟能悟入不可思議的境界。❶像圓紹「凡曰叢林，一皆參禮。」❶太毓謁見大寂，剎那頓了法身之後，「南北觀方，曾無告憚，俾廣聞見，閑養聖胎耳。」❶懷暉他喜好雲遊，在洪州大寂禪師處頓明心要之後，潛隱於岨崍山，後移居齊州靈巖寺，又移卜百家巖，泉石寄幽，但苦於禪徒請問繁雜，又轉往中條山行禪法。❷普岸初隨懷海於百丈山，時號大叢林，「日隨普請施役，夜獨執燭誦經，曾不憚勞。」後來他禪坐有功，漸有學者追隨，於壽山院坐道場，約有四百餘眾，自言「吾山水之遊未厭，諸人勿相留滯。」遂往天台訪昔智者舊跡，入石橋聖寺，見道猷尊者結茅之所，關室安禪而居，禪侶輻湊，成大道場。❷無名原精於律藏，後聞有禪宗，千里而請決。從此志歷四方，居無定所，「風格高遠，神操朗澈，博識者睹貌便伏，僻見者發言必摧。」❷智暉禪律兼通，頗精吟詠，性情放達，「或振錫而遊，縱觀山水；或躡屨而至，歷覽市

---

❶ 參見佛馱跋陀羅譯：《大方廣佛華嚴經·入法界品第三十四》卷 46，《大正藏》，第 9 冊，頁 689 中。

❶ 范祥雍點校：《宋高僧傳》卷 13〈唐東京封禪寺圓紹傳〉，頁 301。

❶ 同前註，卷 11〈唐常州芙蓉山太毓傳〉，頁 251。

❷ 同前註，卷 10〈唐雍京章敬寺懷暉傳〉，頁 227。

❷ 同前註，卷 27〈唐天台山福田寺普岸傳〉，頁 680。

❷ 同前註，卷 17〈唐洛陽同德寺無名傳〉，頁 426。

朝。意住則留，興盡而去，或東林入社，或南嶽經行，悟宗旨於曹溪，寧勞一宿；訪神仙於阮洞，擬到三清，事以志求，時無虛度。此外采藥於山谷，就病於旅僧，惟切利他，心無別務。」[123]

　　有些禪僧在師門座下多年難覓悟境，但一經旁人或他處禪師提點、棒喝，當即開悟。例如：巨方先是於明福院朗禪師座下聽經，聞「講述南宗論數席，即拂衣而起。」後來「造北宗秀公所，銳精稽考，一見默許之。」此後隨侍神秀數年，才辭別往寒嶺駐錫，傳法化眾，最後在五台山遊化二十餘年而終。[124]石霜慶諸十三歲禮紹鑾禪師為師，隨洪井西山剃髮，二十三歲往嵩山受戒，便就東洛學戒。他遊方參學尋覓適合的修行道場，轉往南嶽，入大溈山，到雲巖，後得石霜山，便有終焉之志。於是十方禪侶傾慕石霜宗風，遠來圍繞，石霜先是避入深山，結茅宴坐，後眾人覓得，號哭交請：「出為吾曹，諸將安往？」從此學徒晨夕扣擊請問，逐漸形成龐大的禪宗叢林，如是二十年間，堂中老宿，長坐不臥，天下謂之「石霜枯木眾」。[125]

---

[123]　同前註，卷 28〈後唐洛陽中灘浴院智暉傳〉，頁 697。

[124]　同前註，卷 8〈唐鄆州安國院巨方傳〉，頁 188。

[125]　同前註，卷 12〈唐長沙石霜山慶諸傳〉，頁 282。傳中描述慶諸：「次屆雲巖，遇道吾，垂問知意，方為二夏之僧。得石霜山，便議終焉之志，道吾躬至石霜山，日勤執侍，往還問答，語在別錄。」竟然以道吾為慶諸的弟子，可是對照《祖堂集》卷五〈道吾和尚〉、《景德傳燈錄》卷 14〈潭州道吾山圓智禪師〉，都說道吾師事的是藥山惟儼，然後傳法石霜慶諸。從年齡來看，道吾（769－835）長於慶諸（807－888）三四十歲，也無向慶諸問法的道理。《宋高僧傳》卷 11〈道吾圓智傳〉也說圓智師從藥山，可見〈慶諸傳〉中的「道吾」應該另有其人。

　　無論是堅住叢林，還是雲遊訪師，僧侶的宗教生活目的都是指向解脫，而這兩種生活形態對於修行者的生理和心理具有協調互補的作用，要能禁得起在大叢林磨練以安住身心，復向十方大德博學廣參，使修行境界和胸襟獲得平衡推進。中國僧侶的宗教生活，往往與大自然緊密結合，所謂「天下名山僧佔多」，一方面以此保持與世俗的距離，維護寺院空間的超然性；一方面，又獨與自然環境共構一個獨與天地精神往來的清修場域，使山僧、古寺成為山林風景之一。⑫⑥加上叢林中分工共住的倫理氣氛，使得中國式的寺院生活模式，從外在空間到心理層面，已調和了儒釋道三家的精神。

二、僧侶兼游詩文

　　《宋高僧傳》中有相當多關於高僧的文學活動記錄，包括與文人交往，僧人間的酬唱等，呈現高僧修行之外，文化生活的一面。高僧當中，許多早歲秉受儒業薰陶的基礎，如神秀：「少覽經史，博綜多聞。」⑫⑦明覺：「儒家之子，風流蘊藉。」⑫⑧恆月：「家訓

---

⑫⑥　伊利亞德強調神聖宗教生活與日常世俗生活不可能存在同一個地方，也不能存在同一段時間。由於神聖與凡俗存在著「區隔」的屏障，一個人如果不能放棄凡俗的事物，便無法與神聖建立起親密的關係；亦即必須通過脫離凡俗的行動，才能純化、聖化自己。伊利亞德（Eliade, Mircea, 1907-）著，楊素娥譯：《聖與俗：宗教的本質》（台北：桂冠圖書公司，2000 年），頁28-30。不過，大乘佛教重視世、出世法能圓融兼顧，體現真俗不二的境界，而非將之區隔成聖與俗對立的空間。

⑫⑦　范祥雍點校：《宋高僧傳》卷 8〈唐荊州當陽山度門寺神秀傳〉，頁 177。

⑫⑧　同前註，卷 11〈唐天目山千頃院明覺傳〉，頁 254。

儒雅，辭采粲然。」⑲日照：「家世豪盛，幼承庭訓，博覽經籍，復於莊老，而宿慧發揮，思從釋子。」⑬甄公：「少而警慧，七歲誦通詩雅，遂應州舉，三上中第，未釋褐。與沙門議論玄理，乃願披緇。」⑬慧恭：「年十七，舉進士，名隨計車，將到京闕，因遊終南山奉日寺，目祖師遺像，釋然世綱，遂求出家。」⑬此輩為僧，本身皆有相當的儒學根基和文化素養，並非木質無文的凡夫，又甘入空門，自然能以習業來闡揚佛教。所以，有些人參與具高度學術性的譯經工作，有些能成為溝通儒、釋的橋樑，有些則以詩文作為其宣教工具。⑬

　　中唐以來，即有僧人以詩偈闡釋佛理，如：寒山、拾得等即常以五、七言體詩偈歌訣，來闡揚佛理禪旨。⑬自在所作〈三傷歌〉「辭理俱美，警發迷蒙。」一缽和尚所作〈一缽和尚歌〉「歌辭協理，激勸憂思之深，然文體涉里巷，豈加三傷之典雅乎？」⑬宗門大德也往往以詩來表達其修證的境界，如曹山本寂和法眼文益分別是曹洞宗、法眼宗的開宗祖師，二人均擅文采，曹山本寂：「少染

---

⑲　同前註，卷 10〈唐潭州翠微院恆月傳〉，頁 237。

⑬　同前註，卷 12〈唐衡山昂頭峯日照傳〉，頁 274。

⑬　同前註，卷 11〈唐荊州福壽寺甄公傳〉，頁 257。

⑬　同前註，卷 12〈唐天台紫凝山慧恭傳〉，頁 291。

⑬　《全唐詩》中收錄僧詩共四十六卷（806 卷－851 卷），其中初盛唐僅佔二卷，可見僧詩主要產生於唐中葉以後，尤其大歷、貞元時期，詩僧名家並起，其中皎然、貫休、齊己三人的詩作就佔約五分之四了。（北京：中華書局，1985 年），頁 9063 起。

⑬　范祥雍點校：《宋高僧傳》卷 19〈唐天台山封干師傳〉，頁 483。

⑬　同前註，卷 11〈唐洛京伏牛山自在傳〉，頁 246。

魯風，率多強學。」「注〈對寒山子詩〉，流行寰內，蓋以寂素修舉業之優也。文辭遒麗，號富有法才焉。」⑯法眼文益：「遊文雅之場，覺師（希覺）許命為我門之游、夏也。」「好為文筆，特慕支、湯之體，時作偈頌真讚，別形纂錄。」⑰他們以宗祖身份而好遊文雅之場，而且文辭遒麗，必然為廣大禪子所仿效，隨之形成風氣。

清江：「善篇章，儒家筆語，體高辭典，又擅一隅之美，時少倫儷。」⑱靈一：「每禪誦之隙，輒賦詩歌事，思入無間，興含飛動。」⑲齊己好詩，「為大潙山寺司牧，往往抒思，取竹枝畫牛背為小詩。」⑳「聰敏逸倫，納圓品法，習學律儀而性耽吟詠，氣調清淡。有禪客自德山來，述其理趣，己不覺神遊寥廓之場，乃躬往禮訊，既發解悟，都亡睽迹矣。」㉑辯光：「居必介然不與常人交雜，好自標遇，慢易緇流。多作古調詩，苦僻寡味，得句時有得色。」㉒玄晏：「少習毗尼，長學金剛，解空破相，臻極玄奧。而聞律藏有一時外學之說，或賦詩一章，運思標拔，孤遊境外。彭城

---

⑯　同前註，卷13〈梁撫州曹山本寂傳〉，頁308。

⑰　同前註，卷13〈周金陵清涼文益傳〉，頁313。

⑱　同前註，卷15〈唐襄州辯覺寺清江傳〉，頁368。

⑲　同前註，卷15〈唐餘杭宜豐寺靈一傳〉，頁359。

⑳　〔元〕辛文房撰，周本淳校正：《唐才子傳校正》（台北：文津出版社，1988年），卷9，頁283。

㉑　范祥雍點校：《宋高僧傳》卷30〈梁江陵府龍興寺齊己傳〉，頁751。齊己〈寄懷江西僧達禪翁〉便云：「何妨繼餘習，前世是詩家。」《白蓮集》（四部叢刊本，台北：台灣商務印書館，1965年），卷2，頁18。

㉒　同前註，卷30〈後唐明州國寧寺辯光傳〉，頁753。

劉長卿名重五言，大嗟賞之，由是風雲草木，每有賦詠，輒為工文者之所吟諷也。」⑭這些善詩的僧人多數屬於律宗法系，兼學禪觀，且早年必稟受儒業，或許因為深厚的文學基礎，才成為詩僧。

　　僧侶之間亦常以詩相互切蹉，吳興皎然、越州靈澈和杭州道標，常相與酬唱，卷十五〈唐杭州靈隱山道標傳〉云：

> 故人諺云：「霅之晝（皎然），能清秀；越之澈（靈澈），洞冰雪；杭之標（道標），摩雲霄。」每飛章寓韻，竹夕花時，彼三上人當四面之敵，所以辭林樂府常采其聲詩。（頁374）

元辛文房《唐才子傳》評詩僧靈一、靈澈、皎然、清塞、無可、虛中、齊己、貫休等八人為「喬松於灌莽，野鶴於雞群者。」⑭宗亮與沙門貫霜、棲梧、不吟數十人，皆「秉執清奇，好迭為文會，結林下之交。」⑭

　　其次，《宋高僧傳》中並記錄了許多僧人參與文人社交生活的情形。復禮「遊心內典，兼博玄儒，尤工賦詠，善於著述，俗流名士皆慕仰之。」⑭卷十四〈唐揚州龍興寺法慎傳〉中，描述法慎為了「以文字度人，故工於翰墨」：

---

⑭　同前註，卷29〈唐鄂州開元寺玄晏傳〉，頁732。
⑭　〔元〕辛文房撰，周本淳校正：《唐才子傳校正》卷3〈靈一傳〉，頁76。
⑭　范祥雍點校：《宋高僧傳》卷27〈唐明州國寧寺宗亮傳〉，頁686。
⑭　同前註，卷17〈唐京兆大興善寺復禮傳〉，頁412。

> 黃門侍郎盧藏用才高名重,罕於推挹,一見于慎,慕味循
> 環,不能離坐,退而歎曰:「宇宙之內,信有高人!」黃門
> 於院中置以經藏,嚴以香燈,天地無疆,像法常在。太子少
> 保陸象先、兵部尚書畢構、少府監陸餘慶、吏部侍郎嚴挺
> 之、河南尹崔希逸、太尉房琯、中書侍郎平章事崔渙、禮部
> 尚書李憕、辭人王昌齡、著作郎基毋潛,僉所瞻奉,願同灑
> 掃。感動朝宰如此。(頁346)

可見法慎以個人之才華識度,使朝廷公卿感動皈信。皎然與文人形
成一個社交圈,卷二十九〈唐湖州杼山皎然傳〉云:

> 晝(皎然)生常與韋應物[147]、盧幼平、吳季德、李萼、皇甫
> 曾、梁肅、崔子向、薛逢、呂渭、楊逵,或簪組,或布衣,
> 與之交結,必高吟樂道。道其同者,則然始定交哉。(頁
> 728)

由此可知,欲與皎然結交,不論是當官或布衣文人,但能「高吟樂

---

[147] 皎然主動交附所好慕的當代詩人,如以詩攀附韋蘇州:「嘗于舟中抒思,作
古體十數篇,求合韋蘇州,韋大不喜。明日,獻其舊製,乃極稱賞云:『師
幾失聲名,何不但以所工見投,而猥希老夫之意,人各有所得,非卒能
至。』晝大服其鑑裁之精。」其後二人果然結為方外交,並常以詩贈答。參
見《唐詩紀事校箋》(四川:巴蜀書社,1989 年),卷 73〈僧皎然〉,頁
1928。

道」，又與他氣味相投，則可定其交情。⑭⑧僧侶與世俗文人雅士相
攀附，遊走於各政治集團之間，《唐音癸籤》卷二十九：「唐名緇
大抵附青雲士始有聞，後或賜紫，參講禁近，階緣可憑，青雲士亦
復借以自梯。如陸希聲、韋昭度以澈、辯兩師登庸，尤其可駭異
者，君子於此，嗟世變已。」⑭⑨這種名僧參與文社集團的社交活
動，並因此為僧官的情形竟成普遍現象，所以湯用彤謂：朝廷賜榮
典予僧人，至唐乃多，一者賜紫，二者賜師號，三者官補德號，四
者賜夏臘，五者授官階，六者賜國師號等。⑮⓪以致過去嘯傲王侯、
堅守山林之風漸減，僧格從此卑落矣！

　　清涼文益即聲明禪人作詩實不同於詩人之創作：

　　論曰：宗門歌頌，格式多般，或短或長，或今或古，假聲色
　　而顯用，或託事以伸機，或順理以談真，或逆事而矯俗。雖
　　則趣向有異，其奈發興有殊，總揚一大事之因緣，共讚諸佛

---

⑭⑧　劉禹錫〈澈上人文集紀〉自述：「初上人（靈澈）在吳興居何山，與晝公
　　　（皎然）為侶。時方以兩髦執筆硯，陪其吟詠，皆曰孺子可教。後相遇於
　　　京洛，與支、許之契焉。」參見《劉賓客文集》（摛藻堂四庫薈要本，台
　　　北：世界書局，1986 年），卷 19，頁 128。可見劉禹錫與靈澈相識甚早，後
　　　來兩人結為平生知交，這可由〈敬酬澈公見寄二首〉之一：「淒涼沃洲僧，
　　　憔悴柴桑宰，別來二十年，唯餘兩心在。」獲得印證。引自《劉賓客外集》
　　　卷 5，頁 251。
⑭⑨　〔明〕胡震亨：《唐音癸籤》（台北：木鐸出版社，1982 年），頁 302。胡
　　　氏的觀點多少是站在世俗社會的立場，並且對釋子帶有既定的偏見。
⑮⓪　參見氏著：《隋唐佛教史稿》，頁 71。

之三昧，激昂後學，諷刺先賢，主意在文，焉可妄述。⑮

由此可見詩僧作禪歌詩偈，不論是借事喻理或表述真諦，雖然形式多般，根本立場在「總揚一大事之因緣」，即揭示成佛之道予眾生，而非著意於詩體形式。詩只是一種傳播法教的方便工具，和詩人為作詩而作詩的動機截然不同，故「主意在文，焉可妄述」！皎然等諸詩僧，「莫非始以詩句牽勸，令入佛智，行化之意，本在于茲。」⑱然而，時勢人心之變異，恐非此風潮之始作俑者所能控制。

本章小結

僧傳對讀者的影響力，主要來自高僧烙印在讀者印象中的人格形象，而不是他的言教。《宋高僧傳》的人物本身就有很強的共性——都是修行有成的高僧，從形象塑造的角度來看，經由高僧的外貌特徵、性格思想、語言對話和肢體動作等面向的經營，展現了高僧特有的人格特質，以莊嚴的外貌和殊特的性情丰姿，呈現了一個以求道利生為生命唯一目標的高僧形象。中國僧傳如同史傳人物敘事傳統一般，不會鉅細靡遺詳述傳主一生，而將注意力集中於人物性格的基本特徵上，以幾件不一定相關，但卻有高度概括性的事件

---

⑮　《宗門十規論·不關聲律不達理道好作歌頌第九》，收錄於《卍續藏》，第63冊，頁38中。
⑱　范祥雍點校：《宋高僧傳》卷29〈唐湖州杼山皎然傳〉，頁728。

或情節來展現其人的立體形象。從傳記人物經營的角度來看,《宋高僧傳》的人物刻畫,共通性強於獨特性,此其特色;就傳記人物敘事而言,亦其缺點。

由於僧侶不同的性格傾向,而走向不同的修行法門,儒學根柢深厚,又博學深思者,往往直接從佛典下手,探求佛法精髓;具直觀妙悟能力者,則直接從心地工夫下手;性格細密嚴謹者,則重行事戒律以嚴持其身;還有一群僧侶,廣積福德資糧,從事各種建寺、供僧、鑄像,並為眾生祈福袪病,充分展現無我利生的精神。這類僧侶與民間的互動最能獲得廣大迴響,然而,為適應眾生以解除現實苦難為重心的需求,不免使佛教趨向簡易的消災祈福的宗教信仰之路發展。

從唐代僧侶出入叢林,雲遊行腳,以及部分具有較高文化素養的僧侶積極參與社會文化活動,以詩文為弘法工具來看,僧侶整體的修行生活,法門的區別性愈來愈小。贊寧似乎有意營造一個儒釋道和諧共處的生活型態,使高僧在神聖空間與世俗環境之間獲得圓滿的協調。事實上,唐宋以後比丘多習禪、諷誦佛經、營塔造像、雅好詩道、發願往生西方等,修行宗門並不限於一宗,五代末的延壽可作為代表。延壽具綜合性的佛行事業,他坐禪習定,是法眼宗天台德韶的傳法弟子,但他推廣懺法和放生,鼓吹求生西方淨土,也誦經、營造塔像,本身又雅好詩道,主張禪淨雙修,這也是贊寧何以將延壽列於「興福篇」的緣故吧!❸

---

❸ 同前註,卷28〈宋錢塘永明寺延壽傳〉,頁708。

第七章　《宋高僧傳》的
敘事主題與特色

　　宗教傳記人物不同於世俗歷史人物的特質是多了宗教生活的部分，這使得高僧傳記的內容能從歷史的真實趨向宗教性的真實。從分析每一則僧傳的敘事結構中，即可找出一再出現的情節或者故事元素，這些反覆出現的元素，是形成僧傳敘事模式化的重要因素，而從這種模式化的敘事中，即可歸納出構成整本傳記的深層結構，反映僧傳的主題意義。

　　本章的討論將分為兩個層次，一個層面是在《宋高僧傳》敘事原則的操作下，分析整部僧傳的深層敘事結構所歸納出的主題意義；另一個層面是總結《宋高僧傳》的整體敘事特色。

第一節　《宋高僧傳》的敘事原則

　　贊寧編撰僧傳時，必然受到其撰作目地或編輯宗旨的影響而預設某些意義導向，使得整部傳記傾向某種基本型態。這種敘事操作的價值意向，是其敘事主題的內在基礎。

一、依憑三教一致的教化精神

贊寧的學術立場贊成廣學融通，不拘於佛學，《大宋僧史略·卷上·外學》：

> 夫學不厭博，有所不知，蓋闕如也。吾宗致遠，以三乘法而運載焉，然或魔障相陵，必須禦侮，禦侮之術，莫若知彼敵情。敵情者，西竺則韋陀，東夏則經籍矣。故祇洹寺中有四韋陀院，外道以為宗極；又有書院，大千界內所有不同文書並集其中，佛俱許讀之，為伏外道，而不許依其見也。此土古德高僧能攝伏異宗者，率由博學之故，譬如夷狄之人，言語不通，飲食不同，孰能達其志，通其欲？其或微解胡語，立便馴知矣。是以習鑿齒，道安以詼諧而伏之；宗、雷之輩，慧遠以詩、禮而誘之；權無二，復禮以辨惑而柔之；陸鴻漸，皎然以詩式而友之，此皆不施他術，唯通外學耳。況乎儒、道二教義理玄邈，釋子既精本業，何妨鑽極以廣見聞，勿滯於一方也。❶

他站在知己知彼，有利於佛教對抗外道論敵的立場，贊同比丘應博學多聞以抵禦外侮，就中國佛教而言，其論敵當然就是本土既有之典籍思想，中國古來高僧能降伏異論或度化異說者，多賴博學的知識背景，像慧遠以詩交於宗炳、雷次宗，皎然以詩友陸鴻漸。何況

---

❶ 《大正藏》，第54冊，頁240下。

儒、道二教也有其深刻玄妙的義理，因此，釋子精通本教經典律儀之後，即可推而廣學多聞，不應拘泥於內、外學之別。

　　宗教發展除了兼顧縱面的教理深度及廣面的信徒擴展，更重要的是必須對客觀環境作出必要的回應，做為穩固社會結構的儒家，一直是最能有效維護封建統治權威的力量；佛教以外來宗教身份，在教義和實際生活上都與封建統治階級有一定的矛盾，則佛教想要在中國社會普遍紮根，首先得解除這種衝突。所以佛教在發展的過程，一直朝向調合儒釋道三教的思潮發展，蓋贊寧目睹晚唐及五代沙汰沙門的歷史，對於佛教存續所面臨的危機有深刻反省，因此，他意識到佛教要能在以儒家為主流價值的中國社會發展，首先，不能違背王法，甚至要能有助於王法推展；其次，輔助儒家教化的不足。因此，贊寧為折衷佛教與儒家的衝突，在《宋高僧傳》的敘事態度上，時時顧及儒家的觀點，處處展現佛教有助於王法教化的優點，例如：在〈唐揚州龍興寺法慎傳〉中，特別強調法慎「以法皆佛法，故兼采儒流」的觀點：「慎與人子言依於孝，與人臣言依於忠，與人上言依於仁，與人下言依於禮。佛教儒行，合而為一。」❷其用意是希望以此降低儒家知識份子的排佛意識，進而獲得君王大臣的扶持，肯定佛教發展對王法教化的正面存在價值，有了當政者的外護，將有利於佛教的發展。從這一點看來，贊寧可說是後來契嵩《輔教編》倡導三教合一思想的先聲。所以，與其說是三教調和的過程，更準確地說是佛教與統治者的協調過程。

　　贊寧的態度，乃是為維護佛教發展而作的調整，從而看出其注

---

❷　范祥雍點校：《宋高僧傳》，卷 14，頁 346。

重現世的人間性格，這點不同於傾向山林佛教的慧皎和道宣，也因此而招致批評。這些批評的背後，隱藏的是人們對於所謂的「高僧」，該以何種態度來面對世俗世界的問題。批評贊寧的人，多半主張高僧應該採取高蹈遠俗的態度，這或許又牽涉到世俗對於高僧的傳統印象，像贊寧這樣不提倡高蹈，又贊同與時推移的觀念，就無法獲得固守山林佛教的修行者的認同。不過，贊寧雖然贊同與世俗世界，尤其是王法保持友善而密切的關係，並不表示他反對高蹈，事實上，在《宋高僧傳》中，多數高僧仍是居於山林寺院，尤其是禪僧；對於燒身燃指、佯狂神異等激烈的宗教行為，贊寧亦高度的讚嘆。

二、著重感應事蹟的宗教心理

僧傳藉由記錄時代高僧的修行典範，可以引發修行者更強烈的向道動力，所以往往在傳文中包含大量的感通神異事蹟的敘事。

文學敘事與歷史敘事最大的差異在於虛構的成分不同，僧傳的題材必然會涉及某些無法檢證或理解的神異或靈驗現象，這些內容該視為虛構還是真實呢？這時作者與讀者的認知可能會出現歧異。就僧史家贊寧而言，站在修行者的立場，不可思議的神蹟只是修行成果的附加產品，不足為奇；若就普通的讀者或歷史學者看來，這當中就充滿了虛構性的敘事內容。這時必須能跳脫歷史批評所強調的證據或所謂的歷史原貌，去了解僧傳中神異敘事的作用，才能進入信仰層次，從閱讀中去體會這些神異情節的意義。

《大智度論》云：「菩薩離五欲得諸禪，有慈悲故，為眾生取神通，現諸希有奇特之事，令眾生心清淨。何以故？若無希有事，

不能令多眾生得度。」❸所以，神通感應是僧傳敘事的一項重要特質，它並非成為高僧的必要條件，但是高僧的德行或修證功夫，往往伴隨神通的能力，適時的神通示現，有時能迅速激發一般人皈信佛法，其所產生的宗教信心，有時超越理性的講經說法。尤其靈驗事蹟對於凡夫心理很能產生說服力，所以，在《宋高僧傳》的敘事中，不只是〈感通篇〉，可以說多數僧傳或多或少都有關於神異事蹟的著墨，誠如贊寧所言：「展少小神功，使已發心、初發心、未發心、不信心、必信心五等人，目我神蹤，知有佛有神，有能有不能，有自然有非自然者。」❹

　　僧傳中事實與想像的界線最為複雜而難以釐清，透過想像重組傳主的經歷，往往伴隨編造傳主的神話成分，來強化宗教性傳記人物的典型性。然而我們承認僧傳中難以檢證的靈驗成分，並不會降低傳主的真實性。寫傳的活動，表面上藉由修辭和謀篇，事實上是經由主題、結構和解釋，再造傳主的一生。如果一味地以理性態度，試圖檢驗僧傳中難以解釋的感應內容是否虛構，而容不下超自然的啟示或經驗存在的可能性，並竭力摒除宗教信仰的寫作因素，所得到的傳主生平只是一些零星事蹟的拼湊，也很難稱為歷史真貌。

三、運用模擬史傳的實錄風格

　　《宋高僧傳》與前二部僧傳最大的不同在於贊寧是奉命修撰，完成之後必須進呈朝廷，因此其著作的觀點，往往得考慮君王閱讀

---

❸　《大正藏》，第 25 冊，頁 264 中。
❹　范祥雍點校：《宋高僧傳》卷 19〈唐嵩嶽閑居寺元珪傳〉，頁 476。

的角度，所以其史觀多少要符合朝廷的期待。贊寧〈進高僧傳表〉
云：

> 精求出類之人，取法表年之史。所恨空門寡學，釋胄何知！
> 或有可觀實錄，聊摹於陳壽；如苞深失戾經，宜罪於馬遷。
> 副陛下遺賢必取之心，助陛下墜典咸修之美。（頁1）

由此可見贊寧是以取法傳統史家的精神自期，精求傑出的高僧，以
實錄的態度，表揚時代賢德高僧的事蹟，來彰顯大宋太宗皇帝對佛
教復興的恩德。

　　《四庫全書總目提要》認為贊寧史筆有兩大缺失，一者，「中
間如武后時人，皆系之周朝，殊乖史法。」二者，「又所載既託始
於唐，而雜科篇中乃有劉宋、元魏二人，亦為未明限斷。」❺關於
前者，陳垣先生認為贊寧是按照歷史事實來紀年，所以反而是最合
史法：「武后于載初二年九月，既改國號曰周，直至中宗神龍元年
二月，始復國號曰唐，此時五年中，事實上為周，史家豈得稱之為
唐。」❻關於後者，《宋高僧傳》主要收錄唐五代至北宋初的僧
人，當中雜有劉宋、元魏僧人九位，這是因為三本高僧傳有互補連
貫的關係，前傳有缺，後書補之，目的不外盡可能不要遺漏值得傳
頌的高僧行誼，慧皎所收錄者以南方僧人為主，所以道宣在《續高

---

❺　〔清〕永瑢等：《四庫全書總目提要》卷 145，子部五十五釋家類《宋高僧
　　傳》下，頁 3020。

❻　陳垣：《中國佛教史籍概論》，頁 46。

僧傳》中補充梁代北方的高僧數位；而道宣所遺漏者，贊寧即於《宋高僧傳》補充。吳處厚《青箱雜記》提到贊寧曾撰〈非史通〉六篇等，為王禹偁所激賞❼，可知贊寧對史法頗為留意，並有個人獨到的見解，豈可說他不懂史法？王禹偁在贊寧進呈新修畢的《宋高僧傳》後，曾作詩〈寄贊寧上人〉，讚美贊寧雖僧侶而善於著史：「支公兼有董狐才，史傳修成乙夜開。」❽

　　北宋稍後於贊寧的契嵩、惠洪，則站在禪宗史家的立場，對傳統僧傳的史法多所批評。❾契嵩《傳法正宗論》主要在闡明達摩一系禪法的師承關係，對道宣和贊寧僧傳中，關於禪僧歷史的部分頗為不滿：

　　　　初宣律師以達摩預之習禪高僧，而降之已甚，復不列其承法師宗者，蒙嘗患其不公。而吾宗贊寧僧錄，繼宣為傳，其評三教乃曰：心教義加，故其論習禪科，尤尊乎達摩之宗，曰：如此修證，是最上乘禪也。又曰：禪之為物也，其大矣哉。諸佛得之昇等妙，率由速疾之門，無過此也。及考寧所撰《鷲峰聖賢錄》者，雖論傳法宗祖，蓋亦傍乎《寶林》、

---

❼　參見第三章，註㊱。

❽　王禹偁：《小畜集》卷7，《文淵閣四庫全書》，第1086冊，頁56。

❾　牧田諦亮認為惠洪在《林間錄》中指責屬於南山律系統的贊寧，其對禪僧有意無意的脫落的過失，以及所蒐集資料的偏見，於書中隨處可見。參見氏著：〈贊寧及其時代〉，《佛教人物史話》，頁368。阿部肇一也認為由之可見出兩者之間若干宗派對立的意識存在。參見氏著：《中國禪宗史》（關世謙譯，台北：東大圖書公司，1986年），頁598。

> 《付法藏》二傳矣，非有異聞也，然其所斷浮泛，是非不
> 明，終不能深推大經大論而驗實佛意，使後世學者益以相
> 疑，是亦二古之短也。❿

契嵩批評道宣論列「不公」，贊寧「所斷浮泛」，主要都是針對禪
宗傳承歷史的論述部分，認為傳統僧傳未能將禪宗傳承系譜表現出
來，這涉及到傳統僧傳與禪宗宗史編排方式不同，其敘事所強調的
重點自然有異，拿兩種不同體例的僧傳來作比較，很難有公允的評
判。

惠洪認為贊寧選擇高僧的地域偏於江南，資料搜集有所偏見，
而且對禪宗的理解和評述不當。〈題佛鑒僧寶傳〉云：

> 禪者精於道，身世兩忘，未嘗從事翰墨，故唐宋僧史皆出於
> 講師之筆。道宣精於律，而文詞非其所長，作禪者傳，如戶
> 婚按檢；贊寧博於學，然其識暗，以永明為興福，嚴頭為施
> 身，又聚眾碣之文為傳，故其書非一體，予甚悼惜之。⓫

惠洪批評道宣不擅文辭，所以禪僧傳記表達刻板，而贊寧雖然學識
淵博卻見識愚昧，以致將延壽歸於〈興福篇〉、全豁歸於〈遺身

---

❿　《傳法正宗論》卷下，收錄於《大正藏》，第 51 冊，頁 783 中。
⓫　《石門文字禪》卷 26（四庫全書珍本，台北：台灣商務印書館，1981 年），
　　頁 4-5。此外，惠洪在《石門文字禪》卷 23〈僧寶傳序〉、卷 25〈題修僧
　　史〉中，也有許多對贊寧《宋高僧傳》不假詞色的批評。

篇）。⑫其次，惠洪指出《宋高僧傳》連綴碑傳以成文，所以敘事文體時有不一致的現象，這確實是《宋高僧傳》文體的一大缺點。雖然贊寧在擷取他人碑傳時，會酌加增刪，以符合僧傳的宗教意識，但也許是編撰的時間太短促，以致無暇將全書敘事文字風格作一統整。

然而，我們不該只是一味探求作者寫作的年代，以及傳主生存年代的真實性，更應注意讀者面對文本的年代，這當中有三層不同的歷史情境：一是傳主的，二是作者的，三是讀者的。因此，對於僧傳的研究，應該關照這三者不同的歷史情境的交織，所產生的敘事結果，並針對文本本身的宗教性，深入更核心的宗教精神的詮釋層次。歷史研究可以做為我們詮釋活動的前理解，增加我們對於文本歷史背景的掌握，以便更能深入解釋文本，但是，若只停留在歷史考證的階段，其實與真正的理解活動已經脫節。

第二節 《宋高僧傳》的敘事主題

一、高僧的聖化敘事

若視文本為作者話語的表述，則對文本的理解，即是讀者與作者之間互為主體的對話。⑬作者透過僧傳的敘事，意圖讓讀者瞭解

---

⑫ 關於惠洪對此二人歸屬的質疑，已於第三章第三節第二目文本體例中解釋過。

⑬ 參考巴赫金（Bakhtin,M.M.，1895-1975）著，白春仁等譯：《巴赫金全集第四卷・文本的問題》（石家莊：河北教育出版社，1998年），頁300-301。

什麼呢？

任何敘事文體必然都有一內在於其敘事結構所決定的基本意涵。敘事學所強調的敘事主題，指的就是文本內容的意義或基調，這關係著作者對於題材的特殊態度。當我們閱讀僧傳時，會發現高僧生平敘事某種模式化的情形，這是因為作者除了敘述高僧的生命歷程之外，其實更藉此模式向讀者揭示一種修行者的生命態度。由於《宋高僧傳》基本敘事結構是以傳主完整的生平作為架構，若就敘事主題而論，高僧誕生與臨終、捨俗出家、求道與度生的情節，正是作者藉以將高僧生命予以聖化❹的重要環節。

㈠ 誕生瑞兆

《宋高僧傳》的敘事模式是在每傳的開始，介紹傳主的家世出身後，藉由對高僧特殊的出世因緣的經營，來暗示傳主秉具宿世善根，出生有其願力因緣，使得高僧具有本質的、先天的聖者品質。

---

❹ 伊里亞德（Mircea Eliade，1907-1986）從「聖」與「俗」的二元對立結構之辯證性、顯聖類型與象徵系統等，展開對於宗教經驗意義的揭示及宗教現象的闡釋，主要是以神聖的本質探究作為宗教核心。他認為宗教是人對神聖的體驗，而視神聖為人類意識結構中的要素。事實上，伊里亞德所用的「神聖」概念的意義，是從奧圖（Rudolf Otto，1869-1937）的觀念借用來的。奧圖所從事的是宗教經驗的型態分析，其「神聖」一詞是與「凡俗」相對立的概念，指涉的是那個超脫於世俗的世界。參見氏著：《聖與俗：宗教的本質》（台北：桂冠圖書公司，2000 年），頁 59。蔡耀明主張佛教不應採用西方宗教學的「神聖」概念，應將「神聖」（sacred）一詞的「神」字去掉，直接以「聖」或「聖化」（sanctification）來代替。參見氏著：〈從佛教的聖化觀探討《大般若經・第四會》的般若波羅蜜多的聖化理路：兼論在親見不動佛國的時刻表現出來的對聖境的感知品質〉，收錄於盧蕙馨編：《宗教神聖：現象與詮釋》（台北：五南出版社，2003 年），頁 210-222。

這種高僧出生的經過，包括母親懷胎、誕生等，往往有特殊的徵兆可循，例如：窺基之母「夢掌月輪吞之，寤而有孕。及乎盈月誕彌，與群兒弗類，數方誦習，神晤精爽。」⑮道氤之母「夢五色雲覆頂，因有娠焉」，「迨乎誕彌，異香芬馥。成于童稚，神氣俊秀，學問詳明。」⑯弘忍母親懷孕時，月光照耀他家，使得屋宇如同白晝一般。出生之時，「灼爍如初，異香襲人」，全家驚喜異常。⑰法欽託孕時，他的母親「忽夢蓮華生於庭際，因折一房，繫於衣裳，既而覺已，便惡葷羶。」⑱無業的母親「忽聞空中言曰：『寄居得否？』已而方娠。誕生之夕，異光滿室。及至成童，不為戲弄，行必直視，坐即跏趺。商從緇徒，見皆驚歎，此無上法器，速令出家，紹隆三寶。」⑲文綱誕生之日，「白鶴翔集，若臨視焉。」在襁褓中，即過午不食母乳，堅持齋儀。⑳清觀「初彌誕，手足指間有幕蹼屬相著焉，佛經所謂綱漫相也。」㉑這是佛陀三十二相之一，謂手足指間，縵網交合，猶如鵝王之足。㉒這種誕生瑞兆的例子在僧傳中不勝枚舉，作者運用追溯高僧出胎的種種異徵，強化其人與眾不同的降生因緣，以彰顯日後成為高僧其來有自。

---

⑮　范祥雍點校：《宋高僧傳》卷4〈唐京兆大慈恩寺窺基傳〉，頁63。

⑯　同前註，卷5〈唐長安青龍寺道氤傳〉，頁97。

⑰　同前註，卷8〈唐蘄州東山弘忍傳〉，頁171。

⑱　同前註，卷9〈唐杭州徑山法欽傳〉，頁210。

⑲　同前註，卷11〈唐汾州開元寺無業傳〉，頁247。

⑳　同前註，卷14〈唐京師崇聖寺文綱傳〉，頁331。

㉑　同前註，卷20〈唐天台山國清寺清觀傳〉，頁526。

㉒　「三十二相」其中之一即「手足指縵網相」，其特徵是手足指間生蹼狀之縵網，張手可見。參見《望月佛教大辭典》，頁1554-1560。

　　僧傳中藉由出生情節，將高僧形象聖化的作法，應是受到佛經中關於佛陀降生敘事的影響。藉由追溯高僧出世的種種瑞兆，來強調其先天之「聖」的特質，引發讀者高山仰止的希慕情操。

　　高僧出世的特殊瑞兆，顯示其具備宿世善根和不凡的根器，並暗示他必將走向修行之道。僧傳中強調高僧先天的出生因緣和特殊的秉性，用意在彰顯他們成為一位修行者有其不同於世俗的特質，這使得高僧與俗人在先天上就有了區隔，這種作法一方面可以滿足讀者宗教崇拜心理的需求，另一方面，卻也讓凡夫眾生產生難以企及的距離感。因此，僧傳中既要有具備先天的聖性的高僧，也要有後天由凡成聖的例子，才能使高僧行跡成為後來的修行者可以踏隨的目標。因此，有些高僧並無特殊的出世瑞兆，而是經由後天遭遇或對人生的感悟而決定出家，這顯示佛教不是宿命論者，修行是人人可以透過生命的反省而取決的一條道路；修行之因可以來自過去因緣，也可以是今生的醒悟，這更符合眾生佛性本具，佛道人人可成的平等性。

㈡ 捨俗出家

　　印度古代即有各種修行沙門，他們捨棄家庭，從世俗生活中出離，專一致志於解脫道。在佛教中，從世尊時代即建立起以出家方式來修行的僧團制度，他們以生命真諦為人生唯一的追尋目標，斷欲去愛，成為一位全然的出家人。這種捨俗求道的方式，源自印度特有的文化背景和宗教傾向，卻是佛教在中國發展的過程中，備受批判的因素，因為這是對中國固有的家庭倫理最大的背反。

　　捨俗出家的舉動是一個從世俗世界度越到出世世界的分界點，因此，高僧發心出家的心路歷程，是僧傳敘事很重要的一環——是

其從凡轉聖的重要轉折。從捨俗歷程的敘事當中，我們可以看到高僧內心世界的變化，例如：卷十二〈唐袁州仰山慧寂傳〉中，敘述慧寂十五歲時想要出家，父母不允，至十七歲父母仍猶豫未決，但這時慧寂出家因緣已成熟：

> 其夜有白光二道從曹溪發來，直貫其舍，時父母乃悟是子至誠之所感也。寂乃斷左無名指及小指，器藉跪致堂階，曰：「答謝劬勞！」如此，父母知其不可留，捨之。（頁290）

由慧寂斷指之舉，見其出家非同兒戲，向道意志堅貞，若非宿世善根，豈能若此！又如子鄰之父向不喜三寶，或見桑門，必加呲唾，但他幼即有意出家，遂在未得父母同意之下私自出家。㉓悟空則是「病中發願，瘥當出家。」㉔

　　高僧出家緣於善根自然發露者不少，師備少年憨黠，酷好垂釣，往往泛小舟自娛，「其舟若虛，同類不我測也。一日，忽發出塵意，投釣棄舟，上芙蓉山出家。」㉕惠符弱冠之後，「勇氣過人，角力馳逐，無能及者。然其任俠，且厭在家。忽投香嚴寺，矯跡柔心，淳淑頓變。納法之後，練行孤標，每夜沿山據草座，安禪不動。」㉖慧恭年十七舉進士，將到京闕，因遊終南山奉日寺，見

㉓　慶修律師問曰：「父母云何？」子鄰對曰：「不令堂親知，知則遭箠捷矣。」
　　范祥雍點校：《宋高僧傳》，卷3〈唐京師大安國寺子鄰傳〉，頁48。
㉔　同前註，卷3〈唐上都章敬寺悟空傳〉，頁50。
㉕　同前註，卷13〈梁福州玄沙院師備傳〉，頁305。
㉖　同前註，卷19〈唐廬江灊山天柱寺惠符傳〉，頁477。

祖師遺像，釋然世綱，遂求出家。㉗法欽二十八歲因赴京趕考途中值遇鶴林玄素，忽有所警悟而出家。㉘他們的出離，好像是在生命的進程中，水到渠成的結果。

真表出身射獵之家，善用弓箭，其出家緣於一次狩獵之餘，折柳條將蝦蟆貫成一串置於水中，擬做為食物。但入山網捕之後，即忘記此事。隔年，他又到同處打獵，聞蝦蟆悲鳴之聲，方才憶起去年之事，深感自為口腹之欲，令彼經年受苦，而發心出家。因自思惟：「我若堂下辭親，室中割愛，難離慾海，莫揭愚籠。」由是逃入深山，自以刀斷髮，誠苦懺悔，志求戒法，可見他為免於辭別眷屬難以割捨，竟是不告而別，讀此很難不為其出家的魄力所感動。真表從此日夜精進，心心無間，念念翹勤，一七日，見地藏菩薩手搖金錫為說戒前方便；二七日見大鬼、魔王百般侵擾；三七日於銀色世界見彌勒菩薩為其摩頂授戒。㉙從真表出家的心路歷程，知其從盲昧而醒悟，進而精進行道的蛻變之跡。

捨俗是高僧生命最重要的轉捩點，它是一個生命的儀式，從此展開不同於凡夫俗子的求道之旅，所以是捨了凡俗，得了法身。這往往必須經歷難忍能忍的割捨煎熬，以卷十二〈唐洛京廣愛寺從諫傳〉為例，他是少數壯年忽深信佛理，「遂捨妻孥」出家的高僧，甫登戒地，即頓悟玄理，經歷會昌法難，至大中初，宣宗復教，方還洛邑舊居：

㉗　同前註，卷 12〈唐天台紫凝山慧恭傳〉，頁 291。
㉘　同前註，卷 9〈唐杭州徑山法欽傳〉，頁 210。
㉙　同前註，卷 14〈唐百濟國金山寺真表傳〉，頁 338。

> 其子一日自廣陵來覲，適與諫遇于院門，威貌嚴莊，不復可
> 識。乃問曰：「從諫大德所居？」諫指之東南可尋。其子既
> 去，遂闔門不出，其割裂愛網又若此也。（頁 278）

雖僅描述從諫與其子巧遇卻忍心不認的片段，卻表現出從諫「割裂
愛網」，難忍能忍，超越凡情的宗教品格，而作者的敘事語氣也頗
見嘉許之意。事實上，「捨俗」一事，在世、出世法即存在兩極的
看法，在俗情論，違逆人倫常理；在緇徒中，卻是難捨能捨的大丈
夫。

作為高僧傳記，敘事內容不出高僧自度度人的生命典範，對於
高僧出家前世俗生活的一面，往往略而不談。當然，多數高僧是緣
於宿世善根，幼年即篤志出家，只有少數高僧是經歷世俗滄桑後，
中年才斷然出塵的，僧傳對這些人早年的經歷往往一筆帶過，如卷
二十八〈宋錢塘永明寺延壽傳〉僅言：「壽捨妻孥，削染登戒。」❸⓿
道樹年近四十才出家求法❸❶，若有家室，應屬正常，傳文也略而不
談，使讀者失去深入了解其「出離」因素的機會。僧傳這種作法，
可能是來自作者將聖與俗截然二分的思維，為了保持高僧完美的出
世形象，而刻意省略其世俗面。

㈢ 求道度生

世尊苦修證道，然後遊化度生的歷程，成為後代修行者一生行
道的典範模式。高僧傳記的獨特性，即展現在其自悟過程和利他的

---

❸⓿　同前註，頁 708。

❸❶　同前註，卷 9〈唐壽春三峯山道樹傳〉，頁 212。

教化方式上，所以敘事主題環繞在高僧如何修行證道和度化眾生兩方面的成就，這兩大主題與佛教的修行觀和成佛之道有密切的關係。當然，不是每篇傳記都模式化地並述二者，有些傳記著重於高僧修道歷程的呈現，有些則以弘法度生為主要內容，但它確實是僧傳最重要的敘事主題。

　　大乘佛教的興起，是佛涅槃後，佛弟子內依個人對佛法的理解與定慧經驗，外順當時的政經文化背景以及人心需求，從佛法中逐漸推衍出來的。㉜大乘菩薩道可以分為兩種典型：一種是發心先濟渡一切眾生，然後自己才成就佛果位；另一種是為了濟渡一切眾生之故，而發起自己要迅速成就佛果位的勇猛心。二者共同的目標都是為令一切眾生離苦得樂，以這樣的發心而欲修行，即是菩提心。所以，菩提心是基於為利益一切有情，發願圓滿佛道的一種強烈的內在動力。僧傳主要的內容就是在記錄不同高僧一生上求下化的方式和歷程，提供後人一個值得仿效的修行路徑。《宋高僧傳》中有多處直接或間接表明高僧出家修道，但為實現菩提道。例如：法持

㉜　印順法師認為大乘佛法興起的原動力，是緣於佛弟子對佛陀涅槃的永恆懷念所引發。參見氏著：《初期大乘佛教之起源與開展》（台北：正聞出版社，1980 年），頁 11-17。釋如石則謂「渴望無限」、「追求超越」、「嚮往圓滿」是人類普遍的一種深層心理需求，也是一切宗教發展最主要的原動力。具足大乘種性的弟子，由此心理，引生效法佛陀成就無上菩提、廣度眾生的心力，其意識表面所呈現的對佛陀的「永恆懷念」，其實是由潛意識裡見賢思齊而想要「仿效佛陀」的心理動力所引發而來的。參見氏著：〈大乘起源與開展之心理動力──永恆懷念是大乘起源與開展的動力嗎？〉，《中華佛學學報》第 14 期（2001.09），頁 4。

· 302 ·

「遺囑令露骸松下，飼諸禽獸，令得飲食血肉者發菩提心。」❸❸無著說他出家的初心，乃為「求大乘菩提心」。❸❹誠慧「恒轉華嚴經，數盈百部，每至卷終，懇發願曰：『以我捧經之手，救彼苦惱之人。』」❸❺在在展現高僧所行、所求，都是在實踐菩提道，透過對高僧堅貞的向道心性以及無我利他精神的描述，更加強化其超越凡俗的聖者形象。

　　求道源自於對「人生是苦」的體認和深思，因而尋求解脫現世痛苦的方法，僧傳中即著力於刻畫高僧求道的堅苦卓絕，例如：弘忍不畏艱辛至雙峰學習僧業：「夜則斂容而坐，恬澹自居，泊受形俱，戒檢精屬。信每以頓漸之旨，日省月試之。忍聞言察理，觸事忘情，瘂正受塵，渴方飲水如也。信知其可教，悉以其道授之。」❸❻弘忍得法衣後，大開禪門，號為東山法門。道俊修東山無生法門，「勤潔苦行，跡不出寺，經四十餘載。」❸❼志遠先參荷澤宗風，解悟幽旨，經營僧事，如此服勤六年，然後辭師尋禮，往天台參學，終於「該通妙理，定慧雙融，解進於行，十乘境觀，起自一家。」他日常細行綿密，「業精道邈，志苦神和，臥不解衣，食非別請。時歲不稔，樵炊屢乖，每掬水溯流，將期永日。體有瘡疥，手不塗摩，戒檢遵修，警慎心口，常以四種三昧鍊磨身心。」志遠了達開示悟入之門，每有緇素負才學者，異其辯說，總能「即遮即

---

❸❸　范祥雍點校：《宋高僧傳》卷 8〈唐金陵延祚寺法持傳〉，頁 182。

❸❹　同前註，卷 20〈唐代州五台山華嚴寺無著傳〉，頁 508。

❸❺　同前註，卷 27〈後唐五台山王子寺誠慧傳〉，頁 691。

❸❻　同前註，卷 8〈唐蘄州東山弘忍傳〉，頁 171。

❸❼　同前註，卷 8〈唐荊州碧潤寺道俊傳〉，頁 183。

照，破立同時，依正圓融，凡聖平等，豁開心目，物我雙亡。」❸
可見高僧經歷如同脫胎換骨的修持磨鍊，更彰顯其所追求的生命解
脫，是一種超越世俗價值，具更高理想的終極目的。

在大乘佛教中，離俗出家只是一個過程，更重要的是經由宗教
訓練，達到一定的定慧基礎之後，才是僧侶責任的開始——實踐度
化如母有情離苦得樂的誓願。真正的修行人，令人敬服之處，並非
他的苦行、法術或神通事蹟，而是其無我精神的實踐，這才是他們
成為聖者的標記。在佛教看來，聖與俗並非對立，如同慈悲與智
慧，是高僧修行成就的兩面，其生命境界並非抽離世俗世界之外才
能保持聖潔，而是具體融入真實生活的每個細節，以其定慧能力，
為眾生作最大的濟度。例如：代病師「以其嘗發大願盡一報代眾生
之病，致本名不顯。」❸僧伽以各種神通能力為眾生療病除災。❹
因此，利生事業是成為高僧的重要指標，僧傳敘事的重點即在刻畫
高僧或譯經、或講經說法、或以神通治病、或祈雨、建寺、或從事
慈善救濟等，各以其性格才能所及來作利他之事，呈現高僧作為佛
法住世的代表，充分實踐其繼承佛陀度脫眾生出離生死的本願。

從第四章的敘事結構分析，已經歸納出僧傳的敘事模式是以捨
俗→求道→利生為基本情節元素，雖然個別傳記的敘事側重點有
異，卻不出求道、利生這兩大主題。為一切眾生故，上求菩提，下
化眾生，這兩方面的實踐是不可分割的，贊寧即是以《宋高僧傳》

---

❸　同前註，卷7〈唐五台山華嚴寺志遠傳〉，頁139。

❸　同前註，卷26〈唐晉州大梵寺代病師傳〉，頁669。

❹　同前註，卷18〈唐泗州普光王寺僧伽傳〉，頁448。

中諸位高僧求道利生的種種方法和事蹟的身教來揭示菩提道。

四 臨終徵相

高僧臨命之時，可說是其一生修行道果的最後檢證；同時，以他的生命對眾生作最後一次的教示。因此，臨終敘事最能呈現高僧的修行品質和生命境界，如同經典中記錄佛陀涅槃的過程，一直感動並激勵著後代的修行者。

《宋高僧傳》如何描述高僧臨終的經過情形呢？包括高僧預示他即將死亡、示寂的方式、色身的變化、示現的祥瑞、周圍有情與無情環境的變化、身後遺體的處置等細節。這些徵相，一方面作為高僧的道行證量的驗證，一方面成為其被選入僧傳的一項資格證明，所以僧傳中對高僧臨終的敘事鋪陳遠較出生詳細得多。

高僧臨終前普遍具備預知時至的能力，例如神會弟子靈坦於荷澤忌日，告眾曰：「吾赴遠請，七月示疾，九月將滅，斯預告也。」❹果如所言。圓紹告眾：「急急自了去，本為逃生死，若不解玄旨，何時得脫？吾景逼崦嵫，此為最後之言也。」❹隨即坐化。常遇召門弟子曰：「爾可檢護戒足，好住餘生，吾與汝決矣。」❹言訖，儼然蟬蛻。

高僧示寂的過程，多從容無礙。代病師已加趺示滅，然四眾以為他入禪定，香花供養，隔年膚肉漸堅，方知永逝。❹鴻莒加趺長逝，至當夜三更，手敲龕門三下，弟子哭泣開啟，云：「吾告汝

---

❹ 同前註，卷 10〈唐揚州華林寺靈坦傳〉，頁 224。

❹ 同前註，卷 13〈唐東京封禪寺圓紹傳〉，頁 302。

❹ 同前註，卷 21〈唐清涼山祕魔嚴常遇傳〉，頁 542。

❹ 同前註，卷 26〈唐晉州大梵寺代病師〉，頁 669。

等，與吾換新衣裳，緣佛土諸上善人嫌吾服章不淨。」服異畢而終，頂暖七日。❹其中禪僧臨終，往往示現一種戲劇性的遊戲神通——來去自如，瀟灑不羈，例如：天然禪師戴笠策杖穿鞋，垂一足未及地而卒。❻良价從容往生，時弟子悲號，价忽然開目而起曰：「夫出家之人，心不依物，是真脩行。勞生息死，於悲何有？淪喪於情，太麤著乎？」❼行因下床才幾步路間，屹然立化。❽居然能在行步之中捨壽，這又是一個特異之例。更有甚者，隱峰禪師倒立而化，到了火化之前都還筆直不動，其妹為尼，一見此狀，罵他：「老兄疇昔為不循法律，死且熒惑於人。」遂以手指將隱峰推倒。❾這些都是生死自在的修行功夫，化成一次戲劇性的表演，似乎向世人證明他們已經跳脫死亡的桎梏。

高僧臨終之時，外界包括有情眾生與無情的自然環境，感應到聖人的逝去，往往呈現許多相應的徵兆和變化。例如：普願足不出南泉三十年，將命終前，有白虹貫於禪室後峰，有人占云：「得非南泉謝世乎？」當日西峰巨石崩下，乳虎遶禪林而號。普願謝世之時，眾弟子泣血於山門，哀號聲震於崖谷。❺員相因病去世時，「房內長虹若練而飛上天，寺塔鈴索無風自鳴。其大門屋壁畫剝

---

❹　同前註，卷 25〈後唐溫州小松山鴻莒傳〉，頁 641。
❻　同前註，卷 11〈唐南陽丹霞山天然傳〉，頁 251。
❼　同前註，卷 12〈唐洪州洞山良价傳〉，頁 280。
❽　同前註，卷 13〈周廬山佛手巖行因傳〉，頁 315。
❾　同前註，卷 21〈唐代州北台山隱峰傳〉，頁 547。
❺　同前註，卷 11〈唐池州南泉院普願傳〉，頁 256。

落，每夜有鼓角聲，經百日方息。」❺❶惠忠世緣將盡時，出現許多徵兆，包括他的掛衣藤盛夏忽然枯悴；靈芝仙菌且不復生；法座無故水出繞座而轉，這些都是超乎常態的現象。隔年，惠忠即在端雲覆剎，天樂聞空的情境下，怡然坐化。當時「風雨震盪，樹木摧折」，當晚僧徒咸見「白虹直東西，貫於山中，鳥獸哀鳴，林壑嚴間哭聲數日方止。」七月天雨清涼，群鶴徘徊於棺柩之上，護送到山門。這一段對有情眾生眷戀不捨的情境描述相當深刻感傷，惠忠之靈也似有感而回應，以致「墳內放光，迴照山林」。❺❷少康往生時，「身放光明而逝，天色斗變，狂風四起，百鳥悲鳴，烏龍山也一時變白。」❺❸

關於高僧肉身的處理部分，其茶毘❺❹之時，往往示現許多祥瑞。例如：無業禪師跏趺而坐，奄然歸寂。茶毘之時，道俗號慕，如喪考妣。「卿雲自天，五色凝空，異香西來，郁馥氛氳，闔境士庶，咸皆聞睹。及薪盡火滅，獲設利羅，燦若珠玉。」❺❺遂端加趺坐化時，口中出青色蓮花七莖，葬於東山二十餘年間，墳塋屢屢發光，後開視之，形質如生。❺❻有的高僧將遺體布施眾生，以其願力與食者結下當來救度的深緣。例如：法持遺囑令將遺體置於林間，

---

❺❶　同前註，卷 29〈唐成都府法聚員相傳〉，頁 719。

❺❷　同前註，卷 19〈唐昇州莊嚴寺惠忠傳〉，頁 495。

❺❸　同前註，卷 25〈唐睦州烏龍山淨土道場少康傳〉，頁 633。

❺❹　關於茶毘，受到中國風土禮俗的限制，早期僧侶尚不被准許火化遺體，只好順俗改為土葬，如慧皎《高僧傳》卷 11〈釋玄高〉：「（玄高）欲闍維之，國制不許，於是營墳即窆。」《大正藏》，第 50 冊，頁 398 上。

❺❺　范祥雍點校：《宋高僧傳》卷 11〈唐汾州開元寺無業傳〉，頁 249。

❺❻　同前註，卷 25〈唐明州德潤寺遂端傳〉，頁 638。

布施鳥獸，令得飲食其血肉的禽獸具發菩提心，施身當日，「空中有神旛數首，從西而來，繞山數轉，眾人咸見。」❺從諫遺旨將屍體棄於尸陀林，施諸鳥獸。結果過了三天，肌貌如生，一無近者。❺

有些高僧遺體有頂暖相，甚至以手或屈指來告示他所證的果位，例如：道晤跏趺坐亡五年後，忽舉右手，狀若傳香。贊寧系曰：「凡諸入滅舉其指者，蓋是其得四沙門果之數也。昔求那跋摩舉二指而滅，言已證二果歟？其次，法京垂滅屈三指，慧景反握二指，捋之還屈。今晤之伸指，豈不同諸？」❺

不過，贊寧雖重視以臨終敘事來證明高僧修行的成就，基本上，身為佛教史家，他有非常尊重客觀事實的性格，不會因此而美化僧人或掩飾缺失。有意外亡故的高僧，也直書不諱，像懷濬能知未兆之事，卻無法躲避自己遭人害死，而身首異處。❻這都說明了高僧之為高僧，在其一生的修持過程，不會因不得善終而有所減損，同時，吻合佛教隨業受報的道理。

二、理想的高僧典型

贊寧身為佛教史家，這身分使他必須具有較廣闊的視野，接受更多不同的僧格，利用選取具時代代表性的高僧，強調某種行為或性格特質的共性，藉以反映出當時佛教發展的特質。❻僧傳將高僧

---

❺ 同前註，卷 8〈唐金陵延祚寺法持傳〉，頁 182。
❺ 同前註，卷 12〈唐洛京廣愛寺從諫傳〉，頁 279。
❺ 同前註，卷 29〈唐溫州陶山道晤傳〉，頁 726。
❻ 同前註，卷 22〈晉巴東懷濬傳〉，頁 562。
❻ 這些能力或特質應可反映出佛教徒心目中所重視的條件，以及對於宗教人物

實踐菩提道的一生，通過從出生、捨俗、求道、利生到捨壽的敘事環節，建立起高僧超俗的聖化性格，成就一個崇高的修行典範。❷另一方面，從這些高僧共通的人物特質，可以理解作者心目中的高僧典範。

　　《宋高僧傳》因是奉命撰述，贊寧自然瞭解其書第一位讀者是皇帝，如何呈現一個兼具修行證量和住世利生的高僧形象，以博取君上對佛教的認同，是他編撰僧傳必須考量的問題。此書一旦獲得認可得以流傳之後，便具有正統性地位和強大的宣教功能，因此，僧傳本身即肩負了呈現一個宗教人物的典範，並隱含以宗教達到道德勸化的意味，這是贊寧作傳時即被賦予的使命。加上本身身為僧人，希望藉此溝通僧俗的歧見，完成教門內能勸化信徒，教外能傳達合於普世價值的目的。因此，贊寧之為此傳，由於主、客觀環境

的印象和期許，而這些條件即共同反映其「宗教心態」。蒲慕州：〈神仙與高僧──魏晉南北朝宗教心態試探〉，《漢學研究》第 8 卷第 2 期（1990.12），頁 155。

❷ 威廉·詹姆斯（William James）將「宗教在性格上成熟的結果」總稱為「聖徒性」（Saintliness）。具有聖徒性者，以宗教情緒為個人力量的恆常核心，其特徵有：一者，一種更寬廣的生命之感，高於此世界自私、瑣碎的利益。一種對於理想力量（Ideal power）的信念，不只是理智上的，而且是以彷彿可感觸的方式相信。二者，感到此理想力量與生活有一種親切的聯繫，願意委身於它，受其支配。三者，當封閉的自我界線消融時，產生一種巨大的振奮與自由之感。四者，情緒中心轉向愛與和諧般的情感，關注於非自我中心的要求。這些內在狀態，則會帶來苦行主義（Asceticism）、強健的靈魂（Strength of Soul）、純淨（Purity）和慈悲（Charity）的特質。參見氏著，蔡怡佳、劉宏信譯：《宗教經驗之種種：人性的探究》（台北：立緒出版社，2001 年），頁 326-328。

影響，一開始即有一定的目的考量和觀點的設限，不同於禪門燈錄只為整理宗門正統法脈的流傳，也就是贊寧所面對的是比宗派傳記更嚴苛的條件限制和規範。

律學出身的贊寧本身就是一個博學多能的人，同時為了令統治階層理解佛教具有兼容並包的特質，並不與中國傳統文化相牴牾，因此，《宋高僧傳》中經常強調高僧的儒學背景或兼習不同教派的學說，例如：善無畏本是中印度王子，讓位出家，「風儀爽俊，聰叡超群，解究五乘，道該三學，總持禪觀，妙達其源，藝術伎能，悉聞精練。」⑥澄觀資質「俊朗高逸」，出家後，先學戒，再學經論，然後往謁慧忠、徑山學南宗禪法，復從慧雲禪師學北宗禪，自念言：「五地聖人，身證真如，棲心佛境，於後得智中起世俗念，學世間技藝，況吾學地，能忘是心？」遂廣學經、傳、子、史、小學等，以及天竺《悉曇》諸部異執，四圍、五明、祕咒、儀軌，乃至篇頌筆語書蹤，一皆博綜，「多能之性，自天縱之。」⑥法慎提倡「佛教儒行，合而為一」，曇一因內外兼習而「公卿響慕」。贊寧似乎刻意呈現唐代高僧的家世背景及儒業學養，顯示佛教僧侶的文化素養，以抬高僧侶的社會認同。

宗密嘗因禪行不純而飽受批評，裴休在〈圭峰禪師碑銘并序〉中，為宗密禪教兼習的作風提出解釋：

> 議者以大師不守禪行，而廣講經論。遊名邑大都，以興建為

---

⑥　范祥雍點校：《宋高僧傳》卷2〈唐洛京聖善寺善無畏傳〉，頁17。
⑥　同前註，卷5〈唐代州五台山清涼寺澄觀傳〉，頁105。

務。乃為多聞之所役乎?豈聲利之所未忘乎?嘻!議者焉知
大道之所趣哉!夫一心者,萬法之總也。分而為戒定慧,開
而為六度,散而為萬行。萬行未嘗非一心,一心未嘗違萬
行。禪者,六度之一耳,何能總諸法哉?且如來以法眼付迦
葉,不以法行。故自心而證者為法,隨願而起者為行,未必
常同也。然則一心者,萬法之所生,而不屬於萬法。得之者
則於法自在矣,見之者則於教無礙矣。本非法不可以法說,
本非教不可以教傳,豈可以軌跡而尋哉?……故大師之為道
也,以知見為妙門,寂靜為正味,慈忍為甲盾,慧斷為劍矛。
破內魔之高壘,陷外賊之堅陣,鎮撫邪雜,解釋縲籠。㊅

贊寧的佛學思想傾向,具有綜合性的特質,他與裴休看法一致,都
反對宗派之間的門戶之見,對於某些但習禪坐,與教門壁壘對立的
禪僧特表不滿,所以在〈宗密傳〉中,全幅引用裴休所寫〈圭峰禪
師碑銘〉的內容,並對能兼習經教的宗密,大加讚賞:「密公之行
甚圓」。㊅

　　卷十六〈漢錢塘千佛寺希覺傳〉雖然沒有系通,但在生平敘述
至命終後,又加上一段補述,內容相當於評述,只是未冠上「系
曰」之名:

㊅　〔清〕董誥等奉敕編,陸心源補輯拾遺:《全唐文及拾遺》卷 743,頁
　　3452。
㊅　范祥雍點校:《宋高僧傳》卷 6,〈唐圭峯草堂寺宗密傳〉「系曰」,頁
　　127。

> 覺之執持，未嘗弛放，勤於講訓，切於進修。學則彌老而不
> 休，官則奉身而知退，可謂高尚其事，名節俱全，長者之
> 風，藹然如在。（頁403）

贊寧親侍希覺往生，並且對他評價極高。希覺精於律典外，受家學
淵源影響亦精於儒學，長易經，生平亦任僧職，老而解職之後，能
盡享山居吟詠之樂，在世、出世法上可說是「名節俱全」。這是贊
寧所欽羨，也是他理想的生命典範。

綜觀全書，贊寧理想的高僧，除了畢生致力於求道利生之外，
學養方面，本身必須內外兼備，儒釋具通，具備博綜多學、兼容並
備的性格特質；在修行方面，包含經教、戒律和禪定三者兼習，是
贊寧所認同的正規僧侶必備的訓練，兩方面俱全，乃為理想的高僧
典範。

從修行者的角度而論，這樣的高僧形象，擴大了中國傳統文化
價值中，以修身齊家治國平天下為主的道德修養路徑，為中國文化
中的聖賢傳統，添加另一種新的典型。同時高僧典範在佛教弘傳的
過程中，一直起著鞏固佛教在中國發展的社會地位和啟發示範的作
用。

三、揭示修行之道

僧傳的十科分類，其實就是十種可行的修行方向的教示，同
時，揭示了依這樣的方法走過這條成佛之道的高僧範例。多數高僧
的一生，如同卷十六〈唐江州興果寺神湊傳〉中的神湊一般精進行
道：

> 以精進心脂不退輪，以勇健力撾無畏鼓，故登壇秉法垂三十
> 年。一盂而食，一榻而居，衣縫枲麻，坐薦薹秸。由茲檀施
> 臻集于躬，即迴入常住無盡財中，與眾共之。每夜捧鑪秉
> 燭，行道禮佛，徇十二時，少有廢關，如是經四十五載。
> （頁391）

讀者覽此，能不對畢生行道的修行者五體禮敬乎？

　　僧傳塑造高僧修道的宗教典範的用意，乃在勖勉讀者發起精進求道的意志，所以，除了秉具夙慧善根的高僧典範之外，更重要的是提撕一種為法忘身的精進行道的動力。即使像牛雲這種先天智慧不足的人，出家亦被人看輕，他以堅定的意志，為求開智慧而跣足至五台山，惟求聰明，學誦經法，以其至誠而感得文殊現老人身為他斷除心頭淤肉，從此心意豁然，誦經念法，歷耳不忘。牛雲感恩，「行悲行泣，接足而禮，未舉頭頃，不見菩薩矣。」❻⓻文照本亦敦朴遲訥之人，常恨受性昏濁，一日夢觀音授他聰明經一卷，即《金剛經》，誦七次而便驚寤，自此聰敏日新，辯給自如。❻⓼這樣的故事具有很強的勵志效果，使所有凡夫從此生此刻開始，升起踏上追求成佛之道的勇氣。

　　其實，僧傳作者在描述傳主真實事蹟時，在不影響事實的前提下，透過修辭安排，使得歷史不只是歷史，而更多了宗教和道德上的作用。詹姆士・柏諾・羅賓森認為印度八十四大成就者的傳記

---

❻⓻　同前註，卷21〈唐五台山華嚴寺牛雲傳〉，頁536。
❻⓼　同前註，卷25〈唐河中府柏梯山文照傳〉，頁635。

中，含納了歷史、聖徒傳和神話三個層次，聖徒傳記往往隱含隱喻和象徵，具備神聖敘事的特質，從這種類似、重複的敘事中，反映了當時的社會情境和生活面貌，所以，在這些聖徒傳記敘事中，歷史史料的真實性並非重點，而是被濃縮成某種「象徵」的典型敘事。[69]這個觀點，可作為中國僧傳敘事分析的參考，所以僧傳未必全然是事實的記錄，它可能也根據不同的創作目的，在歷史中加入作者所欲宣導的教化目標，而建構出理想人物的象徵。

中國傳統史傳往往以歷史為後代鑑戒之基，而僧傳則具有以高僧人物為典範的教化功用，《宋高僧傳》中每篇僧傳的行為模式大同小異，類似情節不斷重複，在潛移默化中已使讀者腦中自然形成對修行之道的理解模式，並塑造一個具體的高僧典範，具有強烈的普勸修行的意義。

第三節　《宋高僧傳》的敘事特色

劉知幾《史通·敘事篇》將史傳的敘事方式分為四類：

> 蓋敘事之體，其別有四：有直紀其才行者，有唯書其事迹

---

[69] James Burnell, Robinson.（中譯：詹姆士·柏諾·羅賓森）"The Live of Indian Buddhist Saints: Biography, Hagiography and Myth" *Tibetan Literature: Studies in Genre*. Ed. by Jose Ingacio Cabezon and Roger R.Jackson. (New York: Snow Lion Press, 1996.), p57-69.

者,有因言語而可知者,有假讚論而自見者。❼

包括:一者,將敘事焦點放在傳主的特殊才能或事蹟;二者,以客觀方式敘述傳主的外在事件、行跡;三者,以傳主的對話或言語來呈現其人的精神;四者,藉由論讚評論來論斷傳主。贊寧《宋高僧傳》往往將這四種敘事面向揉合運用。其僧傳整體的敘事特徵可概括如下:

一、敘事結構模式化

《宋高僧傳》是兼具記錄佛教史事功能的高僧傳記,其敘事結構相當固定,雖記錄了五百多位高僧的生平,事實上,卻可以歸納出主要的敘事模式,從捨俗、修道、利生到遷化。這種模式一再重複出現,對於僧傳的藝術價值和流傳是正面或反面呢?一方面此書是奉命敕編,以君王為首要閱讀對象,其敘事觀點和內容,都是以符合王政教化的前提來進行,凡高僧與朝廷文士等有互動往來、封諡作碑,均不忘羅列記錄,這部分對傳記的文學性而言,並無加分作用,卻是史學上的嚴謹作法。另一方面,僧傳具有啟發眾生發憤向道的宣教作用,其中一再重複出現的修行模式,以及所塑造的高僧形象,可使其修行典範烙印於讀者腦海中,形塑出一個理想的高僧形象,興起見賢思齊的感悟,具有高度的宗教勸化性。不過,有時因此太過強調僧傳的教化功能,反而削弱了對個別人物性格及形象的刻畫,從而簡化了傳主多樣性格的展現,使讀者感受到的是

---

❼ 〔清〕浦起龍釋:《史通通釋》卷6,頁155。

一群高僧的行道歷程，而不是對個別高僧獨一無二的生命史的挖掘。

從這些類似性、模式性的高僧故事的敘事中，也反映了當時的社會情境和修行風氣，從這個角度來看僧傳，即具有一定的歷史性價值。《宋高僧傳》每篇傳文篇幅較前兩部僧傳又簡略許多，有些傳記贊寧將敘事焦點放在單一事件上，以收見微知著之效，反而較能深化傳主的性格形象。然而，有些傳文因為篇幅實在太短，使敘事深度受限，流於形式記錄而降低其藝術價值。

由此可見贊寧並不以凸顯個別高僧為目的，而是以高僧群體大同小異的行為模式，類似的情節，不斷疊合於讀者腦中，使讀者的閱讀印象自然累積出時代高僧的整體形象。這時僧人的形象已經象徵化，藉由敘事模式使個別人物形象意義被轉化，賦予讀者以更強烈的感動和欲參與其中的動力；同時，反映其時代宗教文化心理現象。通常我們會平面的分析作品的結構，卻很少注意閱讀過程中讀者的心理反應的部分，事實上，從讀者的角度來看，作者的鋪陳很可能是先預設所欲影響的讀者的心理層面，使讀者在潛移默化中接受了作者的宗教觀點。

二、敘事語言以散文為主

傳統傳記理論往往視敘事語言為一透明的媒介，以為用正確的文字即可準確傳達事件始末因果。事實不然，語言與敘事觀點的關係密切，敘事者所採用的表述語言，將構成整個傳記的外觀。語言是敘事作品品質的表徵，也是最能給讀者以獨特性印象的部分，所以，如果說敘事結構是骨架，那麼，敘事語言就是他的血肉。

文采是史傳敘事必須具備的條件之一，《史通·敘事篇》云：

> 夫史之稱美者，以敘事為先。至若書功過，記善惡，文而不
> 麗，質而非野，使人味其滋旨，懷其德音，三復忘疲，百遍
> 無斁，自非作者曰聖，其孰能與於此乎？❼

史與文的關係一直是難分難解，做為傳記而無文，則只是傳主瑣事
之併合，可讀性不高，必得有敘事文采的經營，方能賦予人物以豐
盈的姿態。然而，文辭表現必須既能忠實精準地呈現歷史，又不至
雕琢太過或木質無文，方能傳達傳主其人之情感及精神面貌。所以
章學誠也說：「夫史所載者事也，事必藉文而傳，故良史莫不工
文。」❼可見敘述史事，雖不可因文虛造，但無文便無法完成史事
的傳達。

　　《宋高僧傳》的敘事語言，與《續高僧傳》的駢偶句法相較，
最大的不同在於其改用散文敘事，這可說是一大突破。因為僧傳除
了記錄高僧生平，同時也兼具記錄佛教史事的功能，史事記錄適合
以散文為之，駢偶之句雖可增加文章的音節美感，然對於史實的傳
達，恐怕常礙於修辭而受限制。因此，以散文敘事可說是《宋高僧
傳》在語言上最大的進步和特色，這應該與當時古文寫作成熟，以
及志怪小說創作普遍運用散文語體有關。

---

❼　同前註，頁 151。
❼　章學誠著，葉瑛校注：《文史通義校注·史德篇》，頁 220。

三、敘事中寓含解釋

傳記嚴格說來是一門嚴肅的寫實文學，不同於小說創作，傳記作家的個人情感或價值傾向必須儘量符合史料的真實呈現，否則所記只是作者所塑造的人物。它與史學著作最大的分野在於傳記以人物為中心，重視人物性格的描繪；而史書主要以歷史事件為重心，只有當人物性格影響到歷史發展時，才會去注意人物性格。西方傳記作家擅長寫人物長傳，敘事方式往往鉅細靡遺，瑕瑜不掩，以刻畫人物特質，並注意人物與其時代的互動關係。中國古代史傳以短傳為主，要在簡短的敘事中表現傳主的一生並不容易，因此短傳往往擇其重大經歷來描寫，採取隱惡揚善的原則來取捨事實。僧傳繼承了史傳的敘事方式，有時描述高僧行誼，只是透過他們達到施行教化和勉勵後進的功用，所以取材立意上往往偏重高僧人物僧德的表現。

僧傳既是傳記，其任務是將高僧行誼確實而具體地保留下來，因此，必須在傳文所記的人物、事件、活動環境等都符合歷史真實的前提下，再加以行動細節的想像和藝術形象的經營。《宋高僧傳》承襲前代僧傳依仿中國史傳的敘事視角，以第三人稱全知視角來鳥瞰高僧的一生，不過，在敘事中，視角並非固定不變，會隨情節需要而流動移轉，插入片段的限知視角，限定讀者跟著某個人物的觀點來推展故事，使故事視角更具延展性。敘事者掌控全局，卻刻意地隱身文本背後，表現成是站在一定的距離，客觀地呈現人物的言行舉動，只有在其偶爾插入個人的判斷或解釋時，讀者才能感受到敘事者對傳主的強調或刻畫，所以，表面上易給讀者以客觀視

角的錯覺。並且，鮮少對人物內心活動多做著墨，通常是通過作者直接的中介描述，或者由人物自身的行動或言談來呈現其個性。表面上敘事主體意識不強，然而，透過結構上獨立出來的系、通形式的設計，作者即可藉此褒貶人物，表明個人的判斷與立場。

　　歷史性敘事和文學性敘事的區別在於虛構成分的多寡，真實世界的事件不會有條不紊地漸次出現，史實中不免有依賴想像將事件加以還原的成分，有時重建傳主經歷時，會運用擬言、代言的手法，來表現傳主個性或傳達其心理狀態，這是作者根據史料所做的合理想像，從這個角度而言，歷史的真實其實是結合敘事與解釋的。《宋高僧傳》中，敘事者往往或以直接介入文脈的方式，中斷故事的進行，插入其對傳主個人或行動的評論；或隱藏其敘事者身份，而藉由故事的安排、人物的塑造和敘事文字的強化，暗中對傳主的事蹟賦予某種程度的肯定或讚揚。

　　真實性是傳記的基本要求，而人物形象塑造的生動活潑與否，則是傳記文學成功的關鍵，因此人物必得經由藝術加工，藝術經營不離想像，傳記必得運用再造想像❼❸，錢鍾書先生即謂：「史家追敘真人實事，每須遙體人情，懸想事勢，設身局中，忖之度之，以揣以摩，庶幾入情合理。」❼❹所言甚是！

---

❼❸　所謂再造想像，是根據語言的描述或圖像的示意，在腦中形成相應的新形象。這一形象與傳主本人特徵相符，但有時要根據人物的環境和性格的前後發展，通過創造想像藉以彌補，補寫出人物在特定環境中的對話或獨白，以及人物的神態或心理。陳蘭村等：《中國古典傳記論稿》，頁 62。

❼❹　錢鍾書：《管錐編》（台北：書林出版社，1996 年），第 1 冊，頁 166。

本章小結

　　贊寧依憑三教一致的教化精神，著重感應事蹟的宗教心理，運用模擬史傳的實錄風格等敘事原則，完成了《宋高僧傳》。

　　整部僧傳模式化的敘事結構所蘊含的主題意涵——從高僧誕生的各種神異瑞兆和徵相，強化高僧本具的聖因；其踏上修行之路，捨俗出家是必經的歷程，透過種種難忍能忍、難捨能捨的心路轉折，使高僧蛻變出超越凡情的宗教品格；以全幅生命來實踐上求佛道、下化眾生的菩提道，是高僧傳記不同於世俗傳記最重要的精神內涵；最後，以其臨終做為生命最後一場身教表演，展現其一生修行的道果。所以，高僧傳記是依循佛典中的佛傳敘事模式，以高僧誕生瑞兆、捨俗求道、學法度生和臨終過程等情節，逐步聖化修行者的生命歷程，烘托其為「高」僧的特質，以展示一位偉大的修行者的生命基調。

　　藉由每篇傳記類似的情節一再出現，使讀者腦海裡自然烙下一個行道的具體模式，其情節結構的模式化傾向，雖未凸顯個別高僧的求道行誼，卻強化了「高僧」群體的整體形象，為讀者展示了值得仿效的精神典範和具體可行的成佛之道。

第八章　《宋高僧傳》的特殊宗教現象

佛教傳播必然隨所傳化地域和時代特質的衝擊而作調整，因而不斷有相應於其時代環境的法門和議題出現。本章主要探討《宋高僧傳》中，所反映的幾個相較於前代僧傳有所轉變，而又相應於其時代的特殊宗教現象，包括跳脫常軌的佯狂高僧群出，往生彌陀淨土風氣的普遍，以及贊寧對遺身刻意的讚揚等現象。

第一節　《宋高僧傳》佯狂神異的表現

「高僧」在世俗的印象裡，可能是遠離塵世，道貌岸然，精進不懈，苦行求證的形象，可是唐代卻出現一群跳脫高僧既定的行為範式的僧人，既看不到他們勤修戒定慧，也不見他們積極廣修福德資糧；雖現僧相，卻佯狂於世，在其展現神通感應的能力之前，根本被視為瘋子。《宋高僧傳》中即收錄了這樣一群表面佯狂，高深難測，實則是已證果的高僧。根據筆者統計，全書中有提及高僧佯狂性格或行徑的，共有四十四人，多集中於〈感通篇〉和〈習禪篇〉，他們多數屬於禪宗法系的僧人。

禪僧何以會形成這種性格傾向？這些佯狂僧具有什麼樣的行為
特質？而這些特質又代表什麼樣的時代文化意義呢？以下分別討
論。

一、佯狂神異特質形成的背景

㈠ 佯狂遊戲傳統的形成

在中國文化傳統中，多隱士而少狂狷者，此源於傳統文化中，
對「士」面對社會所採取的態度有不同的價值評判所致。《梁書·
卷五十一·列傳第四十五·處士篇》：

> 古之隱者，或恥聞禪代，高讓帝王，以萬乘為垢辱，之死亡
> 而無悔。此輕生重道，希世間出，隱之上者也。或託仕監
> 門，寄臣柱下，居易而以求其志，處汙而不愧其色，此所謂
> 大隱隱於市朝，又其次也。或裸體佯狂，盲瘖絕世，棄禮樂
> 以反道，忍孝慈而不恤，此全身遠害，得大雅之道，又其次
> 也。❶

傳統封建社會中，「士」的出處進退繫乎政治局勢太平與否，伯
夷、叔齊互相謙讓王位，武王伐紂之後，二人以身為商臣而恥食周
粟，寧可餓死於首陽山，其「輕身重道」成為後代隱士的最高道德
典範。其次，大隱隱於市朝，即使身在廟堂，心亦無異於山林之

---

❶　姚思廉等：《新校本梁書》（台北：鼎文出版社，1980 年），頁 731。

中。除此之外，另有一部分人，或更激烈地以生命殉其道；或以佯狂、任誕等方式處世，裝聾作啞、裝瘋賣傻，固能以此全身遠害，然而其行為違背儒家傳統禮義之道，非有德君子所應為，所以又等而次之了。凡是亂世無道，就會出現披髮佯狂的楚狂之士，既無能改變現狀，又無法逃於江湖之間，乃以佯狂之姿，衝破外在禮法制度，宣洩心中的憤懣和愁思。這是中國「士」文化典型的歧出，他們試圖用一種不合常態的方式，使其心理壓力得到紓解，其形狂而實醒，如東方朔、竹林七賢之流，或許其內心痛苦更劇。❷

印度文化性格較傾向於內在的、本質性的反省❸，而佛教的根本思維基礎來自對生命是苦的體認，因此，必須以全副生命來尋求解脫，出離無常的現世，這樣一種深沈的、反省性的思維模式，就很難以另一種遊戲的、幽默的方式來看待或處理人生的問題。佯狂瘋癲的行為在佛典所記載的佛陀、阿羅漢弟子及諸大菩薩的行為模式中都不曾見，只有維摩詰居士招待文殊菩薩時，小露一手「遊戲神通」的隨意施用戲碼來引入辯論正題。❹

柳田聖山和龔雋都認為中國禪的「遊戲」，應與印度佛教原始法流中的「樂道」觀念，將冥想與精神統一有關。❺事實上，將遊

---

❷　參見余英時：《中國知識階層史論·古代篇》（台北：聯經出版社，1980年），頁329。

❸　中村　元：《東方民族的思維方式·印度篇》（台北：結構群出版社，1989年），頁98-110。

❹　參見《維摩詰所說經·文殊師利問疾品第五》，《大正藏》，第 14 冊，頁544 上。

❺　參見柳田聖山：《禪與中國》（北京：三聯書店，1988 年），頁15。龔雋：〈尊戒與慢戒——略論禪風中的「遊戲三昧」與內外法度〉，《禪學發微

戲的態度導入修行生活中，是中國禪宗特殊的創發，特別是慧能以下的南宗禪，《六祖大師法寶壇經》：「見性之人，立亦得，不立亦得，去來自由，無滯無礙，應用隨作，應語隨答，普見化身，不離自性，即得自在神通，游戲三昧，是名見性。」❻所以，禪者的心靈本質是充滿動進的，能隨日常生活起不取不捨的妙用，吳汝鈞謂：所謂「遊戲三昧」，是禪者以三昧為基礎，在世間自在無礙地進行種種教化、點化、轉化的工夫，對於不同情境、不同眾生，都能以適切的方便，使他們獲得覺悟的利益。「遊戲」是在世間自在無礙的點化活動，「三昧」則是遊戲的基礎，以貞定遊戲，不使之氾濫，二者不能截然分開，必須結合在一起，才是整全的禪實踐的表現。❼禪的精神在中國能夠轉向更為自由活潑的創造力，應該也有受到中國道家逍遙任運的自由精神的啟發吧！

　　南朝時期就出現過像寶誌之流，「居止無定，飲食無時」，卻時而顯露神蹟❽，從寶誌求道歷程來看，他是先修習禪定一段時間

　　——以問題為中心的禪思想史研究》（台北：新文豐出版社，2002 年），頁92。

❻　《大正藏》，第 48 冊，頁 358 下。

❼　參見氏著：《游戲三昧：禪的實踐與終極關懷》（台北：台灣學生書局，1993 年），頁 164-5。

❽　參見《高僧傳》卷 10〈梁京師釋寶誌〉，《大正藏》，第 50 冊，394 上。其讖記預言後皆效驗，京城士庶皆共事之，齊武帝謂其惑眾，將之收於建康，隔日，人見其入市，還檢獄中，寶誌猶在。可見他已能分身自在。《景德傳燈錄》卷 27，收錄「禪門達者雖不出世有名於時」者十人，首位即寶誌禪師。他少出家，止道林寺，修習禪定，宋太始初，忽居止無定，飲食無時，髮長數寸，徒跣執錫，數日不食無飢容，時或歌吟，詞如讖記。《大正藏》，第 51 冊，頁 429 下。

之後，才突然轉變行徑。為什麼會有這種性格的轉變呢？這可以從兩個方面來理解。首先，從禪宗流傳的歷程來看，達摩禪法初傳之時，尚未獲得廣大迴響，甚且有不信者欲危害其性命。像慧可原本即博通內外典，遇達摩之後，「從學六載，精究一乘，理事兼融，苦樂無滯，而解非方便，慧出神心。」❾可見他是經過一番苦修才悟道。❿之後廣傳心要，卻屢有道恆禪師欲置之於死地，始悟「一音所演，欣怖交懷。」⓫從此懂得從容順俗。因此，慧可傳法僧璨後，囑其「宜處深山，未可行化。」⓬自己也隱跡行化於民間：

> （慧可）大師付囑已，即於鄴都隨宜說法，一音演暢，四眾歸依，如是積三十四載，遂韜光混跡，變易儀相，或入諸酒肆，或過於屠門，或習街談，或隨廝役。人問之曰：「師是道人，何故如是？」師曰：「我自調心，何關汝事？」⓭

---

❾ 《續高僧傳》卷 19〈釋僧可傳〉，《大正藏》，第 50 冊，頁 550 上。

❿ 張華點校：《祖堂集》卷 2〈第二十八祖菩提達摩和尚傳〉中，描述神光為求法立雪斷臂，終得達摩之教，並為其改名慧可。（鄭州：中州古籍出版社，2001 年），頁 69。

⓫ 《續高僧傳》卷十九〈釋僧可傳〉，收入《大正藏》，第 50 冊，頁 550 上。

⓬ 《景德傳燈錄》卷 3〈第二十九祖慧可大師〉，收入《大正藏》，第 51 冊，頁 221 上。

⓭ 《景德傳燈錄》卷 3。此段文字應是由《祖堂集》卷 2〈第二十九祖慧可禪師傳〉加以增飾而得：「說此偈已，告璨曰：『吾往鄴都還債。』便去彼所，化導群生，得三十四年。或在城市，隨處任緣；或為人所使，事畢卻還彼所。有智者每勸之曰：『和尚是高人，莫與他所使。』師云：『我自調心，非關他事。』」張華點校：《祖堂集》，頁 74。

從慧可之言「我自調心」，可知禪者所重不是外境，而是心念的調伏。由於眾生心性難以捉摸，難信之法易於生謗，因此慧可傳法之後，無視於眾人異樣眼光，變易形象，混跡於市井酒肆屠門。

其次，就禪法的特質而論，從佛典中的「遊戲神通」進而發展為中國禪宗的「遊戲三昧」，其中，神通的成分被刻意淡化，代之以一種高度入神而又極其純粹的意識狀態。這可說是禪宗重視主體自性的覺悟觀念的展現，而神通或感應易使焦點從內在自覺落到外在的奇蹟現象上，因此禪師是不喜歡運用神通，並非不能。龔雋認為禪者的遊戲不是不重法則，真正嚴肅的遊戲是在法則與需要之間建立一種平衡，所以表面行為的任性、慢戒，其實是對戒法有更深一層的見解。⓮禪宗認為戒律根源於自性，因此重視戒律與自性合一，使規範在內在化的形式中恢復其意義，並與人性本然的自由打成一片。這種律範內化的思維，形成由自性清淨來作為行為的合理與否的準則，使得禪師外在的舉措展現更活潑自由的面貌。

從文化行為的角度而言，佯狂具有某種反文化的性格。⓯同樣屬於大乘佛教系統的西藏佛教傳統中，也有類似於佯狂禪僧的「瘋

⓮　龔雋：〈在自由與規範之間──略論中國禪的「游戲三昧」及其與律制的關係〉，《哲學研究》第 9 期（2003 年），頁 65-67。不過內在的律制無法構成一種普遍有效的規範，取法雖高卻無外在律制那種可供掌握的具體行儀，因此，可以作為悟道禪師的法則，卻難以成為叢林眾人的清規。末流者，自心持犯難免名存實亡而流弊滋生。

⓯　反文化特別適用於解釋社會文化變遷加遽的轉型時期的現象。彌爾頓·英格（Yinger, J. Milton）著，高丙中等譯：《反文化：亂世的希望與危險》（台北：桂冠文化出版社，1995 年），頁 27。

行者」存在。⑯瘋行者傳統的出現，代表對印度繁瑣性思維模式的顛覆，並往中道所做的導正。因此，這個「瘋」字，在西藏佛教傳統中帶有某種神聖性和智慧的義蘊。⑰對照於中國僧傳中所見的佯狂神異行為，應該也是相應於所傳播地區的文化環境而產生的一種帶有與正規宗教傳統背反的行為模式。

　　禪師帶有反傳統、反權威的性格特質，剝落嚴肅的教證模式，代之以逍遙任運、隨機應化、逢場作戲的態度來會晤本心。因此，尤有進者，以佯狂遊戲的表演方式，呈現禪門全無倚傍、自性自度

---

⑯　「藏傳佛教的『瘋行者』（the Divine Madman），是不同於經院系統，也就是一般僧院教育系統外實修傳統代表人物的一環。他們特殊的行為方式，常以異於正常理性範疇的『瘋狂』言行出現，目的在打破傳統的、固著的知覺概念，顯示出某種精神修持境界以凡夫概念來理解時的超越性與特異，故被稱為『瘋行者』。」劉婉俐：〈神聖與瘋狂：藏傳佛教的「瘋行者」傳統 vs. 傅柯瘋狂病史的權力論述〉，《中外文學》第 32 卷第 10 期（2004.03），頁 156。

⑰　中國唐宋時期（約從七世紀到十二世紀之間），正值印度大乘佛教發展的晚期，趨於繁瑣的理論或教義的爭辯，不易為一般的信徒所了解，而自十世紀起，密教成為晚期印度大乘佛教發展的主流。印度佛教發展的時期劃分，各家說法不一。此處根據呂澂：《印度佛學思想概論》（台北：天華出版社，1987 年），頁 251。此期的代表人物：八十四大成就者，即是密乘修行成就者，他們以奇特的言行和神通示現，展示其實修的成果。James Burnell Robinson, "The Lives of Indian Buddhist Saints: Biography, Hagiography and Myth"一文，將八十四大成就者的傳記敘事方式區分為兩大類：一者，敘事方式較公式化，由個人以世俗的日常生活作為修行的對境，而達到極高的精神境界，其傳記敘事往往有固定的模式。二者，密乘的偉大人物傳記，男女均有。其敘事內容較為深奧，富含密乘的複雜教義。*Tibetan Literature: Studies in Genre*. Ed. By Jose Ingacio Cabezon and Roger R.Jackson. (New York: Snow Lion Press, 1996.) p57-69.

的創造精神。這種作法，與其說它是荒誕不經或玩世不恭，毋寧說是為了拆解程序化或公式化的系統法則，回到自性的解悟來。於是，到了唐代則出現更多修行之跡難測，應跡化俗之方異於常情的佯狂高僧，他們多屬禪宗法系，但與禪師強調自性覺悟的獨立精神不甚相同的是，他們多具有一定程度的神異感通能力，行為模式與寶誌之流近似，可說是中國禪宗「遊戲三昧」精神與印度佛教神異能力的融合。不過，中國佯狂禪僧所對抗的不是像中國隱士文化中的政治上的亂世，也不是個人才性不得發揮的不遇之感，而是宗教本質逐漸制式僵化而失落的危機。

㈡ 神異感通的能力

神通本身是修習戒定慧三學，在定的階段自然開發的一種能力，並不是佛教修行的目的。慧皎《高僧傳·習禪篇》「論曰」即言：「禪用為顯，屬在神通。」⑱佛陀的教示不重視世間五通，而強調趨於解脫才有的漏盡通。因此佛制除非以智慧為引導，否則不准許弟子輕易顯現神通。⑲大乘經典中的菩薩為救度眾生，顯現種種不可思議的神通變化，原是實踐大乘利他精神的一種方便，⑳不

---

⑱　《大正藏》，第 50 冊，頁 395 上。

⑲　律部記載，比丘在白衣前顯現神通，是犯了突吉羅戒（小小戒），這是起因於賓頭盧用神通挾巨石在城上飛行，並盤旋於跋提長者姊姊的頭頂上空，以此脅迫她皈依佛法。佛陀知道後，便制戒規定比丘不得於白衣之前示現神通。參見丁敏：〈佛教經典中神通故事的作用及其語言特色〉，收錄於丁敏等：《佛學與文學：佛教文學與藝術學術研討會論文集（文學部份）》（台北：法鼓文化出版社，1998 年），頁 41。

⑳　《瑜伽師地論》卷 43，總結菩薩禪有九種，是不共於小乘的大禪。其中一類是「饒益有情禪」，是為了度化有情而具備的禪定，包括使用咒術、呼風喚

過佛經中對諸佛、菩薩、羅漢等神通奇蹟的生動描述，使得這些佛菩薩逐漸成為眾生依怙的對象而趨於他力信仰。

　　高僧神通感應的示現過程，可說是僧傳中最具戲劇性的情節，當然容易引人入勝，但是，也可能引導讀者對神通產生幻想和追求，因此，慧皎在神異篇末「論曰」強調神通是「權」法施用，非佛法的究竟。❷這種特殊的能力可以說是伴隨高僧修行成果的一種具體的展現，作者也許並不刻意去強調這種能力，但有能力以各種神異感通解決眾生的苦難，則成為是否達到高僧標準的一個象徵。那麼，這些高僧的超能力從何而得呢？慧皎《高僧傳·習禪篇》「論曰」：「四等六通，由禪而起；八除十入，藉定方成。故知禪定為用大矣哉！」❷可見神通能力來自修行者禪定之功的發用；也就是說，感應能力是高僧的一種基本特質。因為神通是深度禪定能力的一種發用，差別只在外顯與否，那些未有感應事蹟記錄的高僧，未必沒有感通經驗，很可能限於篇幅，在擇要記錄的原則下略去不錄而已。

　　教法中以信解行證為修行之次第，贊寧於〈感通篇〉的「論曰」即謂：「神異感通，果證也。」雖然超出人情理解的範圍之

雨、除病息災、神足變現、神通辯才等神通能力。《大正藏》，第 30 冊，頁 527 下。

❷　《高僧傳·神異篇》卷 11「論曰」：「夫理之所貴者，合道也；事之所貴者，濟物也。故權者反常而合道，利用以成務。然前傳所紀，其詳莫究。或由法身應感，或是遁仙高逸，但使一介兼人，又便足矣。」《大正藏》，第 50 冊，頁 395 上。

❷　《大正藏》，第 50 冊，頁 400 中。

外，卻異於神鬼之怪。何以見得呢？

> 動經生劫，依正法而修致，自然顯無漏果位中之運用也。知
> 此怪正怪也，在人情則謂之怪，在諸聖則謂之通。感而遂
> 通，故目篇也。故智論云：「以禪定力，服智慧藥。」得其
> 力已，遂化眾生。㉓

展現神通從《高僧傳》以來，直到《宋高僧傳》，是多數高僧共有的特質，並不限於神異或感通篇，面對世俗社會對修行人的看法和期待，在眾多僧人之中，取擇高僧的客觀條件，很難排除神異的行為準則。

是以，我們的詮釋不應只是停留在歷史性地質疑宗教神異事蹟的真實性，而應是站在存在當下，來探尋這些神聖事蹟對此在的我們具有什麼意義？因此關於宗教人物傳記的詮釋，寧可採取較開放的歷史觀，充分理解歷史檢證的優點和限制，以之作為我們理解高僧時代背景的說明，輔助我們看待高僧生命的現身說法。

二、高僧佯狂神異的行為特徵

㈠ 佯狂於世

佯狂高僧往往不知其所從來，性格突梯，如師蘊性格率真，表面上為人滑稽癡狂，事實上，經咒「密持之不懈」。㉔河禿師往來

㉓　范祥雍點校：《宋高僧傳·感通篇》「論曰」，頁 578。
㉔　同前註，卷 23〈宋天台山般若寺師蘊傳〉，頁 600。

於市肆，「乍愚乍智，作沙門形。」人不測其行，然射事多中。㉕
神鼎「狂狷而純直，髮垂眉際。」㉖萬迴亦寶誌之流，幼時「白癡
不語」，「見貧賤不加其慢，富貴不足其恭。東西狂走，終日不
息。或笑或哭，略無定容。口角恒滴涎沫，人皆異之。」㉗寒山子
的外在形象是「布襦零落，面貌枯瘁，以樺皮為冠，曳大木屐。」
世謂之為「貧子瘋狂之士」，「或廊下徐行，或時叫噪凌人，或望
空謾罵。」寺僧以杖驅逐，則「翻身撫掌，呵呵徐退。」㉘但是，
他寫於林葉的三百餘首詩偈，卻都闇合佛理。

　　他們的行徑，表面上與僧院中次第漸修的作法相反，跳脫固定
的修行框架，實則內在有更細密嚴格的解證工夫，非一般凡夫僧所
堪任能解。

㈡ 無視戒儀

　　佯狂難測的高僧往往遊走於戒律邊緣之外，完全違背中國佛教
的生活軌範，如檀特師「身雖剃染，率略無檢制，飲酒啖肉，語默
無常。」㉙法喜飲酒食肉，都無拘忌。㉚鵃鳩和尚日食二鵃鳩，雙
鳩自其口中吐出而能行。㉛法照性格「立行多輕率，遊方不恒。」
吃肉無慚恥心，然以誦《金剛經》故，一室通明，異香充滿。㉜卷

㉕　同前註，卷18〈後魏晉陽河禿師傳〉，頁444。
㉖　同前註，卷29〈唐京兆神鼎傳〉，頁720。
㉗　同前註，卷18〈唐虢州閿鄉萬迴傳〉，頁454。
㉘　同前註，卷19〈唐天台山封干傳〉附傳寒山子，頁483。
㉙　同前註，卷18〈後魏西涼府檀特師傳〉，頁443。
㉚　同前註，卷18〈隋江都宮法喜傳〉，頁446。
㉛　同前註，卷21〈唐代州北台山隱峰傳〉附傳鵃鳩和尚，頁549。
㉜　同前註，卷25〈唐陝府法照傳〉，頁636。

十九〈唐揚州孝感寺廣陵大師傳〉中，廣陵大師狂性大發時，還會殺狗宰豬！有佛門耆僧誡之曰：

> 汝胡不謹守戒法，奈何食酒肉、屠犬豕，彊抄市人錢物，又與無賴子弟鬬競，不律儀甚，豈是僧人本事耶？一旦眾所不容，執見官吏，按法治之，何處逃隱？且深累佛法！

這番話說得語重心長，廣陵反駁勸諫他的老僧云：

> 蠅蚋徒喋❸腥羶，爾安知鴻鵠之志乎？然則我道非爾所知也？且我清中混外者，豈同爾齷齪無大度乎？（頁490）

廣陵自言內清外渾，非凡庸之輩所能理解，可見他的心智是非常清醒的。他們違背律儀，破除了人們對高僧形象的崇拜仰望，同時挑戰僧院所建立的權威和秩序。其不合戒法，刻意驚世駭俗的舉措，實是對世俗表面拘守戒律，實則忘失戒學本質意義的一種警誡。

(三) 好為讖記

　　佯狂高僧共通的特徵是能準確預知後事，像檀特師「逆論來事，後必如言。」❸萬迴「不好華侈，尤少言語，言必讖記，事過乃知。」❸因此，人多觀其舉止，以知禍福。和和「狂而不亂，愚

---

❸　《太平廣記》卷 97，引〈宣室志〉，「喋」作「嗜」。見范祥雍點校：《宋高僧傳》卷 19「校勘記」，頁 503。

❸　同前註，卷 18〈後魏西涼府檀特師傳〉，頁 443。

❸　同前註，卷 18〈唐虢州閿鄉萬迴傳〉，頁 454。

而有知，罔測其由，發言多中，時號為聖。」❸❻明瓚白天為寺役，
夜晚則與群牛共住，二十年而無倦容。然而，其中宵梵唄之聲響徹
山谷，李泌謂：「經音悽愴而後喜悅，必謫墮之人時將去矣！」明
瓚即告之：「慎勿多言，領取十年宰相。」後為虎銜去，而李氏果
如所言居於相位。❸❼法喜「平素時悄默，見人必語，語必含深意，
吉凶之徵，有如影響。人亦不欲與喜相見，懼直言災惡忤逆意
也。」❸❽能準確逆料來事，成為分判佯狂僧真瘋假傻的憑藉，也是
其向世人透露內在修證消息的線索。

㈣ 遊戲神通

　　從僧傳的簡略敘述，很難理解佯狂僧的修行法門和修行過程，
尤其他們的行止完全超乎一位宗教家所應具備的道德典範，然而，
其所展現的遊戲神通又是令人折服的。例如卷二十〈唐西域難陀
傳〉，難陀為人詭異不倫，恭慢無定，自言：「我得如幻三昧，嘗
入水不濡，投火無灼，能變金石，化現無窮。」他帶著三名妙齡女
尼入四川，或大醉狂歌，或聚眾說法，為當地戍將所惡。難陀乃以
酒肉夜宴戍將，並命三尼粉黛歌舞助興，「含睇調笑，逸態絕
世」。這是世俗世界中聲色縱情之最，尤其犯了佛門酒、肉和色
戒。待眾人酒酣耳熱之際，舉刀立斷三尼頭，血及數丈。所有的情
色至此戛然而止，只剩下鮮血淋漓的皮囊。眾人震驚之餘，難陀
「徐舉三尼，乃筇竹杖也，血乃向來所飲之酒耳。」剛才的一場虛

---

❸❻　同前註，卷 19〈唐京師大安國寺和和傳〉，頁 490。
❸❼　同前註，卷 19〈唐南嶽山明瓚傳〉，頁 491。
❸❽　同前註，卷 18〈隋江都宮法喜傳〉，頁 446。

驚，原來如幻之影。在場的人包括讀者，不禁驚疑，剛才那幕到底
是真？是幻？用這種戲劇化，超乎常情的激烈手段，上演一齣超越
色空有無界線的戲碼，多麼驚心動魄！其氣魄豈是理性邏輯可推。
難陀的行事作風一向如此，甚至使人斷其頭，復取而安之，當作遊
戲。對此，贊寧「系曰」：

> 難陀之狀跡為邪正邪？而自言得如幻三昧，與無厭足王同。
> 此三昧者，即諸佛之大定也。唯如幻見如幻，不可以言論分
> 境界矣。四神通有如幻通，能轉變外事，故難陀警覺庸蜀之
> 人，多尚鬼道神仙，非此三昧，不足以化難化之俗也。（頁
> 513）

因為蜀地崇尚鬼神，所以，「非此三昧，不足以化難化之俗也。」
因此，神通遊戲是以三昧之定慧力作基礎，藉由此種禪定的工夫，
能於不同情境自在無礙地點化不同根器的眾生。

又如元曉「發言狂悖，示跡乖疏，同居士入酒肆倡家，若誌公
持金刀鐵錫，或製疏以講雜華，或撫琴以樂祠宇，或閭閻寓宿，或
山水坐禪，任意隨機，都無定檢。」他化跡不恒，「或擲盤而救
眾，或噴水而撲焚，或數處現形，或六方告滅。」❸或如智廣善以
奇特的方法為人治病，「凡百病者造之，則以片竹為杖，指其痛
端，或一撲之，無不立愈。至有癩者則起，跛者則奔，其他小疾，
何足言哉！」「其後益加神驗，或遇病者，一摑一叱皆起；或令燒

---

❸　同前註，卷 4〈唐新羅國黃龍寺元曉傳〉，頁 78。

紙緡，掇散飲食；或遇甚痛腦者，捩紙蘸水，貼之亦差。」❹或如欽師形神乖謬，變化無常，能變身為豕彘，隨豨豕群隊，又復回人形。這些高僧以表演的方式，以摑掌治病，變身為豬，為眾生打開另一扇認識實相的大門。「菩薩作用，隨類化身，以神通為遊戲耳，於遊戲而利益世主焉。」❹

更進一步的是以行者的修證功德，而顯現一些特殊神通變化的能力，例如卷十八〈唐泗州普光王寺僧伽傳〉，僧伽變現十一面觀音形，萬迴指其乃觀音菩薩的化身，其能預知後事，並治療各種疑難雜症：

> 或以柳枝拂者，或令洗石師子而瘳，或擲水瓶，或令謝過。驗非虛設，功不唐捐。卻彼身災，則求馬也；警其風厄，則索扇歟。或認盜夫之錢，或咋黑繩之頸，或尋羅漢之井，或悟裴氏之溺，或預知大雪，或救旱飛雨，神變無方，測非恆度。（頁448）

僧伽滅度之後，仍時時現形解救各種災厄，乃至北宋太宗太平興國七年，有尼遊五台山，見僧伽於塔頂，作嬰孩相，遂登剎柱，捨身供養。隔年有僧焚身供養，炎燎之中，經聲不絕。

---

❹　同前註，卷 27〈唐雅州開元寺智廣傳〉，頁 687。
❹　同前註，卷 18〈隋洺州欽師傳〉「通曰」，頁 447。

三、佯狂神異的精神特質與時代意義

　　歸納佯狂高僧的行徑特點，一者，忽愚忽智，非常態情理所能溝通；二者，突破戒律的拘禁，飲酒吃肉；三者，言默不定，每言必中；四者，喜怒無常，能自在表演化現。這類證果高僧，以似傻非傻、似瘋非瘋的樣貌混跡人世，常以超乎常理的生活模式示現神蹟。他們奇特的言行顛覆世俗對於高僧形象的既定看法，以各種遊戲神通超越固定的時、空、身體的區隔，突破理性思維的疆界，展現心靈高度自由的任運變化，打破人們對於高僧的期待與依賴，這也許是另一種破除偶像崇拜的方式吧！

　　這些佯狂僧所展現的神通能力，顯示其所證應已達到某種位階，在〈感通篇〉中，尤多語言無常的僧人，待其示現神異，方知為非常之人。其修行生活已完全脫離印度佛教的矩度，更近於中國道家式的反常合道，及對僧團生活形式的反制。他們的神異能力從何而來？若是天生而有，就是再來人；若否，則其內在或佯狂之前應有更精勤的苦修，只是傳文缺乏他們修行過程的敘事。因為無跡可循，可確有神通能力，所以像普化和尚就被禪宗系譜列於「散聖」，而非正員。❷這種分判本身，即透露此種行徑並非常道的訊息。不過，我們不免會起疑，佛教的苦修斷愛，到了中國文化中，如何融色空於一？如何以方便即智慧？這是一條險路，華人也許不耐煩印度式繁瑣綿密的修行階漸，而更具自信的創造力，擅長掌握義理後自創門徑。如何看待這樣的示現，仍算在佛教修行正軌之中

---

❷　同前註，卷20〈唐真定府普化傳〉，頁510。

而未偏於他道呢?「曾不知果證之人,逆化於物,終作佛事,用警未萌。」「如有妄云得果,此例而行,則如何野干鳴擬學獅子吼者乎?」❸

　　南宗禪法重視平常心是道,生活當下任何情境都可以是修行悟道的契機,因此,將僧院過於重視外在生活形式的訓練,轉向對內在心念的掌握,如此發展則修行重點就從身體外在的磨練,轉向放棄形式戒法的路線,這可以說是對戒律更本質性的反省的結果。因此,便出現一些不重細行,不拘小節,高深莫測的佯狂禪師形象。龔雋認為禪宗燈錄對這種形象的書寫更為鮮明生動,與律師所撰僧傳中所建立的苦行和持戒的高僧形象形成強烈的對比。❹

　　佯狂行徑帶有對既有的佛教制式體系和當時社會文化的一種反動或顛覆,藉此行為方式向佛教僧團共修系統的模式可能日漸固定或僵化的偏鋒提出警誡,以瓦解宗教生活教條式的理性運作日益僵化的趨向。事實上,這些行徑或許可視為他們超越理性疆界的一種策略;其遊戲神通示現,可視為對佛教既有的權威和秩序的一種挑戰。唐代以來禪師為求證悟,喝佛罵祖,跡近瘋癲,佯狂不經的生活態度,由佛門的歧出,逐漸演變成世俗對禪僧的印象,這樣的認知,至南宋道濟的出現而成熟。「濟顛」從一禪僧,逐漸為小說、話本改造神化,瘋癲和尚神通濟世的形象遂深入於民間。❺中國社

---

❸　同前註,卷21〈唐興元府梁山寺上座亡名傳〉「系曰」,頁550。

❹　參見氏著:〈唐宋佛教史傳中的禪師想像——比較僧傳與燈錄有關禪師的書寫〉,《台大佛學研究中心學報》,第10期(2005年),頁180。

❺　參見周純一:〈濟公形象之完成其社會意義〉,《漢學研究》第8卷第1期(1990.06),頁535-556。

會文化之所以能認同或容忍這些佯狂僧存在於戒律禮法之外，很可能是由於他們能示現神通，具有濟度眾生解除苦難的能力。

第二節　《宋高僧傳》歸趨西方淨土的傾向

一、西方淨土法門的興起

《宋高僧傳》中雖然揭示了高僧行道的十種趨向，然而許多高僧無論其主修何種法門，似乎有一共同傾向——臨終求生西方淨土。為什麼會有這種傾向呢？此法門興起與當時社會環境有何關連呢？

一種法門的興起，一方面緣於相關經典的譯出；另一方面是高僧大德的示範和倡導。彌陀淨土法門的流傳，源於相關經典譯出並流通，因而對其淨土思想有進一步的理解，而使西方淨土信仰逐漸普遍起來。❹

---

❹〔後漢〕支婁迦讖譯出《般舟三昧經》，謂修般舟三昧即可得見西方淨土的阿彌陀佛，接著〔吳〕支謙與〔西晉〕竺法護等譯出《大阿彌陀經》、《平等覺經》，〔姚秦〕鳩摩羅什譯出《阿彌陀經》、《十住毗婆沙論》，〔劉宋〕寶雲譯出《新無量壽經》，與畺良耶舍譯出《觀無量壽經》等，這些都是弘揚西方淨土的主要經典。康僧鎧又名僧伽跋摩，在曹魏嘉平五年來華，在白馬寺譯出《無量壽經》，但根據梁僧祐的《高僧傳》卷 1 中的〈柯迦羅傳〉，曾提到康僧鎧在嘉平之末至洛陽，譯郁伽長密等四部經，卻沒有記載他翻譯《無量壽經》；僧祐所撰的《出三藏記集》卷 14，有〈僧伽跋摩傳〉，也沒有他譯這部經的記載。由各種譯經錄、僧傳相互對照、考證，推斷掛名康僧鎧的《無量壽經》譯本，可能就是劉宋寶雲所譯的《新無量壽

　　所謂念佛，「念」是憶念不忘，由於一心繫念，就能得正定。依念得定，由定發慧，依慧得解脫，所以，求生淨土原本並無他力的意義。❼印順法師認為大乘淨土思想的發展，是由於眾生對現實世界的失望，轉而寄望於他方的理想世界而來。十方世界都有諸佛淨土，而中國佛教較熟悉的是彌勒淨土和彌陀淨土。中國弘傳淨土，始於西晉道安著《淨土論》闡揚彌勒淨土，門下弟子亦發願隨其往生兜率，其後唐代玄奘、窺基繼之，也以求生兜率為依歸，可惜無人後繼宣揚而逐漸衰歇。❽望月信亨謂現存最早的彌陀淨土信仰文獻，是《法苑珠林》第四十二，引用冥祥記傳述西晉闕公則及其門人魏士度往生西方淨土的記載。❾其後有東晉慧遠與諸弟子、

　　經》，同時檢查它的譯語釋例，也跟寶雲所譯的《佛本行經》類同，而且在本經序說中用到「得佛華嚴三昧」一句，應當是承襲佛陀跋陀羅所譯《華嚴經》的影響。參見深福：〈淨土源流〉，《淨土宗史論》（台北：大乘文化出版社，1979 年），頁 12。

❼　淨土思想源於生天思想在印度萌芽並普遍流傳。從阿含經典可以看到世尊教示弟子皈依三寶，應念佛、念法、念僧，再加上念戒、念施、念天，合為六念。以「六念」為繫念內容，眾生盡其善業，將可往生天界。其後生天思想轉變為往生的觀念，進一步由往生與念佛觀念的結合，形成念佛往生淨土的思想。深福：〈淨土源流〉，《淨土宗史論》，頁3。

❽　關於唐代彌勒信仰的發展情形，可參考汪娟：〈唐代彌勒信仰與佛教諸宗派的關係〉，《中華佛學學報》第 5 期（1992.07），頁 193-231。

❾　參見望月信亨著，釋印海譯：《中國淨土教理史》（台北：正聞出版社，1991 年），頁 12。《法苑珠林》卷 42：「闕公則，趙人也，恬放蕭條，唯勤法事，晉武之世，死於洛陽。道俗同志為設會於白馬寺中，其夕轉經，宵分聞空中有唱讚聲，仰見一人，形器壯偉，儀服整麗，乃言曰：我是闕公則，今生西方安樂世界，與諸菩薩共來聽經。」（台北：新文豐出版社，1993 年），頁 650。

居士結白蓮社，設齋立誓，依般舟三昧經，共修念佛三昧，以期見
彌陀往生西方。劉宋以來，彌陀淨土信仰經由曇鸞、道綽、善導等
大德推動提倡而漸次傳播，民間結社念佛的風氣逐漸興盛起來。尤
其晚唐宋代以後，由於西方淨土法門廣傳，所謂淨土法門，幾乎專
指往生彌陀淨土了。**⑩**

其實，念佛不等於稱名，往生彌陀淨土的法門，也不是只有稱
名念佛一法而已。**⑪**淨土法門在中國形成三種修行方法：一是慧遠
所提倡的觀想念佛，修般舟三昧，在禪定中念佛；二是善導一脈，
至曇鸞開始倡導專以持名念佛來求生淨土；三是慈愍慧日一脈，提
倡禪淨雙修，將一切日常修行功德回向往生淨土。**⑫**經過唐武宗、
後周世宗的毀佛，加上唐末五代的政治變局，使得彌陀淨土法門至
宋朝而愈加興盛，念阿彌陀佛的方式漸重於稱名，而且幾乎以稱名
為念佛。另一方面，在彌陀淨土法門尚未形成宗派意識前，無論禪
宗、天台、華嚴、律宗均呈現兼修淨土的傾向，像天台智顗法師及

---

⑩ 漢譯佛典中，掛名〔曹魏〕康僧鎧譯的《無量壽經》稱西方淨土為安養、安
樂土。鳩摩羅什譯《阿彌陀經》則譯為「極樂」土，此後菩提流志耶舍譯《觀無
量壽經》則沿用此詞。羅什以後，以極樂為淨土的觀念逐漸普及，到了唐
代，極樂和淨土二者結合成為「極樂淨土」，從此以淨土專指極樂世界成為
定說。參見望月信亨著，釋印海譯：《中國淨土教理史》，頁 56。

⑪ 參見氏著：《初期大乘佛教之起源與開展》〈第十一章淨土與念佛法門〉，
頁 856-9、867。印順法師認為，中國佛教創立的宗派，無論是天台、華嚴、
禪宗或淨土宗，都屬於真常唯心論的後期大乘佛教。這些宗派看似不同，事
實上有共同的特色，一者，理論的特色至圓；二者，方法的特色至簡；三
者，修證的特色至頓。參見氏著：《契理契機之人間佛教》（台北：正聞出
版社，1990 年）〈七、少壯的人間佛教〉，頁 44-5。

⑫ 參見深福：〈淨土源流〉，《淨土宗史論》，頁 14。

其弟子提倡教觀與淨土兼習，永明延壽提倡禪淨兼修，形成一種法門合流的趨勢。由於外在的社會變局，加上佛教內部宗派的折衷綜合傾向，使得此一法門成為最具民間影響力的中國佛教宗派。❸

　　在初期大乘經典如《大般若經》、《法華經》、《華嚴經》當中，清淨佛土的思想隨處可見，這一方面意味大乘菩薩自利利他的淨化國土之行；另一方面，代表藉由自他實踐所開展的清淨國土，「淨土」可說是大乘菩薩道精神的具體展現。所以，理論上任何菩薩都能成就淨土，但在中國佛教史上，則是特指彌陀的「極樂淨土」。西方極樂淨土的成立，由六朝至唐宋逐漸為中國佛教徒所崇奉，應該從兩個面向來理解，一是中國佛教徒的性格；二是從宗教學的角度來看淨土在佛教解脫學中的意義。中國人文化性格的實用功利特質，並不會因為是佛教徒就有所不同，因此，能夠脫離現實五濁惡世，往生到一個完美的極樂國度的法門，加上實踐方式又具體而簡單易行，再配合僧傳中高僧大德的示範成果的存在，非常能夠吸引中國佛教徒講求實際成效的需求。從宗教心理而言，對於理想世界的追求，是人類心靈深處的一種需求，因此，淨土思想的合理性，不能僅就經文表面語意來解讀，而必須去挖掘淨土思想背後的深層義蘊。

二、高僧求生西方淨土的趨向

　　《宋高僧傳》雖體分十科，其中許多傳記無論所修法門、所屬宗派，均呈現共推念佛求生淨土的傾向。這些高僧以其全幅生命來

❸　參見望月信亨著，釋印海譯：《中國淨土教理史》，頁215。

實踐、驗證淨土的存在與彌陀願力之不虛，使往生彌陀淨土成為最具實踐感召力的法門。例如：晤恩聞天台「三觀六即」之說，冥符意解，雖致力於弘揚法華妙旨，卻也「偏誨人以彌陀淨業就生死事」。一日中夜睹白光自井而出，明滅不恒，即向門人曰：「吾報齡極於此矣！」乃絕粒禁言，一心念佛，求生西方。❺④

少康因見善導〈西方化導文〉，乃咒曰：「我若與淨土有緣，惟此軸文斯光再現！」果然於閃爍中，見化佛無數。又到善導影堂乞見善導，親見善導影像化現佛身，告之曰：「汝依吾施設，利樂眾生，同生安養。」因而致力於普勸念佛求生彌陀淨土。日以小錢勸誘孩童念阿彌陀佛號一聲即給一錢，如此逐漸在所居新定一地形成念佛風氣，無論男女，但見少康即念「阿彌陀佛」，進而在烏龍山建立淨土道場，齋會雲集，有三千人之多，時人號之為「後善導」。❺⑤

慧日時處禪宗興盛的唐代，因慕義淨之西行求法，遂由海路抵達天竺，禮謁聖跡，尋求梵本，訪善知識：

> 既經多苦，深厭閻浮，何國何方，有樂無苦？何法何行，能速見佛？遍問天竺三藏學者，所說皆讚淨土，復合金口。其於速疾，是一生路，盡此報身，必得往生極樂世界，親得奉事阿彌陀佛。（頁722）

---

❺④ 范祥雍點校：《宋高僧傳》卷7〈宋杭州慈光院晤恩傳〉，頁160。

❺⑤ 同前註，卷25〈唐睦州烏龍山淨土道場少康傳〉，頁631。另可參見王日休：《龍舒淨土文》卷5〈唐睦州僧少康〉，《大正藏》，第47冊，頁267中。

天竺三藏法師同聲稱揚彌陀淨土乃一生成就的速疾法門,可見當時的印度,彌陀淨土法門曾一度非常興盛。慧日又遊至北印度健馱羅國王城東北,山有觀音像,傳說至誠祈請,多得見觀音現身。慧日遂七日叩頭,斷食畢命為期,至七日,夜且未央,觀音於空中現紫金色相,長一丈餘,坐寶蓮華,垂右手,摩慧日頂曰:「汝欲傳法,自利利他,西方淨土極樂世界彌陀佛國,勸令念佛誦經,迴願往生,到彼國已,見佛及我,得大利益。汝自當知淨土法門,勝過諸行。」❺❻慧日因在印度聽聞彌陀淨土法門的廣大利益,返國後,藉由提倡禪淨兼修來弘傳淨土,自己亦勤修淨業,著有《往生淨土集》❺❼,廣搜往生西方的典範,來宣傳彌陀淨土法門。

法照生平特多感應事蹟,他屢次於僧堂粥鉢中看見各種聖境,及彌陀、文殊、普賢等聖眾,乃至親臨大聖竹林寺禮拜文殊、普賢二大士:

> (法照)問言:「末代凡夫,去聖時遙,知識轉劣,垢障尤深,佛性無由顯現。佛法浩瀚,未審修行於何法門最為其要?唯願大聖斷我疑網!」文殊報言:「汝今念佛,今正是時。諸修行門,無過念佛,供養三寶,福慧雙修,此之二門,最為徑要。」(頁540)

---

❺❻　同前註,卷29〈唐洛陽罔極寺慧日傳〉,頁722。

❺❼　此書全名《略諸經論念佛法門往生淨土集》,又名《慈悲集》,收錄於《大正藏》,第85冊,頁1236中。

法照親得文殊勸修念佛法門，並以彌陀的聖願，為法照摩頂授記曰：「汝已念佛，故不久證無上正等菩提。若善男女等願疾成佛者，無過念佛，則能速證無上菩提。」法照是一位勤修不懈的修行者，他所感應見聞的聖眾境界，使讀者大眾興起對淨土的淨信以及效法之心。此篇寫作形式較近於感應記一類，法照的生平已經不是重點，讀者所獲得的閱讀啟示，是傳文中所展示的淨土空間和聖跡；同時藉由法照與諸菩薩的對話，更能勸勉讀者：「普示眾生，令使見聞，發菩提心，獲大利樂！」**⑤⑧**

懷玉一日念彌陀佛號五萬聲，共誦《彌陀經》三十萬卷，如此精勤而感得阿彌陀佛、觀音、勢至，以紫金色身，手執金台，並諸西方聖眾，白毫光明來相迎接，含笑而終，異香滿室。**⑤⑨**岸禪師行懺、服勤與禪觀，均以往生西方為依歸，親見觀音、勢至二菩薩現於空中，這是預示他將生西的徵兆，並預知時至，最後在弟子助念聲中，端坐而終。**⑥⓪**

卷二十四〈唐成都府雄俊傳〉**⑥①**是一個特例，他無戒行，所受信施非法而用，狡詐疏狂，非但不是高僧，只能是一負面警戒的實例。然而，這樣的人，臨終憑念佛之功，竟可逃過地獄之報，往生西方。即使像雄俊這樣的人，靠少許念佛之力，仍可因強力之善念而減弱趨向惡業之報，贊寧實藉此宣傳念佛求生西方的方便利益。這種勸修念佛法門，臨終往生西方淨土的意念，在全書中相當普

---

⑤⑧　范祥雍點校：《宋高僧傳》卷21〈唐五台山竹林寺法照傳〉，頁538。

⑤⑨　同前註，卷24〈唐台州湧泉寺懷玉傳〉，頁619。

⑥⓪　同前註，卷18〈唐岸禪師傳〉，頁462。

⑥①　同前註，頁621。

遍，雄俊的例子可以鼓勵後世讀者，無論造作何種罪業，只要及時
歸心念佛，仍可得度。

三、西方淨土法門廣傳的時代意義

彌陀淨土法門的興起，是經過長時間的累積才形成氣候的，從
三朝僧傳所錄關於高僧往生彌陀淨土的故事，可看出彌陀淨土的信
仰，從東晉、唐五代至北宋而愈加興盛的過程。從《宋高僧傳》可
知，唐末五代以來，許多高僧無論學教或參禪，往生彌陀淨土的觀
念逐漸形成，並成為各宗修行者臨終的共同歸趣。這是當時佛教的
真實情況呢？還是贊寧身處彌陀思想成熟的北宋㊷，為了宣揚彌陀
淨土，而刻意強化高僧往生西方的情節呢？

從贊寧的生平記錄來看，除了《宋高僧傳》之外，並無其他關
於淨土的論述，由此推想，《宋高僧傳》所呈現的求生彌陀淨土的
傾向，應是當時真實的情況，並非贊寧刻意或誇張鋪陳的結果，或
許贊寧也受到北宋彌陀信仰普及的宗教氛圍影響，而特別關注高僧
往生淨土的史料。

求生彌陀淨土的觀念之所以在唐宋普遍傳揚，一方面是客觀政
局的激烈變遷，造成現實生活的動亂不安，更重要的是這樣的社會
情況，刺激了佛教內部產生有利於淨土思想弘傳的末法觀念的形

㊷　北宋以來，彌陀信仰屬於權教或實教，一直是一個爭議不斷的問題。淨土信
　　仰者將過去零星散落於僧傳中的高僧往生淨土的事蹟，獨立出來編集成書，
　　強化其往生時的情景，鼓吹讀者發願求生淨土。飛山戒珠《淨土往生傳》即
　　是以《宋高僧傳》中往生淨土的高僧事例為依據編輯而成的。這些故事中的
　　往生情節，經過一再潤飾、增補，以及口傳，逐漸在信仰者心中被史實化。

成。贊寧在〈進高僧傳表〉中，也具有末法觀念：「當二千載之後，屬一萬年之初」❸，指的就是正、像法各一千年已過，時正值末法一萬年的開始。三時和末法觀念據考是由天台三祖南嶽慧思明確提出❹，道綽、善導也以此土為時值末法的五濁惡世，而提倡西方淨土，禪定念佛的方式也漸漸轉為持名念佛。身處五代末的永明延壽在《萬善同歸集》云：「大集月藏經云：末法時中，億億眾生起行修道，未有一得者，當今末法，現是五濁惡世，唯有淨土一門，可通入路。」❺他認為末法之世，眾生福薄慧淺，業多障重，利根者少，唯有歸趨彌陀淨土，能渡生死之海。因此，提倡三根普被的念佛法門，可見末法思想已成為淨土信仰者根深蒂固的觀念。《宋高僧傳·延壽傳》只提到他三十六歲方捨妻子出家，曾九旬習定，感鳥鷇巢棲衣褶，是法眼宗德韶禪師的法嗣，汎愛慈柔，常勉人多做放生、營造塔像等善行來累積功德。❻他提倡禪淨融合❼，然而因為法眼宗後繼無人，加上其主要著作《宗鏡錄》至南宋才有刻版流傳，所以他的觀念到宋代以後才逐漸形成影響，成為中國佛教的一大特色。❽

---

❸　范祥雍點校：《宋高僧傳》，頁 1。

❹　慧思〈立誓願文〉：「正法像法，皆已過去，遺法住世，末法之中，是時世惡，五濁競興，人命短促，不滿百年，行十惡業，共相殺害。」《大正藏》，第 46 冊，頁 788 上。

❺　《大正藏》，第 48 冊，頁 968 上。

❻　范祥雍點校：《宋高僧傳》卷 28〈大宋錢塘永明寺延壽傳〉，頁 708。

❼　如《萬善同歸集》云：「唯心念佛，以唯心觀，遍該萬法。既了境唯心，了心即佛，故隨所念，無非佛矣！」《大正藏》，第 48 冊，頁 967 上。

❽　望月信亨著，釋印海譯：《中國淨土教理史》，頁 182。

　　淨土法門並不以成立宗派為目標，而是以簡而易行並信而有徵的成果來吸引信眾，從《宋高僧傳》中即可見到多位求生西方高僧的事蹟。北宋彌陀淨土信仰已普遍流行，在僧侶大力宣揚及官僚士大夫資助參與之下，結社念佛風氣大開，伴隨往生淨土觀念的興起，宋代即有僧侶、居士專門收錄往生淨土者的傳記出現，以弘傳彌陀淨土法門。❻❾

　　雖然宋代彌陀淨土觀念已融入各宗，但對淨土思想提出質疑論難則從未中斷。唐宋佛教以禪宗為主流，而禪門之中，像慧能對淨土即持否定態度：「迷人念佛生彼，悟者自淨其心，所以言佛隨其心淨則佛土淨。……若悟無生頓法，見西方只在剎那；不悟頓教大乘，念佛往生路遙，如何得達？」❼❿當然，也有發願往生淨土的禪師，像文輦、志通、紹巖等。❼❶西方淨土信仰的持論者，面對外界

---

❻❾　往生傳唐代已有人編輯，現存少康、文諗合編《往生西方淨土瑞應傳》一卷，收錄於《大正藏》，第 51 冊，頁 104 上。宋代彌陀淨土信仰流行，往生傳編輯有十部之多，僧侶所編的有：遵式《往生西方略傳》、延一《廣清涼傳》、戒珠《淨土往生傳》、如湛《淨業記》、從義《往生記》。居士所編的有：王古《新修往生傳》、志磐《佛祖統紀》中有〈淨土立教志〉三卷。參見望月信亨著，釋印海譯：《中國淨土教理史》，頁 274-277。

❼❿　引自《南宗頓教最上大乘摩訶般若波羅蜜經六祖惠能大師於韶州大梵寺施法壇經》卷 1，《大正藏》，第 48 冊，頁 341 中。

❼❶　雖不見念佛行為，最終歸趨淨土者，如：文輦是天台德韶弟子，後以八十四齡燃身供佛，並謂弟子曰：「望諸賢此時聚柴積下念佛，助我往生。」紹巖與德韶師出同門，均出法眼宗門下，他臨終亦以「安養為期」。志通因覽《西方淨土靈瑞傳》變行迴心，願生彼土，「生常不背西坐」。以上所說，參見范祥雍點校：《宋高僧傳》卷 23〈宋天台山文輦傳〉，頁 602；〈宋杭州真身寶塔寺紹巖傳〉，頁 600；〈晉鳳翔府法門寺志通傳〉，頁 595。

的質疑，或將其淨土解釋為一種理想境界的比喻或象徵；或引經據典強調其為實存淨土，無論視西方淨土為實存或唯心，都表現出「信仰至上」的傾向。❼❷

第三節　《宋高僧傳》對遺身供養的關注

　　從宗教人物傳記的角度來看，全書最具宗教情操，讀之最能引起讀者強烈宗教情感共鳴的篇章，應該是為法忘軀的〈遺身篇〉。《宋高僧傳》卷二十三〈遺身篇〉所錄高僧共二十二位（另有附傳二人），其中九篇傳末有系通，評贊十位遺身高僧，❼❸比例約為四成五，是全書系、通比重最高的一科。❼❹而且，非常集中地針對「遺身」主題來評贊，而無涉及其他論述，顯見贊寧對遺身之行有他獨特的關注。

---

❼❷　參見黃啟江：《因果、淨土與往生》（台北：台灣學生書局，2004 年），頁132。

❼❸　因為〈唐福州黃蘗山建福寺鴻休傳〉和〈唐鄂州嚴頭院全豁傳〉二人合贊，所以九篇系、通，評贊十位傳主。

❼❹　從〈《宋高僧傳》傳末系、通一覽表〉（參見附錄二）的統計，顯示了兩個重點：一者，從數量來看，〈感通篇〉高僧的系通最多，達 28 則，其他諸篇與其差距甚遠。二者，若就各科僧人總數與該科中附有系、通的僧傳比例來看，則是〈遺身篇〉的系、通比重最高（45%），其次是〈護法篇〉（39%），再次才是〈感通篇〉（32%）。感通、護法、遺身三篇都是較偏於以具體的行動方式來實踐其弘法利生的目的，也是敘事情節較為曲折驚奇的篇章。不過，感通篇和護法篇的系、通論述廣泛，包括佛教與儒道的關係，佛教的發展，及對傳主本身的批評等，與其他諸篇的系、通內容沒有明顯的差異，並未集中凸顯「感通」、「護法」主題來論述。

　　小乘戒律反對捨身，大乘佛教則認為我、法皆空，以此基礎來實踐菩薩行，則無我觀念的極端實踐即是遺身。本節即欲深入探討當時遺身殉道的宗教行為的意義，並以慧皎、道宣的遺身觀點與贊寧作對照，以見贊寧所關注的遺身之行的焦點何在？

一、遺身行為的緣起

　　在佛教修行的八萬四千法門中，以遺身作為主要的實踐之道，必須發大勇猛心，捐捨內財，破除對身體的慳貪，其手段之激烈，實非常情眾生所堪忍。❼❺整體而言，遺身的方式可分為捨身和燒身。

㈠ 捨身

　　從佛教經典中，可以找到許多捨身求法的記載，世尊過去修菩薩道時，曾學無量百千苦行，捐捨身命血肉骨髓。例如：《大般涅槃經》卷十四〈聖行品第七之四〉記載，世尊過去生為苦行者時，聞釋提桓因化為羅剎，宣說過去佛所說半偈：「諸行無常，是生滅法。」心生歡喜，更索餘半句偈而對羅剎言：「若能為我說是偈竟，我當終身為汝弟子。」羅剎唯食人暖肉、熱血，苦行者即承諾言：「我聞偈已，當以此身奉施供養。」於是，羅剎復說餘偈：「生滅滅已，寂滅為樂。」苦行者聞偈已，於石、壁、樹、道，各處書寫此偈，以利益無量眾生，即上高樹，捨身以報偈價。捨身時復作是言：

---

❼❺　參見岡本天晴：〈六朝における捨身の一側面〉，《印度學佛教學研究》第22卷第2期（1974.03.31），頁330-6。

　　願令一切慳惜之人，悉來見我，捨離此身。若有少施起貢高
　　者，亦令得見我為一偈，捨此身命，如棄草木。

語畢，放身自投樹下。時羅刹還復釋身，於空中接取，安置平地。
世尊並言：

　　如我往昔為半偈故，捨棄此身，以是因緣便得超越足十二
　　劫，在彌勒前成阿耨多羅三藐三菩提。

世尊通過釋提桓因所變現的羅刹的考驗，「為八字故，棄所愛
身」。❼❻因其堅強勇猛的向道之心，超越彌勒之前成等正覺，並以
此來教化慳惜貢高的眾生，可見捨身的功德利益之廣大。
　　又如世尊過去世曾為摩訶羅陀王之第三王子摩訶薩埵，一日與
二兄於園林遊觀，見一虎產七子而飢餓窮悴，身體羸瘦，命將欲
絕。虎唯好食新肉熱血，然此虎已無力他處求食，時第三王子即作
是念：「我今捨身，時已到矣！」而發是誓言：

　　我今為利諸眾生故，證於最勝無上道故。
　　大悲不動捨難捨故，為求菩提智所讚故。
　　欲度三有諸眾生故，欲滅生死怖畏熱惱故。

---

❼❻　整個故事參見〔北涼〕天竺三藏曇無讖譯：《大般涅槃經》，收入《大正
　　藏》，第 12 冊，頁 450 上。

即以乾竹刺頸出血，於高山上投身飼虎。

> 是時大地六種震動，日無精光，如羅睺羅、阿修羅王捉持
> 障蔽，又雨雜華種種妙香。時虛空中有諸餘天，見是事已，
> 心生歡喜，歎未曾有。讚言：善哉善哉！大士，汝今真是
> 行大悲者。為眾生故，能捨難捨，於諸學人，第一勇健。汝
> 已為得諸佛所讚，常樂住處，不久當證無惱無熱，清涼涅
> 槃。**⑦**

薩埵王子以大悲心故，為利一切有情，能作如是無私勇健的布施。
因此，諸天讚嘆其不久當證涅槃之樂。

　　由於經典諸多記載世尊過去生因捨身苦行，而迅速成就佛果位
的故事；世尊本身就是修行者趨向覺悟之道的典範，因此，代有高
僧起而仿效。自《高僧傳》始，將「忘身」獨立為一科，《續高僧
傳》改為「遺身」篇，《宋高僧傳》繼之，可見中國僧侶對捨身之
行的熱中。

㈡ 燒身

　　燒身又可分為燃指與燒全身，二者皆為難行能行的大苦行之
法。燒身的作法，源於《妙法蓮華經》卷六〈藥王菩薩本事品第二
十三〉的記載。

　　過去日月淨明德佛時，有一菩薩名一切眾生喜見，樂習苦行，

---

⑦　整個故事參見〔北涼〕天竺三藏曇無讖譯：《金光明經》卷 4〈捨身品第十
　　七〉，收入《大正藏》，第 16 冊，頁 354 上。

精進經行，一心求佛，得一切色身三昧。以諸香華而供養佛，又自念言：「我雖以神力供養於佛，不如以身供養。」即服諸香，於日月淨明德佛前，以天寶衣而自纏身，灌諸香油，以神通力而自燃身，光明遍照八十億恆河沙世界。諸佛見此，同聲讚言：

> 善哉，善哉！善男子！是真精進，是名真法供養如來。若以華、香、瓔珞、燒香、末香、塗香、天繒、幡蓋及海此岸栴檀之香，如是等種種諸物供養，所不能及。假使國城、妻子布施，亦所不及。善男子！是名第一之施，於諸施中最尊最上，以法供養諸如來故。

一切眾生喜見菩薩其身火燃千二百歲，過是已後，其身乃盡。命終復生日月淨明德佛國中。

日月淨明德佛將入涅槃，以佛法、舍利付囑一切眾生喜見菩薩，令一切眾生得大利益。一切眾生喜見菩薩乃於舍利塔前，燃百福莊嚴臂七萬二千歲而為供養，曰：「我捨兩臂，必當得佛金色之身，若實不虛，令我兩臂還復如故。」作是誓已，兩臂自然還復如故。經中又云：

> 若有發心欲得阿耨多羅三藐三菩提者，能燃手指，乃至足一指，供養佛塔，勝以國城、妻子及三千大千國土、山林、河池，諸珍寶物而供養者。

此一切眾生喜見菩薩即今藥王菩薩是。❼可見經典中對燒身或燃臂的讚揚，是諸供養中最大的供養，是真正的法供養，所得的果報亦極不可思議。

以燒身供養諸佛、捨身布施眾生的作法，在中國廣為流傳的大乘戒經《梵網經・盧舍那佛說菩薩心地戒品第十》卷下也有明文規定：

> 見後新學菩薩，有從百里千里來求大乘經律，應如法為說一切苦行，若燒身、燒臂、燒指。若不燒身臂指供養諸佛，非出家菩薩。乃至餓虎狼師子、一切餓鬼，悉應捨身肉手足而供養之。❼

大乘佛教中，行菩薩道者最基本的行持即是六波羅蜜中的「布施波羅蜜」，既然經、律都有贊同燒身、捨身的說法，即使其他大乘戒經並無明文規定，中國佛教徒仍熱中於這種宗教行為。

雖然佛經中確實有關於捨身、燒身的記載，然而，如何解讀這些故事的存在意義，則是另一個層次的問題。佛經的敘事語言有其文化背景，恆清法師就認為：在富於玄想的印度人心中，這個故事象徵的意義，可能大於實質意義；但重實際的中國人讀之，則依此

---

❼　整個故事參見鳩摩羅什譯：《妙法蓮華經》，收入《大正藏》，第 9 冊，頁 53 中。

❼　見於《大正藏》，第 24 冊，頁 1006 上。《梵網經》是中國大乘戒律的根本經典，對中國佛教戒律的影響深遠，但其真偽一直受到質疑，現代學界幾乎一致認為該書是偽經。

付諸實踐。⑧

二、高僧遺身的方式

㈠ 捨身

在《宋高僧傳》中，即有效法薩埵太子欲布施全身者，如卷二十三〈唐南嶽蘭若行明傳〉中，行明自言：「吾不願隨僧崖焚之於木樓，不欲作屈原葬之於魚腹。終誓投軀，學薩埵太子超多劫而成聖果，可不務乎？」⑧果然於林間捨身餵虎，須臾肉盡。贊寧認為行明能為利生之故而損命，乃真正的菩薩道，故對遺身的作法，不但贊同，且大加讚揚。系曰：

> 佛敕比丘，施眾生食，二世順益，感果非輕。若其明公，成
> 大檀度，遠慳貪也；成大勇猛，得無畏也；成三輪空，無為
> 功德也；成難捨心，淨佛土也。一擲其軀，其利博哉！譬猶
> 善賈者，費少而勸多，其是之謂乎？（頁591）

---

⑧ 參見釋恆清：〈論佛教的自殺觀〉，《哲學評論》第 9 期（1986.01），頁193。據傳天台智者大師讀誦《法華經》，當他讀到經中讚嘆藥王菩薩的燒身「是真精進，是名真法供養」時，豁然悟道。見於智顗：《妙法蓮華經文句》卷十（下）云：「真法供養者，當是內運智觀，觀煩惱因果，皆用空慧蕩之，故言真法也。又觀若身若火，能供所供，皆是實相。誰燒誰燃，能供所供，皆不可得，故名真法也。」引自《大正藏》，第 34 冊，頁 143 下。恆清法師認為這是將燃身觀想為實相供養，並非肉體的燃燒，應該更符合大乘般若空觀的義理。

⑧ 范祥雍點校：《宋高僧傳》，頁591。

行明能捐捨內財，破慳法；具大勇猛心，得無畏果；成就布施波羅蜜，未捨、已捨、當捨三輪頓空，當得廣大的果報。真是「一擲其軀，其利博哉」！

有布施身血者，如道育每至夏首秋末，裸露胸背以飼蚊蚋蟲蛭而血流於地，四十餘年未嘗少廢。❽❷紹巖原本欲誓同藥王菩薩焚身供養，卻為漢南國王錢氏苦留，於是潛遁，投身曹娥江，以飼魚腹，結果又被漁人救起。何以致此？蓋因「神人扶足，求溺弗可。」由於水火二緣具無法如願，最後紹巖乃以安養為期，疾病不求藥石，跏趺坐亡。❽❸

真正發大心捨身的高僧，多伴隨感應異象，以證其果德。如定蘭因父母早亡，為報劬勞，每至諱辰，裸露入山，任隨蚊蚋噬咋膚體。繼而刺血寫經、燃臂、拔耳、剜目餧飼鳥獸，以致行步顛躓，後果感得南天王還其眼珠。❽❹

㈡ 燒身

受到佛典中以燃臂燒身供養諸佛的範例啟發，中國僧侶代有人學藥王菩薩燃身之行。《宋高僧傳》中，即有焚身供養者，如普靜願燃身供養，得州牧允許後，傾州百姓或獻香果，或引旛花，或泣淚相隨，或唄聲前導，至四月八日，於真身塔前發大願言：「願焚千身，今千中之一也。」徐入柴庵，自分火炬。時「煙飛慘色，香靄愁雲，舉眾嘆嗟，群黎悲泣。」❽❺

❽❷　同前註，〈晉天台山平田寺道育傳〉，頁 593。

❽❸　同前註，〈大宋杭州真身寶塔寺紹巖傳〉，頁 601。

❽❹　同前註，〈唐成都府福感寺定蘭傳〉，頁 587。

❽❺　同前註，〈周晉州慈雲寺普靜傳〉，頁 598。

無染為睹文殊化境，挂錫棲心，誓不出山。「冬即採薪供眾，夏即跣足登遊，春秋不移，二十餘祺。」前後七十餘徧，遊歷諸台，目睹殊勝化境。最後於中台見文殊勉曰：「汝於此有緣，當須荷眾，勿得唐捐，有願無行而已。」於是廣興施供，每供一百萬僧即燃一指，及千萬供畢，十指燃盡。至七十四歲時，決心燒身供佛，乃於中台頂禮拜焚香，念佛虔誠，以布纏身，披麻灌油，從頂而鍊，至足方仆。❽又，文輦、懷德二人也是以堅強意志，一邊自己以火炬燃身，一邊誦經而逝。❾

這些燃身供佛的敘事，氣氛慘烈悲壯，讀之令人悚然撼動，其情境實非常人情緒所能承受。若是身當其境者，必然更受臨場強烈的宗教氣氛所感染。

其次，燃指供佛者，如景超禮《華嚴經》一字一拜，並燒一指，以為燈供養。❽元慧一邊燃指，一邊口誦《法華經》，其指不踰月而復生如故。❾息塵曾捨身飼虎，虎嗅而奔走；於林間裸體施食蚊蟲；投水以飼水族；復多次燃指供佛，而雙手僅剩二指，在捐捨法上無人能比他精進了。❿

由於佛典記載過去諸佛對於捨身布施、燒身供養，同加讚嘆，並因此勇猛心力，迅速獲得佛果位，由此，激發後代的修行者以此

---

❽ 同前註，〈唐五台山善住閣院無染傳〉，頁 585。

❾ 同前註，〈宋天台山文輦傳〉，頁 601；〈宋臨淮普照王寺懷德傳〉，頁 602。

❽ 同前註，〈晉江州廬山香積庵景超傳〉，頁 594。

❾ 同前註，〈唐吳郡嘉興法空王寺元慧傳〉，頁 589。

❿ 同前註，〈晉太原永和三學院息塵傳〉，頁 592。

激烈的手段趨向成佛之道。然而,《法華經》中一切眾生喜見菩薩
能燃身一千二百年,是因為他當時已有神通力,聖嚴法師認為:
「這不是普通凡夫可以做得到的,即是為了激發無量數人發起無上
菩提心的一種難行苦行,經中也並未鼓勵凡夫修行此一法門。」⑨

　　中國文化深受儒家思想薰陶,認為身體髮膚,受之父母,不能
輕易損毀,否則,便是對父母的大不孝。由於個人身體是祖先血脈
的延續,因此,如何處置我們的身體,不是僅憑個人自由意志就能
決定,這種文化背景與佛教所持身體乃四大假合,只有神識隨業流
轉的觀念差異甚鉅。因此,捨身毀身一方面易為堅持儒家道德觀念
者所反對;另一方面,過於強烈的信仰熱誠的表現,易造成信徒的
集體仿效,而對社會造成心理上的震動。因為焚身之舉易引發信徒
強烈的宗教情緒,像《續高僧傳》中的靜藹,因自感護法不力,乃
決採最激烈的方式,他「自條身肉,段段布于石上,引腸掛於松
枝,五臟都皆外見,自餘筋肉手足頭面,剮折都盡,並惟骨現,以
刀割心,捧之而卒。」⑨這種作法,一方面能激起同修共同護教的
信心;同時,引發世俗信眾對佛法崇行決心的敬仰。但是,群眾的
宗教情緒如果失控,恐怕將影響整個社會民心的安定,這絕非執政
者所樂見。因此,像後周世宗顯德二年(955 年)就曾下詔肅正佛
教,明令僧尼或信徒若有捨身、燒臂、燃指、手足截釘或其他毀壞
自己身體的行為,或以各種妖術迷惑流俗者,皆由各地方官嚴加處

---

⑨　引自氏著:〈中國佛教以《法華經》為基礎的修行方法〉,《中華佛學學
　　報》第 7 期(1994.07),頁 12。
⑨　參見道宣:《續高僧傳》卷 23〈周終南山避世峰釋靜藹傳〉,《大正藏》,
　　第 50,頁 627 中。

斷，流配邊地，並勒令還俗。❾所以，後來有洪真上表乞允焚身，供養佛塔，當時有人認為焚身惑眾，不利國家，所以皇帝下敕嚴禁，使他燃身之願因而落空。❾❹

三、贊寧對於遺身爭議的看法和解釋

慧皎《高僧傳》將〈亡身篇〉排在第六，收錄十五位亡身高僧；道宣《續高僧傳》將〈遺身篇〉置於第七，收錄十六位遺身高僧；而贊寧《宋高僧傳》的〈遺身篇〉收錄高僧共二十二位。贊寧對於燒身的立場，幾乎是一致的給予讚揚和肯定，不同於慧皎和道宣能從得失兩面立論。以下先討論慧皎、道宣對遺身的看法，再與贊寧的觀點作對照，以見其主張之由。

慧皎從空性的本質思考，亡身去執以利他的意義深遠，故《高僧傳·亡身篇》「論曰」：

> 自有宏知達見，遺己瞻人，體三界為長夜之宅，悟四生為夢幻之境。精神逸乎蜚羽，形骸滯於瓶穀，是故摩頂至足，曾不介心，國城妻子捨若遺芥，今之所論，蓋其人也。❾❺

如果是大權為物的大菩薩，為了眾生利益的情況下自願犧牲，同時，了達肉體生命的虛幻，長劫輪迴猶如長夜，而能捨棄對形軀生

命的執著,所得的果報自然廣大。故云:「若是大權為物,適時而動,利現萬端,非教所制。故經云:能然手足一指,迺勝國城布施。」**⑨⑥**

道宣也認為若從佛教觀點而言,幻身乃假合而成,因此,遺身確實是斷除我執以求證金剛法身的捷徑:

> 纏身為炬,且達迷途;然臂為明,時陳報德。出燈入鐵之相,其蹤若林;肉山乳海之能,備聞前策。斯皆拔倒我之宏根,顯坏形之可厭,以將崩之朽宅,貿金剛之法身。**⑨⑦**

從利他的角度而言,能捨如幻之肉身,不但能拔除我執之根,更可得金剛法身的果報。基於此理,慧皎、道宣同讚捨身之行。

就戒律立場而論,因為考量的重點差異,而有不同的看法。慧皎認為捨身有得有失:

> 若是出家凡僧,本以威儀攝物,而今殘毀形骸,壞福田相。考而為談,有得有失,得在忘身,失在違戒。**⑨⑧**

出家人本以威儀攝眾,燒身等於毀壞福田相,所以以燒身為手段,期獲得修行的果報,利弊互見。正面而言,可以捨棄對自身肉體的

---

⑨⑥ 同前註,頁 406 上。

⑨⑦ 《續高僧傳》卷 27〈遺身篇〉「論曰」,收錄於《大正藏》,第 50 冊,頁 684 下。

⑨⑧ 《高僧傳》,收錄於《大正藏》,第 50 冊,頁 406 上。

執著；反面而言，燒毀藉以修行證果的身體，實違背戒律。怎麼說呢？

> 佛說身有八萬戶蟲與人同氣，人命既盡，蟲亦俱逝，是故羅漢死後，佛許燒身，而今未死便燒，或於蟲命有失。說者或言羅漢尚入火光，夫復何怪？有言入火光者，先已捨命，用神智力，後乃自燒。然性地菩薩，亦未免報軀，或時投形火聚；或時裂骸分人。當知殺蟲之論，其究竟⑨詳焉。⑩

人身有八萬蟲與人共生，證果羅漢尚待死後，佛方許燒身，以免傷及蟲命。普通出家人未證果位，尚在性地菩薩階段，應為護生而重細行，若燒身將傷及人身的八萬戶蟲，違背不殺生的戒律。可見慧皎認為燒身之行得失互見。

從修行方式而論，慧皎認為以燃身求速得果位的作法並不可取：

> 夫三毒四倒，乃生死之根栽；七覺八道，實涅槃之要路。豈必燔炙形骸，然後離苦？若其位隣得忍，俯迹同凡，或時為物捨身，此非言論所及。至如凡夫之徒，鑒察無廣，竟不知盡壽行道，何如棄捨身命？或欲邀譽一時，或欲流名萬代。

---

⑨ 「竟」，同「莫」。見於慧皎：《高僧傳》，收錄於《大正藏》，第50冊，頁406下註。

⑩ 同前註，頁406上。

及臨火就薪，悔怖交切，彰言既廣，恥奪其操，於是僶俛從
事，空嬰萬苦。若然，非所謂也。⓪

既然燒身是有爭議的，作為平凡的出家修行者，應該以盡形壽修道
為正行，不應好高騖遠而欲以捨一時之身，求迅速的果報。等而次
之者，甚至為了獲得外在的聲名，即使臨場怖畏悔怯，礙於顏面，
勉強承受巨大的燒身之苦，這些都已違背燒身的本旨。

道宣也認為以燒身之法來破除我執，確實有待商榷：

或者問曰：「夫厭生者，當拔生因，豈斷苦果而推集本。未
聞其旨，請為陳之。」「斯立言也，不無恒致，且集因綿
亘，如山之相屬。我為集本，如煙之待搆，生重惟身，隨重
而行對治，如世之病，任形而設方術。故焚溺以識貪瞋，謙
虛以攻癡慢。斯業可尚，同靜觀而緣色心；斯道可崇，等即
有而為空也。必迷斯迹，謂我能行，倒本更繁，徒行苦聚。
故持經一句，勝捨多身，世該所質，惟斯人也。但患聞而不
行，更增常結，何如薄捐支節，分遣著情。」⓪

集為苦之因，斷苦應從滅集因著手，而我執為集因的根本，故為斷
除我執而行遺身之法。然而，如果以「我」能行遺身，那麼即使忍

⓪　同前註，頁406中。
⓪　《續高僧傳》卷27〈遺身篇〉「論曰」，收錄於《大正藏》，第50冊，頁
　　685上。

受鉅苦，也只是徒增自我的執著，還不如持經漸修。

由以上的討論可知，慧皎、道宣均就得失兩面立論，要之，此乃險峻之法，當審慎而為，其中關鍵在於當事者於佛法正理及發心確然與否。若以一般根器的修行者，還是依循修行階漸為宜。

贊寧對燃身態度，不同於慧皎和道宣有多重的思考，而是給予一致的肯定，《宋高僧傳·遺身篇》「論曰」：

> 我世尊因地也，初唯減口，次則脫身，車服越共弊之心，象馬過借人之乘。輟食菜之地，判受封之城，用若拂塵，捨猶脫屣。復次，嗂膚待飫，剜目副求，或指然一燈，或身均百㸑，救羸虛之虎，化長偉之魚，因超劫歸彌勒之前，先成佛享釋迦之位。皆從旋習，始外財而終內財；及熟善根，變難捨而成易捨。夫輟外財，外財難捨，難捨，凡夫也；捐內財，內財易棄，易棄，菩薩也。須知三世諸佛同讚此門，是真實修，是第一施。（頁603）

贊寧認為世尊因地為利生故而不惜身命，這是捨身的本意，因為利生的發心廣大，難捨能捨，而能超越彌勒之前，迅速成就佛果位。就這一點而言，與慧皎、道宣的看法並無二致。

贊寧整體上贊同燃身，語氣上也多帶鼓勵意味，僅有在〈唐京兆菩提寺束草師傳〉的「系曰」，對凡夫比丘僧提出告誡。束草師以草焚身，且無遺骸、血污之臭，延燎驚詫之聲，而是起三昧火自焚。系曰：

《處胎經》中菩薩禪定攝意，入火界三昧，愚惑眾生謂為菩
薩遭劫火燒是也。比丘實未及此，無象此以惑人。如能用少
蒭稭能焚巨骸，則可信矣。（頁590）

贊寧一方面盛讚燒身功德，另一方面，反對一般比丘燃身，是因為
一般比丘若無實證功夫就貿然實行，必然痛苦不堪，無知凡夫便會
誤以為菩薩也會遭劫火燒而失去對佛教的信心，必真有實證功夫如
束草師之類者乃堪如是為之。所以，贊寧並非反對燒身，而是反對
凡夫比丘燒身，而贊寧告誡凡夫僧不要隨意燒身的原因，也並非如
慧皎、道宣認為一般比丘應循序實修，不適合好高騖遠以燒身加快
證果的速度，而是擔心眾生因平凡比丘燒身無甚特殊之處而退失信
心。

　　其次，贊寧進一步在〈遺身篇〉「論曰」中，一一辯駁對於燃
身的諸種疑慮和詰問。一者，或有人認為佛教燃身，破壞中華禮
法。贊寧對曰：

孔門大旨：「未能知生，焉能知死？」莊子曰：「勞我以
生，息我以死。」若觀鼓盆而歌，似知不死焉。二教曾不言
人死神明不滅，隨其善惡業緣受報，故有好醜。……刳肉眼
而招佛眼，割凡軀而貿金軀。尼拘之子至微，蔭車之形不
少。是為真語，非謂食言，菩薩利他，適足以學。（頁605）

儒、道的焦點都還在「此生」，尚未思及人死之後隨業緣受報之
理，若知捨身果報不虛，當學菩薩為利生故捐捨其身。

二者，或有不善人，視燃煉割捨之苦為笑語、戲劇；不肖者以此欺騙世人，則如何種善根？贊寧對曰：

> 雖則頑民喜忍，惡少耐傷，且經念以然燒，或淺誠而餒飼，冥招善報，已種良因。以浮泛心，得浮泛報。昔有女子戲披袈裟，婆羅門醉著法服，其緣會遇，道果終成也。（頁605）

贊寧認為從佛教因果之理而論，即使是以浮泛之心為之，也已種下良因，道果終成。贊寧的主張，多少是帶有普勸意味的，所以，他不是從究竟理諦而論，僅是以世俗諦而言，善根已種，無論經過多久時間，終有成熟之時。

三者，或有人言：「義淨傳譯，重累再三，令勿然鍊。」⑩是何原因？贊寧對曰：

> 此專縛阿笈摩之教，安能沮壞摩訶衍法耶？設或略捨內財，決定當圓檀度，故《莊嚴論》云：「若能施自身命，則為希有。」成菩薩檀度也。（頁605）

義淨是站在小乘律制的觀點，認為燒身有違戒律，初學沙門應以持

---

⑩ 范祥雍點校：《宋高僧傳·遺身篇》「論曰」，頁 605。義淨於《南海寄歸內法傳》卷4〈第三十八燒身不合〉中，曾嚴詞反對燒身燃指之類的苦行：「如學大因，則三祇斯始，勿勿自斷軀命，實亦未聞其理。自殺之罪，事亞初篇矣。撿尋律藏，不見遣為，滅愛親說要方，斷惑豈由燒己？」《大正藏》，第54冊，頁231中。

戒為重點，因此，反對普通沙門仿效菩薩捨身的行為，「投體餓
虎，是菩薩之濟苦；割身代鴿，非沙門之所為。」❿想必當時僧侶
熱中於此，義淨才會如此大聲疾呼吧！義淨觀點與慧皎、道宣相
同，他們都認為初學比丘，未登聖位，應該在日常生活中修行，不
應該也沒有能力學菩薩捨身、燒身等苦行。但贊寧不認同。他認為
這是執著於小乘教，不能與大乘法相提並論，所以《大乘莊嚴經
論》卷十二〈功德品〉云：「若能施自身命，則為希有。」❺

　　贊寧在〈宋天台山文輦傳〉的「系曰」，正可與他反駁義淨反
對燃鍊的觀點相呼應：

> 小乘教以自殺犯重戒，前諸方便罪，是以無敢操炬就燎者。
> 然自殺二例：一畏殺，須結蘭吉。二願往生，強猛之心，命
> 終身往，蘭吉可能作礙邪？復次，大心一發，百年闇室一燈
> 能破，何罪之有？是故行人無以小道而拘大根者乎？（頁
> 602）

小乘教以毀身為自殺，自殺也是殺生的一種，是斷修行之器。若就
眾生皆可成佛而言，亦可說是殺未來佛，故而反對燒身。贊寧認為
文輦自誓以自焚供養十方諸佛聖賢，是上根大器者之所為，大心一
發，如百年闇室而得光明，何罪之有呢？可見贊寧強調發心的力

---

❿　《南海寄歸內法傳》卷 4〈第三十九傍人獲罪〉，收入《大正藏》，第 54
　　冊，頁 231 下。

❺　《大正藏》，第 31 冊，頁 650 上。

量,有很濃的信仰至上的意味。

其次,贊寧又舉所見燃指感應之實例,作為最有力的證明。太宗朝,兩浙進阿育王盛釋迦佛舍利塔,於滋福殿供養,後迎入內道場,屢現奇瑞。開寶寺樹木浮圖,神光明耀,而激勸僧俗二眾有燃指者、有鍊頂者。「苟非大權菩薩、大福天王,安能激勸下民而捐身寶者乎?」⑩

《宋高僧傳》藉由〈遺身篇〉的論述,強化了宗教的感化力量,達到勸化的作用。如〈唐吳郡嘉興法空王寺元慧傳〉系曰:

> 鍊大拇指,火盡灰飛,如何於焦炭之末,骨肉隨生,不久如故?此與火中蓮華,同種而異態耳。(頁590)

以至誠之心燃指供佛,故感得燃指復生如故的果報。遺身本義應如薩埵王子一般,必委棄全軀,所以燃指或斷臂,僅是「遺身之加行」。⑩末法之世,眾生對自身的執愛益加強烈,能做到的尤其難能可貴,如同以少分廉隅,卻得以列入《循吏傳》一樣;以少分的供養,卻可以感得廣大的果報。

由此,我們可以看出贊寧對於實修型高僧的重視,「須知三世諸佛同讚此門,是真實修,是第一施。」⑩這也是他於遺身諸傳特加論贊的原因吧!

---

⑩　范祥雍點校:《宋高僧傳·遺身篇》「論曰」,頁605。

⑩　同前註,〈晉江州廬山香積庵景超傳〉系、通,頁595。

⑩　同前註,〈遺身篇〉「論曰」,頁604。

　　苦行的終極意義在體察此生之為患，從而發起強烈的向道之心，諸佛菩薩所以讚嘆藥王菩薩燒身供養，應是讚其道心堅固，而非針對這樣的行徑。僧傳中燒身、捨身的高僧，也許都是已登聖位的菩薩，才能真正做到無我的布施。聖嚴法師認為：聖位菩薩捨身飼虎，是因他能攝受虎狼，初發心菩薩雖捨身，虎狼不唯不能得度，反因吃了行道菩薩而業障更重。未登忍位，即使發捨身之大心，捨身之際，卻不能沒有痛苦的感受。因此，如果自己沒有把握，或不到緊要關頭，最好不要貿然從事，因為色身雖不值得重視，卻是修道的工具。如果功力不夠、慧力薄弱，一味貪著功德，便去燒身捨身，充其量只能生天享樂，樂盡還墮三塗。⑩

　　那麼，作為僧史家的贊寧，何以在僧傳中對遺身之行一無微詞？其全然頌揚的原因何在呢？筆者以為慧皎、道宣等前代僧史家對燒身的看法已有不同的雜音，未登聖位的凡夫僧燒身的行為，在理上不被認同，事相上也被解讀為只為邀譽一時。加上這種濃烈的宗教行為，易鼓動群眾的宗教情感，造成難以收拾的衝擊效應，所以朝廷對於僧人的捨身行動有相當的疑慮。我們從《高僧傳》中，釋法羽燒身前，稟告晉王姚緒；釋慧益誓欲燒身，聞者或讚或謗，就焚前，至雲龍門向宋孝武帝奉辭，諸王妃后道俗士庶填滿山谷，投衣棄寶，不可勝計。⑩《續高僧傳》中，僧崖發心燒身，消息傳出，高僧與之對話，燒身過程，上自貴族，下至黎民，供養爭睹，

⑩　聖嚴法師：《律制生活》（台北：東初出版社，1993 年），頁 46。
⑩　參見慧皎：《高僧傳》卷 12〈法羽傳〉，收入《大正藏》，第 50 冊，頁 405中。

整個環境都籠罩在一種悲壯動人的宗教情緒中。⑪這也許是道宣敘事的鋪陳效果，不過，道宣是一位嚴謹的律師，其僧傳敘事的筆法又非常平實綿密，所以，以此推之，道宣的描述應該符合僧崖當日捨身的情景。反觀《宋高僧傳》，或許是篇幅過於簡短，整體而言，僧侶捨身的群眾影響力似乎不如《續高僧傳》的時代，這或許可以解讀為此時期佛教的發展特色轉變，使得捨身活動不若以往有那樣大的社會影響力。面對這樣的轉變，贊寧改以全然盛讚的口吻，來讚美這些少數能發大心的勇猛僧侶。另一方面，由於後周世宗曾下令嚴禁僧尼燒身供佛，否則處斬或勒令還俗，或許贊寧也試圖藉由其論述，來消除《宋高僧傳》的第一位讀者——宋太宗對佛教的燒身之舉的疑慮，並期於當代僧侶間獲得更多的理解和認同吧！

本章小結

　　為法忘身與佯狂遊戲是兩種截然不同的生命型態，禪宗法系下的高僧，若非潛隱山林禪修，而混跡於民間，則往往採行佯狂瘋癲的姿態，與世浮沈，隨機以各種善巧的神異方便度化眾生。這種佯狂神異的行為模式，必須有三昧的定慧力做基礎，才能隨緣起用，以遊戲姿態自在無礙地行化人間。其表面上佯狂而無視戒儀，勇於挑戰僧院的傳統規範，帶有對佛教制式修學體系的顛覆和挑戰的意

---

⑪　參見道宣：《續高僧傳》卷 27〈周益州沙門釋僧崖傳〉，收入《大正藏》，第 50 冊，頁 678 中。

義，使修行從外在形式的磨練，轉向對內在更本質的反省，以瓦解宗教教條實行日久，可能淪為形式並日益僵化的危機。

　　隨著五代入宋以來，佛教宗派實踐逐漸產生合流現象，無論禪、律、天台、華嚴各宗，都以西方淨土為實修歸趨，加上一些高僧的示範宣導，以及外在政治社會的動亂不安，產生有利於淨土觀念傳播的末法思想，內外共振的結果，使得往生彌陀淨土的觀念在民間迅速傳揚。贊寧身處彌陀信仰普及的北宋，在傳文的敘事中，似乎也刻意以高僧往生西方的實例來印證實修淨土法門的利益，即使不斷有人對西方淨土思想提出駁斥和挑戰，仍無妨其成為宋代以後最盛行的法門。

　　遺身是在強烈的宗教情操支持下精進求道的極端表現——以自己的身體做為媒介，上供諸佛，下施有情。就大乘佛教而言，遺身是破除對自我的慳貪的積極作法，能迅速成就佛道，三本僧傳都設有此科，顯見中國高僧的熱中。不過，慧皎和道宣都認為遺身之行有得有失，從利他的角度，這是斷除我執的好方法；但若欲以此為手段，以求迅速獲得果位，對一個初發心的凡夫僧而言，並不值得鼓勵。贊寧則認為視燒身為違犯戒律，是執著於小乘戒法，強調發心的力量，即使以浮泛之心捨身，都已種下未來解脫的善根，語氣中對遺身之行多抱肯定態度。

　　由佯狂神異高僧的群出，求生彌陀淨土法門的盛行，以及贊寧稱許遺身將來善果必成，可以看出晚唐五代至北宋，中國佛教發展已逐漸從理性的義理探究，趨向於重視信心願力的信仰型宗教發展。

第九章　《宋高僧傳》的
論、系、通及其史觀

　　前人關於僧傳史論的研究，大多集中在討論十科分類的沿革，尚無專從史傳論贊的角度，探討《宋高僧傳》史論的內涵。然而，「系」、「通」可說是《宋高僧傳》最有價值的發明，因此，本章除了整合《宋高僧傳》十科的「論」義之外，主要重點擺在探討其傳末「系」、「通」的內容，及贊寧撰作僧傳的歷史意識與著作立場。

第一節　《宋高僧傳》十科「論」義

　　《宋高僧傳》「論曰」的架構，約可分為三部分：先概述該科的意義，次述源流發展，最後將該科的高僧作一綜述評論。十科沿革在第二章第四節已討論過，對高僧的評贊在下一節有更詳細的討論，此節則專究各科「論」義，實則贊寧僧傳的十科論義，多延續道宣《續高僧傳》「論曰」。

　　第一〈譯經篇〉。譯經是佛法傳揚最初步的工作，所以，三本僧傳均列為首篇。贊寧云：「譯經是佛法之本，本立則道生。其道

所生，唯生釋子，是以此篇冠首。」❶道宣曾參與玄奘譯場，以其
經驗強調譯經必須精通梵、漢雙邊語言方能勝任。贊寧〈譯經篇〉
的「論曰」可說將譯經凡例和譯場規模作了通盤的統整。首先，關
於翻譯的凡例，從道安論「五失本三不易」❷，玄奘立「五種不
翻」❸等，贊寧總結前人翻譯理論，提出六例原則：一，譯字譯音
例，討論譯字和譯音之間的關係原則，又分為四例：㈠譯字不譯
音，即陀羅尼是；㈡譯音不譯字，如佛胸前卍字是；㈢音字俱譯，
即諸經律中純華言是；㈣音字俱不譯，如經題上【∫】【√】
二字是。❹二，胡語梵言例，贊寧認為應區分譯本為梵語或胡語，

---

❶　范祥雍點校：《宋高僧傳·譯經篇》「論曰」，頁 58。

❷　「譯胡為秦，有五失本也。一者胡語盡倒而使從秦，一失本也。二者胡經尚
　　質，秦人好文，傳可眾心，非文不合，斯二失本也。三者胡經委悉，至於嘆
　　詠，丁寧反覆，或三或四，不嫌其煩，而今裁斥，三失本也。四者胡有義
　　記，正似亂辭，尋說向語，文無以異。或千五百，刈而不存，四失本也。五
　　者事已全成，將更傍及，反騰前辭已，乃後說而悉除，此五失本也。然般若
　　經三達之心，覆面所演，聖必因時，時俗有易，而刪雅古以適今時，一不易
　　也。愚智天隔，聖人叵階，乃欲以千歲之上微言，傳使合百王之下末俗，二
　　不易也。阿難出經，去佛未久，尊大迦葉令五百六通，迭察迭書。今離千年
　　而以近意量截，彼阿羅漢乃兢兢若此，此生死人而平平若此，豈將不知法者
　　勇乎，斯三不易也。涉茲五失經，三不易，譯胡為秦，詎可不慎乎？」引自
　　〔梁〕僧祐：〈摩訶缽羅若波羅蜜經抄序第一〉，《出三藏記集》卷 8，收
　　錄於《大正藏》，第 55 冊，頁 52 中。

❸　「唐奘法師論五種不翻。一祕密故，如陀羅尼；二含多義故，如薄伽梵具六
　　義；三此無故，如閻淨樹，中夏實無此木；四順古故，如阿耨菩提，非不可
　　翻，而摩騰以來常存梵音；五生善故，如般若尊重智慧輕淺。」引自〔宋〕
　　法雲編：《翻譯名義集·序》，收錄於《大正藏》，第 54 冊，頁 1055 上。

❹　參見范祥雍點校：《宋高僧傳·譯經篇》「論曰」，頁 53。

才能確定譯經版本。三，重譯直譯例，謂經典有直接譯自梵本；有先譯為胡語，再轉漢語者。四，麤言細語例，謂佛說法多用平民口語，但佛經語言則有雅有俗。五，華言雅俗例，謂翻譯語言一樣有雅有俗。六，直語密語例，謂翻譯有直譯和意譯之別。總之，贊寧認為佛經翻譯應該「折中適時，自存法語，斯謂得譯經之旨矣。」❺從其強調「折中適時」的觀念，可以看出贊寧論學處事的基本性格。

其次，詳細解說譯場設官分職的制度，及各官所司之職。依次包括譯主、筆受、譯語、證梵本者（證梵義、證禪義）、潤文、證義、梵唄、校勘、監護大使、正字字學等。可惜自唐憲宗元和五年到後周朝，譯事荒廢，直至宋太宗朝才又恢復譯經事業。

第二〈義解篇〉。道宣《續高僧傳·義解篇》「論曰」謂義解作用約有四種：

> 原夫論義之設，其本四焉。或擊揚以明其道，幽旨由斯得開；或影響以扇其風，慧業由斯弘樹；或抱疑以諮明決，斯要正是當機；或矜伐以冒時賢，安詞以拔愚箭。❻

一者，深入探究教理，以開顯正法幽旨；二者，弘揚佛法大意，以廣傳經旨；三者，開示佛法正見，合諮求者之機；四者，指正謗法言論，並解說令除愚昧。可見義解是樹立正法幢之根本。除了深入

---

❺　同前註，頁 56。

❻　《大正藏》，第 50 冊，頁 549 下。

經藏，還須以高僧修行德範為感召，佛法方得弘揚廣傳。

　　贊寧則謂佛所說法為經，解經者為論，經義由論而顯，論義待疏乃通，疏總章義，義由師述，這是經典釋義的層次。是故「論曰」：「夫以能化之教已翻，所詮之理難悟，苟非宿慧，安喻經心？宿慧當多世之熏，方能生起；經心乃大雄之意，豈易尋求！」❼疏解經義必以智慧為基礎，而具解經之慧者，須經多生修習，可見解經高僧之難得。

　　第三〈習禪篇〉。梵語禪那，此云正定也。慧皎《高僧傳》以為禪定作用在於其能產生神通能力，以對抗外教的神仙方術，待佛法逐漸在中土站穩根基之後，道宣《續高僧傳》即認為應以禪定攝心，以開啟智慧。禪法流傳分為多支，六朝時，安世高譯介小乘禪數，重坐禪數息；支婁迦讖譯《般舟三昧經》，行念佛三昧；慧遠將大乘禪觀與觀想念佛結合，形成念佛禪；陳隋時，從慧文、慧思到智者大師，發明一心三觀的天台止觀禪法；其中以達摩壁觀禪法，主張「直指人心，見性成佛」，下傳至唐代，從弘忍傳神秀、慧能之後，付法分器而愈盛。故贊寧「論曰」：

> 嗟乎！經有曲指，曲指則漸修也。見性成佛者，頓悟自心本來清淨，元無煩惱，無漏智性，本自具足，此心即佛，畢了無異。如此修證，是最上乘禪也。（頁318）

達摩禪法原本有理入、行入，後期禪宗講究見性成佛，因為不重階

---

❼　范祥雍點校：《宋高僧傳》，頁165。

漸，唯求頓悟自心，使得行入一路漸為學人忽略，如此若非上根利
器，往往難以捫摸門徑，逐漸就會產生理解上的偏差。所以贊寧主
張回歸達摩時的禪法，強調禪有理、有行，「行不廢而理逾明，法
無偏而功兼濟。」❽

　　第四〈明律篇〉。世尊隨業設教，以三學作為修行的次第，而
戒學更是定、慧的基礎。道宣在〈明律篇〉「論曰」云：「戒本防
非，諒符身口；定惟靜亂，誡約心源；慧取閑邪，信明殄惑。三法
相假，義刑聖量，是故論云：戒如捉賊，定是縛賊，慧如殺賊。」❾
中國律法初傳時，包括薩婆多部《十誦律》，大眾部《摩訶僧祇
律》，彌沙塞部《五分律》，曇無德部《四分律》並行，並無定於
一法，不過，江南多尊《十誦律》，關中及其他地區則尚《僧祇
律》。後來《四分律》經道宣集其大成並廣加宣揚，而成為中國佛
教戒律的主流，僧侶納戒時依之為律則，南山律遂為天下僧伽戒律
之準則。❿

　　贊寧〈明律篇〉「論曰」亦謂修行之道不出戒、定、慧三學，
「若乃資乎急用，在乎毘尼。毘尼防閑三業，三業皆淨，六塵自
袪，聖賢踐修，何莫由斯道也。」故曰：「毗尼是正法之壽命」。⓫
因此，學律持戒乃比丘修學的基礎，而戒律是佛陀制定的家法，絕
不許俗傳。

---

❽　同前註，頁 319。

❾　《大正藏》，第 50 冊，頁 620 上。

❿　參考溫金玉：〈中國律學源流〉，《中華佛學學報》第 12 期（1999.07），
　　頁 132-3。

⓫　范祥雍點校：《宋高僧傳》，頁 404。

第五〈護法篇〉。此篇由道宣所創，其指涉範圍相當廣泛，《續高僧傳·護法篇》「論曰」：

> 護法一科，樹已崩之正綱，然弘誘之相，條緒稍多，時顯知微。乍揚神武，騁奇辯於邪眾；暢決蒙心，顯大義於當時；昌明玄理，假威權而助道。❷

可見護法的意義涵蓋了彰顯正法，破除邪見，維護佛教的發展。道宣可能是從佛教史料的閱讀中，看到北齊、北周時代一些殉教護法高僧的事蹟，加上唐代政權的佛教政策之不利於佛教發展，和道教的攻擊，而引發護教的憂患意識。

唐武宗、敬宗時，因道士趙歸真利用其寵遇，排毀佛教而有會昌法難；後周世宗為富國強兵而整肅佛教，此二毀佛事件離贊寧時代不遠，對佛教發展所造成的傷害尚未恢復，因此，贊寧在與儒道對待的態度上，也特別謹慎。《宋高僧傳·護法篇》「論曰」：

> 是故比丘但自觀身行，莫伺玄門，非干己事。又以空門染習如然，無關四支而傷具體，各是聖人設教，無相奪倫。如此行時，名真護法也。（頁436）

贊寧以極殷重的口吻告誡比丘道不同不相為謀，所以真正的護法，是不干與、不批評他道，但各以其教施化即可。並且，強調比丘當

注意佛教處境行事，「相時而動，無累後人」❸，贊寧之憂思，不可謂不深。

第六〈感通篇〉。魏晉六朝佛法初傳，常假神異之力折服論敵的神仙方術，並迅速獲得廣大的回響，故慧皎《高僧傳‧神異篇》「論曰」：「神道之為化也，蓋以抑夸強，摧侮慢，挫凶銳，解塵紛。」❹唐代以來，一方面佛教發展已趨穩定，不需靠神通來收服信徒；另一方面，也較少聽聞具有高深神通力的僧人，所以道宣《續高僧傳》改「神異」為「感通」，藉由高僧感通事蹟，引發信眾向道的信心。贊寧「論曰」對「感通」一義有進一步的分析：

> 若夫能感所通，則修行力至，必有天神給侍是也；能通所感，則我施神變，現示於他是也；能所俱感通，則三乘極果，無不感通也。昔梁慧皎為傳，創立神異一科，此唯該攝究極位之聖賢也。或資次微祥，階降奇特，當收不盡，固有缺然。及乎宣師不相沿襲，乃釐革為感通，蓋取諸感而遂通，通則智性，修則感歟，果乃通也。（頁576）

「感通」具有兩層義蘊：一者，「能感所通」，這是修行工夫到達一定程度，自然感召天神暗中護衛或協助。二者，「能通所感」，是能順應眾生機宜，施展各種神變能力，或可救度苦難，或可令眾生升起強烈之敬信。「能所具感通」者，則已達三乘極果之位階。

---

❸　范祥雍點校：《宋高僧傳》，頁436。
❹　《大正藏》，第50冊，頁395上。

慧皎創「神異」一科，收錄能、所具通的聖賢，而道宣則將此科內涵略作修正，更廣泛地收錄能感而遂通的僧侶，以修行人的精勤苦修，能與諸佛菩薩的精神境界產生連結，而產生特殊感應能力來解決眾生的各種苦惱，贊寧謂各種權變化現，「在人情則謂之怪，在諸聖則謂之通，感而遂通，故目篇也。」❶所以，此怪乃「正怪」也。

第七〈遺身篇〉。遺身之行的根本意義，是勘破身命之假合，故以此拔除我執之根源。道宣〈遺身篇〉「論曰」：「是以達人，知身城之假合，如塵無性；鑒命算之若流，惟心生滅。由斯以降，同是幻居，安有智者而能常保？」❶贊寧亦謂有於我身，但長慳貪，以致利己損他，佛則相反：「為物捐軀，利生損命。」❶較之不拔一毛以利天下，惜父母所受髮膚者，絕不同道。故「論曰」：

> 知身是幻，幻體何憑？悟質如漚，漚形暫起。幻從心造，假偽相尋。漚散水澄，浮沈互有。是故大聖幾生所計，小乘潤生盡期。貴息苦依，思除我倒。非謂視同糠粃，觀若塵炱。
>
> （頁604）

所以，遺身並非視身體如糠粃塵埃，毫不愛惜，是為利生之發心，而願捨棄對自我的執著。此身如幻，本質乃空，因此，三世諸佛同

---

❶　范祥雍點校：《宋高僧傳》，頁578。

❶　《大正藏》，第50冊，頁684下。

❶　范祥雍點校：《宋高僧傳》，頁603。

讚此門，「是真實修，是第一施。」⑱

　　第八〈讀誦篇〉。道宣《續高僧傳》將《高僧傳》的「誦經篇」改為「讀誦篇」，從慧皎以誦經求感應的定位，提升為以讀誦作為通解經義的重要手段。其〈讀誦篇〉「論曰」：

　　　　尋夫讀誦之為業也，功務本文，經歎說行，要先受誦。何以然耶？但由庸識未剖，必假聞持；崑竹不斷，鳳音寧顯。義當纔登解髮，即須通覽，採酌經緯，窮搜名理，疑偽雜錄，單複出生，普閱目前，銓品人世。然後要約法句，誦鎮心神，廣說緣本，用疏迷結。遂能條貫本支，釋疑滯以通化；統略玄旨，附事用以徵治。是故經云：受持、讀誦、書寫、解說，如法修行，斯誠誠也。⑲

可見道宣更重視以讀誦方式來博覽經論，建立佛法正見，作為入道的基礎。贊寧繼承道宣之意，以讀誦為入道的方便，所以謂：「通經了意，最為第一，此乃精選誦經通義，為入道之階漸也。」⑳

　　第九〈興福篇〉。世尊是同時成就福、慧兩足尊者，因此，行道之人於此二者不可偏廢，蓋「入道必以智慧為本，智慧必以福德為基。」㉑故贊寧「論曰」：

---

⑱　同前註，頁 604。

⑲　《大正藏》，第 50 冊，頁 690 下。

⑳　范祥雍點校：《宋高僧傳·讀誦篇》「論曰」，頁 648。

㉑　《高僧傳·興福篇》「論曰」，《大正藏》，第 50 冊，頁 413 中。

佛出于世，經譯于時，大要在乎果因，所推歸乎罪福。罪也者，下三塗之階陞也；福也者，上諸聖之階陞也。階陞是同，上下有異耳。此命章曰興福者，乃欲利他焉。（頁711）

凡聖之異，緣於罪福不同，多行利他乃積福之本。不過，修有多門，行有眾路，佛以究盡位福行，謂三輪體空行諸善法的福報廣大無邊，故能成福、慧二莊嚴相好。道宣《續高僧傳·興福篇》「論曰」將興福的方法分為兩類：一者，建寺塔造佛像；二者，懺罪祈福。當時僧侶多以增修佛事來積福，贊寧則更強調「興福不如避罪」㉒，可行懺法以修福，罪滅自然福生。

第十〈雜科聲德篇〉。在《高僧傳》中原立「唱導」之名，取「宣唱法理，開導眾生」㉓之義，慧皎謂：「其轉讀、宣唱，原出非遠，然而應機悟俗，實有偏功」㉔，是以將〈唱導篇〉編之傳末。這番話中的「轉讀」指「經師」，而「宣唱」則指「唱導」，所謂「原出非遠」，謂這兩種弘法模式本非天竺原有，是佛法傳入中國之後，才因「應機悟俗」的需要而興起於中土。然而，唱則必有和者；導則必有達者，贊寧認為五根互用，均可作為接眾的橋樑，立「唱導」之名，無法兼容以各種方便善巧來行化者：「得在乎歌贊表宣，失在乎兼才別德。」㉕所以，道宣易名為「雜」，能顧及以兼才別德化俗者，其中「忍土最尚音聲」，故合為「雜科聲

㉒　范祥雍點校：《宋高僧傳》，頁712。

㉓　《高僧傳·唱導篇》「論曰」，《大正藏》，第50冊，頁417下。

㉔　《高僧傳·序》，《大正藏》，第50冊，頁419上。

㉕　范祥雍點校：《宋高僧傳》，頁757。

德」。《續高僧傳·雜科聲德篇》「論曰」：「故當微有操行，可用師模，即須綴筆，更廣其類。」❷擴大蒐羅範圍，包含以各種善巧方便度生的高僧。贊寧也認為此名更為該洽：「建立雜篇，包藏眾德，何止聲表？無所不容。」❷

　　綜而言之，此十科包含了修行者所能做的一切佛事，包括不同修行階段的施為，故贊寧云：「我教法中以信解修證為準的，至若譯經、傳法，生信也；義解、習禪，悟解也；明律、護法，修行也；神異、感通，果證也。孰言像末無行果乎？」❷是以贊寧於〈雜科聲德篇〉「論曰」之末，謂「為僧不應於十科，事佛徒消於百載。如能以高為本，以德為枝，以修為華荂，以證為子實，然後婆娑挺蓋，鬱密成陰，周覆三千大千，號之曰大菩提樹也歟？」❷修行者的一生，但能依十科中任一門，有修有證，也就不愧此生為僧了。

第二節　《宋高僧傳》系、通對「史」的處理

　　敘事者雖可以藉由寫作過程，暗地於傳文中闌入個人意見來評議傳主，但這樣的介入敘事，畢竟零散而缺乏主體發聲權，因此，贊寧在傳文之末依仿史傳，另闢一個論贊空間，一方面不影響傳文

---

❷　《大正藏》，第 50 冊，頁 707 上。

❷　范祥雍點校：《宋高僧傳》，頁 757。

❷　同前註，〈感通篇〉「論曰」，頁 577。

❷　同前註，頁 758。

的完整性,一方面又可抒發個人對傳主乃至相關事物的看法。

　　《說文解字》:「系,繫也。」❸「系」與「繫」同音通假,有「聯屬」之義,自上而聯屬於下謂之系。引申之,作為辭賦末尾總結全文之詞。唐李善《文選注》於張衡〈思玄賦〉末的「系曰」注解云:「系,繫也,言繫一賦之前意也。」❸故知「系曰」這一體例的發明,源於辭賦,具有總結全文意旨的功用,通常放在全文之末。《說文解字》:「通,達也。」❸有通達議論之義。陳垣認為贊寧應是取法張衡賦「系」的名義,「通」則法班固〈白虎通〉,而將高僧傳末對傳主的評論名之為「系」;對傳主的事蹟有所疑義時,則以「系」設問,再以「通」來釋疑通議。❸

　　《宋高僧傳》收錄的正傳有五百三十一人,附傳一百二十六人,全書的「系通」共九十九則,約占全部傳記的兩成。其中多數一人一段論贊,亦有因前後傳主行跡類似,而於後傳之末一併系論者。❸這九十九則「系曰」或「系」、「通」問答的內容,是分別就僧傳的編撰原則,以及僧傳的兩大元素:「歷史」和「人物」所作的回應。當然分類僅是為了論述上方便提綱挈領,以了解其系通

---

❸　〔漢〕許慎撰,〔清〕段玉裁注:《說文解字注》(台北:漢京出版社,1980 年),頁 648。

❸　李善注:《文選注》(四部備要本,台北:台灣中華書局,1966 年),卷 15,頁 14。

❸　〔漢〕許慎撰,〔清〕段玉裁注:《說文解字注》,頁 841。

❸　參見氏著:《中國佛教史籍概論·宋高僧傳》,頁 39。

❸　例如:卷 23〈全豁傳〉「系曰」,乃〈鴻休傳〉和〈全豁傳〉二人合贊;卷 24〈思睿傳〉「系曰」,乃〈慧警傳〉、〈崇政傳〉、〈思睿傳〉三傳合贊。范祥雍點校:《宋高僧傳》,頁 589、613。

的整體內容，而就每則論贊最主要的意旨歸類，事實上，有時一則系通當中，同時具備多種意涵。

一、說明僧傳的敘事原則

㈠ 繁略必有據

　　《宋高僧傳》中每一傳無論長短，均有一繁略不等的生平記錄，但是如卷十六〈唐鐘陵龍興寺清徹傳〉共一百二十二字，前無籍貫氏系、出家因緣；後無往生過程等敘述，僅略說明其律學著述。全文關於清徹的生平事蹟簡略而不完整，根本無法讓讀者留下具體的印象，這能算是傳記嗎？贊寧藉系、通說明其敘事的原則：

> 系曰：「徹公言行，無乃太簡乎？」通曰：「繁略有據，名實錄也。昔太史公可弗欲廣三五之世事耶？蓋唐虞之前，史氏淳略，後世何述焉？今不遂富贍，職由此也。又與弗來赴告不書同也。諸有繁略不均，必祛誚讓焉。」（頁 389）

「繁略有據，名實錄也。」贊寧繼承史遷的實錄精神，對於時代較遠或史料闕如者，僅簡略敘述，因此每篇傳記繁簡不一，這與傳主閱歷豐贍與否無關，而是根據每人史料的多寡而定，以符傳記真實性的基本原則。

㈡ 有所不知則闕如

　　卷十八〈隋洺州欽師傳〉的系、通可作為例證：

> 或曰❸：「魏、齊、陳、隋與宣師耳目相接，胡不入續傳
> 耶？」通曰：「有所不知，蓋闕如也。亦猶大宋文軌既同，
> 土疆斯廣，日有奇異，良難遍知。縱有某僧也，其奈史氏未
> 編，傳家無據，故亦闕如。弗及錄者，留俟後賢者也。」
>
> （頁448）

欽師見於隋朝，為何未被道宣收入《續高僧傳》呢？這問題應該由
道宣來回答，贊寧卻藉此說明佛教史家的一貫立場──「有所不
知，蓋闕如也。」僧侶軼事分散於民間，不同於正史所記政治人物
的史料明確易得，所以，僧史家也不敢說已將時代高僧搜羅完備，
保留了後賢增補的空間。然而，作為一個時代佛教史傳的撰述者，
有責任呈現全面的佛教史錄，不知而闕如固然誠實，是否有虧於僧
史之職呢？從另一個角度而言，史料收集受限於時空人力，不足者
只好闕如，至少沒有違背實錄的精神，而這也是《宋高僧傳》中獨
缺雲門文偃傳，及雜有九則六朝至隋代僧傳的原因。

　　因此，我們可以體會從慧皎、道宣到贊寧，他們繼承前人的僧
史成果，同時又肩負承續接補的使命，是以三本僧傳必須視為一個
延續的僧史脈絡來看待。《四庫全書·總目提要》認為本書既始於
唐代，卻雜入南朝、隋代的僧人，是「未明限斷」。❸然而，從
〈宋高僧傳序〉可以了解，贊寧本是繼慧皎、道宣之志而作傳：

---

❸　「或曰」之前另有一段系通問答，此處「或曰」是第二回合問答，所以用
　　「或曰」，並非破例。

❸　清永瑢等：《四庫全書總目提要》卷28，子部釋家類，頁3020。

慧皎刊修，用實行潛光之目；道宣緝綴，續高而不名之風，
令六百載行道之人弗墜于地者矣。爰自貞觀命章之後，西明
絕筆已還，此作葳聞，斯文將缺。（頁1）

因此，「前傳有闕，後書補之」❸，我傳「弗及錄者，留俟後賢」❸，
正是贊寧編撰僧傳的原則。

(三) 見聞不齊，記錄因別

　　贊寧僧傳強調「實錄」精神，但「實錄」原則在宗教人物傳記
中，應有另一層的理解。由於贊寧重視史料的客觀性，凡是有不同
的傳說異聞，則採取兼收並存的模式，從佛教的觀點提出合理的解
釋，不同於傳統史家必得考證出唯一真實歷史的態度。例如卷十八
〈唐齊州靈巖寺道鑒傳〉系曰：

> 同異之說，史氏多之。今詳：寺曰靈巖，僧畫像，此為同
> 也。州曰歷下、姑蘇；遇者曰陸與馮，此為異焉。斯蓋見聞
> 不齊，記錄因別也。原夫聖人之應身也，或南或北，或漢或
> 胡，或平常之形，或怪差之質，故令聞見必也有殊，復使傳
> 揚自然多說。譬猶千里之外，望日月以皆同，其時邊旁雲物
> 狀貌有異耳。既是不思議應現矣，則隨緣赴感，肆是難同，
> 可發例云：「所傳聞異辭也。」（頁459）

---

❸　陳垣：《中國佛教史籍概論》，頁46。
❸　范祥雍點校：《宋高僧傳》，頁448。

聖人應化而分身多處，這在佛教不足為怪。道鑒究竟是歷下靈巖山
寺西廡廊下的壁畫之僧，示現神通與同鄉的馮生神交？還是蘇州城
西靈巖山寺西北廡廊下所畫之梵僧，以神力治陸公子之疾？或者，
根本是「智積菩薩」應化於中土？種種不可思議的應現，乃菩薩
「隨緣赴感」，故而難以唯一真實來處理。佛教僧傳有其宗教的特
殊性，所記之事絕非虛構，但有些是無法以歷史證據去作事實考證
的，尤其是神異事蹟。因為涉及高僧隨緣赴感的神異示現，使其實
錄的意義增添了宗教示現的神秘色彩，形成佛教傳記的特殊體例。
其次，將這些信而有徵的「傳聞異辭」分別記錄下來，就宗教人物
而言，反而使其生平事蹟更為完整，並能彰顯該僧修行的果德，啟
發讀者的崇信。

二、論述佛教教內的問題

㈠ 評論佛教的演變

　　贊寧一方面尋求佛教發展的中庸之道，一方面亦就緣起法來理
解佛教盛衰之理。卷十九〈唐成都郫縣法定寺惟忠傳〉系曰：

> 教法興替，得非數乎？數筭已定，晷刻弗移。如其會昌之
> 前，舍利預飛，棗樹先瘁，是知當替數之彊，興數必弱，興
> 不勝其替矣。大中之興，替不勝其興矣。若不為四相之遷，
> 非系興替之數也。教法是有為之法，詎免遷流者乎？吁！
>
> （頁498）

一切有為法都不出無常變化，教法弘傳亦是有為法，難免生、住、

異、滅之盛衰遷變。

　　贊寧在卷一〈唐洛陽廣福寺金剛智傳〉「系曰」也直指密教發展趨於神秘鬼怪，被用於獲得外在的利益，以致密學正法迅速凌夷的情形：

> 五部曼拏羅法，攝取鬼物，必附麗童男處女，去疾除袄也絕易。近世之人用是圖身口之利，乃寡徵驗，率為時所慢。吁！正法醨薄，一至於此。（頁6）

密教在唐代因金剛智、不空和善無畏之弘傳，以其神變靈應，迅速獲得帝王貴族之崇信扶植而興盛，又因後繼無人而衰微，贊寧因之深有感慨：「傳教令輪者，東夏以金剛智為始祖，不空為二祖，慧朗為三祖，已下宗承所損益可知也。自後岐分派別，咸曰：傳瑜伽大教，多則多矣，而少驗者何？亦猶羽嘉生應龍，應龍生鳳皇，鳳皇已降，生庶鳥矣。欲無變革，其可得乎？」㊴法教的變質，關鍵在「持有者」，然而人心正是歷史演變中最難測量馴服的因素啊！

　　贊寧出身律學僧，特重戒法之存續，如卷二十六〈唐東陽清泰寺玄朗傳〉系曰：

> 觀其唐世已上，求戒者得自選名德為師。近代官度，以引次排之，立司存主之，不由己也。朗之求戒，不其是乎？如是師資相練，恩義所生。脫臨事請為，則喻同野馬也。（頁663）

㊴　同前註，卷1〈唐京兆大興善寺不空傳〉「系曰」，頁12。

唐代以前僧侶都是像玄朗一般，自發性的尋師求戒，學習律儀，唐
代以來，戒壇規模已成，僧侶出家受戒須由政府批核，參加受戒儀
式後，始授予戒牒。僧戒制度固然代表其宗教發展的成熟，然而，
另一方面，也逐漸失去僧侶出家、師徒相授時，得戒的責任與對戒
師的傳承恩義，以致如同野馬失御，此則戒法氾濫之肇因。**40**

禪宗發展方面，贊寧能度越僧高俗低的理念，認同五祖將法衣
付與慧能，端賴「一言知心，更無疑貳」，「是法寧選緇白？得者
則傳。」**41** 慧能不再傳法衣，也無私吝之咎，乃是他的遠見，知法
流傳，因人解悟不同而漸偏差。故卷八〈唐荊州當陽山度門寺神秀
傳〉系曰：

> 為藥治病，偏重必離也。昔者達摩沒而微言絕，五祖喪而大
> 義乖，秀也拂拭以明心，能也俱非而唱道。及乎流化北方，
> 尚修練之勤，從是分岐南服，興頓門之說。（頁 178）

禪宗南北分宗，不只是師承傍正之爭，禪法「南頓北漸」的差異，
才是爭執的關鍵。**42** 禪究竟而言，不論南北宗都追求頓悟自性，差

---

40 贊寧曾在《僧史略·卷下·度僧規利》感慨唐代曾因安祿山造反，為了彌補
軍費所需，規定僧、尼、道剃度時，要繳交度牒費，以致法門遭毀。《大正
藏》，第 54 冊，頁 252 中。蓋宋代以來，大規模買賣度牒的行為，更甚於前
朝，甚至後來由朝廷販售紫衣、師號等。參見牧田諦亮著，余萬居譯：《中
國佛教史》（世界佛學名著譯叢，台北：華宇出版社，1985 年），頁 29-
31。

41 范祥雍點校：《宋高僧傳》卷 8〈唐韶州今南華寺慧能傳〉系、通，頁 176。

42 參考印順法師：《中國禪宗史》，頁 311。

異在於修行過程。神秀一系重「凝心入定，住心看淨」，是有進修層次的，而慧能禪法但是直悟自性，若非利根，還是得經漸次修學才能悟入，所以，歸根結柢，關鍵在根基不同，所謂因病施藥，必有對治偏重。卷十二〈唐福州雪峰廣福院義存傳〉系曰：「今江表多尚斯（玄沙）學，此學虛通無繫，了達逍遙勿拘，知乘急也。雪峰化眾，切乎杜嘿禪坐，知戒急也。其能各捨一緩，以成一全，則可乎？」❸緩急之法，一方面出於禪師的特質，另一方面視當機眾的根器而定，但法流欲長欲遠，贊寧認為當緩急相濟。

(二) 解釋佛教風俗制度的改變

贊寧在系、通中，一再強調佛教制度應順應不同地域文化而作調整，故系、通三次出現「雖非佛制，諸方為清淨者，不得不行也。」

一者，關於百丈別立叢林制度。卷十〈唐新吳百丈山懷海傳〉系曰：自漢傳法，居處不分禪律，是以通禪達法者皆居一寺中，僅另立禪院耳。至百丈創立叢林制度，天下隨之者益多而損少，「語曰：『利不百，不變格。』將知變斯格，厥利多矣。」所以「雖非佛制，諸方為清淨者，不得不行也。」❹

二者，關於以授籤檢驗罪滅之相。卷十四〈唐百濟國金山寺真表傳〉或曰：「所授籤檢以驗罪滅之相，諸聖教無文，莫同諸天傳授，或魔鬼所為，不可為後法乎？」通曰：「若彰善癉惡，利益不殊。彌勒天主是天傳授，非魔必矣。諸聖教中有懺罪求徵祥，證其

---

❸　范祥雍點校：《宋高僧傳》，頁 288-289。

❹　同前註，頁 237。

罪滅不滅。然其佛滅度，彌勒降閻浮說瑜伽，豈可不為後世法耶？」真表依憑籤相以驗懺罪成效，這並非佛教固有的儀軌法式，更不合罪性本空之理，然而為適應眾生心，「雖非佛制，諸方為清淨者，不得不行也。」❹

　　三者，關於王法與佛制之間的衝突，沙門對王稱臣的問題。在中國，出家人姓氏均以華從梵，咸稱釋氏；名則不隨漢俗，故不論避諱。卷十五〈唐常州興寧寺義宣傳〉或曰：「今沙門姓既為釋，名復不諱，言我不隨俗諦，云何對君主稱臣？莫西域有否？」通曰：

> 姓名不對王者，臣妾表疏合然。昔齊帝問王儉，遂令對見稱名。自漢至唐肅宗朝，始見稱臣。由此沿而不革。良以沙門德薄，日就衰微，一往無復矣。又以法委國王，誠難改作。王謂為是，楷定莫移。故佛言：「雖非我制，諸方為清淨者，不得不行也。」（頁364）

中國沙門自道安、慧遠以來，保持不向王者稱臣的道統，唐肅宗以後，始對王稱臣，一方面是佛教內部「沙門德薄，日就衰微」；另一方面此制是君王所訂，僧侶只得遵行。贊寧理解到國家的佛教政策對佛教發展的重要性，其書屢次提及「力輪」，指的就是王法，因此，強調王法能增加佛教的外護，所以贊同因時制宜，對王稱臣。

---

❹　同前註，頁340。

以上三例都是佛教風俗制度，為因應時代需求，以順應漢俗，不得不作的轉變。

㈢ 補充或推論史事

贊寧對有疑義的史料，除了從歷史年代加以推敲外，亦以宗教現象的合理性作推論說明。❹ 例如卷十九〈唐天台山封干師傳〉系曰：

> 按封干先天中遊遨京室，知閭丘、寒山、拾得俱睿宗朝人也，奈何宣師高僧傳中。❹ 閭丘，武臣也，是唐初人。閭丘序記三人，不言年代，使人悶焉。復賜緋，乃文資也。夫如是乃有二同姓名閭丘也。又大溈祐公於憲宗朝遇寒山子，指其泐潭，仍逢拾得於國清，知三人是唐季葉時猶存。夫封干也，天台沒而京兆出；寒拾也，先天在而元和逢，為年壽彌長耶？為隱顯不恒耶？易象有之：「小狐汔濟」❹，其此之

---

❹ 柯嘉豪論及中國僧傳敘事結構的特點，謂中國僧傳往往在敘述中插入無助於敘述的考證說明，破壞了傳記敘述的流暢性，這是因為其著述的目的與一般傳記不同。Kieschnick John（柯嘉豪），*The eminent monk: Buddhist ideals in medieval Chinese hagiography*, (Honolulu: University of Hawaii Press, 1997)，見其書緒論。

❹ 范祥雍點校本《宋高僧傳》於此句下附有校注云：「按此句文意不完，疑『奈何』下脫『不見』二字或其他類同之字。」頁 502。

❹ 《周易·未濟》：「未濟，亨，小狐汔濟，濡其尾，无攸利。象曰：『未濟亨』，柔得中也。『小狐汔濟』，未出中也。『濡其尾，无攸利』，不續終也。雖不當位，剛柔應也。」《周易正義》（十三經注疏本，台北：藝文印書館，1985 年），頁 137。

謂乎！（頁486）

關於天台三聖的確切年代歷來頗多考證，然皆難得其實。**④**〈寒山子詩集序〉的作者閭丘親見過此三人，卻不記年代，這太不尋常了。贊寧一方面推敲各種說法的可能性；一方面則從修行成就的角度，提出個人對三聖隱顯難測的看法，無論是「年壽彌長」，還是「隱顯不恒」，雖不當位，都適得其所。

有時因傳文內容敘述不足而有疑義，贊寧則於系通提出類似的事件來補充說明。例如卷十一〈唐京師聖壽寺恒政傳〉中，記文宗御饌蜃蛤而得菩薩像一事，此非常理可解，故於系通另舉後唐蚌吐佛像一事，呼應傳文感應事蹟之不虛。

> 系曰：「蜃蛤中胡得菩薩像乎？」通曰：「有所警發，時一現耳。近聞偽唐李氏國境荐饑，陂湖間多生蠯蚌，百姓競取而食，其年免殍仆者十有七八。明年豐，民猶采之，無何。有獲巨蚌可二尺余，提歸劈磔，擊瀹曾無少損，其人咒垂放之，俄自開張，吐出佛像，長僅尺許，相好具全，若真珠色，號曰『珠佛』焉。獻李氏，後遺與梵僧焉。此意所不及處現形者，蓋經中化肉山魚米以資饑饉，歲既豐登，胡不屬厭，故現相止足之也。」（頁263）

---

④ 關於天台三聖的年代考證，可參考李鮮熙：《寒山其人及其詩研究》〈第二章寒山子的時代及生平〉（台北：東吳大學中文所博士論文，1992 年），頁34。

菩薩應化，應以何身得度者，即現其身而為說法。菩薩化身蜃蛤而度化君心；民眾有饑，則現蚌蛤以救之。歲既豐登，民猶食之，則純屬口腹之慾，所以菩薩於蚌蛤中現佛像之身，蓋用以勸止百姓。

㈣ 闡釋教理

　　贊寧亦擅於借系、通論空有虛實之理，例如卷九〈唐壽春三峰山道樹傳〉，借道樹摒異類眾生之異相而系曰：

> 大鈞播物，物類紛錯，窮數達變，因形移易者，謂之化，謂之幻。知幻化之不異生也，始窮幻化矣。吾與汝俱幻也，推之於實，則幻化或虛；置之於虛，則幻化時實。實虛理齊，不自我之先後歟？體道無心，物我均矣。故佛言：「凡所見相，唯所見心。」又云：「若見諸相非相，則見如來。」樹師有焉。（頁213）

眾生物類實而觀之，紛繁無窮；虛而視之，皆是夢幻泡影矣！所以，相生於心，能體此理，自不為外相所惑了。

　　又如卷二十九〈唐京兆神鼎傳〉，贊寧借系、通代利貞回應神鼎的詰難：

> 系曰：「答人之問，遲巧不如拙速。今傳家隔幾百年，輒伸訓對。」通曰：「谷變陵遷，生來死往，萬類相糾，五道輪迴，正是不遷之法，可非定耶？經云：世間相常住是也。又言：天地星月，各據其倫，終歸磨滅，可非不定耶？經云：劫火洞然，大千俱壞是也。今不壞世間相而談實相，可非定

> 不定耶？雖定不定，俱解脫相歟？又言：有喜怒非菩薩者，
> 菩薩雖喜怒非喜怒，非菩薩而誰也？今聊雪利貞之鬱悒
> 歟！」（頁720）

神鼎佯狂於世，辯答如流，從萬物定或不定兩面詰問利貞法師，使
利貞啞口無言，贊寧雖不在其對話的現場，卻藉系通，加入利貞陣
營，代他反駁神鼎的論點。萬物生來死去，輪迴循環，無止無休，
這正是其不變之處。蓋萬物無常變化本身，豈不是定理？反之，天
地山川、日月星辰，這些看似永恆的自然萬物本身，不是不斷地經
歷四季、晝夜的變化嗎？所以萬物定與不定端視從什麼角度來分
析，自其變化的世間相觀之，萬物確實有生有滅，此無常也；自其
不變的本體觀之，萬物死生相續的無常變化本身，正是不遷之理。
由之可見贊寧於空有之理見地透徹。

卷二十四〈唐太原府崇福寺思睿傳〉系曰：

> 誦經不貴多，要在神解。慧警三歲通大雲經，差為奇俊；崇
> 政終通千紙，得力在乎不奉詔赴章信新寺；睿公諷徹十輪，
> 後咨禪道。故經偈云：雖誦千章，不如一句者，如渡溪杖
> 策，到岸必捨焉。（頁613）

中國佛教特別盛行以持誦經典作為入道的方便，謂由誦經力，年久
日深自然開啟智慧。然而，經典誦讀，貴能神解，而不在多，像慧
能但聞《金剛經》：「應無所住而生其心」一句，即悟其旨。是
以，一旦能與理相應，即應捨筏歸岸。

三、化解三教的衝突

佛教自傳入中國，即不斷面對當政者與本土其他學說和教派的挑戰，慧皎《高僧傳》所收僧人偏於佛教繁榮的南方，所以，三教對立問題尚不明顯，隋唐以來，佛教發展受到統治階層的政策管制之趨向愈加明顯，佛教除了要維護與王法之間的關係，以保障其發展，更切身的是儒、道之士的包夾，因此，從道宣《續高僧傳》以來，另立「護法」一科，來表彰維護佛教有功的僧人，而贊寧繼之，特於系通中提出三教相處的原則。

㈠ 儒、佛衝突

六朝時期，文人崇尚玄理清談，對於佛教空、有之理也頗推崇；唐代文士大夫崇尚經世之道，輕出世之法，即使文人與僧侶往來，多是詩文相投，而非論究佛理，儒士反佛如韓愈之輩，著〈原道〉、〈諫迎佛骨表〉，也都是從外在社會禮俗等方面批評佛教為迷信，有害治國之道，所論不外從自家傳統禮法觀念立論，缺乏理論基礎，未能深入佛教義理核心，難以令人信服。❺⓿

宋初朝廷對佛教的態度頗為寬容保護，使經歷周世宗整頓削弱的佛教迅速復甦，士大夫與佛教往來密切者大有其人，像楊億、蘇軾等，雖有石介、范仲淹、歐陽修、李覯等反佛，但如石介之論與韓愈大同小異，范、李與僧侶亦有往來，而佛教本身發展已趨穩固，忌日以佛教儀式作法會已是普遍的方式，所以，對佛教的影響

---

❺⓿　參見湯用彤：《隋唐佛教史稿》〈第一章第五節韓愈與唐代士大夫之反佛〉，頁 45。

有限。⑤宋代理學家雖力求強化儒家道統的正統地位，實則暗地援引佛教心性論和修養觀，以補儒家學說的不足；佛教方面，天台和賢首也已調和了中國原有的人性論，其思想很能與儒者相溝通，例如宗密《原人論》⑫、北宋契嵩《輔教篇》⑬相繼以佛教五戒比擬儒家五常。贊寧深知欲使儒者信服，必須精通外學，了解其思維型態以破其說。儒家講「未知生，焉知死」，其重視現世人生和佛教重視終極解脫的人生態度有根本的差異，然而二者均重視生活實踐，以開發心性來提昇精神生活，就這一點而言，彼此實無二致。

　　從唐代以來儒、釋交涉頻繁，作為一位儒家的知識階層，如何拿捏儒、釋之間的界線，不只是個人的問題，更涉及整個時代儒釋關係。贊寧藉由卷九〈唐京師興唐寺普寂傳〉「系曰」，討論裴寬

---

⑤　黃啟江：〈從范仲淹的釋教觀看北宋真、仁之際的儒釋關係〉，《北宋佛教史稿》，頁 143-147。

⑫　宗密《原人論·斥偏淺第二》：「故佛且類世五常之教，令持五戒，得免三途，生人道中。」（《大正藏》，第 45 冊，頁 708 下。）他將佛教由淺而深，分為五等，分別是：一人天教，二小乘教，三大乘法相教，四大乘破相教，五一乘顯性教。以判教方式將儒、道都納入人天教中，並以五戒比擬五常。參考張清泉：《北宋契嵩的儒釋融會思想》（台北：文津出版社，1998年），頁 33-5。

⑬　契嵩在既有以五戒配合五常說的基礎上，更進一步推闡到十善，乃至六度萬行。將儒家五常納入五乘佛法中的人天乘，謂五戒十善有助於國家社會之安治。《鐔津文集卷一·輔教編上·原教》：「然謂兼修其十者，報之所以升天也，修前五者，實之所以為人也。脫天下皆以此各修，假令非生天而人人足成善，人人皆善而世不治，未之有也。」《大正藏》，第 52 冊，頁 649上。

對普寂執弟子禮之當否，提出其對儒、釋關係的看法：

> 人之情也有愛惡焉，愛之者不見可惡，惡之者不見可愛矣。
> 夫萬物紛綸，任其愛惡，折中之道，可愛而不可惡。愛之者
> 君子也，惡之者小人也，愛之不以道，則君子之病矣。裴尹
> 冠裳在御，職事在躬，不避密行，顯扳時謗，宜哉。譬諸僧
> 耽俗務，胡不捨袈裟而衣逢掖乎？若實得道，後終期脫屣，
> 有何不可耶？寬不抽簪，何悖禮於丘之門歟？寬若行方外之
> 道，復何誅焉？達人大觀，物無不可矣。（頁199）

儒佛衝突多數來自個人的偏愛和黨見，裴寬以河南尹之職，對普寂
日夕請益，繞経送喪而招時人譏誚，這其實是劃分儒釋的分際，以
佛教觀點來看，現儒者相或僧相都只是表面形象，真達道之人，就
不會在外相上妄加分別。

　　唐宋文士與禪師往來的現象普遍，像李翱雖接觸禪僧，閱讀佛
經，也頗契佛理，但身為儒家知識份子有其難以跨越的本位障礙，
所以，雖言佛理絕不引佛書，故贊寧在卷十七〈唐朗州藥山惟儼
傳〉「系曰」評李翱：「可謂外柔順而內剛逆也」。❺❹以佛教看
來，任何有益生命修養的道理都算是正法，包括儒、道之理在內，
並無排他性。不同的人在不同的心性階段，需要的相應法也有異，
如果能以更通達的眼光來看待，何須強加任何界線於儒、釋呢？故
贊寧曰：「行方外者，復憎孔孟，水火相惡，未始有極。苟問通

---

❺❹　范祥雍點校：《宋高僧傳》，頁 425。

人，分曹並進，無相奪倫哉。」❺

(二) 佛、道之爭

在佛、道關係方面，道先佛後這是唐室一貫的作風，但是佛教在理論和發展上對道教都形成競爭的壓力，以致終唐之世，論爭不休。道教的源頭道家，原本在中國社會就是作為儒家的輔貳，後起的道教遠離精神修養而傾向形軀養生之術，落入下層群眾的迷信中；而原始道家精神反而為禪宗所援引，與大乘般若思想結合，形成充滿道家意味的禪宗。唐中葉以來，道教發展逐漸脫離迷信色彩，向老莊精神歸復，並吸收佛典義理和禪宗修行特色，轉向內在的體驗，以吸引知識階層。這就使得禪、道之間在精神上形成某種互通的傾向，如此更使得彼此的信眾群，產生某種疊合，因而引發佛、道之間的對立。

佛、道之爭，於唐代最烈，傅奕曾七次向唐高祖進言刪汰沙門，抨擊佛教，法琳及其弟子李師政分別作〈破邪論〉和〈內德論〉反駁。接著道教徒李仲卿著〈十異九迷論〉；劉進喜著〈顯正論〉呼應傅奕之說，法琳再作〈辯正論〉予以反擊。最後法琳為了護教被發配到益州，結束這場論辯。❻

代宗本身較傾向佛教，道教憤其偏重，道士史華乃於東明觀壇前架刀成梯，登之如常，請釋宗當代名流較量佛力、道法勝負。時緇伍互相推排，無敢試者。崇惠聞之，奏請於章信寺橫架鋒刃，增

---

❺ 同前註，卷 22〈宋魏府卯齋院法圓傳〉「通曰」，頁 576。此則系通，非評贊法圓，而是關於法圓傳下的附傳李通玄的評論。

❻ 參見《續高僧傳》卷 24〈唐終南山龍田寺釋法琳傳〉，收入《大正藏》，第 50 冊，頁 636 中。

高百尺。

> 時朝廷公貴、市肆居民，駢足摩肩而觀此舉。時惠徒跣登級
> 下層，有如坦路，曾無難色。復蹈烈火，手探油湯，仍餐鐵
> 葉，號為餺飥，或嚼釘線，聲猶脆飴。史華怯懼慚惶，掩袂
> 而退，時眾彈指歎嗟，聲若雷響。（頁426）

惠公登刀梯、越烈火、入油鍋、嚼鐵片鐵釘等，這些帶道教色彩的
神異表演，使對手俯首而退，因此，世謂之「降魔禪師」。贊寧於
「通曰」解釋云：「惠公持《三密瑜伽護魔法》，助其正定，履刃
蹈炎，斯何足驚乎？」❺❼
　　另外，《老子化胡成佛經》正是佛、道混合而傳衍出的偽經，
唐代釋、道多次辯論此經真偽，成為二教衝突的導火線。卷十七
〈唐江陵府法明傳〉系曰：

> 《化胡經》也，二教不平，其爭多矣，無若法明一言蔽之。
> 設或凝神杼思，久不可酬，況復萬乘之前，孰能卒對？昔楊
> 素見嵩陽觀畫化胡，素曰：「何不化胡成道，而成佛乎？」
> 道士無言。觀夫明之垂問，義含兩意：正為化胡成佛，旁鬃
> 諸天仙言語與人不同，天言傳授諸經，是誰辯譯？其猶一箭
> 射雙鳧。（頁416）

---

❺❼　范祥雍點校：《宋高僧傳》卷17〈唐京師章信寺崇惠傳〉，頁426。

法明詰問道流：「老子化胡成佛，老子為作漢語化？為作胡語化？
若漢語化胡，胡即不解；若胡語化，此經到此土，便須翻譯。未審
此經是何年月，何朝代，何人誦胡語，何人筆受？」❺⑧一來詰問其
何以化胡成佛而非成道，自相矛盾；二來反駁老子化胡所用的溝通
語言問題，贊寧讚法明可謂善辯於外道而護法有功。

　　贊寧在《宋高僧傳·護法篇》「論曰」中，提出一個與道教相
處的務實原則：

> 今我傳家，止勸將來二教和同，弗望後生學其評直，險在其
> 中矣，為君不取。然則臨機可用，相事當行，必任弛張，勿
> 為膠柱，然後知時，名為大法師也。傳又云乎：「相時而
> 動，無累後人。」其斯之謂歟？（頁436）

由此可知，贊寧深刻體會佛教須倚傍中國主流文化以生存的道理，
相時而動、相事而行，才是領導佛教穩健發展的大法師。所以，贊
寧一方面認為佛、道「各是聖人設教，無相奪倫」；一方面告誡比
丘「但自觀身行，莫伺玄門，非干己事。」❺⑨贊寧在佛教中有一定
的聲望和影響力，做為朝廷與佛教之間的溝通橋樑，他比其他僧侶
更了解朝廷政策對佛教的影響力，他的立論，是否是他內心真正的
想法不得而知；但他的發言，完全符合他所處的位置，應做到的調

---

❺⑧　同前註，頁415。

❺⑨　以上兩段引文，引自范祥雍點校：《宋高僧傳·護法篇》「論曰」，頁
　　436。

解職責，那些批評贊寧的人，或許都忽略了他所處的時代環境，以及身為僧官的職務使命。

另一方面，贊寧在〈唐京兆西明寺道宣傳〉⑩中，刻意花相當篇幅描述道宣與道人孫思邈結為林下之交，顯示佛、道互通友好的景象。道宣曾感神人於枯地湧泉，可是當水龍夜向道宣求救，謂時之無雨乃天意，而西域僧結壇祈雨，使其命在旦夕，希望道宣以法力保護。道宣竟言：「吾無能救爾，爾可急求孫先生。」結果孫思邈因而破了胡僧之術，救了龍神。這件事，焦點都在孫思邈身上，孫氏道力竟可與胡僧對抗，道宣慈悲愛物，連蚤蟲都還要以紙包裹才投地，怎會見死不救呢？筆者以為贊寧對此事詳加描述，是為了以道宣之威望，更與道人為友，作為一個模範，一方面顯示佛、道交好；一方面作為佛、道相處的示範。

第三節　《宋高僧傳》系、通對「人」的評論

一、評贊傳主

㈠ 評斷傳主的修行果位

《宋高僧傳》的系通用於評論傳主者，佔半數以上，主要針對高僧一生於佛教的貢獻或修行境界給予褒貶評價。其中至少有四分之一在於評贊傳主的修行成就。評贊的基礎是根據高僧某些具特殊

---

⑩　同前註，卷 14，頁 328。

宗教意義的表現來判斷，例如卷二十五〈唐幽州華嚴和尚傳〉的系、通，以說法遠近皆聞為證：

> 系曰：「一口宣誦，何能入遠近人人耳耶？」通曰：「近則若願持經，善法力故；遠則一音演說，隨類聞解。其人是聖寺員位，斷可知矣。」（頁635）

華嚴和尚恆持《華嚴經》，其誦經之聲一城皆聞，如在庭廡之下。他如何能有這種道力呢？贊寧謂以持經善法力故，近處可聞；如果經聲遠播，如同華嚴和尚能像佛陀以一音演說法，而眾生隨類各得其解的能力，其修證應該已入聖位。

又如卷二十九〈唐溫州陶山道晤傳〉「系曰」，由高僧入滅舉指，判其證果位階：

> 凡諸入滅舉其指者，蓋示其得四沙門果之數也。昔求那跋摩舉二指而滅，言已證二果歟？其次法京垂滅，屈三指；慧景反握二指，捋之還屈。今晤之伸指，豈不同諸？（頁727）

道晤不知何許人，高趣放蕩，識量難貲。死時跏趺而坐，如入禪定，肉身不壞，過了五年，忽舉右手，狀若傳香。贊寧舉許多高僧臨滅舉指以示眾生其一生修行所證果位的例子，來類推道晤舉手之意，這種解釋強化了高僧以其修行果德作為最後的法教，給予見聞者對修行的信心和鼓勵。

系通評贊的對象有些特例是在家居士，例如卷二十二〈宋魏府

卯齋院法圓傳〉讚附傳中的李通玄「判教該博」。❻卷十九〈唐西域安靜傳〉的「系曰」主要是在描述丁居士的修行成果：

> 有情遺骼，引因殘❷果也。凡夫身中，節不相至；十地菩薩骨節解，盤龍相結；佛則全身舍利焉。今丁居士骨有鉤鎖形，則超凡夫，未階十住，此乃八臂那羅延❸身骨節頭相鉤是歟？證居士力量及此矣。譬若出金之砂之謂渾，不可謂為砂也；含玉之石之謂璞，不可謂為石也矣。（頁 479）

贊寧從丁居士遺骨相鉤之形，判其所證位階已達八臂那羅延身骨節頭相鉤之相，是則已非凡夫，故不可以凡夫之外相視之。因此，記錄一位證果的聖人，正是高僧傳記的目的，並沒有破例的問題，不應以外在所現居士身份而擯之，這多少可以回應《宋高僧傳》中收錄少數在家居士的附傳，或附述居士人物，給人傳記體例不一致的印象之疑慮。

㈡ 褒讚傳主對佛教的貢獻

譯經是佛法的根本，有了經典才能深入佛陀法教，僧侶才能知道如何實修，佛法才能弘傳，可見譯經對佛教的貢獻廣大，所以三朝僧傳都將〈譯經篇〉置於首位。〈唐京兆大薦福寺義淨傳〉系

---

❻　同前註，頁 575。

❷　「殘」，揚州本、大正藏本作「踐」果，宋本、元本作「殘」果。

❸　那羅延，梵名 Nārāyana，又作那羅延那天、那羅野拏天，乃具有大力之印度古神，意譯為堅固力士、金剛力士、鉤鎖力士、人中力士、人生本天。參見《望月佛教大辭典》，頁 4012 下。

曰：

> 譯之言易也，謂以所有易所無也。譬諸枳橘焉，由易土而
> 殖，橘化為枳，枳橘之呼雖殊，而辛芳榦葉無異。又如西域
> 尼拘律陀樹，即東夏之楊柳，名雖不同，樹體是一。自漢至
> 今皇宋，翻譯之人多矣，晉魏之際，唯西竺人來，止稱尼拘
> 耳，此方參譯之士，因西僧指楊柳，始體言意。其後東僧往
> 彼，識尼拘是東夏之柳，兩土方言，一時洞了焉。唯西唯
> 東，二類之人未為盡善，東僧往西，學盡梵書，解盡佛意，
> 始可稱善傳譯者。宋齊已還，不無去彼迴者，若入境觀風，
> 必聞其政者，奘師、淨師為得其實，此二師者兩全通達，其
> 猶見璽文，知是天子之書可信也。周禮象胥氏通夷狄之言，
> 淨之才智，可謂釋門之象胥也歟。（頁3-4）

翻譯是溝通夷夏名體的初步，贊寧謂佛經翻譯，在玄奘之前，多靠
西僧來華，但是，他們不解華語，必須仰賴助譯溝通，畢竟意義橫
隔，未為盡善，所以羅什之譯，多採摘要義譯。要到漢僧西行，通
達梵語之後，自行用漢語解義表達，中土的翻譯事業才有進一步的
發展，玄奘、義淨二師便是兩全通達的代表。「象胥」是中國古代
通譯官名，為通曉蠻夷之言，並具有才智之人。《周禮・秋官司
寇・象胥》：「象胥掌蠻夷閩貉戎狄之國使，掌傳王之言而諭說
焉，以和親之。」❻此讚義淨溝通梵漢之功，可說是佛教中的象

---

❻　〔漢〕鄭玄注：《周禮》卷 38〈司寇刑官之職〉（四部備要本，台北：台灣

胥。

　　贊寧對唐代以來宗門教下的分判，頗不以為然，因此對致力於融合禪、教的宗密⑥多所辯護。當時禪宗內部對宗密的批判約有兩方面：一是認為宗密越宗門而研經論，故禪行不純。事實上，他著述豐贍，禪、律、經教精通並行，真「傳教人也」⑥，在當時諸宗或廣傳法教，或專心禪寂，涇渭分明的風尚中，成為異數，所以贊寧將之列於〈義解篇〉而非〈習禪篇〉。卷六〈唐圭峰草堂寺宗密傳〉系曰：

> 今禪宗有不達而譏密不宜講諸教典者，則吾對曰：「達摩可不云手，吾法合了義教，而寡學少知自既不能，且與煩惑相應，可不嫉之乎？」（頁 127-128）

達摩謂學禪可由理入、可由行入⑥，並以《楞伽經》傳授慧可，可

中華書局，1966 年），頁 8。

⑥ 宗密自詡是荷澤宗法孫，又被視為華嚴宗第五代宗祖。參見黃連忠：《宗密的禪學思想》（台北：新文豐出版社，1995 年），頁 66。

⑥ 宗密剃染受戒之後不久，謁荊南張，張曰：「汝傳教人也，當宣導於帝都。」范祥雍點校：《宋高僧傳》卷 6〈唐圭峰草堂寺宗密傳〉，頁 124。

⑥ 《菩提達摩大師略辨大乘入道四行觀》：「夫入道多途，要而言之，不出二種。一是理入，二是行入。理入者，謂藉教悟宗，深信含生同一真性，但為客塵妄想所覆，不能顯了。若也捨妄歸真，凝住壁觀，無自無他，凡聖等一，堅住不移，更不隨文教，此即與理冥符，無有分別，寂然無為，名之理入。行入謂四行，其餘諸行，悉入其中。何等四耶？一報冤行，二隨緣行，三無所求行，四稱法行。」收入《卍續藏》，第 63 冊，頁 1 上。

見其禪法合於經教，非不通經藏，禪修默坐者所能知。這是贊寧身
為佛教史傳作者，對教法流傳盛衰長期觀察的心得，不只為宗密辯
護，也為禪宗發展方向痛下針砭。所以，有人質疑宗密到底是禪
師、律師，還是經師呢？贊寧讚宗密是「大智圓明自證利他大菩薩
也」。[68]

其次，有人批評宗密交接王公，違反了禪宗從慧能以來潛隱山
林的作風。贊寧對此亦辯解道：

> 或有誚密不宜接公卿而屢謁君王者，則吾對曰：「教法委在
> 王臣，苟與王臣不接，還能興顯宗教以不？佛言力輪，王臣
> 是歟？今之人情，見近王臣者則非之。曾不知近王臣人之心
> 苟合利名，則謝君之誚也；或止為宗教親近，豈不為大乎？
> 寧免小嫌，嫌之者亦嫉之耳。若了如是義，無可無不可。吁
> 哉！」（頁 128）

贊寧從佛教在中國發展的過程，體會到佛教興廢繫乎當權者之好
惡，「苟與王臣不接，還能興顯宗教以不？」因此，主張對在位者
採取順應的態度。對於僧侶交接王臣的評判，應當推察其「發
心」，若是為了個人名利，自應嚴加譴責；若是為維護教法流傳，
其發心為正為大，即使交接王臣，亦是權宜之法，無可無不可。

贊寧本身先受忠懿王錢氏封為僧統，後隨之歸宋，受宋太宗賜
紫，詔修《宋高僧傳》，晚年並與李昉等重臣名流共組九老會，名

---

[68]　范祥雍點校：《宋高僧傳》卷 6〈唐圭峰草堂寺宗密傳〉，頁 126。

重於時，頗為當時文人所譏評，這一點與宗密受相國裴休等大臣擁護相類似。此處贊寧藉由替宗密辯解，實際上也間接澄清自己的立場，以其護教之心與背負他人之譏評，故深能理解宗密的處境而多所迴護，「知我者以僧傳，罪我者亦以僧傳」❻⑨，可謂用心良深。

巨 對傳主的行事提出解釋

　　《宋高僧傳》中，有些佯狂而難測高深的僧人，其行事往往不合常理法度，贊寧則借系通予以合理解釋。如卷二十一〈唐興元府梁山寺上座亡名傳〉亡名上座嗜酒食肉，言行無常，不合律儀，學人也爭相模仿，於是他集眾於荒塚間大啖腐屍，眾人驚懼而走，上座大叫：「汝等能餒此肉，方可餒他肉。」大眾從此警悟，化成精苦。系曰：

> 上座始則爾之教矣，後則民胥效矣。曾不知果證之人，逆化於物，終作佛事，用警未萌。故若歸其實，乃《對法論》中諸大威德菩薩示現食力住故也。如有妄云得果，此例而行，則如何野干鳴，擬學師子吼者乎？（頁550）

亡名師是已住淨心地（初地）之人，其施為雖不合律儀，卻有化物警策的用心，對照於凡夫僧往往僅能看到事情的表象，毫無抉擇智慧便一意模仿，學他啖肉佯狂而妄言自在無礙，不受戒法拘牽。或許，亡名僧的示現，正是為了對治唐代佛教禪風鼎盛，祖師以呵佛罵祖為佛事，下劣根器者則學得禪師表面不讀經教、不拘律法，唯

---

❻⑨　同前註，〈宋高僧傳後序〉，頁759。

求頓悟的主張，亡名僧在眾人酣於禪機峻切的風氣中，已嗅聞到禪宗走向偏峰發展的危機，而以身教給予喝斥點醒吧！

　　就文化層面而言，唐代是一個詩歌的時代。當時有些文化素養較高的僧人好作詩興詠，或與同儕、詩人往來酬作，其中尤多師出律門而兼習禪法的僧人，像靈一、靈澈、道標和清江等。他們雖出家而好詩，與僧人身份是否矛盾呢？贊寧即借卷十五〈唐襄州辯覺寺清江傳〉的系、通提出說明：

> 系曰：「江嘗為〈七夕詩〉，或謂之四背中一背也。」通曰：「詩人興詠，用意不倫，慧休〈怨別〉、陸機〈牽牛星〉、屈原〈湘夫人〉，豈為色邪？皆當時寓言興類而已。若然者，言火則焚口，說食則療飢也矣。江之捨師，後乃揚師之美，反權合道也。實為此詩警世無常，引令入佛智焉。其故何也？詳江遇忠國師，大明玄理，無以域中小乘法拘之哉！」（頁369）

清江之為〈七夕詩〉❼⓿，如同屈原之為〈湘夫人〉，豈為色邪？乃藉當時文化風尚之所好，以「寓言興類」而已。贊寧認為清江實以詩來警世無常，這也是接引好詩者入佛智的一種方便，不應以小乘戒律的心態來審度。贊寧本身嫻習儒書，並不以世學與佛理相抵

---

❼⓿　「七夕景迢迢，相逢只一宵；月為開帳燭，雲作渡河橋。映水金冠動，當風玉珮搖；惟愁更漏促，離別在明朝。」《全唐詩》卷812（北京：中華書局，1999年），頁9146。

觸，其次，詩歌正好可作為拉近文人階層的橋樑，實有助於知識階層對佛教的認識，從而降低儒、佛的對立關係，對度化文人階層實亦有功，何須以文墨為虛妄法而擯之。看得出來，贊寧對於律師的文墨嗜好傾向，頗加合理維護。

二、貶責傳主

高僧傳本身已標記其揀擇標準為「高」僧，不高者自難入選，所以贊寧能對傳主作負面批評的例子應該不多，然而，他對神會的批評卻很直接。卷八〈唐洛京荷澤寺神會傳〉系曰：

> 修其教不易其俗，齊其政不易其宜者，貴其漸也。會師自南徂北，行曹溪之法，洛中彌盛，如能不自異，外護已成則可矣。況乎旁無力輪，人之多僻，欲無放逐，其可得乎？（頁180）

弘忍傳法之後，慧能遵從師命，畢生度化於嶺南，神秀受到武后器重，名震京師，其弟子義福、普寂繼承餘業，兩京之間皆宗神秀禪法。南北二宗各有行化的地域，使禪宗一時並榮，迅速擴大傳法版圖，至神會北上，「明心六祖之風，蕩其漸修之道矣，南北二宗，時始判焉，致普寂之門盈而後虛。」❼贊寧認為弘揚佛法不應求其速效，神會為弘曹溪之法而破斥北宗，獨樹南宗大旗，使宗門內部形成對立的局面，作法易引人訾議。天寶中，神會因盧奕誣告而被

---

❼　范祥雍點校：《宋高僧傳》卷 8〈唐洛京荷澤寺神會傳〉，頁 179-180。

摒徙荊州，贊寧對神會可說毫無同情，反斥之為其一意孤行的後果：「人之多僻，欲無放逐，其可得乎？」這種語氣在全中書是少見的嚴厲。

卷八〈唐荊州當陽山度門寺神秀傳〉「系曰」也批評神會以黨同伐異的心態對付普寂的過失：「荷澤行于中土，以頓門隔修練之煩，未移磐石；將絃促象韋之音，空費躁心。致令各親其親，同黨其黨，故有盧奕之彈奏，神會之徙遷，伊蓋施療專其一味之咎也。」[72]所以，贊寧認為神會被摒，實在是由於他弘教專其一味，不能容納他宗的後果。

〈神會傳〉「系曰」接著又說：

> 或曰：「其過不多，何遽是乎？」通曰：「犯時之忌，罪不在大；失其所適，過不在深。後之觀此，急知時事歟？是以佛萬劫學化行者，知化行難耳。無令固己而損法，慎之哉！」（頁180）

在贊寧看來，神會獨標南宗，對禪宗的發展是兩面刃，一方面，他違背當時禪宗發展的主流；另一方面，他忽略了不同根器的人求法需求的差異性，這會使得後輩的學法者無所適從，加之黨同伐異的作法，實非弘法之正範。贊寧對於佛法見地有偏的順璟[73]，都能從不同角度來肯定其對眾生的警示作用，獨獨對神會損法固己的作

---

[72]　同前註，頁178。

[73]　同前註，卷4〈唐新羅國順璟傳〉，頁72。

法，大加撻伐。眾生若易度，三世諸佛就不必出世了，當知行化之
難，犯時忌大，「祇宜為法重人，何至因人損法。」❼❹贊寧的評
論，應是來自他身處上有君主操縱，旁有儒、道環伺的時代，特重
佛教內部的合同，並思考如何不違時俗，又能保護佛法的生存而有
的深刻體會吧！

三、勸化警策

　　贊寧《宋高僧傳》所選高僧人物，有些並不符高僧的道德標
準，其中有少數用以警策的特例。這種利用史事人物以寓含褒貶善
惡的歷史鑑戒意義，是中國史學傳統精神的特色，像《史記》中即
有〈酷吏列傳〉、〈佞幸列傳〉。慧皎所選都是名符其實，德高道
深的高僧，但從道宣所選人物已可見出變化的端倪，例如衛元嵩因
妄言致北周武帝毀佛，卻列入《續高僧傳》的正傳❼❺，這是什麼原
因呢？筆者認為必須回歸到作者編撰高僧傳記的動機來思考，從道
宣到贊寧，都受到中國史書傳統「鑑戒」觀念的影響。「或許不隱
惡，直接據事以書，更能達到歷史的鑑誡作用，因此，在『高』標
準的要求下，道宣不否定他們的歷史地位與作用，立惡人為正傳，
兩相比較，自然更能夠引人興起棄惡從善的抉擇。」❼❻

　　贊寧的系、通，常運用感嘆語氣，勸諫警策口吻，傳達他護教
的觀點，增強其以人為鑑的教化作用。例如卷二十四〈唐成都府雄

---

❼❹　同前註，卷 8〈唐荊州當陽山度門寺神秀傳〉「系曰」，頁 178。

❼❺　參見《續高僧傳》卷 35〈益州野安寺衛元嵩傳〉，收入《大正藏》，第 50
　　　冊，頁 657 下。

❼❻　釋果燈：《唐道宣《續高僧傳》批判思想初探》，頁 100。

俊傳〉是一個特例,此人非但不是高僧,只能是一負面警誡的實例。他「善講說,無戒行,所受檀信,非法而用,且多狡詐,唯事疏狂。」⑰生不勤修,又曾還俗,因為逃難之故,才又遁入空門。然而,這樣的人,臨終憑念佛之功,竟可逃過地獄之報,往生西方。以雄俊的性格、操守應該難以擠入高僧之列,贊寧何以將之納入高僧傳中呢?系曰:

> 一念憶識自身稱佛名不少,垂入獄而還返者,以強善心而轉弱惡故,是故行人須知口誦莫如心持往生,淺力當如是學也。(頁621)

雄俊辯言如果《觀無量壽經》所言為實,那麼,即使造五逆罪的人,臨終十念,尚可往生下品下生,而他就算造罪,卻不犯五逆,且念佛無數。最終,雄俊果然乘寶台往生西方。贊寧強調他雖有造罪,無犯五逆,加上念佛無數,竟能因強力之善念減弱趨向惡業之報而免於地獄之苦,故雖暴亡,仍得往生西方。這是一個較極端的例子,贊寧不惜可能破壞「高」僧傳記的體例之風險,其用意在於強調臨命終時念佛往生之靈應可信,藉此宣傳念佛求生西方的方便利益真實不虛。

卷四〈唐新羅國順璟傳〉被列入僧傳,也是一個值得商榷的例子。新羅僧順璟精研法相,著述頗多,深得法相大乘了義之教旨,

---

⑰　范祥雍點校:《宋高僧傳》,頁621。

「非其宿殖之力,自何而至于是歟?」❼❽然而他於法相宗義的見解
與玄奘相違,並毀謗不信《華嚴經》所言「始從發心,便成佛
已」,傳說他因此生陷地獄。這樣的人列入高僧品次,贊寧是否有
違其撰述「高」僧傳之旨?

> 系曰:「曲士不可以語道者,束其教也。是故好白者以黑為
> 污,好黑者以白為污焉。璟怒心尤重,猛利業增如射箭,頃
> 墮在地獄,列高僧品次,起穢以自臭耶?」通曰:「難信之
> 法,易速謗誚,謗誚豈唯一人乎?俾令眾所知識者直陷三
> 塗,乃知順璟真顯教菩薩也。況乎趙盾為法受惡,菩薩乃為
> 法亡身。斯何足怪?君不見尼犍外道一一謗佛,而獨使提婆
> 生陷,後於法華會上受記作佛。靜言思之!」(頁72)

贊寧將順璟列於高僧,有更深沈的用心。順璟謗法,頃墮地獄,方
能令眾生對大乘經典生起信心,啟發大眾對難信之法的敬信,使後
人免於因無知謗法而墮地獄之報。從這個角度而言,「順璟真顯教
菩薩也」,他成為一個錯誤的警示,是另一種代眾生受苦的菩薩。
贊寧將此人列入高僧,是從對讀者的警策作用來考慮,正足以說明
其編撰僧傳的目的。

卷二十五〈唐荊州法性寺惟恭傳〉❼❾敘述惟恭出家於法性寺,
好尚偪下,多狎非法之友,日常與酒徒博侶交集門庭,曾無廉恥。

---

❼❽　同前註,頁72。
❼❾　同前註,頁638。

雖乖僧行，猶勤持誦《金剛般若經》，罕離脣齒。同寺有僧名靈歸，行跡相類，號為一寺二害。惟恭因病將死時，靈歸竟聞天樂鳴空，並諸勝眾來相迎接，蓋承持經之力，將生淨土。靈歸因而感悟折節，終成緇門高邁。惟恭以誦經之力，得生淨土，同時感悟了靈歸，從佛門二害，轉變為佛門高僧，頗有教化來者之意。所以，贊寧應是站在以傳記勸化讀者的立場，而收錄雄俊一類僧侶吧！

　　贊寧雖肯定各種難以解釋的感應事蹟，卻反對以感通為由，任意改動經句。如卷二十五〈唐上都大溫國寺靈幽傳〉「通曰」即反對靈幽以冥感之由，率意增添《金剛經》文句，他認為如此只會「使人疑豫，必招詐偽，率意改張，稱有冥告，誠之哉！」❽這同時反映在他對於注經立說的態度，卷二十八〈周宋州廣壽院智江傳〉系曰：「前人立義，皆按教文，豈得好惡隨情，是非任見？」通曰：

> 夫創著述者有四焉：一前說極非，於文茫昧；一僻見謬解，領悟自乖；一樂繁嫌略；一好直怪迂。有一於此，無不著述也。江公《瑞應鈔》未經披覽，聞諸道路，言亦濟時須。苟不濟用而變革古德義章，則何異以舊防無所用而壞之者，必有水敗也。（頁703）

好著述者或因前說有誤，或見解偏差，或偏好繁雜，或好淺白直接，可見贊寧並不樂見好為經典作新解者，並強調著述應以「濟

用」為前提，否則若僅為抒一己之見而變革古義，必致不測之災。由贊寧對經教說解的態度，可推知他的性格比較傾向繼承傳統，而不好標新立異。

　　贊寧身為律學僧，於戒律持守的態度特別謹慎，卷二十四〈唐荊州天崇寺智燈傳〉中，描述智燈因病故，入於幽冥界，問閻王曰：「人間眾僧中後食薏苡仁為藥食，還是已否？」閻王曰：「此大違本教。」智燈再問：「律中有正、非正開遮之條如何？」王曰：「此乃後人加之，非佛意也。」這個故事關乎僧侶持戒有無開遮的問題，故贊寧「系曰」：「疑其冥官因機垂誡，嫌于時比丘太慢戒法，故此嚴警開制。」**❽①**佛陀制戒是為了將比丘身心調適到行道學法的最佳狀態，因為順應各地方俗，逐漸有開遮方便的觀念產生，然而，一旦「方便」成立，戒律的持守界線便將無限地退讓而模稜難循，因此，贊寧以警策口吻謂：「告諸五眾，當畏護戒之神。夫如是，明則有戒法，幽則有鬼神歟！」**❽②**由之可見贊寧護戒的用心。

　　由以上分析，可以歸結贊寧系、通主要作用的兩種趨向：一者，從史學角度，對僧傳的編輯，佛教內部的問題，尤其是三教的關係加以解釋。二者，以人物為對象，評贊傳主一生的修行成果、行事作風，並由傳主的生命實踐典範，對後代修行者給予激勵與警策。

---

❽①　同前註，頁 625。
❽②　同前註，卷 11〈唐洛京伏牛山自在傳〉「系曰」，頁 246。

第四節　贊寧的史觀及立場

　　史家無論撰述史書，或評論史事，必有其持論的標準，及個人
對歷史的見解，據以臧否人物，縱貫歷史的發展脈絡，此一見解的
基礎，即是他的史觀。史傳作者看待歷史很難避免置身於某種社會
文化視角，所以這個視角自然充滿其時代的特徵。贊寧因為僧傳傳
主身份特殊，受限於高僧史料的真實性，及聖僧神聖形象的塑造，
因此並不能有太多個人的發揮，「臣等遐求事蹟，博采碑文」❽，
故於傳後，若有所據，則稱某人為該傳主立傳或碑銘以說明出處，
其客觀謹慎可見一斑。所以另於篇末依仿中國史傳附加論贊，開闢
一個闡述個人意見的空間，讀者可由之了解贊寧對傳主一生經歷的
評論，而這樣的批評背後必有其意識型態，及對當時社會脈絡及佛
教整體發展的看法。

　　贊寧對佛教發展生態的關切，展現在《宋高僧傳》中，有兩個
觀念特別突出：

一、切合時代需求的史觀

　　系通是贊寧以第一人稱作為論述主體，對高僧所做的評贊，因
此，從系通最能直接理解贊寧撰寫《宋高僧傳》的史觀。《宋高僧
傳》篇幅不長，無法將高僧一生的經歷一一詳細的記錄，而是選擇
僧人的經歷中意義較重大或較能凸顯僧人特質的情節來放大經營，
那麼，作者以什麼作為取捨的標準呢？這個標準涉及作者陳述歷史

---

❽　　同前註，卷首〈進高僧傳表〉，頁1。

背後的價值取向，而論贊便是作者對其價值取向的說明。

　　贊寧強調佛教發展應合於時代需求，與時推移，具有強烈的時代感，所以在系通中，常可見到贊寧強調要「濟時須」，像卷十七〈唐京兆福壽寺玄暢傳〉，說玄暢著述豐贍，「雖祖述舊聞，標題新目，義出意表，文濟時須。」❽❹卷二十八〈周宋州廣壽院智江傳〉「系曰」強調欲變革古德義理，必以「濟時須」為前提，才有意義。❽❺陳垣先生認為贊寧僧傳的著作立場與二位前輩僧傳作者截然不同，蓋因慧皎提倡高蹈，重視高而不名的方外高僧；道宣持戒精嚴，力爭沙門不應禮拜王者，堅持佛法比世俗王法優位的立場；「贊寧之書，不提倡高蹈，與慧皎異；又沾染五代時鄉愿習氣，以媚世為當，故持論與道宣又異。」❽❻牧田諦亮也指出贊寧以王法為本的立場，認為佛教的興廢繫於帝王權臣的向背，而持極世俗的立場。❽❼贊寧確實走著與二位前輩全然相反的路徑，其歷事吳越國為僧統，又入宋賜紫、充僧錄等官職，主張與國王大臣接近，其僧傳亦不同於二位前輩自發而著，而是奉詔撰作，從個人行事作風推其對僧行標準的衡量，與前二人相較，其著述動機差異甚大。

　　然而我們應釐清，贊寧並非不重視實修而只在官場攀附權貴之

❽❹　同前註，頁 430。

❽❺　同前註，頁 703。

❽❻　參見陳垣：《中國佛教史籍概論·宋高僧傳》，頁 42。安藤智信認為陳垣是歷史學者，對贊寧的評述僅從政治社會面來考察，所以不能完全贊同。參見氏著：〈宋高僧伝と著者贊寧の立場〉，《印度學佛教學研究》第 19 號，（1971.3.31），頁 328。

❽❼　牧田諦亮：〈君主獨裁社會に於ける佛教教團の立場(上)──宋僧贊寧中心〉，《佛教文化研究》第 3 期（1953 年），頁 63。

人，他所採取的應世態度，有強烈的人間性格，不強調山林清修，正視佛教與現世社會的關係，這是他不同於慧皎和道宣之處。由於贊寧生於五代北宋初，離唐武宗限制佛教發展的時間不遠，又經歷後周毀佛及五代北宋的時局變遷起伏，面對北宋政權致力於穩定政局，重建社會秩序及價值的共同呼聲，對於佛教在人間存在的價值意義必有更深切的反省，所以相較於高遠的山林佛教或義理的探討，當政者更在意的是佛教與現實生活的關連或能有效安定精神的具體作為，因此，評論贊寧的政治態度，實有必要將唐末五代時期佛教的變革所造成的情勢考慮進去。何況贊寧雖強調佛法須以王法為輔方得興隆，卻也盛讚隱居高邁的高僧，尤其對隱居山林的禪僧，像慧能、無業、懷空、玄晏和澄心等，對於朝廷的召請均謝而不赴的傳統給予高度肯定。

其次，宗教觀方面，贊寧主張僧侶應該要經教、律學和禪修三者兼學，不可偏廢，因此，他對於傳主的評論，不免以此前提作為衡量標準，對於天台教、觀兼備的訓練方式，比之南宗禪法後學空疏而只求參悟，給予更多的肯定。其評判是否因宗派的門戶之見而有批評失當之虞呢？卷十八〈陳新羅國玄光傳〉系曰：

> 夫約佛滅後，驗入道之人，以教理行果四法明之，則無逃隱矣。去聖彌近者，修行成果位證也；去聖稍遙者，學教易見理親也。其更綿邈者，學教不精，見理非諦。夫一念不生，前後際斷，斯頓心成佛也。理佛具足，行布施行，曾未嘗述行佛，具體而微。東夏自六祖已來，多談禪理，少談禪行焉，非南能不說行，且令見道如救頭然之故。南岳思師切在

兼修，乘戒俱急，是以學者驗諸行果。其如入火光三昧者，
處胎經中以禪定攝意，入火界三昧，剎土洞然，愚夫謂是遭
焚。若入水界三昧，愚夫見謂為水，投物于中。菩薩心如虛
空，不覺觸燒者，此非二乘所能究盡也，斯乃急於行果焉。
無令口說而身意不修，何由助道耶？（頁445-446）

對於修行人可從教、理、行、果四法來檢驗其修行之功，去聖不遠
者，可見其證果之德；去聖漸遠者，逐漸只見理親。如禪宗自六祖
以來，多談禪理，少談禪行，不若天台禪法能理行兼修，故而勸
曰：「無令口說而身意不修，何由助道耶？」一方面批判禪宗後學
的空疏，一方面對來日讀者提出勸諫。贊寧顯然是站在天台宗的立
場，對禪宗的修行方式提出批判。由此可以看出他的保守性格，所
以，在僧傳的撰述方面，他對於禪宗內部新興的宗派史書，完全未
加採用，而沿襲既有僧傳的傳統模式，同時，完全不顧禪門內部的
傳法系譜，仍按照高僧一生最突出的貢獻來分科，以致有些禪僧卻
被分於別科的情形。

　　贊寧對於空疏無行，不重實修的出家人，給予負面的評價；同
時，以其正統觀念，貶抑非傳承正統的僧侶，例如卷八〈唐蘄州東
山弘忍傳〉「系曰」：「融望忍則庶孽耳，安可匹嫡乎？」❽❽由之
可見贊寧將弘忍一系視為禪宗法脈傳承的正統，牛頭法融為偏庶，
帶有明確的高下分判。由此不難理解他對於以一己之見，力爭禪門
正統的神會嚴加批評的原因。

---

❽❽　范祥雍點校：《宋高僧傳》，頁172。

二、強調以教輔政的立場

贊寧重視「力輪」❽對佛教發展的影響力，故與當政者保持友好的關係，從〈進高僧傳表〉：「知教法之無依，委帝王之有力。」❾可知其以教輔政的立場。這樣的觀點，其實是因為《宋高僧傳》是太宗敕撰，所以贊寧不得不強調佛教有輔助帝王統治教化的功用，與統治階層保持合作的態度，以保護宋代儒家學者及道教人士攻擊下的佛教；藉由統治者的勢力，增加佛教發展的助力，此亦贊寧最為後代所詬病者。從贊寧隨錢氏入宋，到他去世約二十餘年間，獲得太宗、真宗極大的庇護，而他對於皇室的倚重，展現於所任僧職及僧傳撰述的觀點拿捏上，非常謹慎而適任。歐陽修《歸田錄》卷一第一條：

> 太祖皇帝初幸相國寺，至佛像前燒香，問當拜與不拜，僧錄贊寧奏曰：「不拜。」問其何故，對曰：「見在佛不拜過去佛。」贊寧者，頗知書，有口辯，其語雖類俳優，然適會上意，故微笑而頷之，遂以為定制。至今行幸焚香，皆不拜也。議者以為得禮。❾

---

❽ 語見卷 6〈唐圭峰草堂寺宗密傳〉「系曰」：「佛言力輪，王臣是歟？」范祥雍點校：《宋高僧傳》，頁 128。

❾ 同前註，頁 1。

❾ 〔宋〕歐陽修撰，李偉國點校：《歸田錄》（北京：中華書局，1981 年），頁 1。

「太祖」當為「太宗」之筆誤。相國寺在開封，自宋太宗始，此寺即成為為國開堂的皇家寺院，寺中住持的任命和解職均由君王直接指派。此外，宋代進士及第則刻石于大相國寺，這與唐代進士及第刻石於大慈恩寺一樣，由此可知相國寺的地位。又據孟元老《東京夢華錄》記載相國寺：「大殿兩廊，皆國朝名公筆跡。」❾太宗幸相國寺，當時身為僧錄的贊寧，其應對關乎佛教在此新朝代的存續，以太宗之尊，面對佛教的發展，如何在監控與尊重之間求得平衡，此亦反映了佛教在宋朝發展的勢態。時人往往據此譏評贊寧阿諛權貴，以贊寧的處境，能將人間帝王與過去諸佛等量觀之，一方面解除太宗不用跪拜的難題，另一方面為佛教與朝廷開啟了良性互動的典範，其處理危機之智慧，實非常人所能。

　　《宋高僧傳》中的高僧若有出身仕宦儒門，乃至王公貴族血統者，贊寧必特加強調，像卷十〈唐揚州華林寺靈坦傳〉是武則天的姪孫❾；卷九〈唐杭州徑山法欽傳〉出身儒門世家❾；卷十二〈唐天台紫凝山慧恭傳〉家傳儒素，年十七舉進士後出家❾；卷十一〈唐杭州鹽官海昌院齊安傳〉出身李唐帝系之後❾；甚至卷二十二〈宋魏府卯齋院法圓傳〉有全書最長的附傳「李通玄傳」❾，篇幅

---

❾　〔宋〕孟元老撰，鄧之誠注：《東京夢華錄注》（中國古代都城資料選刊，北京：中華書局，1982 年），頁 89。
❾　范祥雍點校：《宋高僧傳》，頁 224。
❾　同前註，頁 210。
❾　同前註，頁 291。
❾　同前註，頁 261。
❾　同前註，頁 572。

不但超越一般正傳,還是一位在家人,然而他出身唐之帝胄,不知何王院之子孫,加上修證有得,因此贊寧竟破例收錄。

其次,贊寧與慧皎、道宣一樣出身律學沙門,並具備儒學文化教養背景,因此,反映於傳末之系通,便是其能自如地運用儒家經典文句,做為對高僧行事批評的譬喻或註腳。例如卷十九〈唐天台山封干師傳〉「系曰」以《周易・未濟》:「小狐汔濟」⑱讚嘆封干、寒山子和拾得三人,高壽難測,顯隱不定,雖不合於僧行正範,卻能相應於時代。卷二十五〈唐京兆大興善寺守素傳〉「系曰」:「傳曰:『過則勿憚改。』本教則悔罪清淨,如本無異。思之!」⑲引《論語・學而篇》之言,喻出家弟子當如青桐樹,聞過而知懺罪悔改,復其清淨自性。由之可見贊寧外學根柢之深厚。

贊寧以律僧的身份,加上個人通達儒典,故深為儒者所折服,他利用此優勢,一邊積極與當時知識階層往來,同時以僧傳編纂事業為中心,站在佛法順應王法則昌的立場來編撰僧傳,及推動其佛教事業的發展,因此,其行文特別注意兼顧儒釋的觀點。例如描述菩提流志譯場翻譯《大寶積經》的規模:

> 此譯場中沙門思忠、天竺大首領伊舍羅等譯梵文,天竺沙門波若屈多、沙門達摩證梵義,沙門履方、宗一、慧覺筆受,沙門深亮、勝莊、塵外、無著、懷迪證義,沙門承禮、雲觀、神暕、道本次文。次有潤文官盧粲、學士徐堅、中書舍

---

⑱　參見註㊼。
⑲　范祥雍點校:《宋高僧傳》,頁634。

人蘇瑨、給事中崔璩、中書門下三品陸象先、尚書郭元振、中書令張說、侍中魏知古，儒釋二家，構成全美。⑩

參與者可說是囊括了當時學術界和佛教界一時的菁英，他們攜手合作，將翻譯經典視為國家的學術事業，來完成《大寶積經》的翻譯工作。贊寧刻意強調「儒釋二家，構成全美」，極力呈現儒、釋和諧共處的社會景象，可知如何令正法久住，這才是贊寧所在意的。

對於這樣的時代環境，贊寧身為國家僧官，為維護佛教發展而調整立場，順應時勢主張儒釋道三教應和諧共處，共同發揮以教輔政的作用。《大宋僧史略·卷下·總論》亦云：

> 三教是一家之物，萬乘是一家之君，視家不宜偏愛，偏愛則競生，競生則損教。己在其內，自然不安，及己不安，則悔損其教，不欲損教，則莫若無偏，三教既和，故法得久住也。⑩

贊寧之言其實是對帝王而發，因為主宰三教政策者唯他一人，所以，從安定社會，輔助教化的觀點，呼籲主政者的宗教政策宜一視同仁，不應偏於任何一家，才能免於宗教間的競爭。三教各有其擁護者，令其並存，共同作為王政教化的輔助，於國家的長治久安方為上策。贊寧不是站在佛教的本位立場，請求帝王的庇護；而是站

---

⑩　同前註，卷 3〈唐洛京長壽寺菩提流志傳〉，頁 43。
⑩　《大正藏》，第 54 冊，頁 255 上。

在帝王治國的立場，提供對安定社會最有利的處理途徑，如此，反
而更能說服帝王，由此可見贊寧智慧圓融，處事周密的特質，可謂
能顧全大局者。

　　牧田諦亮認為贊寧是從經驗立場出發：一者，在吳越崇佛朝廷
長久的保護下，體驗出繁榮佛教之道。二者，在中原，由於君主對
佛教個人的好惡情感之故而屢屢廢佛，對於後周世宗淘汰佛教及五
代諸君迫害佛教頗有切身之感。三者，身為中央僧官，時常接近對
佛教抱持華夷之見的士大夫官僚階層，對於趙宋初期的政情非常了
解。四者，以自身儒學造詣，常與文士為友。⑩因此強調佛教的推
行有助於帝王中興大業，這其實是順應王法不得不然的因應之道。

　　贊寧鑑於佛教的發展與當時儒、道之間的對立情況，看出結合
統治者的護持，方為佛教生存之道，因此站在以王法為本的立場，
來撰著僧傳。柳田聖山先生亦謂贊寧是在佛教歷經唐、五代兩度廢
佛之後，佛教重新興起而銜君王之命，繼《續高僧傳》之後來撰寫
高僧傳記，從序文可見其對帝王的真誠感恩之情。⑩因此，贊寧在
傳文中現身時，往往刻意提舉其僧官頭銜，例如〈進高僧傳表〉和
〈宋高僧傳序〉均自稱「臣僧」；卷十三〈大宋天台山德韶傳〉的
傳文中有「命都僧正贊寧為塔碑焉」⑩；卷十六〈漢錢塘千佛寺希

---

⑩　參見氏著：〈贊寧與其時代〉，《佛教人物史話》（台北：大乘文化出版
　　社，1978 年），頁 377。

⑩　參見氏著：《初期禪宗史書の研究》（京都：法藏館，2000 年），〈第一章
　　問題の所在，第一節《續高僧傳》より《宋高僧傳》へ〉，頁 7。

⑩　范祥雍點校：《宋高僧傳》，頁 317。

覺傳〉中言希覺常為人敷演易經，「付授于都僧正贊寧」**⑩**，這與慧皎、道宣正好形成強烈對比，相信在當時必引起教內外的批評。贊寧為何要刻意強調其頭銜呢？安藤智信先生指出贊寧有意地冠上「都僧正」**⑩**的頭銜，是源自其對君主的忠誠意識。由於《宋高僧傳》是敕修僧史，因此，贊寧在行文中處處不忘彰顯其書敕傳的地位，他對於君王的忠誠態度，不難想像會招致嚴厲的非難。**⑩**陳垣先生亦對之多所批評：「若贊寧者，真可謂名僧也矣，以言乎高，則猶未也。此本書之缺點也。」**⑩**這個批評，有點以作者的個人品格來評判作品的品質，將人品與文品合為一談。陳先生認為贊寧充其量只是一位名僧，即使這個說法可以成立，與贊寧所著《宋高僧傳》中的高僧是不同時代不相干的人，豈可以作者非高僧，便視之為此書的缺點呢？何況，「高僧」的標準為何呢？這顯然是已有預設立場來批評贊寧了。

另一方面，贊寧在其著作中強調以教輔政的觀念，其根本目的其實是為了「中興佛道」。《大宋僧史略·卷下·總論》云：

> 問曰：「略僧史、求事端，其故何也？」答曰：「欲中興佛

---

⑩ 同前註，頁 403。

⑩ 《大宋僧史略·卷中·立僧正》：「所言僧正者何？正，政也。自正正人，克敷政令，故云也。蓋以比丘無法，如馬無轡勒，牛無貫繩，漸染俗風，將乖雅則。故設有德望者，以法而繩之，令歸于正，故曰僧正也。」《大正藏》，第 54 冊，頁 242 下。

⑩ 安藤智信：〈宋高僧伝と著者贊寧の立場〉，《印度學佛教學研究》19 號，（1971.3.31），頁 328。

⑩ 引自氏著：《中國佛教史籍概論》，頁 44。

道，令正法久住也。」曰：「方今天子重佛道、崇玄門，行
儒術、致太平，已中興矣。一介比丘，力輪何轉，而言中興
佛道耶？」答曰：「更欲助其中興耳。苟釋氏子不知法、不
修行、不勤學科、不明本起，豈能副帝王之興之乎？」或
曰：「子有何力，令正法久住乎？」答曰：「佛言：知法知
摩夷，護持攝受，可令法不斷也。」又曰：「諸師已廣著
述，何待子之為邪？」答曰：「古人著述，用則闕如，曾不
知三教循環，終而復始，一人在上，高而不危。有一人故，
奉三教之興；有三教故，助一人之理。」⑩

一介比丘有何能力承擔「中興佛道，令正法久住」的重責大任呢？
贊寧一方面顧及敕修僧史所應承載的輔教功用，一方面強調僧人應
在其本分，學教、持戒，解行不廢，如此教門中有人，正法即能不
中絕。同時，與儒、道共同輔政，則能使正法、國家兩相輔助，一
時並興。

我們在評斷贊寧撰述僧傳的立場時，不能不考慮他所面對的時
代情境，從唐代以來儒釋道三教的發展，一直存在緊張的對立和衝
突，加上唐末五代激烈的社會變革，佛教如何因應這些對峙和變遷
繼續發展下去，是宋代佛教的重要課題。贊寧在這樣的時代氛圍
下，理念上朝向儒佛一致的觀念；實際操作上，以親近王臣來增加
佛法的外護，同時積極與當時儒家學者往來，化解他們對佛教的敵
視，這凸顯贊寧具備強烈的歷史意識的考量。因此，在佛教思想的

---

⑩　《大正藏》，第 54 冊，頁 254 下。

優位性和沙門面對君主是否該禮敬的態度上，採取較中庸的處事法則，以保護宋代儒家學者及道教人士的攻擊之下，藉由統治者的勢力，維護佛教的穩定發展。

本章小結

中國傳統史家一直存在以著史為後代之殷鑑的使命，傳末論贊就成為其評論人物、論斷是非，表達歷史關懷的重要憑藉。論贊是中國史書特有的形式結構，解讀歷史必須同時考量傳主和作者兩方的經歷及其所處的時代環境，作者如何敘述、解釋和評價傳主，其中隱含其深刻的史識和史見，後代讀者閱讀史傳時，論贊就成為史家與讀者對話的重要窗口。⓾

贊寧《宋高僧傳》系、通的形式來自中國史傳論贊傳統，內容則是佛教內外部的問題，有承續前人之處，亦有其發明之功。其傳文敘述兼採既有的碑傳，以強調其客觀性，或許為補缺乏表達個人意見的空間而發明系、通，既能與傳文內容作區隔，又能充分陳述

⓾ 王志宏對於論贊在慧皎《高僧傳》中的地位，有相當深入的總結可資參考。㈠方法傳承上，1.將史家的態度與方法帶入佛教傳記的撰寫。2.作者本身精通內外學，使佛教觀念為本土文化守護者所接受。3.以佛教教理為準則，據以臧否人物。㈡僧傳作用上，1.以十科不同的佛教事業來標舉高僧的事業。2.說明資料出處。3.將論贊與傳文分置，具客觀性。㈢文體表現上，1.增加僧傳的文學性要素。2.贊辭音韻優美。3.整部僧傳表明「昭明遺法」、「敦勵後生」的期許傳承之旨。參見氏著：《梁《高僧傳》福慧觀之分析與省思——〈興福篇〉「論」之研究》（新竹：玄奘人文社會學院宗教學研究所碩士論文，2001年），頁31-32。此說概括了僧傳論贊的總體表現。

個人的意見。贊寧的系、通或者以教化為目的,提供後人一個值得
仿效的精神典範;或者針對佛教發展諸多現象提出諍言,以為來者
之警惕,包含多重視角的宗教觀點,並且符合敕撰僧史的功能定
位,達到勸化警策後人的宗教目的。我們可以由此知其撰述原則、
對傳主的評論和對佛教歷史發展的看法,不但反映傳主的宗教實踐
體驗,記錄傳主一生行道的生命典範,也反映作者個人的史觀及宗
教觀。因此,《四庫全書總目提要》對贊寧的系、通亦頗為褒贊:
「傳後附以論斷,於傳授源流最為該備。」⑩所以系、通可說是
《宋高僧傳》最具特色的部分。

---

⑩　〔清〕永瑢等:《四庫全書總目提要》,頁 3020。

第十章　結　論

　　僧傳原始的創作概念，是藉由文字敘事，將一代高僧的修行典
範保存下來以流傳後代，但是，一旦作者意識到可以運用史料的剪
輯、改寫和想像，來形塑他所期待的高僧形象，傳達他所預設的道
德教化或宗教勸勉的目的時，僧傳的創作就不再是單純的高僧行誼
的記錄了。

　　高僧傳記的內容包含佛教人物和史事，它借用文學的表述型
態、方法和技巧，將高僧的經歷連貫成一篇具可讀性又不違背歷史
的傳記，以完成其宗教性任務。本書以《宋高僧傳》為文本，從敘
事脈絡來凸顯僧傳的文學特質，並在分析架構中，兼顧了僧傳的宗
教意涵和史學意義的論述。對於《宋高僧傳》在文學、宗教和史學
上的價值與定位的探討，所得到的重要結論說明如下。

一、《宋高僧傳》的敘事成就總評

　　本文從第四章到第七章，透過敘事結構、視角、人物和主題等
四個面向，綜觀《宋高僧傳》的敘事內涵。

　　敘事結構方面，記錄高僧的宗教實踐歷程，是高僧傳記內容的
基調，任何人一拿到僧傳文本，就已經可以預想其中所記不外高僧
如何求法，如何度生的情節，而這樣的理解，多半來自現實中僧侶

可被看見的生活內容不外這兩大元素，所以，整體而論，文本中的高僧和現實中的僧侶是貼合度相當高的一群。這是因為當一位修行者決定轉換成僧侶身份的同時，代表他對自我有更高的期許，更強烈的行動決心，因此，高僧傳記的內容是在自發去領受這個身份的人，高僧這個身份本身，以及讀者對高僧的期待心理，三方面的因素所共成，這也是其敘事內容定型化的主要原因。

因此，僧傳敘事結構的模式化傾向，其實是傳主本身身份特質所決定的，作為佛教修行者的傳記，其敘事結構的安排，其實是以佛傳八相成道中降生、出家、成道、說法，乃至涅槃的情節為模本，以及中國史傳敘事規則的影響融合而成。若要完整陳述高僧從出生、性格、捨俗、求道、利生到臨終等歷程，必須有相當的篇幅方能承載，篇幅愈短，敘事的密度相對的就愈低，才能將傳主一生都濃縮在簡略的篇幅中。但敘事結構並非一成不變的機械框架，它是一個有機的生命體，個別傳記相應於高僧獨特而個殊的遭遇仍有相當的差異。《宋高僧傳》的多數傳文都不長，所以對高僧生平的敘述偏重不同，不是每個情節點都能顧及，或重在學法經歷，或重在教化利生，甚至以單一事例來凸顯高僧的形象。由於《宋高僧傳》多數是短傳，它不是以刻畫詳盡為原則，而貴在擇其要者，才能在簡短的傳文中，運用高僧群體類似的生平敘事，堆疊出時代高僧的整體印象。

敘事視角方面，《宋高僧傳》採取中國史傳慣用的第三人稱全知視角，由全知的敘事者掌握傳主生平發展的來龍去脈和敘事時序的節奏，並適時運用視角轉換，使敘事層次更有變化，以形塑所欲呈現給讀者的傳主樣貌。我們所看到的傳主生平，其實就是在敘事

者巧妙的安排下,透過選擇、剪接、重組,將歷史時間轉化成為流暢有序的敘事時間。《宋高僧傳》高度模式化的敘事內容,易予人客觀而不帶情緒來組織傳文的印象,事實上並非如此,雖然有些傳文是剪輯自碑傳志記,贊寧卻經常以隱藏或介入的敘事者身份,在敘事當中有意無意地闌入個人對傳主或事件的評斷意見,使傳文更具宗教性的勸化或警誡精神,從這個角度而言,他其實是結合了敘事和解釋,來遂行其以僧傳捨俗、求道以利生的敘事模式,傳達宣教勸化的宗教意圖。

人物形象方面,傳記的創作是寫實性的,對人物的塑造必須以史料的真實性為主,再透過想像和解釋組織傳主的一生。僧傳以高僧為敘事對象,本身就有明確的人物特質,《宋高僧傳》的人物塑造,以外貌形象、語言和動作等人物刻畫元素為主,使高僧有了具體的形象,但較少思想心理的刻畫,使高僧有形象化的身影,卻缺乏深邃的精神內涵支撐。加上《宋高僧傳》對於敘事結構有很強的服從性,無論傳主的生平如何,都可將之納入既定的結構中,於是讀者獲得的高僧印象,是一個個情節類似的高僧故事的堆疊,而較難對個別高僧留下特別深刻的印象。從這個角度而言,贊寧敘事的重點似乎不在於經營個別高僧特殊的生命情節,而是以固定的敘事結構來記錄一群高僧,也就是他強調的並非每位高僧獨一無二的存在,而在傳遞一個時代,一群同類型的修行典範,所以他的重心是高僧宗教實踐精神的傳揚,而非人物的藝術經營。

其次,僧侶因其性格傾向的差異,往往走向不同的修行路徑,或從經典解義入手,或好參禪悟道,或善研律持誦,或以興福利生,修行之道因人而異,從高僧的叢林生活,以及與文人間的詩文

酬唱，顯示他們在山林寺宇間，既保有其超俗的修行空間，又能入
塵垂手，與世俗世界保持若即若離的互動關係，具體展現了唐宋間
僧侶的生活情境。

　　主題意涵方面，《宋高僧傳》的敘事結構，已決定其基本意
涵，依循佛傳的敘事模式，從高僧誕生瑞兆、捨俗出家、求道利生
和臨終徵相等重要生命環節的敘事，完成聖化高僧形象的任務，並
成就一個畢生行道的修行典範。這部分的敘事主題，是通於一切僧
傳的，以標舉一理想高僧的典型形象，並揭示可行的修行之道。從
某個角度而言，它是在中國聖賢文化傳統之外，所塑造出的另一種
行道的人格美典，代而有之的高僧典範，有助於佛教的發展和社會
地位的鞏固。另一方面，相應於贊寧奉敕撰寫僧傳，所必須承載的
合於君王觀點及普世價值的教化目的，而特意彰顯《宋高僧傳》的
僧侶內外兼修，儒釋具通的圓融性格，以達到平衡與儒、道關係的
目的。

　　就宗教意涵而言，從僧傳的敘事結構、視角、人物經營，到主
題意涵等元素的結合，加上高僧特殊的生命特質，形成佛教傳記獨
特的書寫模式，兼具高僧自求解脫和行道度化兩方面修行歷程的敘
事元素，展現高僧不同於一般人物傳記的宗教精神面向。

　　由於僧傳這一特殊體裁，其文學敘事的內涵與其宗教意涵是無
法二分的，楊義認為中國人的思維具有雙構性的特質，這種思維方
式深刻影響敘事作品結構的雙重性，以結構之技呼應結構之道，技
與道的結合，以顯性的技巧性結構蘊藏深層的哲理性結構。❶僧傳

---

❶　楊義：《中國敘事學·結構篇》，頁47。

的宗教性，是眾所共許的，最明顯的內容便是充滿非檢證性的感通靈驗事蹟，這些感通事蹟在教內僧侶而言不足為奇，但卻是合乎讀者的宗教心理需求，可作為強化高僧地位的明證。其次，從《宋高僧傳》中，可以見到唐代以來，淨土信仰逐漸成為諸宗高僧共同推舉的修行法門，或許是高僧大德對於人心根器不若前代的先見之機，基於不忍眾生苦的悲憫心，而提撕一個逕直簡捷的方便道。此外，另有一群不同於傳統山林清修型的高僧，以佯狂遊戲的姿態，混跡於世俗世間，打破世、出世間的空間隔礙，他們無視戒儀，卻又具有難測的神通變化，這類人物在唐末群出，或許是對發展日漸穩固的僧團共修體制趨於僵化的一種顛覆和警示，有其特殊的時代意義。通觀當時佛教發展的趨勢，僧侶以經義慧解入門的精神，已逐漸為著重實踐行動的法門所取代，佛教發展的信仰傾向已日益明確。

二、敘事結構與評贊結構的結合

　　贊寧寫作《宋高僧傳》的時代背景，是在佛教歷經唐武宗會昌法難和後周世宗整肅佛教兩次毀佛事件之後，加上宋代本身國勢積弱，與外患相終始，這種時代政治因素引發知識份子特別強烈的民族意識，對外來的佛教產生排斥心理，以捍衛本土的儒家文化等時代環境下，敕修編撰成書。雖然宋代帝王體察到佛教對治國安民有一定的社會影響力，因此對佛教多採取護持接受的態度，事實上，由於僧官制度愈加完善，度僧給牒的政策確立，使得整個佛教發展完全落入中央的掌控之中，朝廷對佛教是以保護之名行監管之實。在這樣複雜的時代氛圍下，身為中央僧官又敕撰僧傳，如何通過僧

傳的敘事內容來溝通朝廷和佛教之間的矛盾，所要考量的層面，權衡的利害輕重，是贊寧最大的責任和挑戰。因此，贊寧的僧傳創作，面對內外多重的期待和要求，其傳文的敘事，很難違背整個社會的主流文化價值所形成的指導原則，自由發揮的空間極其有限。因此他依仿史傳將客觀的歷史敘述和主觀的歷史論斷並存的作法，另設系、通的論贊空間，來抒發個人對傳主或史事的看法，直接傳達他隱含於敘事文脈中，關於僧傳中的兩大元素：歷史與人物，在僧傳敘事原則、佛教發展內、外諸多變遷和時代課題，尤其是三教關係的觀點，通過對傳主的褒貶，達到勸化警策的宗教目的。贊寧不是在理論上會通三教的觀念，而是藉由僧傳的敘事，提舉一個和諧共處的理想模式，共同達成以教輔政的目的。

　　理解贊寧必須考慮到他所被賦予的角色，贊寧僧傳的史觀，無乃成功地兼顧了統治者的訴求，以及佛教中多數者的聲音，做合於其份位的發言。相較於不問世事堅守山林的修行者，贊寧的時代感應力更加敏銳，這麼說並無好壞比較之分，而是不同的性格特質，就會選擇不同的道路，由此也可以體會贊寧何以會在〈希覺傳〉❷中，對希覺晚年辭去僧官後的閒適生活充滿欣羨之情了！

　　從《宋高僧傳》的系、通，可以感受到贊寧是一位具有強烈時代感的僧史家，他較之一般僧侶更能跨出佛教本位思考，跳脫佛教圈內人的觀點，不只站在佛教立場，而能以更弘觀的視角來掌握北宋佛教存續發展的勢態，及就國家整體文化取向，來定位佛教在社會所應扮演的角色。所以，《宋高僧傳》中一再強調重視「力輪」

---

❷　范祥雍點校：《宋高僧傳》卷 16，頁 403。

對佛教的影響力,以王法為本,發揮佛教輔助王法教化的史觀,一旦上位者認同贊寧所言佛教有助於統治教化的論點,主流文化對佛教的存在,就可以減少一分敵對。所以,贊寧著作僧傳的態度是充滿人間性格的。不過,我們必須辨明,重視現實世界的協調性格,並不等同於世俗化。

值得關注的是,以贊寧如此重視佛教與世俗社會協調的態度,卻在論贊中對教內、外都飽受爭議的捨身、燒身的宗教行為一再地讚揚,對於以遺身實踐無我利他的極致發心,給予高度的肯定,並借所感得的各種靈驗和祥瑞,來作為遺身行為具有正面意義的明證。由此,不難看出贊寧雖在朝廷的期待下釋放出儒釋兼融、和諧共處的理念,骨子裡他還是一位對宗教修行有所堅持的僧侶。並且,希冀藉由系、通的論述,使太宗對佛教中具有強烈宗教情感的捨身之行,有更正面的理解。

系、通的創製,增強了《宋高僧傳》的主體意識,豐富了《宋高僧傳》的思想內涵,同時強化了《宋高僧傳》本身的歷史意義,使人感受到有一個人站在這群高僧典範的背後,直接與他的讀者對望。不過,它也承襲了中國史傳傳統藉由著作史傳傳達歷史鑑戒的教化包袱,對個別高僧主體思想的闡述不足,有時易淪為達到宣教目的的樣本。

北宋所修正史,包括《新唐書》、《新五代史》等,多偏重在政治人物事件上,關於佛教人物、歷史的記錄,不惟簡略零星,更時加扭曲,而《宋高僧傳》的存在,正可以彌補史書關於唐宋之間佛教歷史及人物記錄的闕如。至於贊寧作為一位僧史家,其撰述是否稱職呢?劉知幾強調史才要具備三種條件,《新唐書·劉子玄

傳》云：

> 禮部尚書鄭惟忠嘗問子玄曰：「自古已來，文士多而史才
> 少，何耶？」對曰：「史才須有三長，世無其人，故史才少
> 也。三長，謂才也，學也，識也。夫有學無才，猶愚賈操
> 金，不能殖貨；有才無學，猶巧匠無楩柟斧斤，弗能成室。
> 善惡必書，使驕君賊臣知懼，此為無可加者。」時以為篤
> 論。❸

子玄認為史事浩繁，必有高才者，乃能整理條貫；必廣學博聞，始
能觸類旁通；同時，具備史識眼光，才能對史事提出深刻的判讀。
才、學、識齊備，乃能因文著史；然而，三者得兼的史才，寥寥可
數。章實齋《文史通義・史德》即謂「非識無以斷其義，非才無以
善其文，非學無以練其事。」並於才、學、識之外，另提出「史
德」一義：「能具史識者，必知史德。德者何？謂著書者之心術
也。」❹梁啟超則將此四者的順序，依重要性調整為史德、史學、
史識，最後是史才。❺以贊寧而論，縱使對佛教採對立姿態的歐陽
修對他多所譏評，佛教內部也有不滿其僧傳體例或觀點而另創新裁
者，贊寧於內、外不討好的夾縫中，能處之泰然，分寸拿捏恰到好

---

❸ 〔宋〕歐陽修：《新唐書》（台北：鼎文書局，1998 年），卷 132，頁 4522。

❹ 以上兩段引文，引自〔清〕章學誠著，葉瑛校注：《文史通義校注》
（上），頁 219。

❺ 參見氏著：《中國歷史研究法補編》（台北：里仁書局，1984 年），頁
193。

處，自有其個人歷史觀察所得的獨到見解和堅持。所以，筆者以為，才、識、學、德四者，就贊寧而論，雖無法與太史公相提並論，亦差可兼備了。

尤其，站在歷史情境之外來評判他人本身，對被批評者就是不對等的，《宋高僧傳》文本其實包含了傳主主要的生存年代唐代，作者贊寧所處的時代北宋兩個時代情境，只是前者為顯性的時空背景，後者是隱藏於作者背後的隱性時空背景，若再加上評判者的時代情境，這當中其實包含了三層歷史情境的交織，如何能客觀地論斷贊寧僧傳的成就呢？難怪贊寧要在書跋中預先告罪：「知我者以僧傳，罪我者亦以僧傳！」❻

三、建立僧傳的解讀模式

若說宗教精神是僧傳的靈魂，歷史意義是其骨架，那麼，文學特質便是賦予其血肉姿態的重要元素了。所以，就《宋高僧傳》本身作為一本佛教高僧傳記的敘事精神而論，它實是熔文學、宗教和歷史情境於一爐的宗教人物傳記。

傳統史傳對於在中國有悠久發展歷史的佛教人物和事件的記載份量，與佛教對中國文化的實際影響實在不成正比，必得靠既有的僧傳，才能彌補中國歷史的廣角鏡中殘缺的這面視角。中國高僧傳記以記錄高僧求道歷程為主線，並旁及傳主時代的佛教發展實況，可說是結合了傳記文學、宗教修持和歷史記載三方面的內容。過去佛教和史學研究領域，都將僧傳視為佛教史書來看待，忽略了僧傳

---

❻　范祥雍點校：《宋高僧傳·後序》卷 30，頁 759。

獨立自存的傳記價值，實則窄化了高僧傳記文本價值的多樣性。那麼，如何評價中國佛教傳記在文學方面的價值呢？學術界關於這方面的研究相當缺乏，因此，本文乃由敘事的脈絡來分析《宋高僧傳》的多重內涵。這個解讀模式對僧傳定位的探索如果可以被接受，將可以開拓僧傳在宗教、史學和文學這三個層面的探討路徑，豐富僧傳的文本價值；並且，形成一種可行的解讀模式，重新來檢視中國歷代僧傳。亦即，從中國佛教文化發展的脈絡，結合文學、歷史和宗教的視角，由敘事的角度來分析僧傳的敘事內涵、敘事元素和組織架構，實乃一可行之研究路徑。

本書以北宋贊寧所著《宋高僧傳》為研究對象，事實上，當時佛教界，隨著宗派意識發展的成熟，加上對傳統僧傳體例的反省，已有不同的宗派傳記出現。尤其禪宗燈錄式的祖師傳記已自成體系，從禪宗系譜的歷史意義來看，其背後的法統之爭是宗派傳記形成的重要因素。贊寧進呈《宋高僧傳》（988）之後十六年，道原完成《景德傳燈錄》（1004），此書專收禪宗祖師，不同於傳統僧傳記錄各種宗派高僧生平，其重點在於整理出禪宗傳承的世系脈絡，以及祖祖相傳的機緣語句。《宋高僧傳》和《景德傳燈錄》都是前有所本，改編自其他史料而寫成，作者對史料的取捨，關乎其所欲塑造的高僧形象為何，以及其所設定史書的書寫模式，而採取不同的敘事策略。其次，傳統僧傳繼承印度禪學思想，往往將禪定與神通聯想在一起，使得一些習禪僧被放在感通篇中，由此亦可看出不同僧傳作者對禪定與神通的關係有不同的看法。另一方面，《祖堂集》、《景德傳燈錄》是從五代到北宋去建構唐代的禪宗史，與敦煌所發現的初期禪宗史書的史料往往不甚相符。由之可見，宋代禪

僧以其所認同的觀點和宋代流行的禪門制度觀念所建構的唐代禪宗發展歷史，與事實恐怕有一段差距。因此，將傳統僧傳與禪宗僧傳的敘事模式作比較，從其敘事脈絡的差異，尋繹不同僧傳系譜的建構意義和撰作目的，是筆者下一步要研究的方向。

其次，中國僧傳有悠久的發展歷史和豐富的著作成果，只是一直以來很少成為研究的焦點，即使少數僧傳研究仍受限於佛教史書的觀點，無法將僧傳與其所隱含的想像、虛構，和人為意識操控成分聯想在一起。本文從敘事文脈的分析，提供對高僧傳記內容分析可行的研究路徑，未來透過這個僧傳解讀基模，可以對中國佛教傳記進行歷時性的研究，建立中國佛教傳記文學史的脈絡，尤其是近現代佛教傳記的研究，是一個尚待開發的園地。如果可能，透過比較操作，可以與亞洲其他同樣因佛教傳佈，而有僧傳傳統的印度、西藏、日本、韓國、東南亞等佛教傳記文本做比較研究，這方面西方學者已有不少的研究成果可資學習。

每個時代的高僧典範不甚相同，僧傳的創作也因時代遞進而代有因革，有反省和不滿才有新的嘗試出現，當日惠洪便是緣於對《宋高僧傳》的僧傳體例，及禪師歸屬不滿，而激發他創作《禪林僧寶傳》的，因此，推動高僧評傳的寫作與研究，或許也是未來可以嘗試的方向。

筆者一直在思索究竟該以什麼樣的態度來研究高僧人物，符合學術研究的客觀要求的同時，如何不失僧傳固有的宗教精神呢？如何讓學術寫作保有純閱讀時的感動而不落入僵化的分析操作呢？山高路遠，歇筆處，方只舉步足下爾。

附錄一

《宋高僧傳》收錄高僧年代（645-988）之佛教大事暨贊寧年譜（919-1001）簡編

西元	中國紀元	唐五代至北宋佛教大事	贊寧生平大事
645	唐太宗貞觀十九年	正月，玄奘返抵長安，五月，首開翻譯。 道宣完成《續高僧傳》30 卷	
646	唐太宗貞觀二十年	玄奘撰《大唐西域記》12 卷	
649	唐太宗貞觀二十三年	太宗卒，臨終以未能廣興佛事為憾。	
650	唐高宗永徽元年	道宣撰《釋迦方志》2 卷	
664	唐高宗麟德元年	玄奘卒，一生譯經 75 部，1335 卷。 道宣撰《大唐內典錄》10 卷	
665	唐高宗麟德二年	道宣撰《釋迦氏譜》	
667	唐高宗乾封二年	道宣卒	
668	唐高宗總章元年	道世撰出《法苑珠林》100 卷	
675	唐高宗上元二年	弘忍卒	
677	唐高宗儀鳳二年	慧能歸曹溪寶林寺	
682	唐高宗永淳	慈恩窺基卒	

	元年		
687	武后垂拱三年	彥悰繼慧立完成〈大唐大慈恩寺三藏法師傳〉十卷	
690	武后載初二年	懷義、明法進《大雲經》，言武氏乃彌勒下生，是年九月，武氏自立為帝。	
691	武后天授二年	則天令僧先道後，召神秀入京，親加禮跪。	
695	武后證聖元年	義淨歸國，武后親迎。	
711	唐睿宗景雲二年	《唐大典》諸州寺總 5358 所	
713	唐玄宗開元元年	慧能卒 義淨卒。生前著有《大唐西域求法高僧傳》、《南海寄歸內法傳》。	
714	唐玄宗開元二年	姚崇請停佛道營造，玄宗從之，並沙汰偽濫僧尼一萬二千餘。	
724	唐玄宗開元十二年	敕天下僧尼誦經為試，落者還俗。	
727	唐玄宗開元十五年	一行卒 新羅僧慧超自天竺返唐，著有《往五天竺國傳》。	
729	唐玄宗開元十七年	敕天下僧尼道士女冠三歲一造籍。	
730	唐玄宗開元十八年	玄宗召釋、道二教論辯優劣 智昇撰《開元釋教錄》20 卷	
732	唐玄宗開元二十年	金剛智卒	
734	唐玄宗開元二十二年	神會於滑台大雲寺設無遮大會，立南宗宗旨，攻擊北宗。 諸寺立悲田養病坊	

735	唐玄宗開元 二十三年	善無畏卒	
747	唐玄宗天寶 六年	慧日卒，著有《念佛往生淨土集》 行 世。	
756	唐玄宗天寶 十五年	肅宗即位靈武，以度僧鬻牒籌軍需，謂 之香水錢。	
774	唐代宗大曆 九年	不空卒	
778	唐代宗大曆 十三年	敕律部南山、相部、東塔三宗於安國寺 定其是非。	
789	唐德宗貞元 五年	悟空返抵長安，此為史載唐最後西遊僧 人。圓照撰有《悟空入竺記》。	
795	唐德宗貞元 十一年	圓照進所撰《大唐貞元續開元釋教錄》	
800	唐德宗貞元 十六年	圓照撰《貞元新定釋教目錄》30 卷	
801	唐德宗貞元 十七年	慧炬、勝持合撰《寶林傳》	
804	唐德宗貞元 二十年	日僧空海、最澄先後來華	
805	唐德宗貞元 二十一年	烏龍山少康卒，後人呼之「後善導」， 與文諗共撰《淨土往生瑞應傳》。	
814	唐憲宗元和 九年	百丈懷海卒	
819	唐憲宗元和 十四年	憲宗迎佛骨入京，韓愈上〈諫迎佛骨 表〉	
829	唐文宗太和 三年	宗密撰《禪門師資承襲圖》	
840	唐文宗開成 五年	召道士趙歸真入宮，武宗親受法籙。 日僧圓仁抵長安	

841	唐武宗會昌元年	圭峰宗密卒	
842	唐武宗會昌二年	武宗下令廢佛	
845	唐武宗會昌五年	敕天下寺四千六百,蘭若四萬,僧尼二十六萬五百人分批還俗,史稱會昌法難。	
846	唐武宗會昌六年	唐武宗卒。宣宗即位,恢復佛教以利統治。	
847	唐宣宗大中元年	會昌五年所廢寺宇有宿舊名德者復修,不得禁止。 日僧圓仁返國,撰有《入唐求法巡禮行記》四卷。	
850	唐宣宗大中四年	黃蘗希運卒	
853	唐宣宗大中七年	溈山靈祐卒	
867	唐懿宗咸通八年	臨濟義玄卒	
869	唐懿宗咸通十年	洞山良价卒	
870	唐懿宗咸通十一年	令京城僧侶、道士入麟德殿辯論。	
873	唐懿宗咸通十四年	於鳳翔法門寺迎佛骨,懿宗親加跪禮。	
883	唐僖宗中和三年	仰山慧寂卒	
893	唐昭宗景福二年	吳越武肅王即位（893-932 在位）	
901	唐昭宗光化	曹山本寂卒	

	四年		
908	後梁太祖開平二年	雪峰義存卒	
912	後梁太祖乾化二年	貫休卒	
917	後梁貞明三年	吳越國建阿育王寺九層塔	
919	後梁貞明五年	敦煌莫高窟第八十四窟開始興建	出生於金鵝山別墅（文集序、釋門）
928	後唐明宗天成三年		年十歲，於杭州祥符寺出家
932	後唐明宗長興三年	吳越國錢元瓘嗣位（932-942 在位），派蔣承勳等赴日尋求佛書。	
934	後唐末帝清泰初年		年十六，於天台山受具足戒
942	南唐烈祖昇元六年	吳越忠獻王錢弘佐嗣位（942-947 在位）	
947	南唐保大五年	吳越忠懿王錢弘俶嗣位（947-978 在位）	
949	後漢隱帝乾祐二年	雲門文偃卒	
955	後周世宗顯德二年	後周世宗毀佛，廢佛寺 3 千餘所，熔銅佛像鑄幣以濟國用，嚴禁私度僧伽。	
956	後周世宗顯德三年	吳越王錢俶刊《寶篋印陀羅尼經》，存於湖州天寧寺。	
958	後周世宗顯德五年	法眼文益卒	
960	宋太祖建隆元年	宋太祖興復佛教，除毀佛令，普度童行八千人。	
961	宋太祖建隆	延壽撰《宗鏡錄》	

	二年		
964	宋太祖乾德二年	派遣僧繼業等三百僧人赴天竺求經及舍利。	
966	宋太祖乾德四年	僧行勤等 157 位僧人往西域求法	
971	宋太祖開寶四年	宋太祖建立譯經院,將佛典翻譯列入國家文化事業。太祖完成第一部官刻大藏經《開寶藏》,共 6600 卷。	
975	宋太祖開寶八年	永明延壽卒 吳越王錢俶再刊《寶篋印陀羅尼經》,存於杭州雷峰塔	
976	宋太宗太平興國初年	太宗詔度童子十七萬為僧	
978	宋太宗太平興國三年		年六十,隨吳越忠懿王錢俶奉版圖歸宋,賜號通慧大師,敕住左街天壽寺(文集序、釋門)
980	宋太宗太平興國五年	印度僧法天、法賢、施護攜梵本經典來華。	
981	宋太宗太平興國六年		年六十三,任右街副僧錄
983	宋太宗太平興國八年	中國最早雕刻的宋代官版《蜀版大藏經》雕刻完成。	年六十五,奉旨編修《大宋高僧傳》(文集序、統紀、釋門)
988	宋太宗端拱元年		年七十,十月完成三十卷《大宋高僧傳》,歷時六年,

			太宗令編入大藏流通。
989	宋太宗端拱二年	太宗遣使取杭州釋迦佛舍利塔，於開寶寺西北造十一級浮圖藏之。	
990	宋太宗淳化元年	詔撰三教聖賢事蹟	年七十二，任左街講經首座。奉旨編三教聖賢事蹟。韓德純編道教，贊寧編佛教，著《鷲嶺聖賢錄》，此書現已失傳。
991	宋太宗淳化二年		年七十三，任史館編修。（釋門）
995	宋太宗至道元年		年七十七，掌京洛教門之事。
996	宋太宗至道二年		年七十八，與李昉等常召開九老會雅集
997	宋太宗至道三年	王禹偁上疏建言沙太僧尼，使民無耗。	
998	宋真宗咸平元年	御製三藏聖教序	年八十，命為右街僧錄（文集序、統紀、釋門）
999	宋真宗咸平二年	真宗作《釋氏論》以為釋教戒律之書，與周孔孟荀道同。	
1000	宋真宗咸平3年		年八十二，遷左街僧錄。（釋門）奉旨修《僧史略》
1001	宋真宗咸平4年		年八十三，示寂于杭州祥符寺。（統

			紀、釋門）
1004	宋真宗景德元年	道原撰成《景德傳燈錄》三十卷	
1013	宋真宗大中祥符六年	詔令童行試經後方得剃度	
1015	宋真宗大中祥符八年	楊億等編編《大中祥符法寶總錄》	
1021	宋真宗天禧末年	天下僧尼數近 46 萬人，達宋代僧尼數的最高峰。	
1027	宋仁宗天聖五年	惟淨撰《天聖釋教總錄》	
1030	宋仁宗天聖八年	詔男子出家限年二十以上方得為童行，女子十五以上方得出家。	
1036	宋仁宗景祐三年	李遵勖纂《天聖廣燈錄》入藏	
1037	宋仁宗景祐四年	呂夷簡等編《景祐新修法寶目錄》	
1049	宋仁宗皇祐元年	李覯著《潛書》，力主排佛，契嵩以《輔教編》辯之。	
1058	宋仁宗嘉祐三年	契嵩撰《傳法正宗定祖圖》	
1059	宋仁宗嘉祐四年	王禹偁上疏按年減少剃度僧尼人數，上從之。 歐陽修、宋祈《新唐書》成，刪除原《唐書》中釋道之事。	
1068	宋神宗熙寧元年	英宗卒，神宗繼位，賣度牒以濟國用。刊印僧道度牒，每牒百三十千，定額不可過數。	
1072	宋神宗熙寧五年	契嵩卒。生前著有《傳法正宗記》、《輔教篇》、《鐔津文集》。	

1078	宋神宗元豐元年	慧詢等因譯經僧日成死後不能繼譯，乞罷譯場。	
1089	宋哲宗元祐四年	大慧宗杲生於宣城	
1105	宋徽宗崇寧四年		追諡圓明大師
1119	宋徽宗宣和元年	徽宗崇道抑佛，改佛為大覺金仙，菩薩為大士，僧為德士，尼為女德士，寺為宮，院為觀。	
1120	宋徽宗宣和二年	徽宗以抑佛有礙統治，乃復佛教地位。	
1124	宋徽宗宣和六年	惠洪著《禪林僧寶傳》	
1127	宋欽宗靖康二年	北宋終	

說明：

1. 唐五代至北宋佛教大事：以重大佛教政策，以及佛教史著為主。

   資料根據：《宋會要輯稿》、《續資治通鑑長編》、《建炎以來系年要錄》。參考湯用彤《隋唐佛教史稿》附錄一〈隋唐佛教大事年表〉（台北：木鐸出版社，1988 年），頁 283。顧吉辰《宋代佛教史稿》附錄〈宋代佛教大事年表〉（鄭州：中洲古籍出版社，1993 年），頁 281。香光尼眾佛學院圖書館佛教年表資料庫查詢系統。

2. 贊寧生平大事

   資料根據：王禹偁《小畜集》卷 20〈右街僧錄通惠大師文集序〉，簡稱〈文集序〉；宗鑑《釋門正統》，簡稱《釋門》；志磐《佛祖統紀》，簡稱《統紀》。

3. 此表將贊寧年譜與《宋高僧傳》的佛教大事二表合一，以《宋高僧傳》收錄高僧之年代（西元 645）為起始點，贊寧生平大事要到（西元 919）之後才會出現。

附錄二

《宋高僧傳》傳末系、通一覽表

編號	科別	卷	傳主	系、通主旨	系通	人數	比例：該科系通人數／該科總人數
1	一、譯經	1	唐京兆大薦福寺義淨傳	釋譯經之理，並讚奘、淨二師。	系		
2		1	唐洛陽廣福寺金剛智傳	感慨競求靈驗而密法澆薄。	系		
3		1	唐京兆大興善寺不空傳	明唐代密教之傳承興衰。	系		
4		2	唐五台山佛陀波利傳	釋佛陀波利分身出沒無恆之理。	系		
5		3	唐洛京長壽寺菩提流志傳	說明華梵喪葬風俗之異。	系		
6		3	唐大聖千福寺飛錫傳	評沙門好外學之弊。	系	6	6/32＝0.19
7	二、義解	4	唐京兆大慈恩寺窺基傳	讚玄奘與窺基乃唯識之祖與宗。	系		
8		4	唐京師安國寺元康傳	釋「曳納播」之衣制由來。	系通		
9		4	唐新羅國順璟傳	釋順璟謗誚正法，生陷地獄，卻列高僧之林的用意。	系通		

10		4	唐新羅國黃龍寺元曉傳（大安）	釋龍宮藏經由來。	系通		
11		4	周京兆崇福寺神楷傳	解釋楷師遺跡，二史料並收之由。	系		
12		5	唐荊州玉泉寺恒景傳	論江陵玄奘與三藏法師名同實異。	系		
13		6	唐圭峰草堂寺宗密傳	釋宗密於宗門教下具圓，又為其交接公卿辯護。	系	8	8/72=0.11
14		6	唐彭州丹景山知玄傳	釋云何玄公為袁盎後身。	系通		
15	三、習禪	8	唐韶州今南華寺慧能傳	論慧能以一介白衣得法於五祖之由，並嗣後不傳衣法之故。	系通		
16		8	唐荊州當陽山度門寺神秀傳	論禪門南北分宗發展之勢，及神會偏弘南宗之弊。	系		
17		8	唐洛京荷澤寺神會傳	評論神會獨標南宗之偏弊。	系通		
18		9	唐京師興唐寺普寂傳	評裴寬儒服而好佛之合理與否。	系		
19		9	唐潤州幽棲寺玄素傳	警玄素以俗姓呼之之弊。	系		
20		9	唐壽春三峰山道樹傳	由樹師幻化諸象，釋幻化之義。	系		
21		10	唐新吳百丈山懷海傳	讚百丈創禪堂叢林制度，禪律分住之利。	系		
22		11	唐洛京伏牛山自在傳	勸誡五眾當畏護戒之神。	系		

23		11	唐澧陽雲巖寺曇晟傳	讚曇晟生有胎衣，乃有行果者。	系		
24		11	唐京師聖壽寺恒政傳	舉偽唐時蜃蛤吐出佛像之類似事蹟，呼應文宗御饌中見蜃蛤形似菩薩之像。	系通		
25		12	唐洪州洞山良价傳	讚洞山來去自由。	系	13	13/103=0.13
26		12	唐福州雪峰廣福院義存傳	評騭雪峰、玄沙師徒禪法戒急與乘急的差異。	系		
27		13	周廬山佛手巖行因傳	讚行因行步而化。	系		
28	四、明律	14	唐京兆西明寺道宣傳	為道宣持律精嚴而有諸感應事蹟作解釋。	系		
29		14	唐京兆恒濟寺道成傳	評騭隋唐二同名道成弘律之優劣。	系通		
30		14	唐百濟國金山寺真表傳	論懺罪法中驗罪滅之相的合理性。	系通		
31		15	唐常州興寧寺義宣傳	論釋門雖不論名諱，然對君稱臣之理。	系通		
32		15	唐襄州辯覺寺清江傳	為清江好詩辯護，乃引令入佛智。	系通		
33		15	唐衡嶽寺曇清傳	論清公南山律興起之由。	系		
34		15	唐京師西明寺圓照傳	明令二種律儀並行，不定一尊之由。	系通		
35		16	唐鍾陵龍興寺清徹傳	論傳記詳略原則，乃據傳主史料多寡而定。	系通	9	9/58=0.16
36		16	周東京相國寺澄楚傳	考律之「宗主」一詞由來。	系通		

37	五、護法	17	唐洛京佛授記寺玄嶷傳	論玄嶷斥道為妄之由。	系		
38		17	唐江陵府法明傳	讚法明與道士辯化胡成佛，能一箭雙雕。	系		
39		17	唐朗州藥山惟儼傳	評李翱雖謁藥山，然外順內剛。	系		
40		17	唐京師章信寺崇惠傳	辨惠公神通非幻術。	系通		
41		17	唐廬山歸宗寺智常傳	言佛理乃因病與藥。	系		
42		17	後唐南嶽般舟道場惟勁傳	論勁公記外道竊佛鑑燈一事，以為後世之鑑。	系		
43		17	周洛京福先寺道丕傳	謂周武、周世滅佛，同受地獄冥報。	系	7	7/18=0.39
44	六、感通	18	陳新羅國玄光傳	論東土佛教弘傳之發展得失。	系		
45		18	隋洺州欽師傳	論高僧入傳，以史料有無為條件。若否，則留待後賢記之。	系通		
46		18	唐虢州閿鄉萬迴傳	辨萬迴日行萬里之術，非神鬼仙術。	系通		
47		18	唐齊州靈巖寺道鑒傳	論僧傳記錄有同有異，乃見聞不齊之故。	系		
48		18	唐武陵開元寺慧昭傳	論慧昭何以不念恩地之由。	系通		
49		18	唐會稽永欣寺後僧會傳	明聖人應物現形以利生之理。	系		
50		18	唐京兆法秀傳	釋三聖人名殊事同，乃千里同風，非改作也。	系通		

51		19	唐西域安靜傳	論證丁居士所證之果位。	系		
52		19	唐天台山封干師傳	推論豐干等三人之時代。	系		
53		19	唐揚州西靈塔寺懷信傳	釋懷信見劉隱之夢見西靈寺塔之故。	系通		
54		19	唐成都郫縣法定寺惟忠傳	由會昌法難論教法興衰，乃定數之理。	系		
55		20	唐西域難陀傳	辨難陀之行跡，果得如幻三昧與否。	系		
56		20	唐袁州陽岐山廣敷傳	論佛道教理之相似處，須謹慎簡別。	系通		
57		20	唐洛京慧林寺圓觀傳	釋圓觀未死先寄胎之疑。	系		
58		20	唐江州廬山五老峰法藏傳	釋法藏與二仙論道之理。	系通		
59		20	唐洛陽香山寺鑑空傳	釋鑑空食棗而知宿命之理。	系		
60		20	唐江陵府些些傳	釋些些之「些」的標音之法。	系通		
61		21	唐五台山竹林寺法照傳	辨佛淨土與菩薩住處之別。	系通		
62		21	唐成都府永安傳	辨安公非達無漏位，僅示現依止住食。	系		
63		21	唐杭州靈隱寺寶達傳	補充解釋何謂「印沙㳽」和「照佛鑑」。	系通		
64		21	唐代州北台山隱峰傳	釋隱峰倒立而逝。又辨隱峰於淮西之役，飛錫解陣之疑。	系通		

65		21	唐興元府梁山寺上座亡名傳	論反常之道，需證果者乃能行之，否則成大妄也。	系		
66		21	唐鄴都開元寺智辯傳	論辯公度眾之因果。	系		
67		21	唐鳳翔府甯師傳	引他例證甯師入冥，以釋疑點。	系		
68		22	後唐韶州靈樹院如敏傳	疑樹師見大安禪師，乃傳聞異辭。	系		
69		22	晉襄州亡名傳	論凡聖混跡，故無輕僧寶。	系通		
70		22	宋卬州大邑靈鷲山寺點點師傳	論菩薩神通示現，化導眾生，不同於神鬼他道。	系通	28	28/89=0.32
71		22	宋魏府卯齋院法圓傳（附傳李通玄）	讚李通玄判教該博，故通人實無分儒釋。	系通		
72	七、遺身	23	唐漢東山光寺正壽傳	讚壽公生死自由，出其師前。	系		
73		23	唐福州黃蘗山建福寺鴻休傳唐鄂州巖頭院全豁傳	二人合贊。論二人臨難無苟免之因。	系通		
74		23	唐吳郡嘉興法空王寺元慧傳	釋慧師燃指復生之故。	系		
75		23	唐京兆菩提寺束草師傳	論以三昧火自焚之真假。	系		
76		23	唐南嶽蘭若行明傳	讚明公捨身餧虎所得之大利益。	系		

77		23	晉太原永和三學院息塵傳	讚塵師多方捐捨己身。	系		
78		23	晉江州廬山香積庵景超傳	論燃指乃遺身之加行。	系通		
79		23	晉鳳翔府法門寺志通傳	說明志通二不死者，乃修淨土業之故。	系		
80		23	宋天台山文輦傳	盛讚燒身乃大根者之行。	系	9	10/22＝0.45
81	八、讀誦	24	唐太原府崇福寺思睿傳	論誦經貴在解悟。	系		
82		24	唐成都府靈池縣蘭若洪正傳	解釋同名代死的可能性。	系通		
83		24	唐成都府雄俊傳	強調念佛求往生，可以強善心而轉弱惡。	系		
84		24	唐荊州天崇寺智燈傳	強調戒法，反對開遮。	系		
85		25	唐睦州烏龍山淨土道場少康傳	讚康師善運方便法以度生。	系		
86		25	唐京兆大興善寺守素傳	勸導出家人當如青桐聞守素之訶而勿憚改過。	系		
87		25	唐幽州華嚴和尚傳	論誦經遠近皆聞，則已至聖寺員位。	系通		
88		25	唐上都大溫國寺靈幽傳	誡勿以冥感之名擅改經句。	系通		
89		25	唐明州德潤寺遂端傳	論端師口出優曇鉢華之理。	系通	9	11/42＝0.26
90	九、興福	26	唐東陽清泰寺玄朗傳	論戒法授受方式之凌夷。	系		

91		27	唐京兆大興善寺含光傳	全書最長的系通。論中華佛教返傳西域,若善栽接,可融合以利生。	系通		
92		27	唐五台山智顒傳	論歷代僧職之演變。	系		
93		27	唐五台山海雲傳	論海雲為普賢應身之合理性。	系通	5	5/50=0.10
94		28	周宋州廣壽院智江傳	論為經作新注,須濟時之需。	系通		
95	十、雜科聲德	29	元魏洛陽慧凝傳	評論慧凝親見傳法五僧冥報之得失。	系		
96		29	唐京兆神鼎傳	代利貞法師回應神鼎「萬物定不定」之問。	系通		
97		29	唐溫州陶山道晤傳	論道晤入滅舉指,乃得四沙門果之兆。	系		
98		30	唐鎮州龍興寺頭陀傳	讚以糞掃為衣,乃勇猛堪忍者。	系		
99		30	唐南嶽山全玭傳	讚玭師草衣苦行。	系	5	5/45=0.11
合計				全書有系通人數/全書總人數=	共99則		99/531=0.18

重要參考文獻

• 文獻分類體例說明如下：

壹、先分為：一、佛教文獻，二、傳統文獻，三、現代論著。

貳、佛教文獻先分《大正藏》、《卍續藏》，次按卷冊順序排列。

參、傳統文獻先按經、史、子、集，次按文本年代先後排列。

肆、現代論著包含專書、學位論文、單篇期刊論文等，按主題分
　　為：㈠佛教史傳研究，㈡中國史傳研究，㈢敘事研究。每一次
　　類中，按出版語言排列，依次分為：中文（包括正、簡體字），
　　日文，英文。同出版語言的文獻，按作者姓氏筆畫簡繁為序。

一、佛教文獻

後秦 佛陀耶舍譯：《長阿含經》，《大正藏》第 1 冊。

劉宋 求那跋陀羅譯：《雜阿含經》，《大正藏》第 2 冊。

東晉 瞿曇僧伽婆譯：《增一阿含經》，《大正藏》第 2 冊。

北涼 曇無讖譯：《佛所行讚》，《大正藏》第 4 冊。

姚秦 鳩摩羅什譯：《金剛般若波羅密經》，《大正藏》第 8 冊。

姚秦 鳩摩羅什譯：《妙法蓮華經》，《大正藏》第 9 冊。

北涼 曇無讖譯：《大般涅槃經》，《大正藏》第 12 冊。

姚秦 鳩摩羅什譯：《維摩詰所說經》，《大正藏》第 14 冊。

北涼 曇無讖譯：《金光明經》，《大正藏》第 16 冊。

劉宋 求那跋陀羅譯：《楞伽阿跋多羅寶經》，《大正藏》第 16 冊。

唐 法海集：《南宗頓教最上大乘摩訶般若波羅蜜經六祖惠能大師於韶州大梵

寺施法壇經》，《大正藏》第 48 冊。

唐 宗密：《禪源諸詮集都序》，《大正藏》第 48 冊。

元 宗寶編：《六祖大師法寶壇經》，《大正藏》第 48 冊。

五代 延壽：《宗鏡錄》，《大正藏》第 48 冊。

五代 延壽：《萬善同歸集》，《大正藏》第 48 冊。

宋 淨善：《禪林寶訓》，《大正藏》第 48 冊。

宋 智昭：《人天眼目》，《大正藏》第 48 冊。

元 德煇編：《敕修百丈清規》，《大正藏》第 48 冊。

隋 費長房：《歷代三寶紀》，《大正藏》第 49 冊。

宋 志磐：《佛祖統紀》，《大正藏》第 49 冊。

元 念常：《佛祖歷代通載》，《大正藏》第 49 冊。

元 覺岸：《釋氏稽古略》，《大正藏》第 49 冊。

姚秦 鳩摩羅什譯：《馬鳴菩薩傳》，《大正藏》第 50 冊。

元魏 吉迦夜共曇曜譯：《付法藏因緣傳》，《大正藏》第 50 冊。

梁 寶唱：《比丘尼傳》，《大正藏》第 50 冊。

梁 慧皎：《高僧傳》，《大正藏》第 50 冊。

梁 僧祐：《釋迦譜》，《大正藏》第 50 冊。

唐 道宣：《續高僧傳》，《大正藏》第 50 冊。

唐 道宣：《釋迦氏譜》，《大正藏》第 50 冊。

宋 贊寧：《宋高僧傳》，《大正藏》第 50 冊。

明成祖御撰：《神僧傳》，《大正藏》第 50 冊。

明 釋如惺：《大明高僧傳》，《大正藏》第 50 冊。

唐 （不詳）：《歷代法寶記》，《大正藏》第 51 冊。

宋 道原：《景德傳燈錄》，《大正藏》第 51 冊。

宋 契嵩：《傳法正宗記》，《大正藏》第 51 冊。

宋 契嵩：《傳法正宗定祖圖》，《大正藏》第 51 冊。

宋 契嵩：《傳法正宗論》，《大正藏》第 51 冊。

明 居頂：《續傳燈錄》，《大正藏》第 51 冊。

宋 契嵩：《鐔津文集》，《大正藏》第 52 冊。

梁 僧祐：《弘明集》，《大正藏》第 52 冊。

唐 道宣：《道宣律師感通錄》，《大正藏》第 52 冊。

唐 道宣：《廣弘明集》，《大正藏》第 52 冊。

唐 道世：《法苑珠林》，《大正藏》第 53 冊。

唐 義淨：《南海寄歸內法傳》，《大正藏》第 54 冊。

宋 贊寧：《大宋僧史略》，《大正藏》第 54 冊。

梁 僧祐：《出三藏記集》，《大正藏》第 55 冊。

唐 道宣：《大唐內典錄》，《大正藏》第 55 冊。

唐 杜朏：《傳法寶紀》，《大正藏》第 85 冊。

唐 淨覺：《楞伽師資記》，《大正藏》第 85 冊。

唐 文益：《宗門十規論》，《卍續藏》第 63 冊。

唐 宗密：《中華傳心地禪門師資承襲圖》，《卍續藏》第 63 冊。

唐 慧海：《頓悟入道要門論》，《卍續藏》第 63 冊。

宋 惠洪：《智證傳》，《卍續藏》第 63 冊。

宋 宗賾集：《禪苑清規》，《卍續藏》第 63 冊。

宋 宗鑑：《釋門正統》，《卍續藏》第 75 冊。

宋 祖琇：《隆興編年通論》，《卍續藏》第 75 冊。

宋 佚名：《續佛祖統紀》，《卍續藏》第 75 冊。

宋 本覺：《釋氏通鑑》，《卍續藏》第 76 冊。

梁 寶唱：《名僧傳抄》，《卍續藏》第 77 冊。

元 曇噩：《新修科分六學僧傳》，《卍續藏》第 77 冊。

明 釋明河：《補續高僧傳》，《卍續藏》第 77 冊。

宋 李遵勖編：《天聖廣燈錄》，《卍續藏》第 78 冊。

宋 惟白集：《建中靖國續燈錄》《卍續藏》第 78 冊。

宋 惠洪：《禪林僧寶傳》，《卍續藏》第 79 冊。

宋 祖琇：《僧寶正續傳》，《卍續藏》第 79 冊。

宋 悟明：《聯燈會要》，《卍續藏》第 79 冊。

宋 正受：《嘉泰普燈錄》，《卍續藏》第 79 冊。

清 自融撰，性磊補輯：《南宋元明禪林僧寶傳》，《卍續藏》第 79 冊。

宋 普濟：《五燈會元》，《卍續藏》第 80 冊。

唐 （不詳）：《曹溪大師別傳》，《卍續藏》第 86 冊。

宋 惠洪：《林間錄》，《卍續藏》第 87 冊。

宋 惠洪：《林間錄後集》，《卍續藏》第 148 冊。

喻昧庵輯：《新續高僧傳四集》台北：廣文書局，1977 年。

唐 智炬：《雙峰山曹侯溪寶林傳》，《宋藏遺珍》第 2 冊，台北：新文豐出

版社，1978年。

宋 洪覺範《石門文字禪》，四部叢刊本，台北：台灣商務印書館，1981年。

宋 贊寧著，范祥雍點校：《宋高僧傳》，北京：中華書局，1982年。

《全唐文禪師傳記集》，藍吉富主編：《禪宗全書》第 1 冊，台北：文殊出版社，1989年。

《中國歷代禪師傳記資料彙編》上中下，北京：全國圖書館文獻縮微複製中心，1994年。

《敦煌禪宗文獻集成》上中下，北京：全國圖書館文獻微縮複製中心，1998年。

南唐 靜、筠編，張華點校：《祖堂集》，鄭州市：中州古籍出版社，2001年。

中華電子佛典線上藏經閣（CBETA）：http://www.cbeta.org/index.htm

二、傳統文獻

漢 鄭玄注：《周禮》，四部備要本，台北：台灣中華書局，1966年。

漢 鄭玄注：《禮記》，四部備要本，台北：台灣中華書局，1981年。

漢 司馬遷撰，宋 裴駰集解，唐 司馬貞索隱，唐 張守節正義：《史記三家注》，台北：鼎文出版社，1991年。

漢 班固著，顏師古注：《漢書》，台北：鼎文書局，1977年。

晉 皇甫謐：《高士傳》收錄於《古今逸史》台北：藝文印書館，1966年。

北齊 魏收：《魏書附西魏書》，台北：鼎文書局，1975年。

唐 房玄齡：《晉書》，台北：鼎文書局，1976年。

梁 沈約：《宋書》，台北：鼎文書局，1976年。

隋 姚察、唐魏徵、姚思廉撰：《梁書》，台北：鼎文出版社，1980年。

唐 魏徵等：《隋書》，台北：鼎文書局，1983年。

唐 劉知幾撰，浦起龍釋，白玉崢校點：《史通通釋》，台北：藝文印書館，1978年。

五代 劉昫：《舊唐書》，台北：鼎文書局，1985年。

宋 歐陽修、宋祁撰：《新唐書》，台北：鼎文書局，1998年。

宋 薛居正等著：《舊五代史》，台北：鼎文書局，1995年。

宋 歐陽修著：《新五代史》，台北：鼎文書局，1998年。

宋 王溥：《唐會要》百部叢書集成，台北：藝文印書館，1969年。

宋 王溥：《五代會要》，台北：世界書局，1960 年。

元 脫脫等著：《宋史》，台北：鼎文書局，1998 年。

清 徐松輯，陳垣編：《宋會要輯稿》國立北平圖書館印行本影印，1961 年。

清 章學誠著，葉瑛校注：《文史通義校注》，台北：里仁書局，1984 年。

梁 劉勰著，黃叔琳註：《文心雕龍註》，台北：明倫出版社，1971 年。

唐 李善：《文選注》四部備要本，台北：台灣中華書局，1966 年。

宋 李昉等編：《太平廣記》，上海：上海古籍出版社，1990 年。

宋 王禹偁：《小畜集》《文淵閣四庫全書》第 1086 冊，台北：商務印書
　　　館，1983 年。

元 辛文房撰，周本淳校正：《唐才子傳校正》，台北：文津出版社，1988
　　　年。

清聖祖敕編：《全唐詩》，北京：中華書局，1985 年。

清 董誥等編，陸心源補輯拾遺：《全唐文及拾遺》，台北：大化出版社，
　　　1987 年。

清 永瑢：《四庫全書總目提要》，台北：商務印書館，1983 年。

四川大學古籍整理研究所編：《全宋文》，四川：巴蜀書社，1988 年。

王仲鏞：《唐詩紀事校箋》，四川：巴蜀書社，1989 年。

三、現代論著

㈠佛教史傳研究

丁 敏

　1998　〈佛教經典中神通故事的作用及其語言特色〉《佛學與文學：佛教
　　　　文學與藝術學術研討會論文集》，台北：法鼓文化出版社。

大 華

　1979　〈《景德傳燈錄》的編者問題〉《海潮音》第 60 卷第 11 期，頁 15-
　　　　6。

小野玄妙著，楊白衣譯

　1983　《佛教經典總論》，台北：新文豐出版社。

于淩波

　1993　《釋迦牟尼與原始佛教》，台北：東大圖書公司。

王景琳

1992 《中國古代僧尼生活》，台北：文津出版社。

王亞榮

2000 〈道宣與長安社會〉《中國佛學》第 3 卷第 1 期，頁 1-10。

王靖宇

2001 《中國早期敘事文論集》，台北：中央研究院文哲所籌備處出版。

王志宏

2001 《梁《高僧傳》福慧觀之分析與省思──〈興福篇〉「論」之研究》新竹：玄奘人文社會學院宗教學研究所碩士論文。

王振國

2002 〈略析《宋高僧傳》、《景德傳燈錄》關於部分禪宗人物傳記之誤失──兼論高僧法如在禪史上的地位〉，洛陽：龍門石窟研究所，頁 98-105。

王　煜

1994 〈評杜繼文、魏道儒《中國禪宗通史》〉《哲學與文化月刊》第 21 卷第 10 期，頁 955-960。

王月清

1999 〈禪宗戒律思想初探──以「無相戒法」和「百丈清規」為中心〉《佛學研究中心學報》第 4 期，頁 131-146。

王開府

2002 〈宗密《原人論》三教會通平議〉《佛學研究中心學報》第七期，頁 147-183。

王永會

2003 《中國佛教僧團發展及其管理研究》，成都：巴蜀書社。

王鳳珠

2004 《永明禪師禪淨融合思想研究》，台北：台灣師範大學國文所博士論文，王師開府教授指導。

水野弘元著，劉欣如譯

1996 《佛典成立史》，台北：東大圖書公司。

巴宙著，釋恆清譯

1977 〈喬達摩佛陀之凡聖問題〉《佛光學報》第 2 期。

冉雲華

1984 〈中國早期禪法的流傳和特點──慧皎、道宣所著「習禪篇」研

究〉《華岡佛學學報》第 7 期，頁 66。

1995　《從印度佛教到中國佛教》，台北：東大圖書公司。

冉靈華

1993　〈敦煌遺書與中國禪宗歷史研究〉《中國唐代學會會刊》第 4 期，
　　　頁 49。

史丹利·外因斯坦（Stanley Weinstein）著，釋依法譯

1999　《唐代佛教：王法與佛法》，台北：佛光出版社。

宇井伯壽著，李世傑譯

1970　《支那佛教史》，台北：協志出版社。

任繼愈主編

1981　《中國佛教史》，北京：中國社會科學出版社。

伍先林

1994　〈宗密禪宗史觀初探──兼論馬祖道一的禪學思想〉《諦觀》第 79
　　　期，頁 191-201。

伊吹敦著，釋證道譯

1992　〈關於《續高僧傳》之增補〉《諦觀》第 69 期，頁 197-221。

吉田紹欽著，劉建譯

2000　《禪僧的生死》，北京：中國社科出版社。

朱秀容

2001　〈專研高僧傳的西方學者──柯嘉豪〉《人生雜誌》第 212 期，頁
　　　62-68。

任林豪

2002　〈《宋高僧傳·行滿傳》辨誤〉《佛學研究》，頁 299-301。

李豐楙

1982　〈慧皎高僧傳及其神異性格〉《中華學苑》第 26 期，頁 123-137。

李雪濤

1992　〈贊寧譯學主張釋例〉《內明》第 246 期，頁 32-38。

李劍亮

1994　〈《宋高僧傳》的文學史料價值〉《杭州大學學報》第 24 卷第 1
　　　期，頁 17-23。

李玉珍

1998　〈Kieschnick John（柯嘉豪）：《The eminent monk: Buddhist ideals in medieval Chinese hagiography》書評〉《新史學》第9卷第2期，頁 187-192。

李坤寅
  2002 《釋迦牟尼佛傳記的神話性初探：以八相成道為例》，台北：輔仁 大學宗教所碩士論文。

李明芳
  2002 〈慧皎《高僧傳·僧肇傳》疑點考釋〉《東吳哲學學報》第 7 期， 頁 35-55。

呂 澂
  1987 《中國佛教人物與制度》，台北：彙文堂出版社。

宋道發
  1998 〈中國佛教史觀的形成與佛教史學的建立〉《法音》第 12 期，頁 24-26。

杜潔祥主編
  1980 《中國佛寺史志彙刊》，台北：明文出版社。

杜繼文、魏道儒
  1995 《中國禪宗通史》，江蘇：江蘇古籍出版社。

呂 澂
  1982 《中國佛學思想概論》，台北：天華出版社。
  1987 《印度佛學思想概論》，台北：天華出版社。

狄雍著、霍韜晦譯
  1985 《歐美佛學研究小史》，台北：華宇出版社。

何國銓
  1987 《中國禪學思想研究》，台北：文津出版社。

何寄澎
  1989 〈論釋契嵩思想與儒學的關涉〉《幼獅學誌》第 20 卷第 3 期，頁 111-147。

佐藤達玄著，釋見憨等譯
  1997 《戒律在中國佛教的發展》，嘉義：香光書鄉出版社。

佐藤達玄著，關世謙譯
  1998 〈道宣律師與唐朝佛教（上）〉《妙林雜誌》第 10 卷第 2 期，頁 16- 30。

明　復

1975　〈梁高僧傳箋證〉《中國佛教》第 19 卷第 6 期，頁 16-7。

周純一

1990　〈濟公形象之完成其社會意義〉《漢學研究》8：1，頁 535-556。

忽滑谷快天

1978　〈永明延壽的宗風與其細行〉《佛教人物史話》，台北：大乘文化
　　　出版社，頁 339-350。

忽滑谷快天著，朱謙之譯

2002　《中國禪學思想史》，上海：上海古籍出版社。

牧田諦亮

1978　〈贊寧與其時代〉《佛教人物史話》，台北：大乘文化出版社，頁
　　　351-381。

牧田諦亮著，余萬居譯

1985　《中國佛教史》，台北：華宇出版社。

阿部肇一著，關世謙譯

1988　《中國禪宗史——南宗禪成立以後的政治社會史的考證》，台北：
　　　東大圖書公司。

周次吉

1995　《吳越釋氏考》，台北：行政院國科會科資中心。

邱敏捷

1996　〈印順導師對中國禪宗發展的研究與評論〉《哲學與文化》第 23 卷
　　　第 4 期，頁 1518-1527。

林鎮國

1999　《空性與現代性》，台北：立緒出版社。

吳汝鈞

1993　《游戲三昧：禪的實踐與終極關懷》，台北：台灣學生書局。

1990　〈佛陀傳記之研究〉《獅子吼》第 29 卷第 7 期，頁 14-21。

吳明儒

1994　《中國僧侶西行求法研究——以義淨為例》，台北：中國文化大學
　　　史學所碩士論文，王吉林指導。

吳海勇

2002　《中古漢譯佛經敘事文學研究》，高雄：佛光出版社。

吳　怡
1980 〈中國禪宗與儒道兩家思想的關係〉《幼獅學誌》第 16 卷第 1 期，頁 99-112。

吳立民主編
1998 《禪宗宗派源流》，北京：中國社會科學出版社。

吳麗虹
1998 《惠洪覺範禪學研究》，台北：台灣師範大學國文所碩士論文，王師開府教授指導。

林伯謙
2000 〈惠洪非「浪子和尚」辨〉《東吳中文學報》第 6 期，頁 19-72。
2002 〈惠洪《智證傳》研究〉《東吳中文學報》第 8 期，頁 83-124。
2005 〈佛教文史五考〉《新世紀宗教研究》第 3 卷第 4 期，頁 46-85。

John Kieschnick（柯嘉豪）撰，果儒譯
1998 〈宋高僧傳英譯本緒言〉《人乘雜誌》19：4，頁 52-57。

侯傳文
2002 《佛經的文學性解讀》，台北：慧明文化出版社。

南懷瑾
1980 《禪宗叢林制度與中國社會》，台北：老古文化出版社。

唐　龍
1970 《晉南北朝隋唐兩宋釋家傳記提要》，台北：台灣大學中文所碩士論文。

郝春文
1998 《唐五代宋初敦煌僧尼的社會生活》，北京：中國社會科學出版社。

徐燕玲
2003 《慧皎《高僧傳》及其分科之研究》，台北：華梵大學東方人文思想研究所碩士論文。

高雄義堅私著，陳季青等譯
1987 《宋代佛教史研究》，台北：華宇出版社。

高雄義堅著，何燕生譯
1988 〈宋代禪宗的特點〉《香港佛教》第 343 期，頁 14-17。

涂爾幹著，芮傳明、趙學元譯

1992 《宗教生活的基本形式》，台北：桂冠圖書公司。

馬克瑞

2000 〈審視傳承——陳述禪宗的另一種方式〉《中華佛學學報》第 13 期，頁 281-298。

孫昌武

1995 〈漢文佛教文學研究概況及其展望〉《漢學研究之回顧與前瞻》上，林徐典編，北京：中華書局，頁 130-138。

曹仕邦

1977 〈關於宋高僧傳以後三種高僧傳的「譯經篇」〉《香港佛教》第 204 期，頁 9。

1980 〈淺言現存兩種最古僧傳的傳記分類和編次〉《香港佛教》第 244 期，頁 4-5。

1988 〈僧史所載中國沙門堅守戒律規或天竺傳統的各類實例〉《中華佛學學報》第 2 期，頁 325-357。

1990 〈舊唐書立僧傳之暗示作用〉《港台學者隋唐史論文精選》，西安：三秦出版社。

陳　垣

1983 《釋氏疑年錄》，台北：天華出版社。

1983 《中國佛教史籍概論》，台北：新文豐出版社。

陳士強

1988 〈《名僧傳抄》與《高僧傳》比觀〉《香港佛教》第 339 期，頁 15-18。

1990 〈《唐高僧傳》新證〉《內明》第 218 期，頁 15-20。

1992 〈贊寧和他的《宋高僧傳》〉《內明》第 243 期，頁 23-27,38。

陳自力

2005 《釋惠洪研究》，北京：中華書局。

梁天錫

2001 〈《祖堂集》續考——宋代高麗僧補編佛教禪宗早期燈錄研究之三〉《能仁學報》卷 8，頁 30-58。

許展飛

2005 《《高僧傳》研究》，廣州：華南師範大學歷史文化學院碩士論文，陳長琦教授指導。

梁啟超

　　1984　《中國佛教研究史》，台北：新文豐出版社。

　　1989　《佛學研究十八篇》，北京：中華書局。

郭　朋

　　1985　《宋元佛教》，福州：福建人民出版社。

望月信亨著，釋印海譯

　　1991　《中國淨土教理史》，台北：正聞出版社。

曹仕邦

　　1994　《中國沙門外學的研究：漢末至五代》，台北：東初出版社。

　　1999　《中國佛教史學史－東晉至五代》，台北：法鼓文化出版社。

曹剛華

　　2006　《宋代佛教史籍研究》，上海：華東師範大學出版社。

陸　揚

　　1998　〈論《維摩詰經》和淨土思想在中國中古社會之關係〉《人間淨土
　　　　　與現代社會——第三屆中華國際佛學會議論文集》，台北：法鼓文
　　　　　化出版社，頁 207-220。

　　2006　〈解讀〈鳩摩羅什傳〉：兼談中國中古早期的佛教文化與史學〉
　　　　　《中國學術》第 21 輯，北京：商務印書館。

溫玉成

　　1984　〈讀碑雜錄——碑刻資料對佛教史的幾點重要補正〉《法音》，頁
　　　　　38-42。

張乃翥

　　1988　〈龍門《石道記》碑與宋釋贊寧〉《文物》第 4 期，頁 27-29。

張松濤

　　2002　〈中國千年佛經翻譯的總結者——贊寧〉《外交學院學報》第 2
　　　　　期，頁 67-71。

張曼濤主編

　　1978　《禪宗典籍研究》，台北：大乘文化出版社。

　　1978　《佛教與中國思想及社會》，台北：大乘文化出版社。

　　1978　《中國佛教史論集（二）隋唐五代篇》，台北：大乘文化出版社。

　　1978　《中國佛教史論集（二）宋遼金元篇》，台北：大乘文化出版社。

　　1978　《中國佛教史學史論集》，台北：大乘文化出版社。

1978　《禪宗思想與歷史》，台北：大乘文化出版社。

1979　《淨土宗史論》，台北：大乘文化出版社。

1979　《中國佛教寺塔史志》，台北：大乘文化出版社。

張清泉

1998　《北宋契嵩的儒釋融會思想》，台北：文津出版社。

湯用彤

1988　《隋唐佛教史稿》，台北：木鐸出版社。

1991　《漢魏兩晉南北朝佛教史》，台北：台灣商務印書館。

黃敏枝

1989　《宋代佛教社會經濟史論集》，台北：台灣學生書局。

黃連忠

1995　《宗密的禪學思想》，台北：新文豐出版社。

2002　《禪宗公案體相用思想之研究》，台北：台灣學生書局。

黃繹勳

2004　〈吳越諸王（893-978）與佛教〉《中華佛學學報》第 17 期，頁
　　　123-147。

黃啟江

1991　〈僧史家惠洪與其「禪教合一」觀〉《大陸雜誌》第 82 卷第 5 期，
　　　頁 29-38。

1997　《北宋佛教史論稿》，台北：台灣商務印書館。

1999　〈淨土決疑論──宋代彌陀淨土的信仰與辯議〉《佛學研究中心學
　　　報》第 4 期，頁 105-130。

2002　〈從佛教研究法談佛教史研究書目資料庫之建立〉《現代佛教學會
　　　通訊》第 12 期，頁 63-76.

2004　《因果、淨土與往生：透視中國佛教史上的幾個面相》，台北：台
　　　灣學生書局。

黃運喜

1988　〈舊唐書與佛教史事記載〉《獅子吼》第 27 卷第 8 期，頁 30-33。

黃啟方

1994　〈釋惠洪五考〉《中外文學》第 23 卷第 4 期，頁 194-214。

黃進興

2001　《聖賢與聖徒：歷史與宗教論文集》，台北：允晨出版社。

黃繹勳

2005 〈《傳燈玉英集》卷十四補闕和研究——宋士大夫王隨刪節《景德傳燈錄》之探討〉《中華佛學學報》第 18 期，頁 105-137。

彭雅玲

2001 〈創作與真理——北宋詩僧惠洪的創作觀與真理觀析論：以「石門文字禪」為討論中心〉《台北師院語文集刊》第 6 期，頁 97-132。

達安伯（Dalia, Albert A.）

1973 〈贊寧大師的研究〉《佛教文化學報》第 2 期，頁 117。

楊曾文

1987 〈日本學者對中國禪宗文獻的研究和整理〉《世界宗教研究》第 1 期，頁 113-125。

1988 〈禪宗文獻研究在日本〉《當代》第 26 期，頁 58-75。

1989 〈早期禪宗史書《傳法寶紀》〉《香港佛教》第 349 期，頁 7-9。

1999 《唐五代禪宗史》，北京：中國社會科學院。

2000 〈《唐同德寺無名和尚塔銘並序》的發現及其學術價值〉《佛學研究》第 9 期，頁 1-13。（PDF）

楊惠南

1997 〈「實相」與「方便」——佛教的「神通觀」〉《宗教、靈異科學與社會研討會論文集》。

楊富學

2001 〈敦煌本《歷代法寶記·弘忍傳》考論〉《佛學研究中心學報》第 6 期，頁 139-149。

溫金玉

1999 〈中國律學源流〉《中華佛學學報》第 12 期，頁 131-144。

蒲慕州

1990 〈神仙與高僧——魏晉南北朝宗教心態試探〉《漢學研究》第 8 卷第 2 期，頁 149-176。

褚柏思

1981 《中國禪宗史話》，台北：新文豐出版社。

廖肇亨

2004 〈惠洪覺範在明代——宋代禪學在晚明的書寫、衍異與反響〉《中央研究院歷史語言研究所集刊》

蔡榮婷

1985　《《景德傳燈錄》之研究——以禪師啟悟弟子之方法為中心》，台北：政治大學中文所碩士論文。

蔡耀明

2006　《佛教的研究方法與學術資訊》，台北：法鼓文化出版社。

蔡惠明

1986　〈道宣律師與南山律宗〉《香港佛教》第 309 期，頁 8-10。

1988　〈四朝高僧傳〉《內明》第 192 期，頁 36-38。

蔡瑞霖

1999　《宗教哲學與生死學——一種對比哲學觀點的嘗試》，台北：紅螞蟻圖書公司。

鄭郁卿

1990　《高僧傳研究》，台北：文津出版社。

劉貴傑

1988　〈契嵩思想研究：佛教思想與儒家學說之交涉〉《中華佛學學報》第 2 期，頁 213-240。

劉宇光

1997　〈對古典語文獻學在當代華人佛學研究中的角色問題之省思〉《正觀雜誌》第一期，頁 28-44。

盧蕙馨等主編

2003　《宗教神聖：現象與詮釋》，台北：五南圖書公司。

蔣維喬

1974　《中國佛教史》，台北：鼎文書局。

蕭麗華

2004　〈惠洪詩禪的「春」意象——兼為「浪子和尚」辯誣〉《佛學研究中心學報》第 9 期，頁 155-175。

藍日昌

1995　〈從惠能禪師傳記探討南北禪風之轉移〉《中華學苑》第 45 期，頁 185-212。

2002　〈論師的時代—對僧傳中六朝義學論師的分析〉《普門學報》第 11 期，頁 51-80。

藍吉富

1993 　《隋代佛教史述論》，台北：台灣商務印書館。

1993 　〈中國佛教史學的規模及其特色〉《中國佛教泛論》，台北：新文豐出版社。

1993 　《當代中國人的佛教研究》，台北：商鼎出版社。

2001 　《佛教史料學》，台北：東大圖書公司。

藍吉富編

1994 　《中華佛教百科全書》，台北：中華佛教百科全書基金會。

顏尚文

1980 　《隋唐佛教宗派研究》，台北：新文豐出版社。

鎌田茂雄著，關世謙譯

1985 　《中國佛教史》，高雄：佛光山出版社。

魏道儒

2001 　《宋代禪宗史論》，高雄：佛光山文教基金會印行。

羅根澤

1980 　〈佛經翻譯論〉《佛典翻譯史論》，台北：大乘文化出版社，頁363-386。

蘇晉仁

1978 　〈《名僧傳》與《名僧傳抄》〉《中國佛教史學史論集》，台北：大乘文化出版社，頁 23-58。

1981 　〈梁釋慧皎及其《高僧傳》〉《世界宗教研究》。

1985 　〈佛教傳記綜述〉《世界宗教研究》，頁 1-28。

釋印順

1988 　《原始佛教聖典之集成》，台北：正聞出版社。

1994 　《大乘初期佛教之起源與開展》，台北：正聞出版社。

1994 　《中國禪宗史》，台北：正聞出版社。

釋聖嚴

1984 　〈明末中國的禪宗人物及其特色〉《華岡佛學學報》第 7 期，頁 1-62。

1994 　〈中國佛教以《法華經》為基礎的修行方法〉《中華佛學學報》第 7 期，頁 12。

釋如石

2001 　〈大乘起源與開展之心理動力〉《中華佛學學報》第 14 期，頁 1-

42。

釋果燈

　　1992　《唐道宣《續高僧傳》批判思想初探》，台北：東初出版社。

釋智慧

　　1996　〈從《高僧傳》的撰寫及組織架構探其特色〉《護僧雜誌》第 2
　　　　　期，頁 12-33。

釋道修

　　2000　《梁《高僧傳》「論贊」之研究——以歷史性與文學性的考察為主
　　　　　軸》，桃園：圓光佛研所碩士論文。

釋依淳

　　2001　《本生經的起源及其開展》，台北：佛光山宗務委員會印行。

釋如石

　　2001　〈「本生譚」的詮釋〉《普門學報》第 5 期，頁 101-112。

釋智學

　　2001　〈永明延壽傳記研究〉《法光學壇》第 5 期，頁 58-82。

顧吉辰

　　1993　《宋代佛教史稿》，鄭州：中州古籍出版社。

龔雋

　　1999　〈重提印度禪與中國禪：一種早期的思想史觀察〉《中國佛教》第 2
　　　　　卷第 2 期。

　　2002　《禪學發微：以問題為中心的禪思想史研究》，台北：新文豐出版
　　　　　社。

　　2003　〈在自由與規範之間——略論中國禪的「游戲三昧」及其與律制的
　　　　　關係〉《哲學研究》第 9 期，頁 61-67。

　　2004　〈歐美現代禪學的寫作——從方法論的立場分析〉《中國禪學》第 3
　　　　　卷，頁 236-255。

　　2005　〈唐宋佛教史傳中的禪師想像——比較僧傳與燈錄有關禪師的書
　　　　　寫〉《台大佛學研究中心學報》，第 10 期，頁 180。

Heine. S 著，呂凱文譯

　　1993　〈禪話傳統中的敘事與修辭結構〉《中印佛學泛論——傅偉勳教授
　　　　　六十大壽論文集》，台北：東大圖書公司，頁 179-202。

Victor Turner & Edithe Turner 原著，劉肖洵譯

1983　〈朝聖：一個「類中介性」的儀式現象〉《大陸雜誌》第 66 卷第 2
　　　期，頁 51-69。

山內晉卿
1921　〈高僧伝の研究〉《支那仏教史之研究》，京都：佛教大出版社，
　　　頁 1-41。
1921　《支那佛教史之研究》，京都：龍谷大學。

干潟龍祥
1954　《改訂增補本生經類の思想史研究》，東京：山喜房仏書林。

小川貫弌
1972　〈中国仏教史籍の基礎的研究〉《龍谷大學》第 11、12 號，頁 149-
　　　172，126-147。《佛教文化研究所紀要》11 號，頁 149-175。

丸田教雄
1973　〈宋僧贊寧佛教史觀〉《龍谷大學佛教文化研究所紀要》第 12 期，
　　　頁 143-147。

大內文雄
1980　〈歷代三寶記と續高僧傳譯經者傳記〉《印度學佛教學研究》第 28
　　　卷第 2 期，頁 281-285。

川崎ミチコ
1991　〈《世說新語》に見る僧とその記事〉《東洋學論叢東洋大學文學
　　　部紀要·佛教學中國哲學文學科》第 44 期，頁 45-63。

木村泰賢、平等通昭合著
1930　《梵文仏伝文學の研究》，東京：岩波書店。

木村武夫
1981　《僧伝の研究》，京都：永田文昌堂。

中山正晃
1973　〈道宣の《續高僧傳》感通篇について〉《龍谷大學佛教文化研究
　　　所紀要》第 12 期，頁 134-140。

中村元編
1976　《自我と無我──印度思想と仏教の根本問題》，京都：平樂寺書
　　　店。
1977　《佛典解題事典》，台北：地平線。

中村元

1991　《原始佛教(三)佛弟子の生涯》中村元選集(決定版)第 13 卷，東京：春秋社。

水尾現誠

1963　〈捨身について慧皎立場〉《印度學佛教學研究》第 11 卷第 2 號，頁 174-175。

水野弘元監修

1966　《新佛典解題事典》，東京：春秋社。

甘蔗圓達

1939　〈道宣支那戒律史上於地位〉《支那佛教史學》第 3 卷第 2 期，頁 1-21。

田中敬信

1970　〈梁高僧傳の構成〉《印度學佛教學研究》第 19 卷第 1 期，頁 138-9。

1971　〈梁高僧傳における神異について〉《印度學佛教學研究》第 20 卷第 1 期，頁 291-293。

田忠良昭

1983　《敦煌禪宗文獻の研究》，東京：大東出版社。

石井修道

1987　〈《大宋高僧傳》から《大明高僧傳》へ──十科の崩壞と高僧傳の斷絕〉《宋代禪宗史の研究：中國曹洞宗と道元禪》，東京：大東出版社。

古賀英彦

1977　〈唐代禪家點描：師資、言詮、修行〉《禪文化研究所紀要》，京都：禪文化研究所，頁 221-246。

本廣博

1982　〈《梁高僧傳》に見る禪觀──亡身篇、明律篇中心〉《天台學報》第 24 期，頁 117-121。

仙石景章

1983　〈南嶽の習禪僧について〉《印度學佛教學研究》第 32 卷第 1 期，頁 289-292。

平井俊榮

2001　〈神異と習禪──《高僧傳》見中國佛教受容一斷面〉《駒澤大學

佛教學部論集》第 32 期，頁 1-26。

名火田應順

1931 〈支那中世に於ける捨身に就いて〉《大谷學報》第 12 卷第 2 期，
頁 1-43。

宇井伯壽

1935 《第二禪宗史研究》，東京：岩波書店。

1937 《禪宗史研究》，東京：岩波書店。

安藤智信

1971 〈吳越武肅王錢鏐と仏教：神秘への傾向性と王侯への野望〉《大
谷學報》，50：4，頁 28-46。

1971 〈宋高僧傳著者贊寧の立場〉《印度學佛教學研究》第 19 號，頁
325-329。

早島鏡正

1988 〈初期仏教における生死觀〉《仏教における生死の問題》，京
都：日本佛教學會編，頁 1-19。

西脇常記

1990 〈舍利信仰と僧傳におけるその敘述——慧洪《禪林僧寶傳》敘述
の理解のために〉《禪文化研究所紀要》第 16 號，京都：禪文化研
究所，頁 195-222。

西村惠信

1997 〈禪門における伝燈の性格〉《禪文化研究所紀要》第 23 號，頁 1-
16。

有馬賴底

1997 《禪僧の生涯：その生き方に學ぶ》東京：春秋社。

伊吹敦

1998 〈《曹溪大師傳》成立〉《東洋思想宗教》第 15 期，頁 82-109。

村上嘉實

1961 〈高僧傳の神異について〉《東方宗教》第 17 期，頁 1-17。

佐藤達玄

1974 〈道宣與戒律〉《印度學佛教學研究》第 23 卷第 1 期，頁 81-86。

佐久間光昭

1981 〈《梁高僧傳》蔬食苦行僧〉《印度學佛教學研究》第 30 卷第 1

期，頁 102。

1984 〈《唐高僧傳》蔬食苦行僧〉《印度學佛教學研究》第 33 卷第 1
　　　期，頁 138-9。

坂本廣博

1981 〈梁高僧傳見禪觀：習禪篇、神異篇〉《天台學報》第 23 期，頁
　　　86-92。

利根川浩行

1984 〈僧傳に見られる唐代の菩薩戒〉《印度學佛教學研究》第 32 卷第
　　　2 期，頁 115-119。

1986 〈中國宋代以後菩薩戒──僧傳中心〉《大正大學研究紀要》第 71
　　　期，頁 151-191。

里道德雄

1986 〈南朝三僧傳の研究〉《東洋學研究》第 20 卷，頁 61-102。

沖本克己

1997 〈初期禪宗における理論形成〉《禪思想形成史の研究》，花園大
　　　學國際禪學研究所研究報告第五冊，頁 105-118。

牧田諦亮

1953 〈君主獨裁社會に於ける佛教團の立場(上)──宋僧贊寧を中心と
　　　して〉《佛教文化研究》第 3 期，頁 63。

1953 〈僧史略の世界〉《印度學佛教學》第 2 卷第 1 期，頁 261-264。

1955 〈宋代における佛教史學の發展〉《印度學佛教學》第 3 卷第 2
　　　期，頁 249-251。

牧田諦亮、井上四郎編

1977 《宋高僧傳索引》上中下，京都：平樂寺出版社。

牧田諦亮

1989 〈高僧伝の成立〉《中国仏教史研究》第三，東京：大東出版社，
　　　頁 1-72。

林傳芳

1979 《中國仏教史籍要說》上，京都：永田文昌堂。

岡本天晴

1974 〈六朝における捨身の一側面〉《印度學佛教學研究》第 22 卷第 2
　　　期，頁 330-6。

1988　〈僧伝にみえる臨終の前後〉《仏教における生死の問題》，京都：日本仏教學會編，頁 443-458。

的場慶雅
1982　〈中國法華經信仰形態(一)法華傳記〉《印度學佛教學研究》第 31卷第 1 期，頁 275-277。

明神洋
1985　〈中國佛教徒燒身と道教〉《早稻田大學大學院文學研究科紀要別冊》第 11 期，頁 41-50。

林 信明譯編
1988　〈《祖堂集》成立の事情〉《ポール・トミエウィル禪學論集》研究報告第一冊，花園大學國際禪學研究所，頁 317-338。

柳田聖山
1954　〈燈史の系譜：頓悟思想史の研究〉《日本佛教學會年報》第 19期，頁 583-628。
1988　〈《禪林僧寶傳》題解〉《禪林僧寶傳譯注》，京都：京都大學人文科學研究所，頁 1-125。
2000　《初期禪宗史書の研究》，京都：法藏館。

前川隆司
1961　〈道宣の佛教史觀〉《印度學佛教學》第 9 卷第 2 期，頁 189-192。

桐谷征一
1971　〈梁釋慧皎における歷史意識——特に鑑戒意識の意義について〉《印度學佛教學研究》20 卷 2 號，頁 298-301。

高雄義堅
1941　〈宋代僧官研究〉《支那佛教史學》第 4 卷第 4 期，頁 1-17。

荻須純道
1968　〈臨濟禪と菩薩道〉《大乘菩薩道の研究》，京都：平樂寺書店，頁 575-593。

船本和則
1983　〈梁唐高僧伝における神異と狂と禪〉《Philosophia》（早稻田大學哲學會）71 號。

深浦正文
1970　《佛教文學概論》，京都：永田文昌堂。

望月信亨編

　1977　《望月佛教大辭典》，台北：地平線出版社。

須山長治

　1978　〈梁唐宋高僧伝考察──習禪者と達摩系禪僧〉《印度學佛教學研究》26卷2號，頁188-189。

雲井昭善

　1994　〈「仏伝」と「仏伝文學」〉《龍谷大學學報》，第33號，頁262-278。

椎名宏雄

　1967　〈景德傳燈錄に見られる悟證の型態〉《仏教學研究會年報》第1號。

　1988　〈《鐔津文集》の成立と諸本の系統〉《鎌田茂雄博士還曆記念論集中国仏教と文化》，東京：大藏出版社，頁483-508。

慈賀高義

　1992　〈三朝高僧傳管窺──習禪篇を中心として〉《大谷學報》，頁1-20。

鈴木哲雄

　1985　《唐五代禪宗史》，東京：山喜房佛書林出版社。

　1993　〈《祖堂集》對照《景德傳燈錄》〉愛知大學禪研究所《禪研究所紀要》第22號，頁249。

　2002　《宋代禪宗の社會的影響》，東京：山喜房佛書林出版社。

塚本善隆

　1939　〈支那淨土教展開漢魏晉南北朝篇〉《支那佛教史學》第3卷第4期，頁1-36。

董志翹

　1993　〈《宋高僧傳》標點獻疑〉《花園大學研究紀要》第25輯，頁43-57。

增永靈鳳

　1953　〈道信弘忍の史傳とその集團生活〉《印度學佛教學》第2卷第1期，頁268-278。

　1981　〈《景德傳燈錄》之研究〉《佛光學報》第6期，頁187-195。

駒澤大學禪宗史研究會編

1978　《慧能研究——慧能の傳記と資料に關する基礎的研究》，東京：
　　　　大修館書店。

齋藤智寬

2000　〈《景德傳燈錄》における禪の構造〉《禪學研究》第 78 號，花園
　　　　大學禪學研究會，頁 145-168。

關口真大

1968　《達摩の研究》，東京：岩波書店。

Arthur F. Wright（亞瑟・賴特）

1959　*Buddhism in Chinese History*, Palo Alto: Stanford U. Press.

Arthur F. Wright

1990　"Biography and hagiography: Hui-chiao's Lives of Eminent Monks" in
　　　　Studies in Chinese Buddhism, edited by Robert M. Somers, New Haven
　　　　and London: Yale U. Press, pp.73-111.

Albert Welter

1999　"A Buddhist Response to the Confucian Revival: Tsan-ning（贊寧）and
　　　　the Debate over Wen in the Early Sung", Peter N. Gregory and Daniel A.
　　　　Getz, Jr. eds., *Buddhism in the Sung*, Honolulu: U. of Hawaii Press, p.21-
　　　　61.

Bernard Faure

1991　*The Rhetoric of Immediacy -- A Cultural Critique of Chan/Zen Buddhism*,
　　　　Princeton, N.J.: Princeton U. Press.

Benjamin Penny

2002　*Religion and Biography in China and Tibet*, Richmond: Curzon.

Dalia, Albert

1987　"The 'Political Career' of the Buddhist Historian Tsan-ning" in David
　　　　Chappell ed. *Buddhist and Taoist Practice in Medieval Chinese Society*,
　　　　Honolulu: University of Hawaii Press, pp.146-180.

Granoff, P.E. and Koichi Shinohara

1992　*Speaking of monks: religious biography in India and China Oakville*, Ont:
　　　　Mosaic Press.

John R. McRae

1986　*The Northern school and the formation of early Ch'an Buddhism*,

Honolulu: University of Hawaii Press.

James Burnell, Robinson

　1996　"The Live of Indian Buddhist Saints: Biography, Hagiography and Myth" *Tibetan Literature: Studies in Genre*. Ed. By Jose Ingacio Cabezon and Roger R. Jackson. New York: Snow Lion, p57-69.

Juliane Schober

　1997　*Sacred Biography in the Buddhist Traditions of South and Southeast Asia*, Honolulu: U. of Hawaii Press.

Kenneth K.S. Ch'en（陳觀勝）

　1964　*Buddhism in China -- A Historical Survey*, Princeton, N.J.: Princeton U. Press.

Koichi Shinohara（篠原亨一）

　1988　"Two Sources of Chinese Buddhist Biography: Stupa Inscription and Miracle Stories" in Granoff, P.E. and Koichi Shinohara eds. *Monks and Magicians Religious Biographies in Asia*, Oakville, Ontario: Mosaic Press, pp.119-228.

　1990　"Dao-Xuan's Collection of Miracle Stories about Supernatural Monks (Shen-seng gan-Tong lu): An Analysis of its Sources"《中華佛學學報》第 3 期。

　1994　"Biographies of Eminent Monks in a Comparative Perspective: The Function of the Holy in Medieval Chinese Buddhism"《中華佛學學報》第 7 期，頁 477-500。

Kieschnick John（柯嘉豪）

　1997　*The eminent monk: Buddhist ideals in medieval Chinese hagiography*, Honolulu: U. of Hawaii Press.

Reginald A. Ray

　1994　*Buddhist Saints in India: A Study in Buddhist Values and Orientations*, N.Y.: Oxford U. Press.

㈡中國史傳研究

丁樹南譯

　1969　《人物刻劃基本論》，台北：傳記文學出版社。

王 元
　1977　《傳記學》，台北：牧童出版社。
王鴻仁等
　1977　〈現代傳記文學的面貌〉《書評書目》第 55 期，頁 6-38。
王鵬基
　1978　《中國傳記文述評》，台北：雅言出版社。
王靖宇
　1989　《左傳與傳統小說論集》，北京：北京大學出版社。
　2001　《中國早期敘事文論集》，台北：中央研究院文哲所籌備處出版。
王德威
　1998　《想像中國的方法：歷史、小說、敘事》，北京：新華書店。
王晴佳、古偉瀛
　2000　《後現代與歷史學——中西比較》，台北：巨流出版社。
布洛克著，周婉窈譯
　1989　《史家的技藝》，台北：遠流出版社。
朱東潤
　1983　〈傳記文學能從史記學到些什麼〉，《人物》第 1 期，頁 65-71。
朱文華
　1993　《傳記通論》，上海：復旦大學出版社。
艾柯（Eco, Umberto）等編，王宇根譯
　1995　《詮釋與過度詮釋》，香港：牛津大學出版社。
安德烈·莫洛亞著，陳蒼多譯
　1986　《傳記面面觀》，台北：台灣商務印書館。
李宗鄴
　1982　《中國歷史要籍介紹》，上海：上海古籍出版社。
李少雍
　1987　《司馬遷傳記文學論稿》，成都：重慶出版社。
　1996　〈中國古代的文史關係——史傳文學概論〉，《文學遺產》第 2
　　　　期，頁 4-17。
李國祁
　1989　〈漫談史學的傳記寫法〉《國史館館刊》第 7 期，頁 17-23。
李奭學

1990　〈文學上的「傳記」〉《當代》第 55 期，頁 54-62。

李祥年

1995　《漢魏六朝傳記文學史稿》，上海：復旦大學出版社。

李隆獻

1997　〈中國敘事文學的不遷之兆——淺析左傳的敘事技巧〉《錢穆先生紀念館館刊》第 5 期，頁 23-46。

李斌城等

1998　《隋唐五代社會生活史》，北京：中國社會科學出版社。

李紀祥

1998　〈時間、歷史、敘事——可逆性、可斷性、轉述及其他〉《華岡文科學報》第 22 期，頁 169-190。

1999　〈在時間的「在」與「逝」：歷史與不朽〉《歷史、理論與批評》第 1 期，頁 1-40。

2001　《時間、歷史、敘事：史學傳統與歷史理論再思》，台北：麥田出版社。

杜維運、黃進興編

1976　《中國史學史論文選集》（一），台北：華世出版社。

杜維運

1984　〈傳記的特質和撰寫方法〉《傳記文學》第 45 卷第 5 期，頁 39-43。

1989　《史學方法論》，台北：三民書局。

杜家驥

1997　〈歷史人物傳記史料的價值〉《歷史月刊》第 115 期，頁 32-38。

呂俊甫

1991　〈心理歷史與心理傳記〉《國史館館刊》第 11 期，頁 15-24。

余英時

1980　《中國知識階層史論》，台北：聯經出版社。

1983　〈年譜學與現代的傳記觀念〉《傳記文學》42:5，頁 12。

狄爾泰著，艾彥等譯

2001　《歷史中的意義》，北京：中國城市出版社。

汪受寬

1996　〈左傳在歷史文學上的兩大特色〉，《史學史研究》第 1 期，頁 32-

37。

汪榮祖

　1997　《史傳通說》，台北：聯經出版社。

宋　晞

　1989　〈論人物傳記資料之搜集整理保存與利用〉《國立中央圖書館館刊》第 22 卷第 1 期，頁 133-139。

林富士、傅飛嵐主編

　1999　《遺跡崇拜與聖者崇拜：中國聖者傳記與地域史的材料》，台北：允晨出版社。

林珊湘

　2003　《史記「太史公曰」義法研究》，台南：成功大學中文所碩士論文。

柯靈烏著，陳明福譯

　1992　《歷史的理念》，台北：桂冠圖書出版公司。

孫毓棠

　1943　《傳記與文學》，台北：正中書局。

馬耀民

　1993　〈傳記在西方文化中的發展與流變〉《文訊月刊》第 59 卷第 98 期，頁 18-20。

倪豪士

　1995　〈《文苑英華》中「傳」的結構研究〉《傳記與小說：唐代文學比較論集》，台北：南天書局，頁 23-44。

高禎霙

　2001　《史漢論贊之研究》，台北：文化大學中文所博士論文。

郝至祥

　2001　《兩《唐書》書法暨筆法比較研究——兼論《新唐書》闢佛刪史》，台中：逢甲大學中文所碩士論文。

陳　靜

　1981　〈《漢書》論贊研究〉《中華學苑》第 24、25 期，頁 135-215。

陳蘭村、張新科

　1991　《中國古典傳記論稿》，西安：陝西人民教育出版社。

　1999　《中國傳記文學發展史》，北京：語文出版社。

梁啟超

1984　《中國歷史研究法》，台北：里仁出版社。

1990　《中國歷史研究法補編》，台北：商務印書館。

郭雙成

1985　《史記人物傳記論稿》，鄭州：中州古籍出版社。

郭　丹

1998　〈史傳文學中的美學特徵〉《中山人文學報》第 7 期，頁 17-35。

常建華

1997　〈中國族譜的人物傳記〉《歷史月刊》第 115 期，頁 51-58。

張　源

1963　〈美國歷史學者對中國傳記的看法〉《傳記文學》數位全文資料庫第 9 號。

張端穗

1988　〈中國傳記的一些問題〉《東海中文學報》，頁 105-115。

張漢良

1990　〈傳記的幾個詮釋問題〉《當代》第 55 期，頁 29-35。

張高評

1994　〈司馬遷與傳記文學〉《國語文教育通訊》第 8 期，頁 1-15。

2002　《春秋書法與左傳學史》，台北：五南出版社。

張素卿

1998　《敘事與解釋──《左傳》經解研究》，台北：書林出版社。

2003　〈從《左傳》敘事論中國史傳研究的一個發展方向〉《全球化下中華文化的發展研討會論文集》，香港：香港中文大學，頁 155-183。

張新科

2000　《唐前史傳文學研究》，西安：西北大學出版社。

張玉芳

2000　〈論《史記》的論斷方式〉《中國文學研究》第 14 期，頁 73-114。

勞　榦

1987　〈論早期中國的傳記文學〉《傳記文學》第 51 卷第 1 期，頁 18-22。

黃運喜

1988　〈舊唐書與佛教史事記載〉《獅子吼》第 27 卷第 8 期，頁 30-33。

黃紹英

　　1997　《先秦傳記文學發展過程的考察》，台中：中興大學中文碩士論
　　　　　文。

黃進興

　　2001　《聖賢與聖徒：歷史與宗教論文集》，台北：允晨出版社。

彭雅玲

　　1993　《史通的歷史敘述理論》，台北：文史哲出版社。

游　翔

　　1994　〈史學批評若干基本問題研究〉《湖北大學學報》，第 6 期，頁
　　　　　104-109。

逯耀東

　　1970　〈隋書經籍志史部雜傳類的分析〉《輔大人文學報》第 1 期，頁 2
　　　　　（總 326）

　　1971　《魏晉史學的轉變及其特色——以雜傳為範圍所作的分析》，台
　　　　　北：台灣大學歷史所博士論文。

　　1980　〈從《隋書經籍志·史部》的形成論魏晉史學轉變的歷程〉《食貨
　　　　　月刊》第 10 卷第 4 期，頁 1-22。

　　1992　〈史傳論贊與《史記》「太史公曰」〉《新史學》第 3 卷第 2 期，
　　　　　頁 1-34。

　　1992　〈魏晉對歷史人物評論標準的轉變〉《食貨月刊》第 3 卷第 1 期。

　　1998　《魏晉史學及其他》，台北：東大圖書公司。

　　2000　《魏晉史學的思想與社會基礎》，台北：東大圖書公司。

雷家驥

　　1990　《中古史學觀念史》，台北：台灣學生書局。

楊正潤

　　1994　《傳記文學史綱》，南京：江蘇教育出版社。

廖卓成

　　1989　〈評述兩本論傳記的書——《書寫生命》（《Writing Lives》by
　　　　　Leon Edel）與《傳記：虛構、事實與形式》（《Biography: Fiction,
　　　　　Fact and Form》by Ira. Bruce, Nadel）《中國文學研究》第 3 期，頁
　　　　　185-201。

　　1994　〈論傳記文的雙重文本：故事中的言談舉隅〉《中外文學》第 23 卷

第 2 期，頁 95-109。

　1996　〈談兩本傳記文學史〉《台北師院語文集刊》第 1 期，頁 131-152。

熊　明

　2000　〈論六朝雜傳對史傳敘事傳統的突破與超越〉《遼寧大學學報》
　　　　（哲學社會科學版）第 28 卷第 6 期，頁 61-65。

　2002　〈六朝雜傳概說〉《遼寧大學學報》（哲學社會科學版）第 30 卷第
　　　　1 期，頁 32-35。

劉紹唐編

　1967　《什麼是傳記文學》，台北：傳記文學出版社。

劉增貴

　1986　〈論後漢的人物評論風氣〉《中國史學論文選集》第六輯，台北：
　　　　幼獅出版社。

劉苑如

　1996　〈雜傳體志怪與史傳的關係──從文類觀念所作的考察〉《中國文
　　　　哲研究集刊》第 8 期，頁 365-400。

劉國平

　2000　《《漢書》歷史哲學》，台北：台灣師範大學國文所博士論文。

蔡崇榜

　1991　《宋代修史制度研究》，台北：文津出版社。

黎活仁

　1993　〈東西方的傳記文學與自傳文學──日本學者的觀點〉《文訊月
　　　　刊》第 59 卷第 98 期，頁 21-22。

歐力仁

　2002　〈歷史批判法之商榷〉《輔仁宗教研究》第 5 期，頁 135。

賴特（Arthur F. Wright）編，中央研究院中美人文社會科學合作委員會譯

　1973　《中國歷史人物論集》，台北：正中書局。

簡後聰、林君成

　1993　《歷史編纂法》，台北：五南出版社。

謝保成

　1995　《隋唐五代史學》，廈門：廈門大學出版社。

謝聰輝

　1998　《修真與降真：六朝道教上清經派仙傳研究》，台北：台灣師範大

　　　　學國文所博士論文。

蕭 馳

　　1997　〈中國地方志人物傳記述評〉《歷史月刊》第 115 期，頁 59-66。

韓兆琦主編

　　1992　《中國傳記文學史》，石家莊：河北教育出版社。

羅 培

　　1997　〈真實的歷史與歷史的真實──方志傳記和文學傳記之比較〉《檔
　　　　　案與建設》第 91 期，頁 15-17。

Egan, Ronald C.著，張端穗譯

　　1982　〈左傳中的敘事文〉《東海中文學報》第 3 期，頁 19-39。

Jacques Barzun 著、張平男譯

　　1978　〈傳記與批評之關係〉《書評書目》第 58 期，頁 14-36。

Jenkins, Keith 著，賈士蘅譯

　　1996　《歷史的再思考》，台北：麥田出版社。

Joyce Appleby, Lynn Hunt, Margaret Jacob 著，薛絢譯

　　1998　《歷史的真相》，台北：正中書局。

Jean Leduc 著，林錚譯

　　2004　《史家與時間》，台北：麥田出版社。

Michael Stanford 著，劉世安譯

　　2001　《歷史研究導論》，台北：麥田出版社。

Donald P. Spence

　　1982　*Narrative truth and historical truth: meaning and interpretation in*
　　　　　psychoanalysis. New York: W.W. Norton.

Ira Bruce Nadel

　　1984　*Biography: Fiction, Fact and Form*. Landon: Macmillan.

Leon Edel

　　1984　*Writing Lives*.　New York: W.W. Norton.

㈢敘事研究

丁乃通著，陳建憲等譯

　　1994　《中西敘事文學比較研究》，武昌：華中師範大學出版社。

丁 敏

1997　〈當代中國佛教文學研究初步評介──以台灣地區為主〉《佛學研究中心學報》第 2 期，頁 233-280。

白以文
1996　《《北遊記》敘事結構與主題意涵之研究》，李豐楙教授指導，台北：台灣師大國文所碩士論文。

申　丹
1998　《敘事學與小說文體學研究》，北京：北京大學出版社。

朱東潤
1941　〈中國傳敘文學的過去與將來〉《學林》第 8 輯，頁 21-29。

〔荷〕米克·巴爾（Mieke Bal）著，譚君強譯
1995　《敘述學：敘事理論導論》，北京：中國社會科學出版社。

余國藩
1989　《余國藩西遊記論集》，台北：聯經出版社。

李紀祥
1998　〈時間、歷史、敘事──可逆性、可斷性、轉述及其它〉《華岡文科學報》第 22 期，頁 169-185。

〔美〕J·希利斯·米勒（J. Hillis Miller）著，申丹譯
2002　《解讀敘事》，北京：北京大學出版社。

佛斯特（E.M. Forster）著，李文彬譯
1980　《小說面面觀》，台北：志文出版社。

周英雄
1983　《結構主義與中國文學》，台北：東大圖書公司。

金健人
1988　《小說結構美學》，台北：木鐸出版社。

卓翠鑾
2003　《敦煌史傳變文之敘事藝術研究》，鄭阿財教授指導，嘉義：中正大學中文所碩士論文。

胡亞敏
1994　《敘事學》，武昌：華中師範大學出版社。

高辛勇
1987　《形名學與敘事學理論──結構主義的小說分析法》，台北：聯經出版社。

馬丁著，伍曉明譯
　　1990　《當代敘事學》，北京：北京大學出版社。
徐　岱
　　1992　《小說敘事學》，北京：中國社會科學出版社。
海登·懷特（Hayden White）著，張京媛編譯
　　1993　《新歷史主義與文學批評》，北京：北京大學出版社。
海登·懷特（Hayden White）著，王宇根譯
　　1999　〈當代歷史理論中的敘事問題〉《歷史：理論與批評》第 1 期，頁
　　　　　41-92。
浦安迪演講
　　1998　《中國敘事學》，北京：北京大學出版社。
陳平原
　　1990　《中國小說敘事模式的轉變》，台北：久大文化出版社。
張寅德選編
　　1989　《敘述學研究》，北京：中國社科出版社。
張漢良
　　1986　《比較文學理論與實踐》，台北：東大圖書公司。
傅光明
　　1998　〈開啟敘事的文化密碼──讀楊義《中國敘事學》〉《文訊月刊》
　　　　　第 157 期，頁 29-30。
傅修延
　　1999　《先秦敘事研究：關于中國敘事傳統的形成》，北京：東方出版
　　　　　社。
奧爾巴哈著，張平男譯
　　1980　《模擬──西洋文學中現實的呈現》，台北：雄獅文化公司。
楊　義
　　1998　《中國敘事學》，嘉義：南華管理學院。
廖炳惠
　　1988　〈是理論是玄談？評《形名學與敘事理論》〉《文訊月刊》第 35
　　　　　期，頁 177-181。
廖卓成
　　1999　〈論四史非記言敘事中的言談〉《國立台北師範學院學報》第 12

期，頁 285-299。

2000　〈談兩本傳記文學史〉、〈論王元的《傳記學》〉《敘事論集：傳記、故事與兒童文學》，台北：大安出版社。

錢鍾書

1996　《管錐編》台北：書林出版社。

蕭麗華

1998　〈近五十年（1949-1997）台灣地區中國佛教文學研究概況〉《中國唐代學會會刊》第 9 期，頁 131-141。

〔美〕戴衛・赫爾曼（David Herman）主編，馬海良譯

2002　《新敘事學》，北京：北京大學出版社。

羅　鋼

1994　《敘事學導論》，昆明：雲南人民出版社。

譚君強

2002　《敘事理論與審美文化》，北京：中國社科出版社。

Robert Scholes, Robert Kellogg

1966　*The Nature of Narrative*, N. Y.: Oxford Unversity Press.

國家圖書館出版品預行編目資料

贊寧《宋高僧傳》敘事研究

黃敬家著. － 初版. － 臺北市：臺灣學生，2008.05
面；公分
參考書目：面

ISBN 978-957-15-1402-4(精裝)
ISBN 978-957-15-1401-7(平裝)

1. 僧伽 2. 佛教傳記 3. 宋代 4. 敘事文學 5. 研究考訂

229.35   97005803

贊寧《宋高僧傳》敘事研究 (全一冊)

著　作　者：黃　　　敬　　　家
出　版　者：臺 灣 學 生 書 局 有 限 公 司
發　行　人：盧　　　保　　　宏
發　行　所：臺 灣 學 生 書 局 有 限 公 司
　　　　　　臺 北 市 和 平 東 路 一 段 一 九 八 號
　　　　　　郵 政 劃 撥 帳 號 ： 0 0 0 2 4 6 6 8
　　　　　　電　話　：（0 2）2 3 6 3 4 1 5 6
　　　　　　傳　眞　：（0 2）2 3 6 3 6 3 3 4
　　　　　　E-mail：student.book@msa.hinet.net
　　　　　　http：//www.studentbooks.com.tw

本書局登
記證字號　：行政院新聞局局版北市業字第玖捌壹號

印　刷　所：長 欣 印 刷 企 業 社
　　　　　　中 和 市 永 和 路 三 六 三 巷 四 二 號
　　　　　　電　話　：（0 2）2 2 2 6 8 8 5 3

定價：精裝新臺幣六四〇元
　　　平裝新臺幣五四〇元

西 元 二 〇 〇 八 年 五 月 初 版

臺灣學生書局出版

宗教叢書